유한요소해석 2014
SolidWorks Simulation

전재수 · 오범규 지음

大英社

머리말

매년 새로운 기능이 추가되면서 SolidWorks 프로그램이 더욱 다양한 공학 분야와 광범위한 사용자들에게 사용되면서 그 프로그램에 모듈 개념으로 내장된 주요 기능들도 활발하게 사용되고 있다. 본 저서에서는 그 공학 해석용 주요 모듈인 SolidWorks Simulation 이라는 유한요소 프로그램 사용에 대한 내용을 설명하였다.

제 1 부에서는 유한요소법의 기본적인 이론과 프로그램을 실행하는데 필요한 전처리 과정, 실행단계, 그리고 후처리 과정을 설명하였다. 또한 SolidWorks Simulation 프로그램에 대하여 그 주요 기능과 사용 도구 등의 전반적인 설명을 포함하였다.

제 2 부에서는 SolidWorks Simulation 2014 프로그램이 제공하는 공학적인 해석 기능에 대하여 기본 예제를 중심으로 내용을 구성하였다. 각 장의 첫 부분에는 기초적인 공학 이론을 설명하였으며, 입력 데이터, 해석 결과로 얻게 되는 출력 데이터의 종류를 설명하였으며, 각 단계별로 따라하기 쉽게 상세히 설명하였다.

제 3 부에서는 좀 더 다양하고 공학적인 이론에 대한 이해가 필요한 응용 예제를 중심으로 구성하였으며 해석 과정을 사용자들이 단계별로 따라할 수 있도록 최대한 상세하게 구성하였다.

본 저서는 Window 7 32bit OS 환경에서 작동하는 SolidWorks 2014 Premium을 기준으로 내용을 구성하였다. 이 저서의 발간을 위하여 지속적으로 기술적인 도움을 주신 DASSAULT SYSTEMS, (주)메이븐의 장혜정 차장님과 다른 여러분들께 깊은 감사를 드리며, 이 책의 발간을 위해서 수고해 주신 도서출판 대영사의 김천수 사장님께도 깊은 감사를 드린다.

2014년 12월 저자 드림

차례

PART 1 유한요소법과 프로그램의 개요

PART 2 기본 예제 실습하기

PART 3 응용 예제 실습하기

PART 1

유한요소법과 프로그램의 개요

1 유한요소 해석의 개념

2 SolidWorks Simulation의 개요

제 1 장 유한요소 해석의 개념

1.1 공학적인 근사해의 필요성

기계 시스템을 설계할 때 그 설계 대상물이 단순한 형태인 경우에는 그 거동을 전공 교과목을 통해서 공부한 해석적인(Analytic) 방법으로 엄밀해(Exact Solution)에 관한 공식을 이용해서 예측할 수 있다.

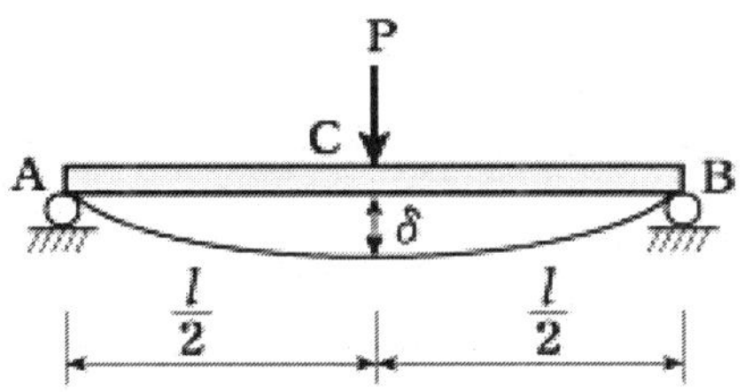

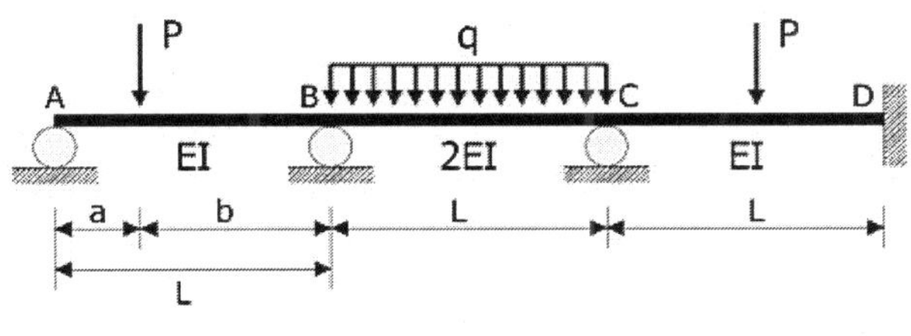

그러나 대부분의 구조물은 그 형상이 복잡하거나, 두개 이상의 구성품으로 조립되어 있는 경우가 대부분이므로 해석적인 엄밀해를 구하는 일이 매우 어려워진다. 더구나 이러한 구조물들의 숫자가 많아지거나 형상이 복잡해지면 응력 집중과 같은 다양한 현상이 발생하여 수학적인 공식을 이용하여 공학적인 거동을 예측하기는 거의 불가능한 상황이 된다.

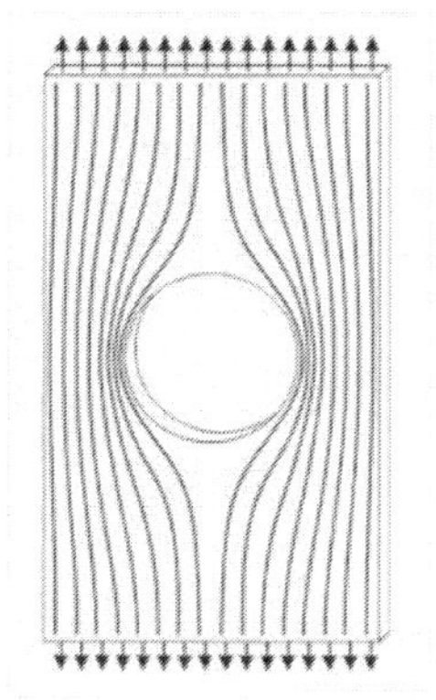

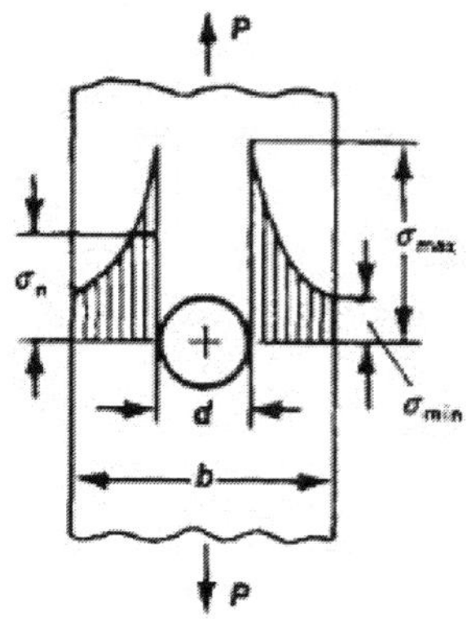

그러나 현실적으로는 이렇게 복잡한 기계 시스템의 거동을 정확히 알지는 못하더라도, 그 거동에 가장 근사한 차선의 공학적인 값을 찾아서 개발에 직접 이용하는 것이 필수적이다. 이것이 공학적인 모델링 및 가정(Assumption)을 통해서 근사해(Approximate Solution)를 사용하게 되는 공학적인 설계개념이 탄생한 배경이다. 이때 이 근사해 과정에서 생기는 공학적인 오차는 안전계수(Factor of Safety)나 안전여유(Margin of Safety) 등의 개념을 도입하여 해결하게 된다.

이와 같이 공학적인 해석단계에서 근사해법을 이용한 다양한 방법이 존재하는데 대표적인 방법이 다음과 같은 3가지 방법이다.

- 유한요소법(Finite Element Method, FEM)
- 경계요소법(Boundary Element Method, BEM)
- 유한차분법(Finite Difference Method, FDM)

이와 같은 근사해법에 대한 이론적인 부분에 관심이 있는 사용자는 여기에 관련된 전문서적을 참조하기 바라며, 우선 가장 간략하게 그 개념에 대한 설명을 다음에 정리하였다.

■ 유한요소법

아래의 그림은 원래의 형상을 유한한 개수의 요소로 가상적으로 분할하는 유한요소법(FEM)의 메시(Mesh) 작업의 예를 나타내고 있다.

■ 경계요소법

아래의 그림은 경계요소법의 개념을 나타나고 있는데, 해석하고자 하는 대상 영역의 내부가 아닌 주위 경계면(Boundary)의 물리적 변화만을 미지수로 하여 해석하는 방법이다. 수학적으로는 그린의 정리(Green's Theorem)에 따라 영역 전체에 대한 적분(3차원 적분)을 물체의 경계를 따른 경계적분(Boundary Integral, 2차원 적분) 형식으로 변환하고, 여기에 경계조건(Boundary Condition)을 적용하는 것이다.

앞에서 설명한 유한요소법은 전체 영역에 대해 적분을 취하여 해석하는 것이며, 여기서의 경계요소법은 물체 경계를 유한개의 작은 경계(경계요소, Boundary Element)로 세분화 하여 해석하는 것이다.

이 해석방법은 컴퓨터를 이용한 해석 과정에서 경계면의 이동 및 변형에 따른 내부 절점의 재편성도 할 필요가 없다는 장점 등이 있다. 이 해석 방법은 해석문제의 크기가 크지 않고 Source나 Sink 등의 원천을 포함하는 유동장 문제(Flow Field Problem)에 매우 효과적이다.

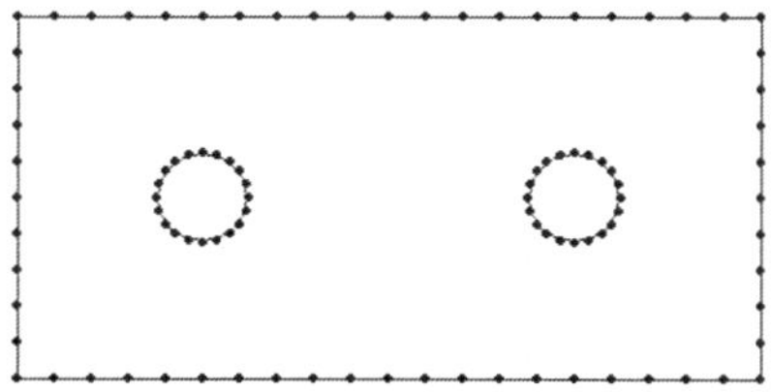

〈경계요소법의 개념〉

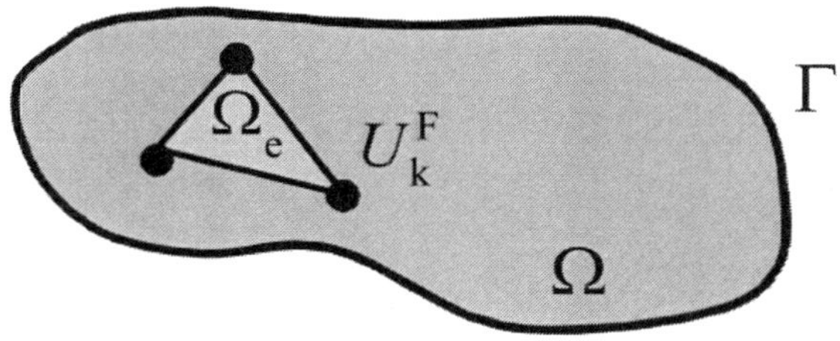

〈유한요소법의 해석 대상 영역 개념〉

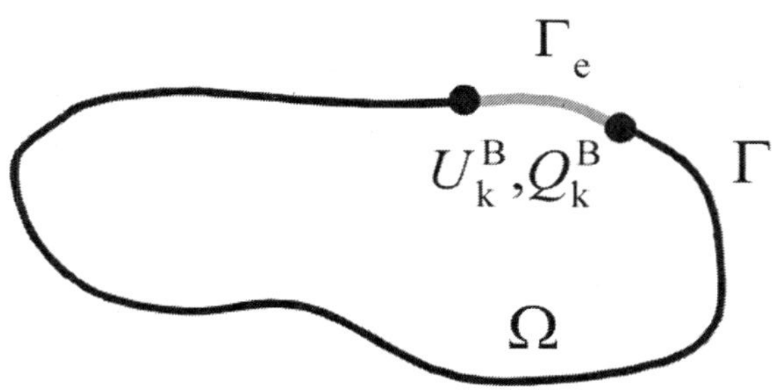

〈경계요소법의 해석 대상 영역 개념〉

■ 유한요소법과 경계요소법의 조합

실제 설계과정에서는 위의 2가지 해석 방법의 장점을 조합하여 사용하기도 하는데 아래는 공기 중을 비행하는 항공기 날개를 해석하는 모델링 응용 예이다. 이때 항공기 날개는 유한요소법으로, 공기는 경계요소법을 사용할 수가 있다.

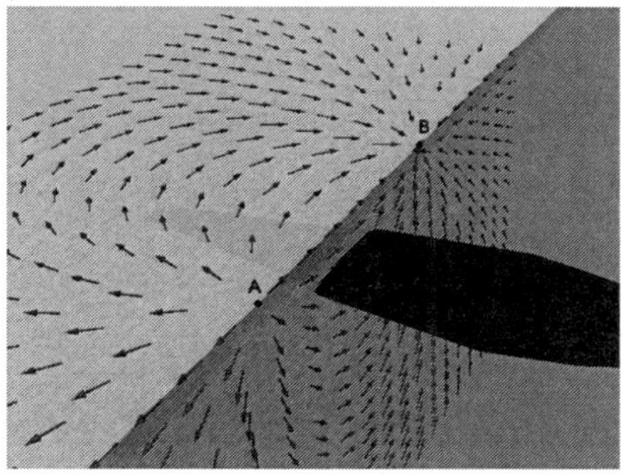

■ 유한차분법

유한차분법(FDM)은 위에서 설명한 유한요소법(FEM)과 다음과 같은 면에서 차이가 있다.

1. 유한차분법은 미분 방정식 그 자체를 근사화하여 해를 구하는 방법이다. 이에 비해서 유한요소법은 미분 방정식의 해법에 대해 근사화하는 방법이다.
2. 유한요소법은 복잡한 형상이나 경계조건들을 비교적 쉽게 적용할 수 있지만, 유한차분법은 그 기본 개념 자체가 직사각형 격자들을 이용하는 것이기 때문에 해석 대상의 영역(Domain) 모양들이 단순한 경우에 적절한 방법이다.

유한차분법은 그 변화량을 설정할 때 진행 방향에 따라서 Forward, Central, Backward의 3가지 형식이 존재한다. 아래 그림은 주로 많이 쓰이는 Forward와 Central 형식의 유한차분법의 개념을 1-D 경우에 대하여 나타내었다.

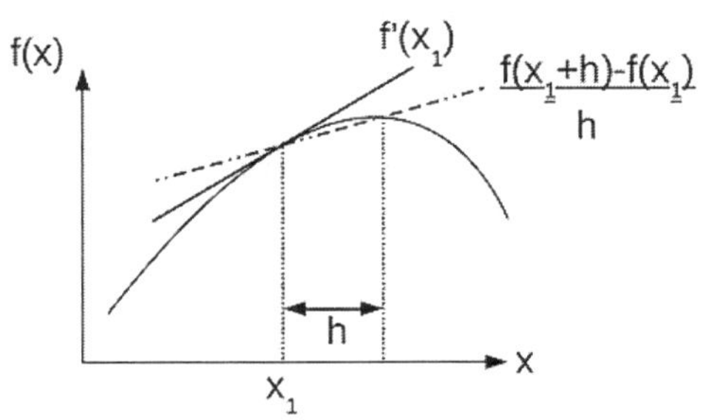

$$f'(x) \approx \frac{f(x) - f(x-h)}{h}$$

〈Forward FDM〉

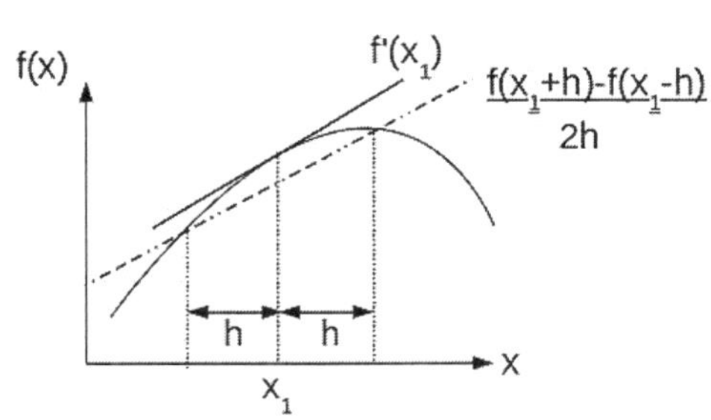

$$f'(x) \approx \frac{1}{2h}(f(x+h) - f(x-h))$$

〈Central FDM〉

아래의 그림은 유한차분법에 사용되는 공간 개념을 2-D 경우에 대하여 나타낸 것이다. 즉 관심의 대상이 되는 영역에 대하여 격자 모양으로 분리하며, 그 각 구간에 대하여 물리량의 변화량을 모델링하고 수치화 시킨다.

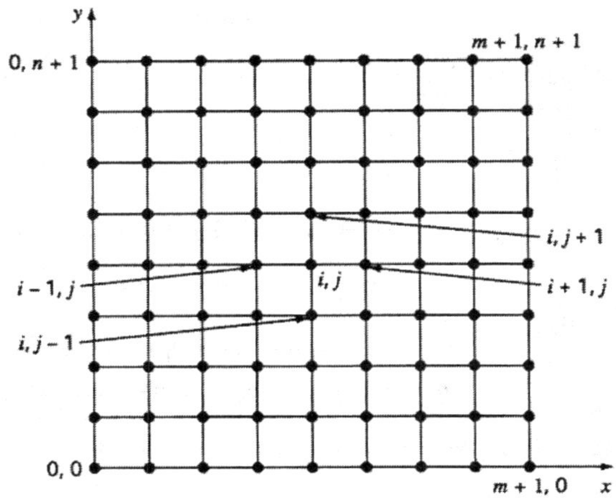

$$\frac{q(x) - q(x + \Delta x)}{\Delta x}$$

1.2 유한요소 해석의 과정

공학적인 현상을 해석하기 위하여 유한요소 프로그램을 이용하는 단계는 다음과 같이 3단계로 구분할 수 있다.

- 전처리 단계 (Pre-Processing)
- 계산실행 단계 (Processing, Solving)
- 후처리 단계 (Post-Processing)

1.2.1 전처리 단계

이 전처리 단계는 프로그램이 정해진 조건하에서 유한요소 해석을 실행하기 위한 모든 데이터를 사용자가 정의해 주는 단계이다. 이 단계에서는 해석에 사용하는 형상을 작성해 재료의 특성과 하중조건, 경계조건 등의 설정을 해 주고, 해석에 사용할 계산 알고리즘을 선택하고 기타 옵션을 선택한다. 그러나 이 과정에서의 공학적인 모델링이나 옵션의 선택내용에 따라, 전체 해석결과가 실제 물리적인 상황과는 전혀 다른 잘못된 결과를 나타내거나, 영향을 받을 수 있으므로 상당한 지식과 노력, 주의가 필요하다.

1.2.2 계산실행 단계

전처리과정에서 준비된 해석용 데이터를 사용하여 프로그램으로 수치적인 연산처리를 하는 단계이다. 즉 CAE의 엔진(Engine) 역할을 하는 부분으로, 프로그램을 사용하는 사용자가 기본적인 사항을 제외하고는 특별히 미리 공부를 해야 할 사항은 아니다. 그러나 직장에서 고급 기계시스템을 설계하고 해석하는 과정에서 발생할 수 있는 다양한 문제점을 이해하고 해결하기 위해서는 이 해석 기능에 내장되어 있는 알고리즘의 장점과 단점, 그리고 특이점들을 별도의 과정을 거쳐서 전문적으로 미리 공부하면 큰 도움이 될 것이다.

계산 실행 시에 사용자 입장에서 미리 확인해야할 사항으로는, 대규모 데이터를 처리하는 경우와 장시간에 걸쳐 연산할 경우에는 하드디스크의 용량과 RAM의 용량, 연산처리속도(CPU 속도 등)등은 충분한가, 컴퓨터가 연산 도중에 타인에 의해 셧다운(Shut-Down)되는 일은 없는가, 다른 주변장치, 소프트웨어와 연동되어 있는 가 등에 대한 사항을 미리 점검하여 적절한 조치를 해 둘 필요가 있다.

그리고 더 나아가서 해석 경험이 더욱 쌓이면, 어느 정도 규모의 시스템을 해석하기 위해서는 사용자가 사용하는 컴퓨터 환경에서는 어느 정도의 시간이 소요되는가에 대한 정성적인 공학적 감각을 키울 필요도 있다.

1.2.3 후처리 단계

프로그램이 해석을 완료한 후, 그 해석 결과를 표시하거나, 적절한 형식으로 가공하여 다른 시스템에서 활용할 수 있도록 해주는 단계이다. 일반적으로 전공 분야에서 이론적으로 공부한 대부분의 물리량들을 그래픽이나 구체적인 수치로 거의 다 표시할 수 있다. 특히 기계공학에서 가장 필수적인 변형, 응력, 변형률, 속도 등의 분포를 3차원 형상이나 단면도 등으로 나타내어 설계자의 판단을 쉽게 해주는 것은 기본이며, 때때로 X-Y Plot 및 동영상 파일까지 만들어주는 기능도 탑재하고 있다. 또한 사용자가 추가로 설계식과 실험식, 평가 식을 입력하여 해석결과의 가공과 비교 등 설계평가 시스템을 구축하는 것도 가능하다.

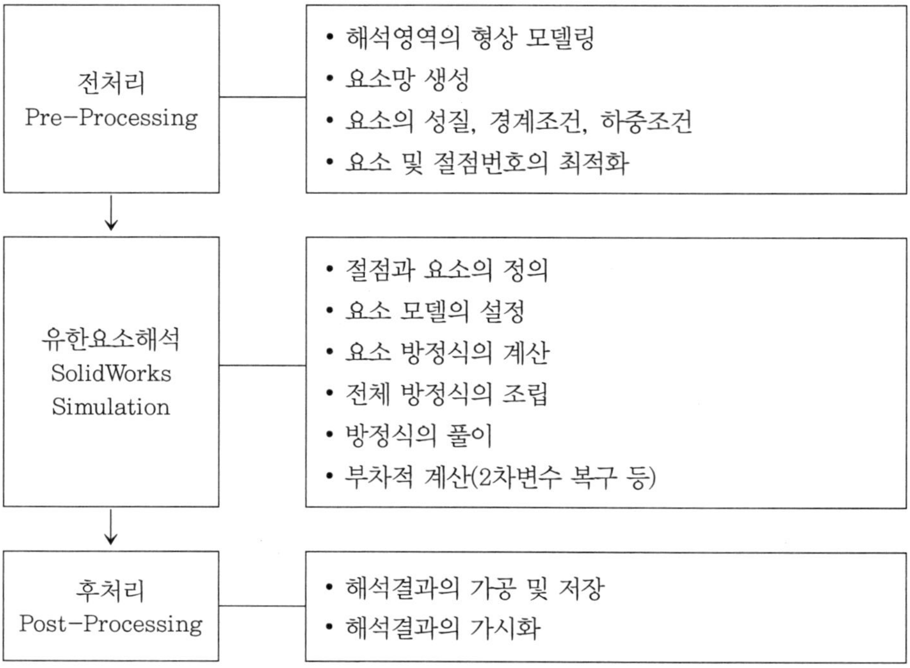

1.3 유한요소 모델링시의 고려사항

유한요소 해석을 하기 위해서는 실제의 상황을 수학적인 모델링으로 최대한 근접하게 묘사해야 정확한 해에 가까운 결과를 얻을 수 있다.

1.3.1 구조물 형상의 대칭성(Symmetry)

구조물의 해석에서 대칭구조물을 다루는 경우 변형이 대칭성을 갖는다면 대칭성을 이용하여 모델을 작성할 수도 있다. 이런 대칭성을 이용하면 해석에 사용되는 컴퓨터의 자원을 효율적으로 사용할 수 있다. 즉 적은 용량으로도 상대적으로 대규모 구조물의 해석이 가능해 진다. 그러나 이때에는 대칭면의 구속조건을 원래의 거동에 합당하도록 세심히 적용해야 하는 어려움이 있다. 따라서 현재와 같이 컴퓨터 자원이 활용하기가 용이하고 저렴해진 상황에서는 대칭성을 이용하여 해석 오류의 위험을 감수하지 말고, 가능하면 구조물의 있는 형상과 조건 그대로 해석하는 것이 바람직하다.

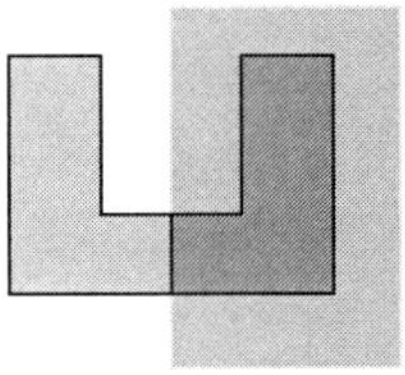

(a) 하나의 대칭면

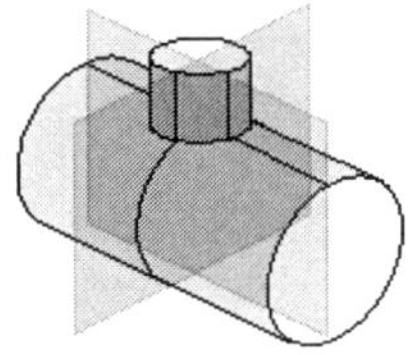

(b) 2개의 대칭면

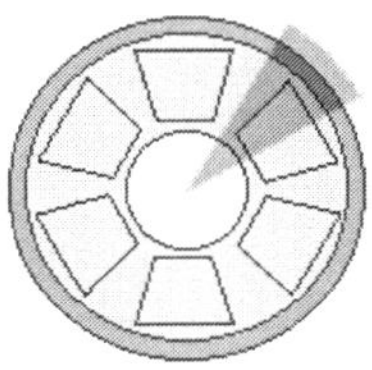

(c) 12개의 대칭면

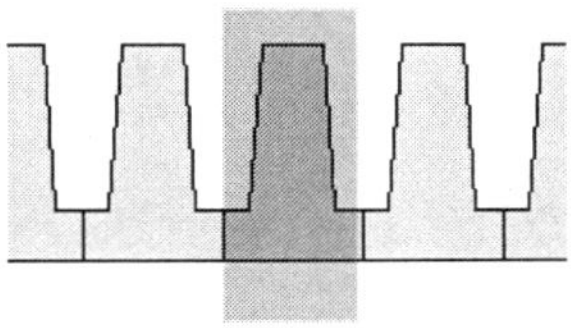

(d) 무수한 대칭면

1.3.2 외부 하중의 모델링

외부에서 구조물에 가해지는 하중의 종류는 무수히 많다. 먼저 정적(Static) 하중의 분류는 다음과 같다.

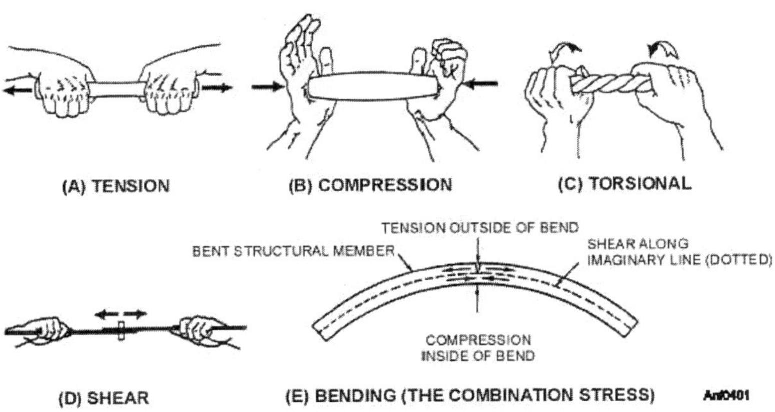

(정적 하중의 종류)

마찬가지로 먼저 동적(Dynatic) 하중의 분류는 다음과 같다.

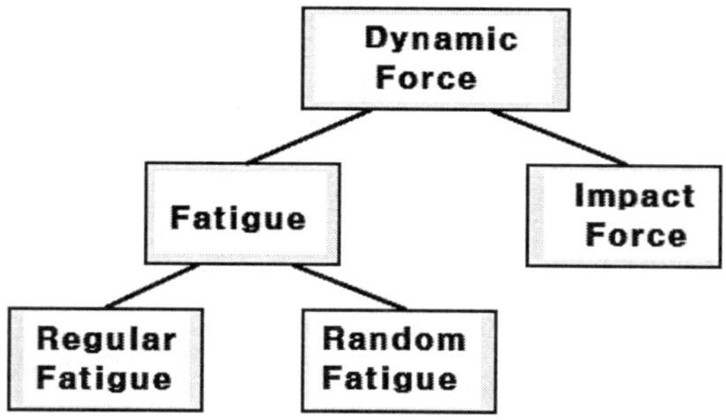

(동적 하중의 종류)

그리고 하중이 가해지는 접촉 지점에 따라서 분포하중과 집중하중으로 묘사할 수 있으며, 이를 공학적으로 묘사(모델링)하는 개념을 그림으로 묘사하면 다음과 같다.

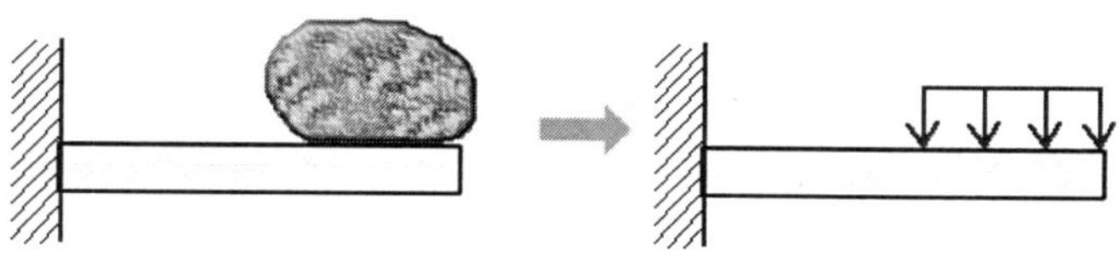

[분포하중]

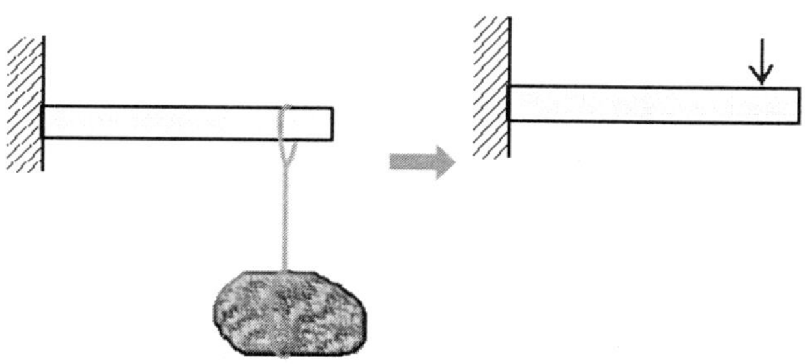

[집중하중]

(접촉 방식에 따른 하중 분류)

1.3.3 구속 조건의 종류

실제로 시스템을 구성하는 구속조건은 다음 그림의 예와 같이 다양한 상황에 있게 된다. 이러한 경우를 각각 얼마나 수학적으로 적용 가능하게 모델링하는가 하는 점이 바로 공학자들이 개발 현장에서 겪는 어려움이다.

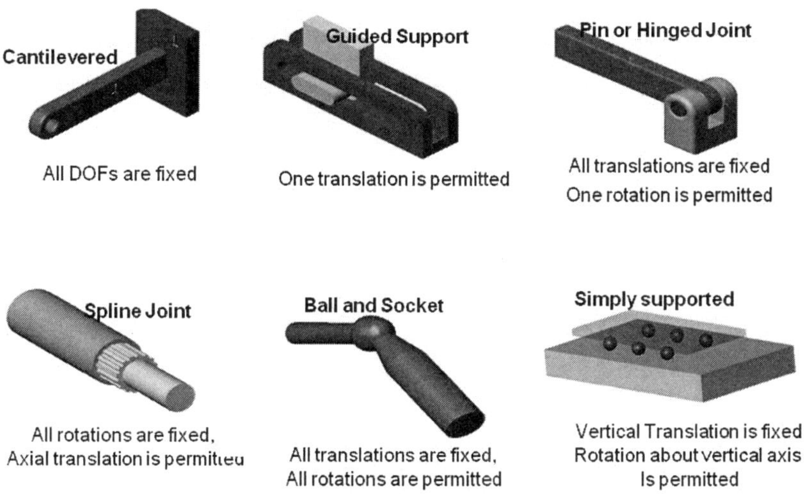

위와 같은 실제적인 구속 조건을 공학적인 모델링으로 변환하여 해석 과정에 적용하여야 한다. 이를 위해서라도 개발 경험이 많은 선임 엔지니어를 통해서 배우고, 다양한 개발 과제를 수행하면서 관련 지식을 쌓아야 한다.

1.3.4 유한요소 모델링에서의 자유도

3차원 좌표계에서 존재하는 하나의 점을 정의하면, 그 점은 구속 등의 제약이 없는 경우에 X-Y-Z 축방향의 직진 이동 3개와, 각 축을 중심으로 한 회전 3개 등 모두 6개의 자유도를 갖는다. 이들 6개의 자유도를 그림으로 표시하면 다음과 같다.

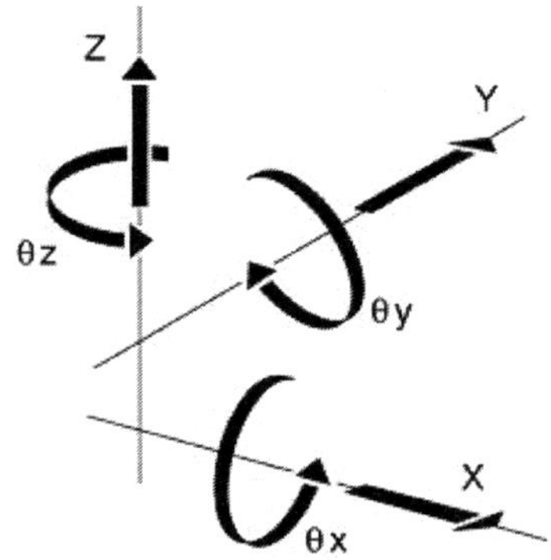

어떤 구조물이나 시스템에 대하여 기계적인 구속조건(Constraint)을 부여한다는 것은 각각의 점에 대하여 이 6개의 공간적인 자유도를 제거하여 특정 방향으로의 운동만을 유도한다는 의미이다.

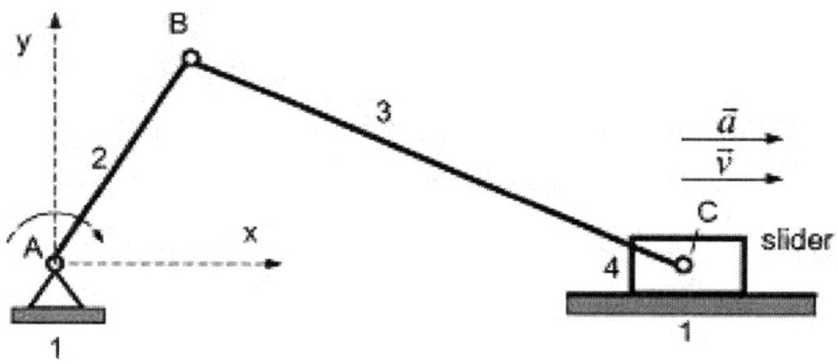

위의 그림에서 왼쪽의 A 지점은 2차원 공간에서는 원래 직진 2개, 회전 1개의 자유도를 가진다. 그러나 경첩(Hinge) 구속조건이 부여되면 직진 2개의 자유도가 없어지고, 1개의 회전 자유도만 존재한다. 마찬가지로 우측의 C 지점에서는 원래 직진 2개, 회전 1개의 자유도를 가지고 있다가 슬라이딩 구속 조건에 의하여 수평방향 자유도 하나만 존재하고 나머지 수직 방향 자유도 1개와 회전 자유도 1개는 없어진다. 이렇게 해당 물체의 자유도를 적절히 조절하여 원하는 모션을 유도하는 것이 구속조건의 부여이다.

따라서 실제 시스템을 공학적으로 올바르게 해석한다는 것은 이 자유도를 실제 상황에 상응하게 적절히 구속조건을 부여한다는 것이다. 사용자들은 많은 해석 경험과 개발 경험이 쌓일수록 이런 공학적인 능력은 더욱 향상되리라 생각된다.

1.3.5 (자동)요소 분할(Mesh)기능

3차원의 구조물 형상에 대하여 해석할 때에는 컴퓨터의 자원을 덜 소모하면서도 그 정확도가 가장 효율적인 것으로 알려진 요소를 주로 사용한다. 이 특성을 고려하여 프로그램에 미리 전처리 과정에서 자동요소 분할기능을 이용하고 있다. 주로 사용되는 3차원 요소의 종류를 나열하면 다음과 같다.

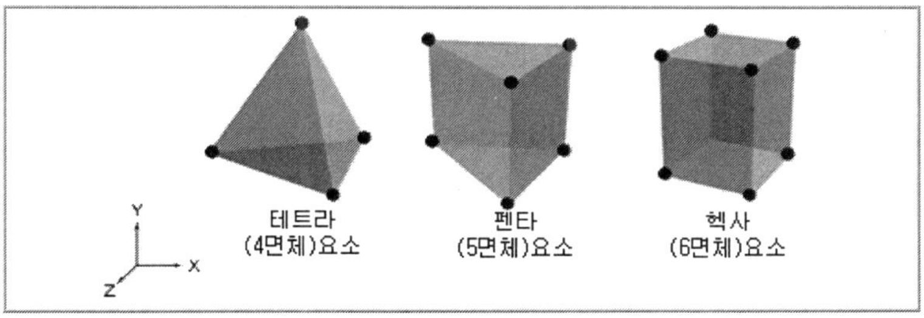

그리고 요소를 구성하는 절점 간에 새로이 절점을 정의하여, 보다 많은 절점수로 구성되는 요소를 고차원(Higher Order) 요소라고 한다. 일반적으로 이런 고차원 요소는 높은 정확도의 해석결과를 얻을 수 있다. 다음에 그 예를 그림으로 나타내었다.

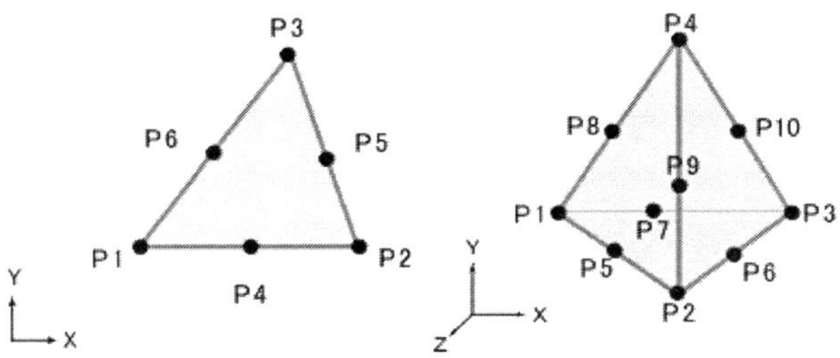

사용자가 해석을 위하여 유한한 수의 유한요소로 가상적으로 분할하는 단계에서, 이것을 어떤 방식으로 분할하는가 하는 방식에 따라서 실제의 물리적인 현상과 매우 근접하거나 전혀 다른 해석이 될 수도 있다. 그렇기 때문에 다양한 구조물의 형상과 물리적인

성질의 분포를 미리 정확하게 예측하기 어렵다. 자동 요소생성 기법이라고 하는 개념은 위와 같은 사용자들의 어려움을 덜어주기 위하여 수학적인 알고리즘에 근거하여 공학적인 거동에 합당하게 요소분할을 하는 기능을 말한다.

아래의 그림은 특히 응력 집중이 발생하는 부위를 중심으로 세분화하여 분할한 예를 부여주고 있다.

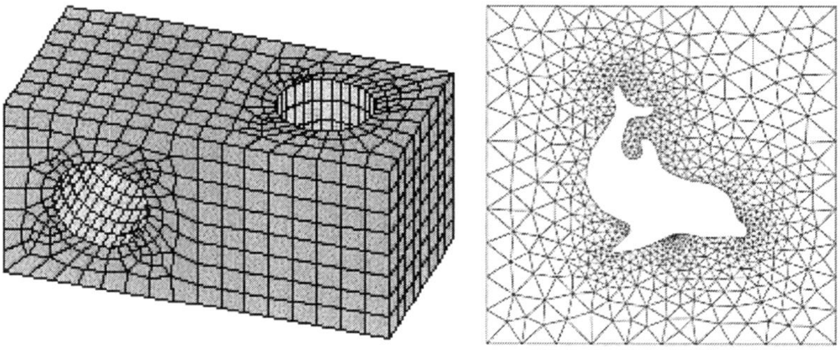

제 2 장 SolidWorks Simulation의 개요

2.1 SolidWorks Simulation의 패키지별 특성

현재 사용자들이 개인적으로 사용하는 컴퓨터의 OS에 따라서 설치하여 사용할 수 있는 SolidWorks의 버전이 결정된다. 아래에는 Window OS 버전에 따른 SolidWorks의 사용 가능 버전을 표로 나타내었다.

	Window 8	Window 7 (64 bit)	Window 7 (32 bit)	Window Vista	Window XP
SolidWorks 2015	O	O	X	X	X
SolidWorks 2014	O	O	O	X	X
SolidWorks 2013	O	O	O	O	X
SolidWorks 2012	X	O	O	O	O
SolidWorks 2011	X	O	O	O	O
SolidWorks 2010	X	O	O	O	O
SolidWorks 2009	X	X	X	O	O

본 저서는 Window 7 32bit OS 환경에서 작동하는 **"SolidWorks 2014 Premium"**을 기준으로 내용을 구성하였다.

SolidWorks Simulation 프로그램은 크게 다음의 4가지의 패키지로 분류된다.

- SolidWorks Simulation Premium
- SolidWorks Flow Simulation (유체의 유동해석)
- SolidWorks Plastics
- SolidWorks Sustainability

위와 같은 4가지 분류 중에서 유동해석에 관한 패키지를 제외하고 나머지 3가지 패키지가 주로 기계구조물의 해석에 사용된다.

■ SolidWorks Simulation Premium

SolidWorks Simulation Premium 패키지는 매우 탁월한 구조물 시뮬레이션 능력이 있는 제품이다. 이 패키지는 SolidWorks Simulation Professional 패키지의 기능 뿐 아니라 추가로 비선형과 동적인 반응, 동적인 하중, 그리고 복합재료에 대한 해석 도구도 포함하고 있다.

■ SolidWorks Flow Simulation

SolidWorks Flow Simulation 패키지를 사용하면 설계의 성공 여부에 매우 중요한 요소인 유체 유동, 열 전달, 유체의 하중 등을 효율적으로 시뮬레이션할 수 있다. 이 패키지는 이러한 공학적인 목적을 위하여 전산 유체 역학(CFD)의 복잡한 문제를 떠안으며, 동시공학적인 접근 방식으로 제품을 개발하려는 생산분야 엔지니어들에게는 CFD를 이용하여 기술적인 의사결정을 할 수 있는 안목을 제공한다.

■ SolidWorks Plastics Simulation

SolidWorks Plastics Simulation 프로그램은 플라스틱 부품이나 사출 금형을 설계하는 초기 과정에서의 생산 결함을 예측하고 피할 수 있게 해 준다. 구체적으로는 플라스틱 부품이나 사출 금형의 품질을 향상시키고, 값비싼 금형의 재작업(Rework)가능성을 제거하고, 제품의 시장 출하까지의 시간을 단축시킨다.

■ SolidWorks Sustainability Simulation

SolidWorks Sustainability Simulation 프로그램은 SolidWorks 3D 설계 창에서 부품

이나 조립체에 대하여 직접 제품전주기 과정평가(LCA, Life Cycle Assessment)를 수행한다. 또한 대체할 수 있는 재질을 검색하고, 이들이 작업여건에 미치는 영향을 실시간으로 확인하고 그 결과를 손쉽게 문서화할 수 있다. 위의 패키지 중에서 **"SolidWorks Simulation Premium"** 패키지의 주요 해석 및 설계 기능을 요약하면 다음과 같다.

<table>
<tr><td colspan="2">선형 정적 해석
Linear Static Analysis</td><td colspan="2">설계스터디 (최적화)
Design Study (Optimization)</td></tr>
<tr><td colspan="2">열 해석
Thermal Analysis</td><td colspan="2">하위 모델링 해석
Sub-Modeling Analysis</td></tr>
<tr><td colspan="2">고유진동수 해석
Frequency Analysis</td><td>비선형 해석
Non-Linear
Analysis</td><td>정적 해석
동적 해석</td></tr>
<tr><td colspan="2">좌굴 해석
Buckling Analysis</td><td>선형 동적 해석
Linear
Dynamic
Analysis</td><td>모달-시간기록
조화하중 해석
임의진동 해석
응답스펙트럼 해석</td></tr>
<tr><td colspan="2">낙하 충격 해석
Drop/Impact Analysis</td><td colspan="2">설계 시나리오
Design Scenario</td></tr>
<tr><td>피로해석
Fatigue
Analysis</td><td>부동폭(일정폭)이벤트
유동폭(변동폭) 이벤트</td><td colspan="2">접촉 해석
Contact Analysis</td></tr>
<tr><td colspan="2">압력용기 설계
Pressure Vessel Design</td><td colspan="2">복합재료 해석
Composites Analysis</td></tr>
</table>

2.2 SolidWorks Simulation의 주요 도구

SolidWorks Simulation이 제공하는 주요 도구들을 정리하면 다음과 같다.

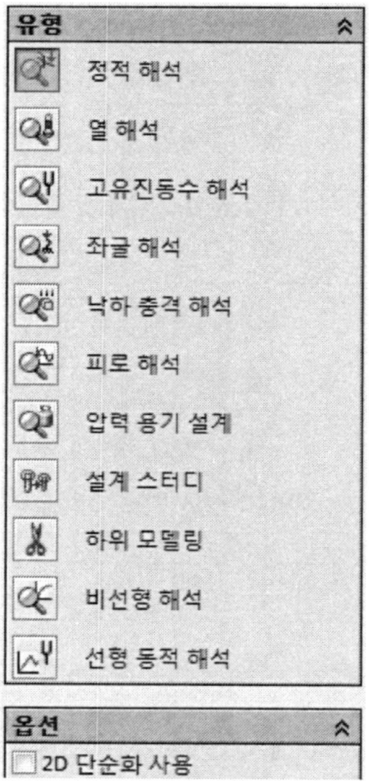

〈새 스터디 유형 도구〉

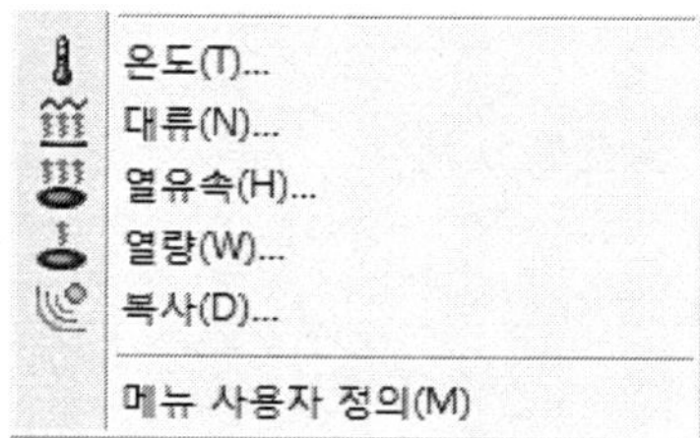

〈열 하중 도구〉

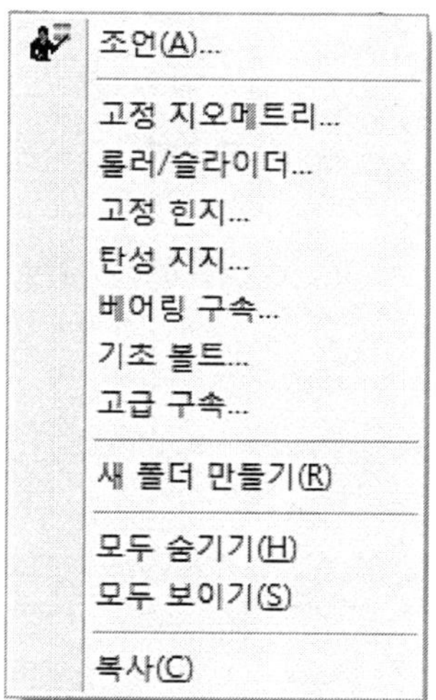

〈기계적인 구속조건 도구〉

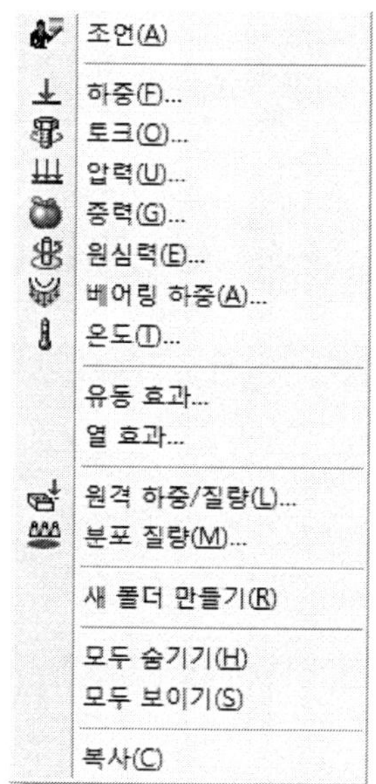

〈외부하중 도구〉

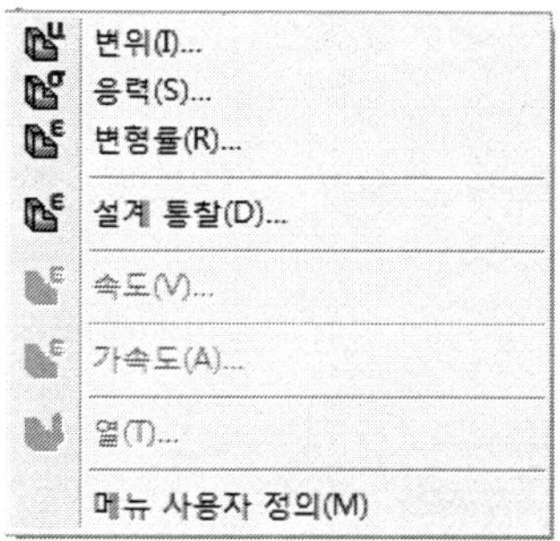

〈결과 플롯 도구〉

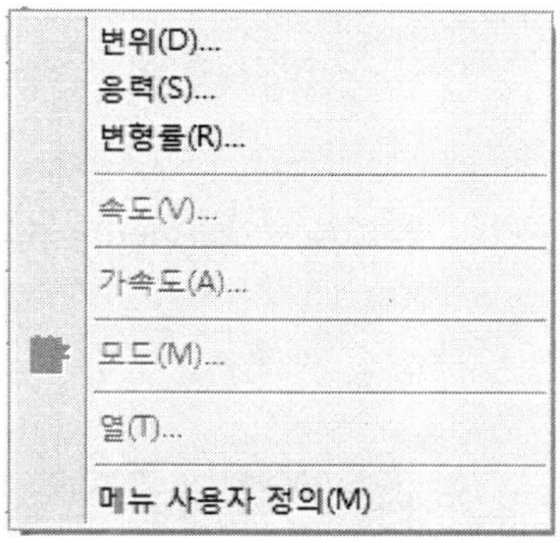

〈결과 목록 도구〉

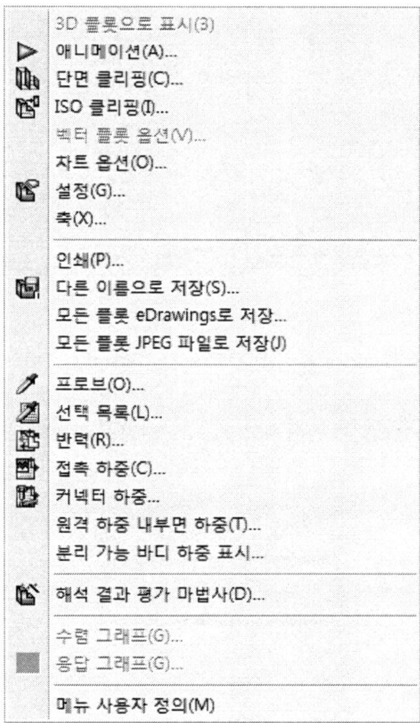

〈결과 도구 모음〉

2.3 옵션(Option) 설정

1. 다음과 같이 주 메뉴창의 **"Simulation(S)"** 메뉴의 아래에서 **"옵션(O)"** 항목을 선택한다.

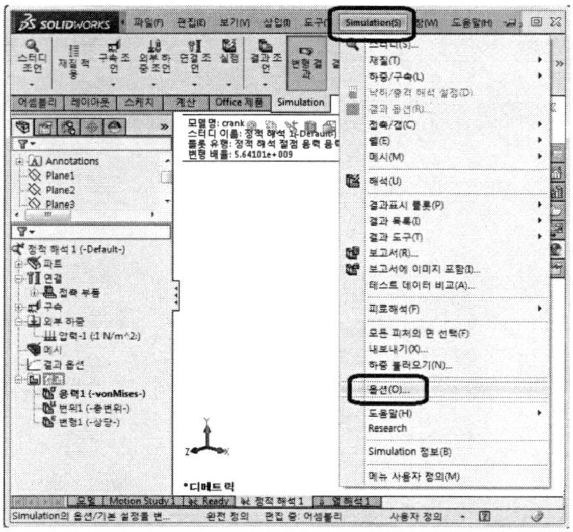

2. 이 기능은 실제 해석을 진행할 때 사용되는 환경을 설정하는 기능이다. 이 옵션은 **"시스템 옵션"**과 **"기본 옵션"**으로 구성되어 있다.

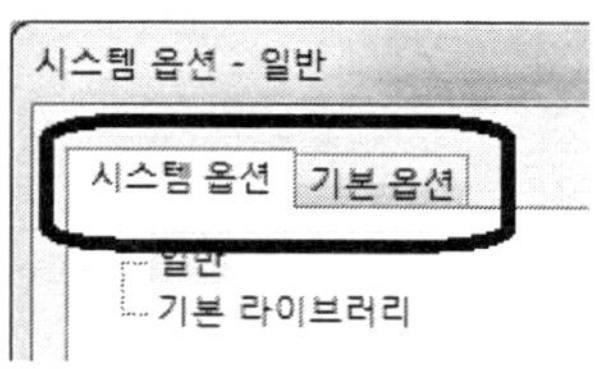

■ 시스템 옵션

3. **"시스템 옵션"** 중에서 **"일반"** 항목 설정 창을 나타내었다.

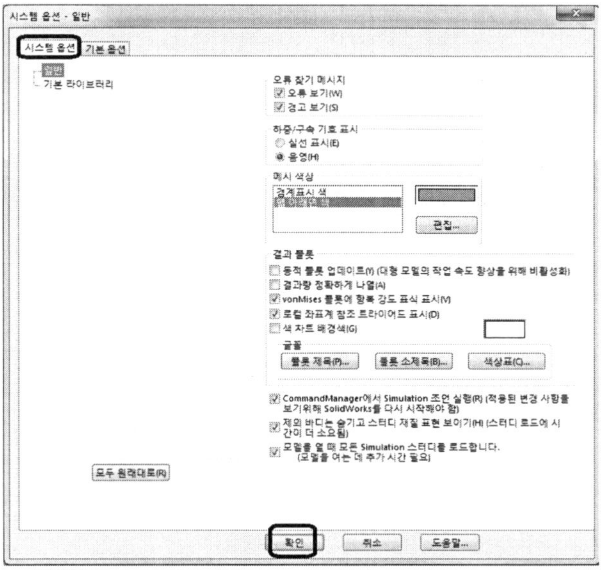

■ 기본 옵션

4. 이어서 다음과 같이 **"기본 옵션"**을 선택한다.

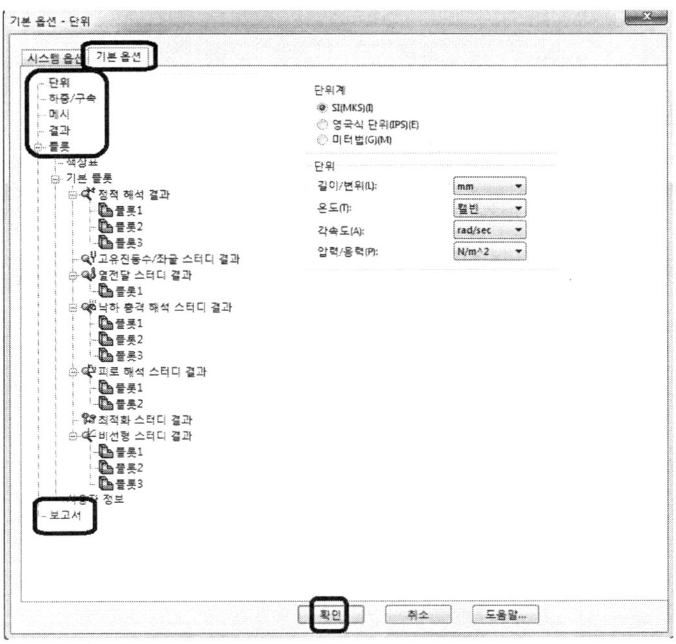

5. 이어서 **"메시"** 항목 설정 창을 나타내었다.

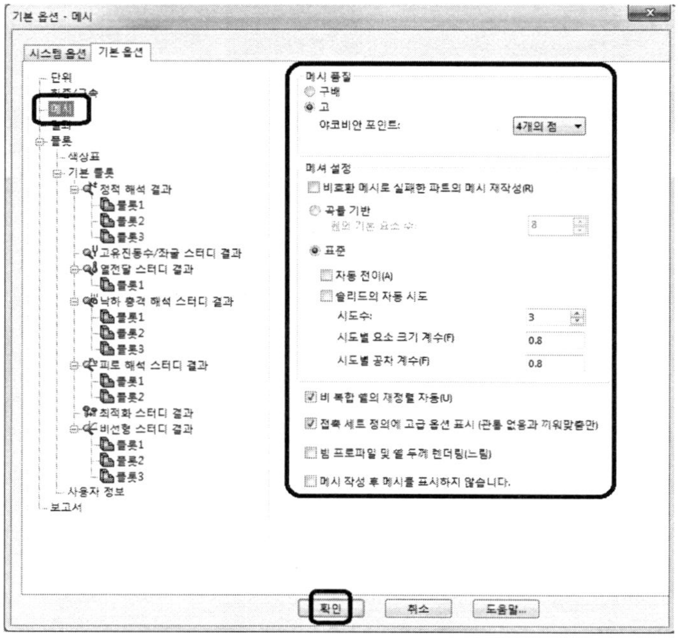

- 메시 품질 : 메시 내부의 가우스 적분 절점들을 1차 함수나 또는 2차 함수로 보간(Interpolation)하여 해석을 설정할 수 있다. 1차 함수 해석 품질은 신속한 평가와 굽힘 효과가 작은 솔리드 모델에서 사용할 수 있다. 대부분의 경우, 특히 곡선 형상이 있는 모델에 대해서는 고품질 메시를 권장한다.
- 메셔 설정 : 메시 분할 작업 과정에서 곡률 기반 메셔보다 빠른 방법을 사용한다. 표준 메시 방법이 실패할 때만 곡률 기반 메셔를 시도하도록 하며 곡률 기반 메셔는 부품, 면, 모서리에서 메시 컨트롤을 지원한다.
- 자동 전이 : 작은 피처, 세밀한 부분, 구멍 및 필렛 등에 메시 컨트롤을 자동으로 적용한다. 작은 피처가 많고 세밀한 부분이 많은 큰 모델을 메시할 때 불필요하게 자동 전이를 선택할 필요는 없다.
- 솔리드의 자동 시도 : 메시 분할방법이 크기가 작은 요소 크기를 사용하여 모델을 자동으로 메시하도록 한다. 허용 재시도 최대 횟수와 매 번 요소 크기와 공차가 줄어드는 비율을 제어할 수 있다.

6. 이어서 **"결과"** 항목 설정 창을 나타내었다.

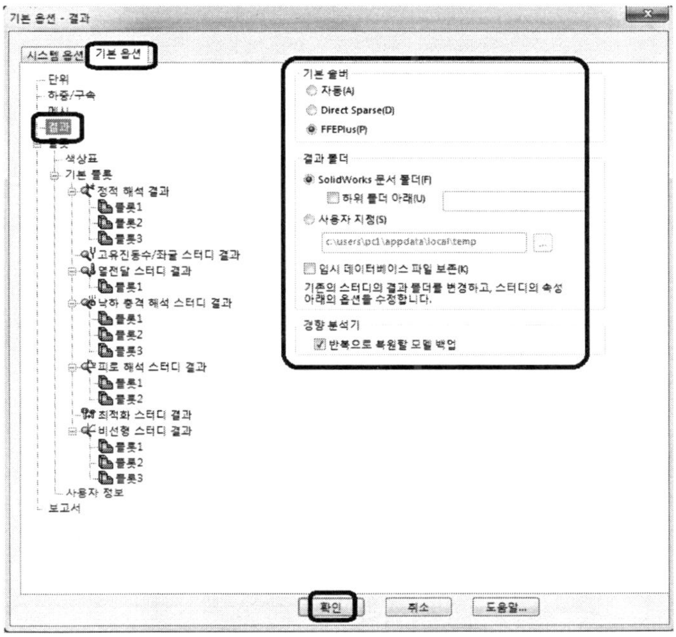

유한 요소 해석에서 원하는 공학적인 물리량을 구하기 위해서는 최종적으로는 다원 일차 연립방정식을 풀어야 한다. 이 방정식을 수학적으로 풀어서 해를 구하는 과정이 필수적인데, 이 과정을 수행하는 것이 Solver(솔버)이다. 일반적으로 작은 규모의 공학적인 문제(25,000 DOF 이하)에서는 모든 솔버가 효율적이지만 큰 문제를 해석할 경우에는 성능(속도 및 메모리 사용률)에 큰 차이가 있을 수 있다.

SolidWorks Simulation 프로그램이 제공하는 솔버의 종류에는 4가지 종류가 있는데 다음과 같은 3가지 종류가 주로 사용된다.

■ **"자동(A)"** 선택 옵션

- 정적 해석, 고유진동수 해석, 좌굴 해석, 열전달 해석의 일반적인 스터디에 적용된다.

- "Direct Sparse(D)" 선택 옵션
  - 접촉부가 여러 개인 문제의 해석에 적당하다.
  - 컴퓨터에 사용 가능한 메모리가 많을수록 해석 속도가 빨라져 적당하다.
  - 해석 대상의 구조물이 복합되어 있고 물질의 탄성 계수가 매우 다른 경우에는 이 솔버를 사용하는 것이 더 좋다.
- "FFEPlus(P)" 선택 옵션
  - 50,000 이상의 규모가 큰 자유도(DOF)를 가진 모델의 비선형 해석 스터디에서는 적은 시간에 해를 구하는 데 이 솔버가 효율적이다.
  - 특히 문제가 100,000 DOF 이상인 경우 FFEPlus가 문제를 더 빨리 풀며 문제가 커질수록 효율성이 더욱 높아진다.

7. 이어서 **"플롯"** 항목 설정 창을 나타내었다.

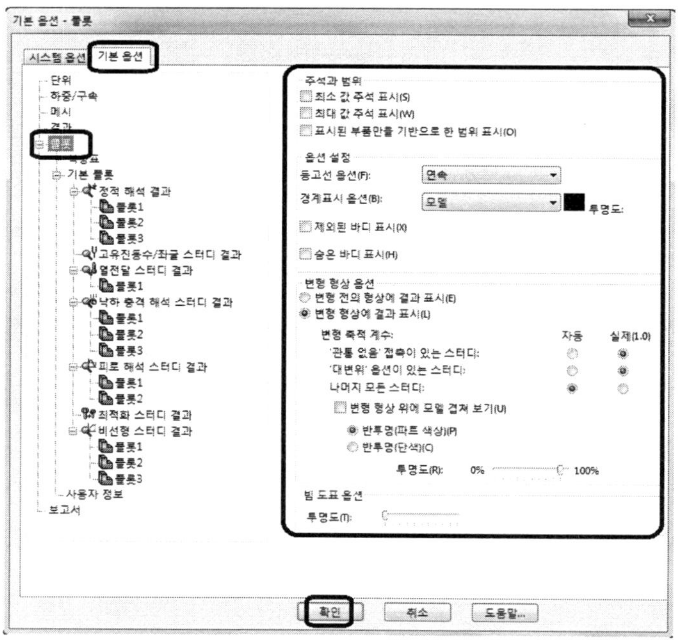

8. 이어서 마지막 항목으로 **"보고서"** 항목 설정 창을 나타내었다.

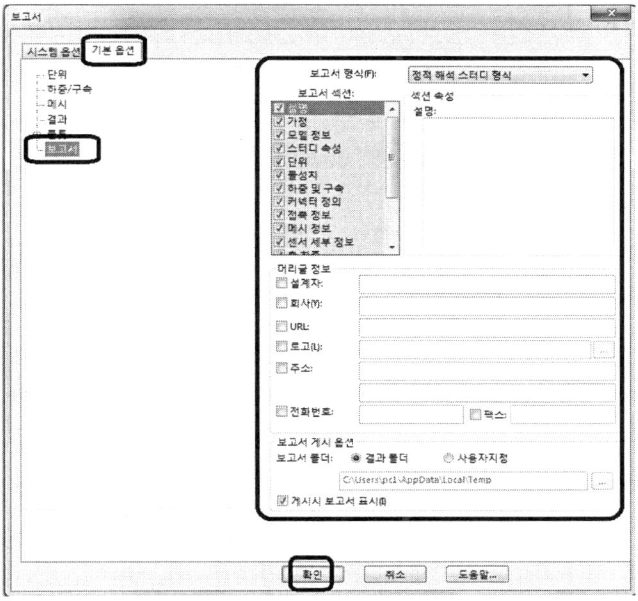

2.4 속성(Properties) 설정

모든 스터디들은 해당 스터디를에서 매니저 창의 **"스터디 이름을 선택"**하고, 우측 마우스를 클릭하여 **"속성(O)"** 메뉴를 활성화하면 해당 상황에 맞는 속성 탭들이 나타난다.

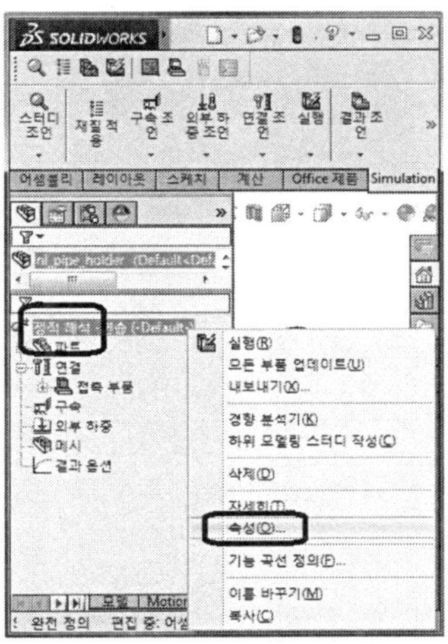

2.4.1 정적 해석의 속성

■ "옵션" 탭의 속성

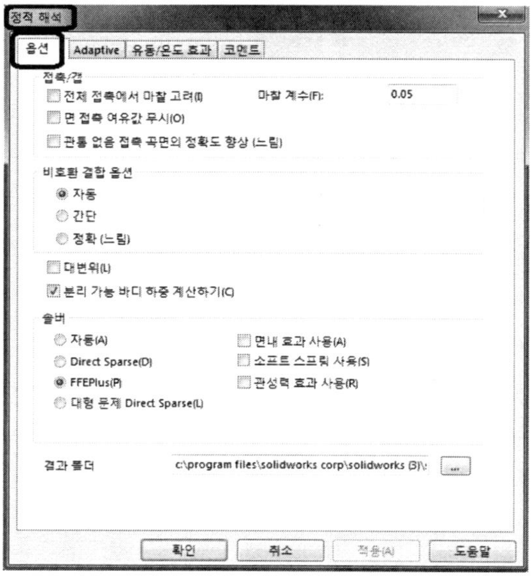

■ "Adaptive" 탭의 속성

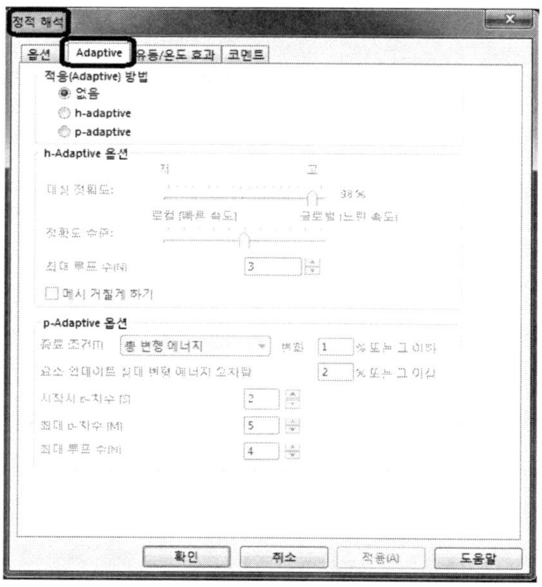

■ "유동/온도 효과" 탭의 속성

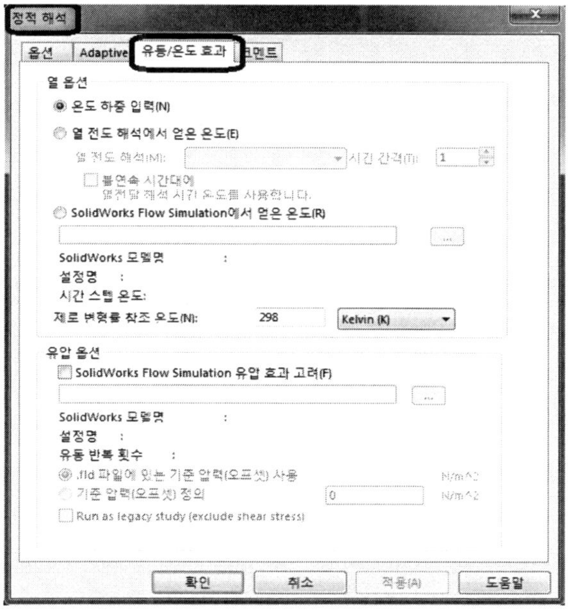

2.4.2 열 해석의 속성

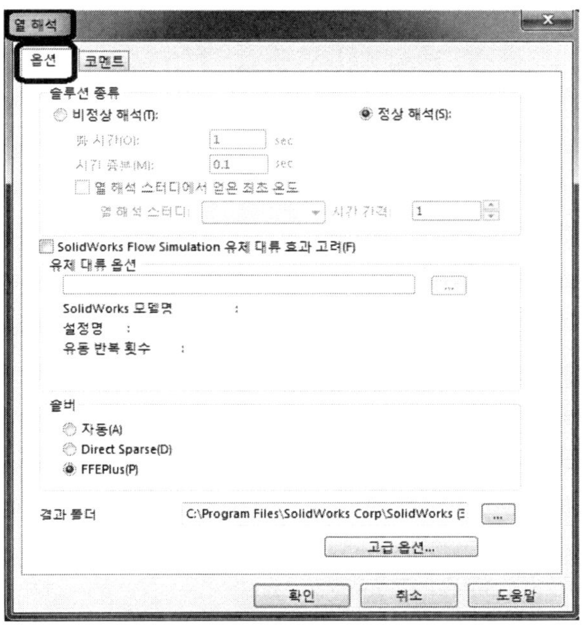

2.4.3 고유진동수 해석의 속성

■ "옵션" 탭의 속성

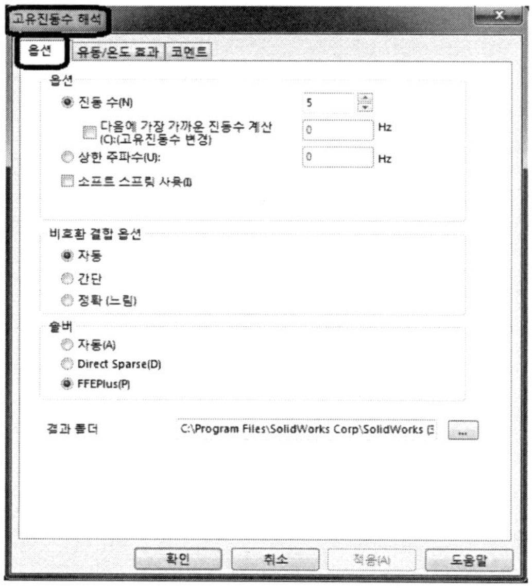

■ "유동/온도 효과" 탭의 속성

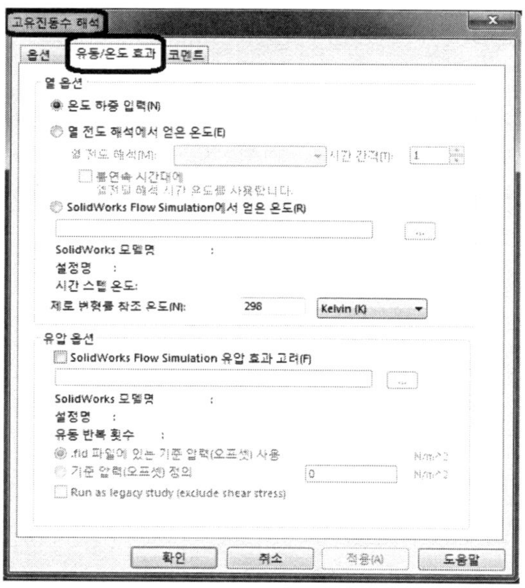

2.4.4 좌굴 해석의 속성

■ 옵션 탭의 속성

■ "유동/온도 효과" 탭의 속성

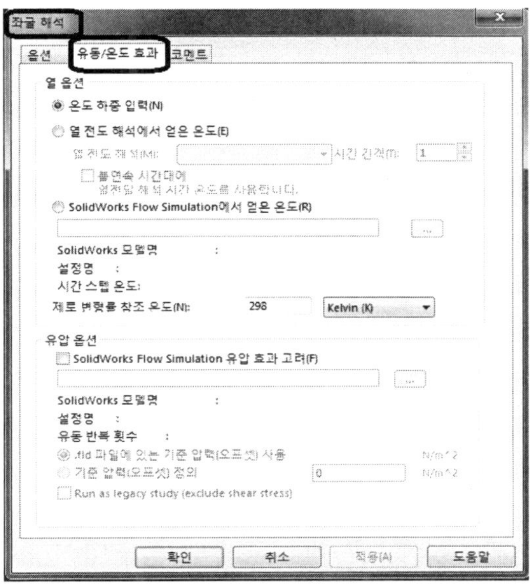

2.4.5 낙하/충격 해석의 속성

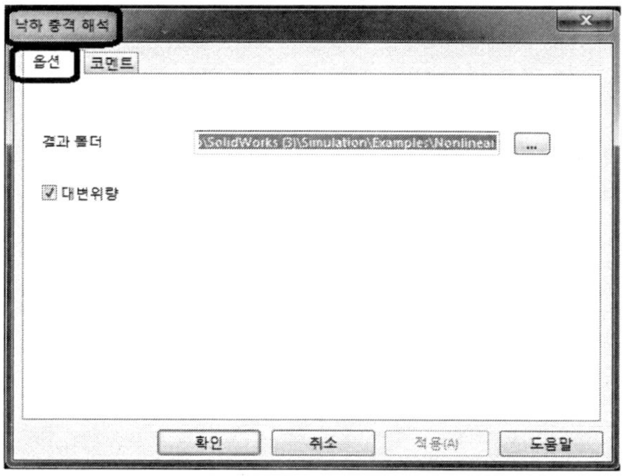

2.4.6 피로 해석의 속성

■ 부동폭(일정폭) 이벤트의 속성

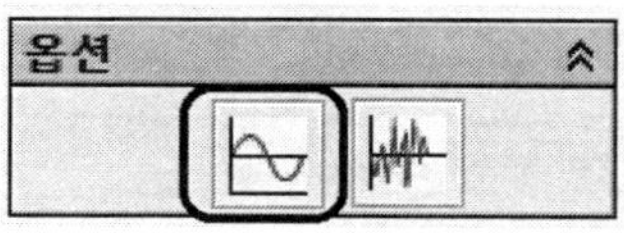

■ 유동폭(변동폭) 이벤트의 속성

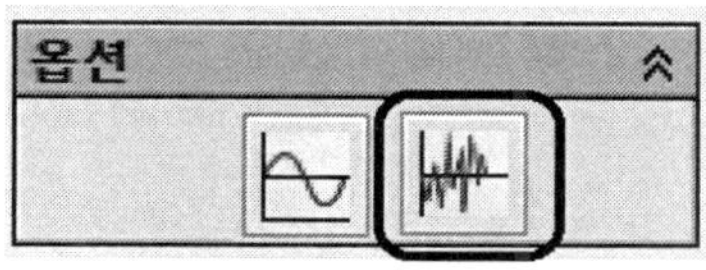

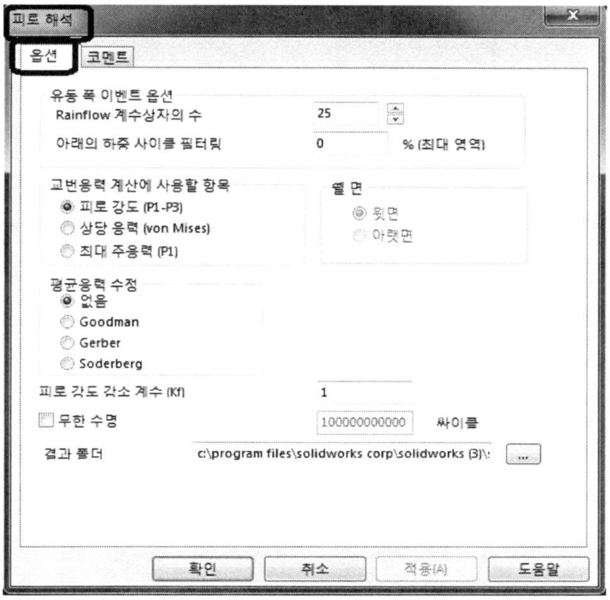

2.4.7 압력 용기 설계의 속성

2.4.8 하위 모델링의 특성

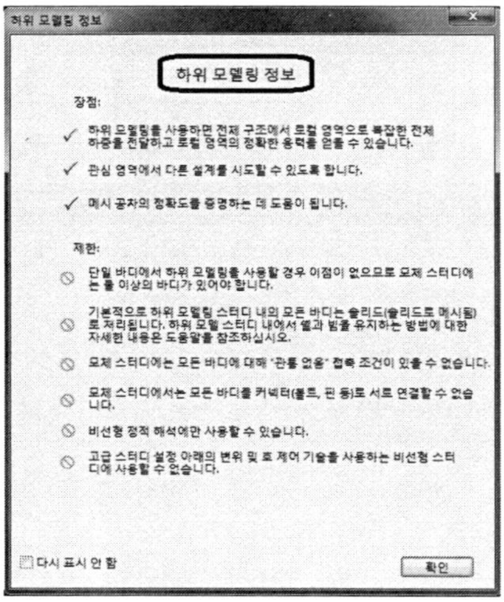

2.4.9 비선형 해석의 속성

■ 비선형 **"정적 해석"**의 속성

– **"옵션"** 탭의 속성

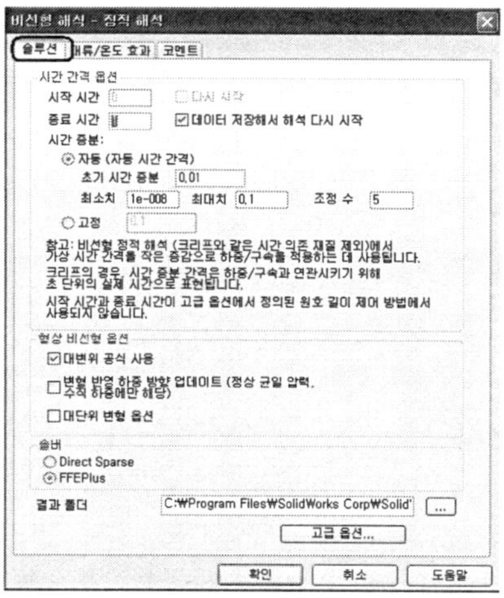

– **“대류(유동)/온도 효과”** 탭의 속성

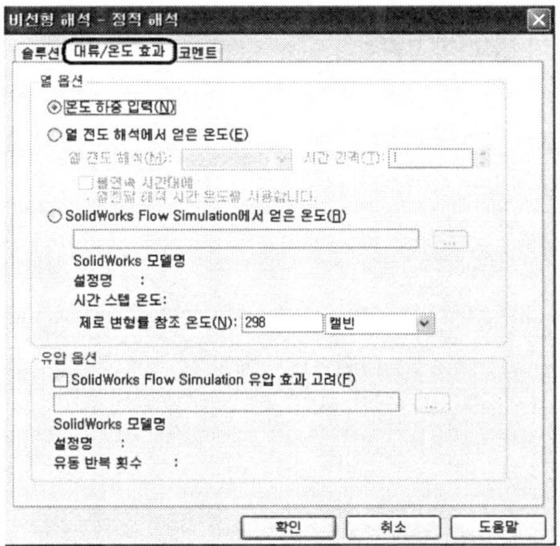

■ 비선형 **“동적 해석”**의 속성

– **“솔루션”** 탭의 속성

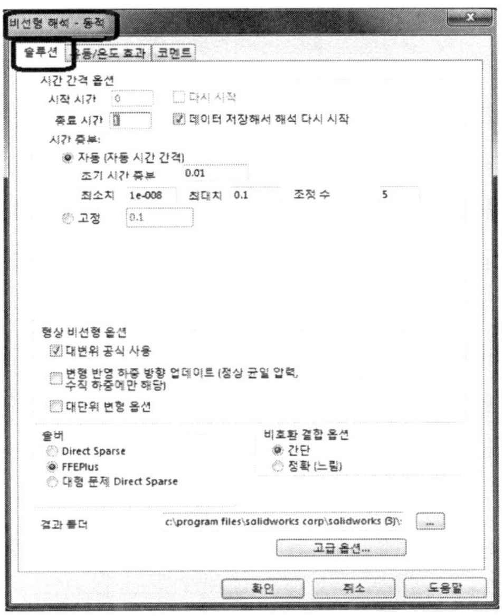

– **"대류(유동)/온도 효과"** 탭의 속성

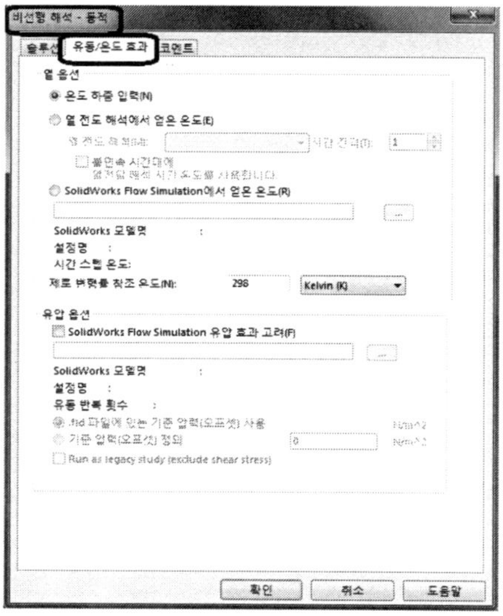

2.4.10 선형 동적해석의 속성

■ "모달(Modal) 시간 기록"의 속성

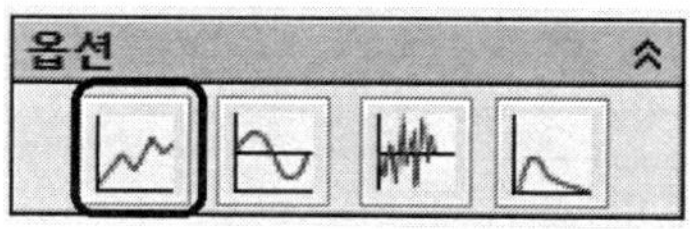

■ "고유 진동수 옵션" 탭의 옵션

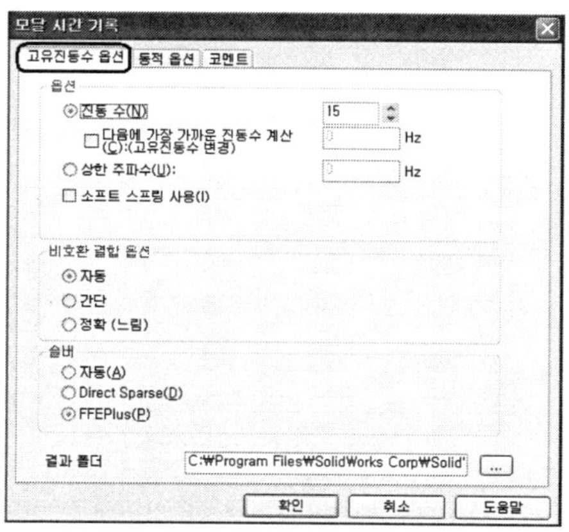

■ "동적 옵션" 탭의 옵션

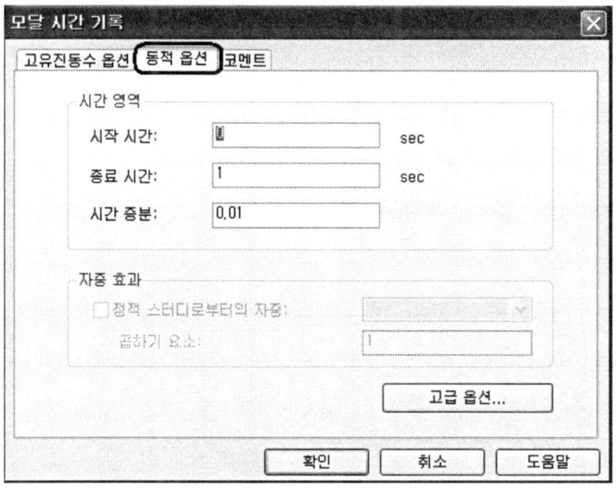

■ "조화하중 해석"의 속성

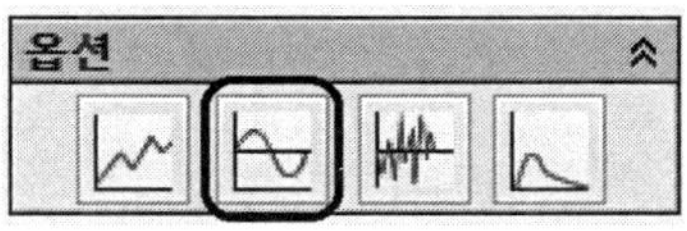

■ "고유 진동수 옵션" 탭의 옵션

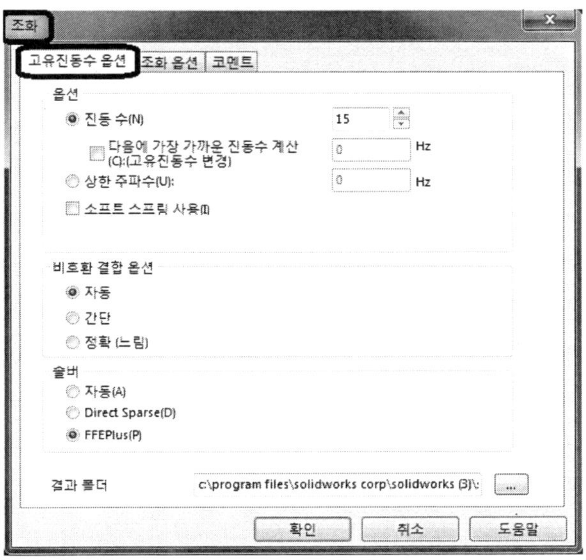

■ **"조화(Harmonic) 옵션"** 탭의 옵션

■ **"임의진동 해석"**의 속성

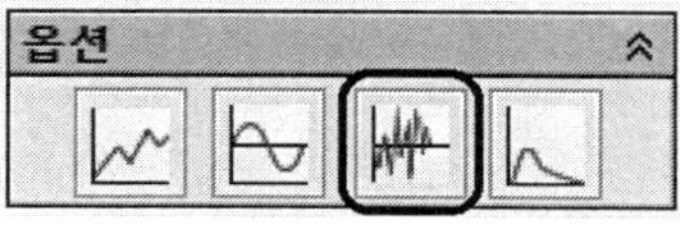

■ **"고유 진동수 옵션"** 탭의 옵션

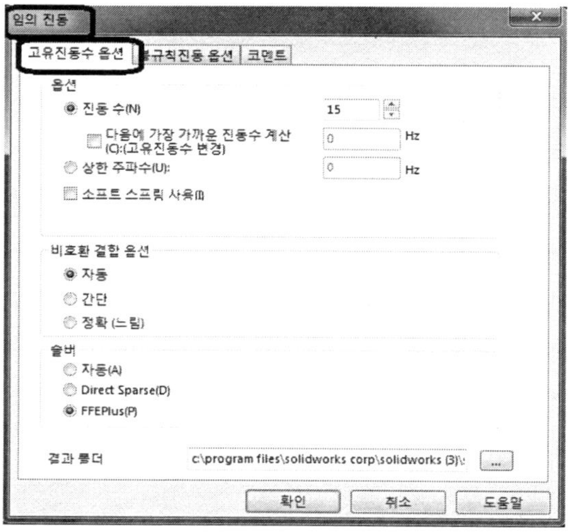

■ "불규칙진동 옵션" 탭의 옵션

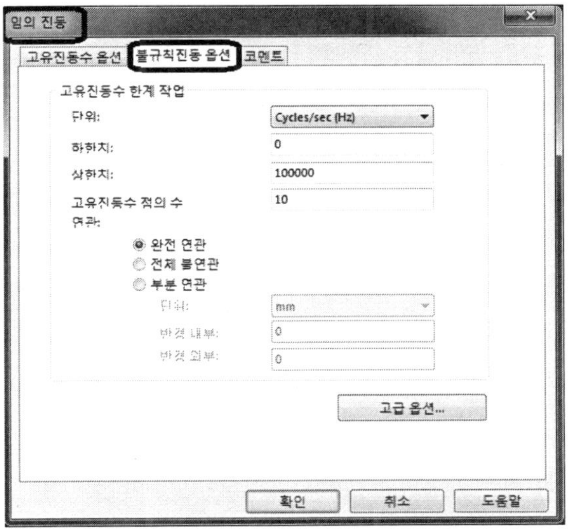

■ "응답 스펙트럼 해석"의 속성

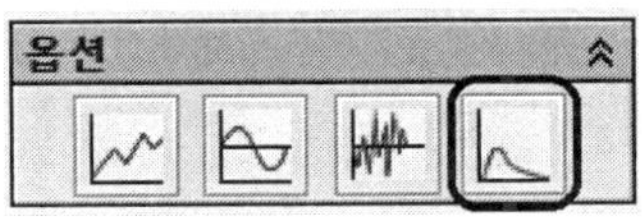

■ "고유 진동수 옵션" 탭의 옵션

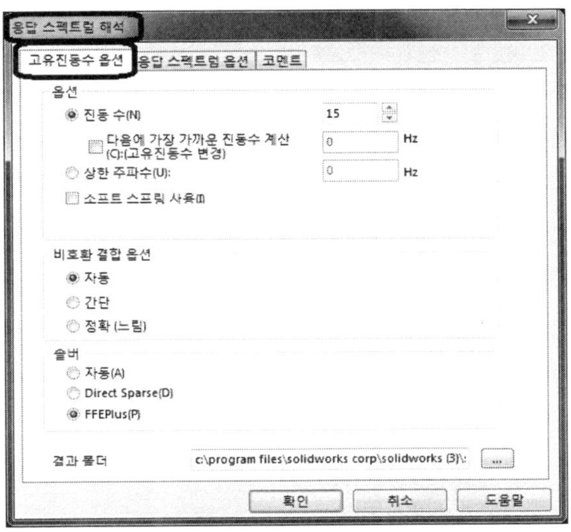

■ "응답스펙트럼 옵션" 탭의 옵션

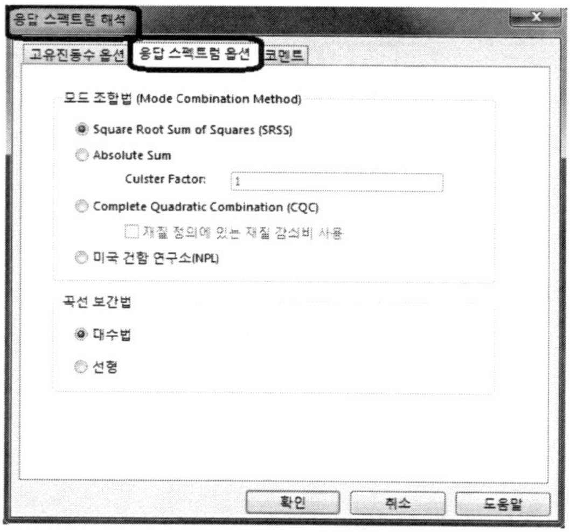

2.5 전체적인 유한요소 해석 과정

2.5.1 전처리 작업 절차

SolidWorks Simulation 프로그램을 이용하여 전처리 작업을 진행하는 과정을 요약하면 다음과 같다. 이 단계는 사용자가 원하는 해석을 하기 위하여 그 해석 조건을 프로그램에 제공하는 과정이다.

단계	작업 내용	
	- SolidWorks Simulation 연결하기	- Add-In 기능 이용
	- 3-D 설계 형상 불러오기 - 해석용 스터디(Study) 정의하기	
전처리 과정	- 구조물의 재질 입력하기 - 구속조건 부여하기 - 하중조건 부여하기 - 메시 생성하기	- 이 단계에서는 조건 입력 순서는 상관없음 - 고유진동수 해석에서는 외부 하중이 필요없음
	- 옵션(Option) 설정하기 - 속성(Properties) 설정하기	- 필요한 경우에만

■ "애드인"의 연결

SOLIDWORKS
파일(F) 보기(V) 도구(T) 도움말(H)
SolidWorks Explorer(E)...
DriveWorksXpress(W)...
Design Checker
비교
매크로(A)
애드인(D)...
사용자 정의(C)...
옵션(P)...

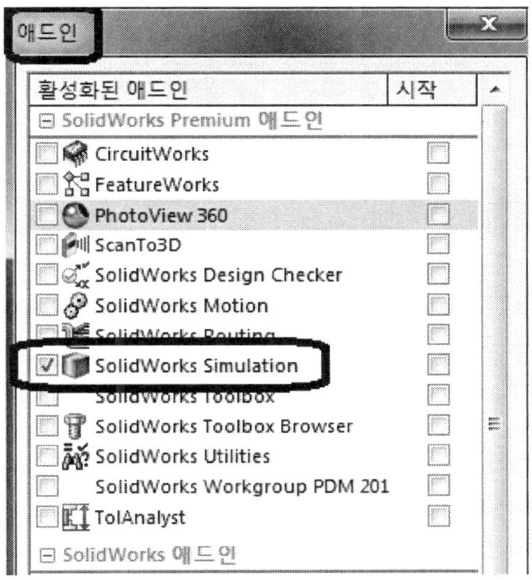
애드인
활성화된 애드인
시작
SolidWorks Premium 애드인
CircuitWorks
FeatureWorks
PhotoView 360
ScanTo3D
SolidWorks Design Checker
SolidWorks Motion
SolidWorks Simulation
SolidWorks Toolbox Browser
SolidWorks Utilities
SolidWorks Workgroup PDM 201
TolAnalyst
SolidWorks 애드인

■ "파일 열기"

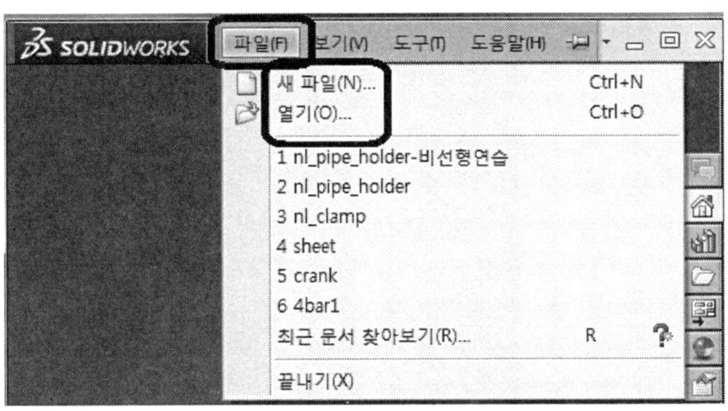
SOLIDWORKS
파일(F) 보기(V) 도구(T) 도움말(H)
새 파일(N)... Ctrl+N
열기(O)... Ctrl+O
1 nl_pipe_holder-비선형연습
2 nl_pipe_holder
3 nl_clamp
4 sheet
5 crank
6 4bar1
최근 문서 찾아보기(R)... R
끝내기(X)

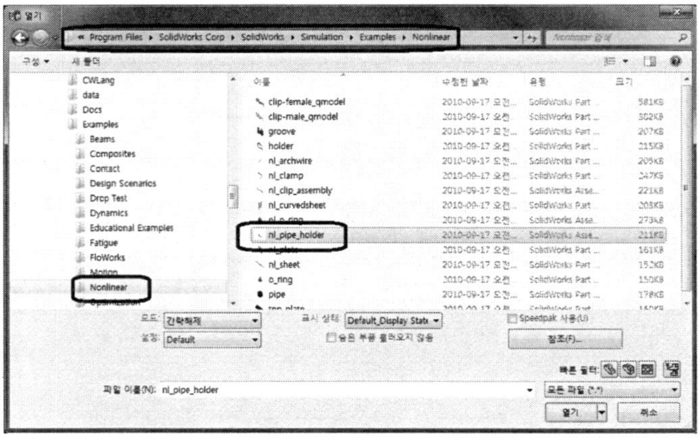
Program Files ▸ SolidWorks Corp ▸ SolidWorks ▸ Simulation ▸ Examples ▸ Nonlinear
Nonlinear
nl_pipe_holder
파일 이름(N): nl_pipe_holder

■ "스터디 정의하기"

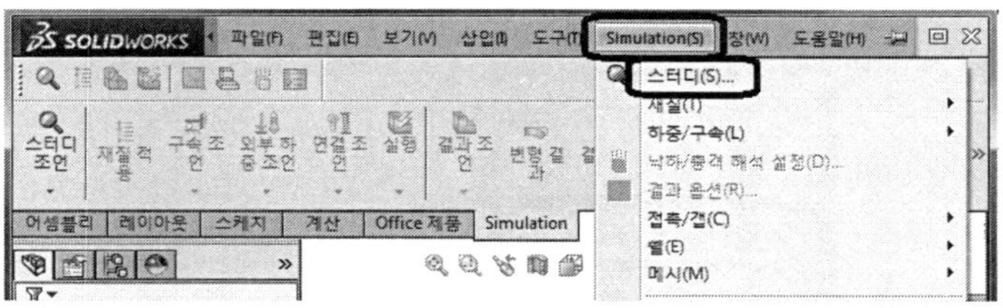
SOLIDWORKS
파일(F)
편집(E)
보기(V)
삽입(I)
Simulation(S)
도움말(H)
스터디(S)...
하중/구속(L)
결과 옵션(R)...
접촉/갭(C)
쉘(E)
메시(M)
스터디 조언
어셈블리
레이아웃
스케치
계산
Office 제품
Simulation

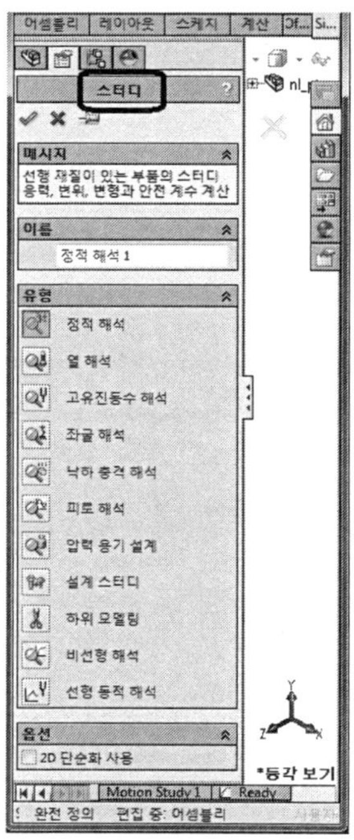
스터디
메시지
선형 재질이 있는 부품의 스터디
응력, 변위, 변형과 안전 계수 계산
이름
정적 해석 1
유형
정적 해석
열 해석
고유진동수 해석
좌굴 해석
낙하 충격 해석
피로 해석
압력 용기 설계
설계 스터디
하위 모델링
비선형 해석
선형 동적 해석
옵션
2D 단순화 사용
*등각 보기
Motion Study 1
완전 정의
편집 중: 어셈블리

■ "구조물의 재질 입력하기"

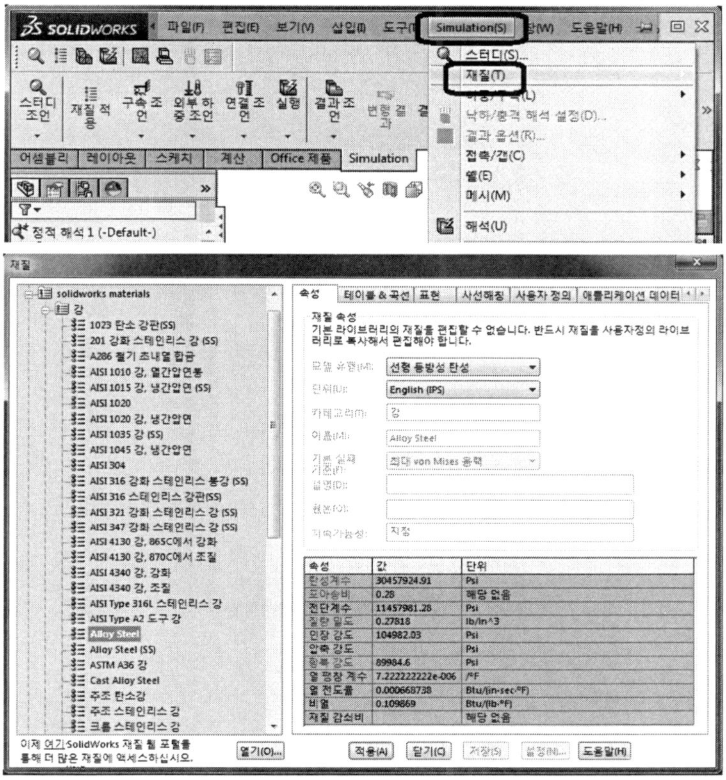

■ "구속조건 부여하기"

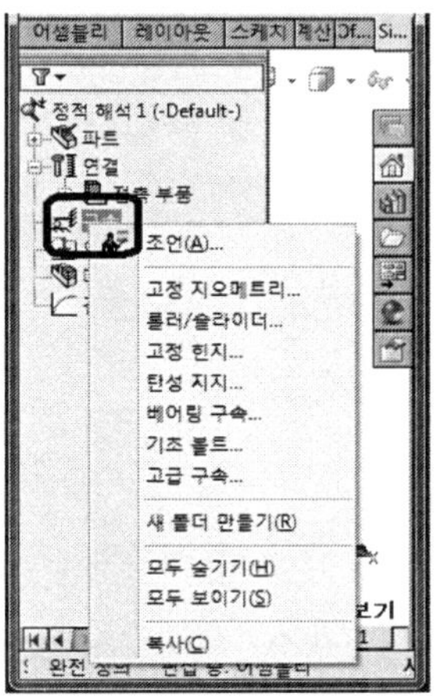

■ **"하중조건 부여하기"**

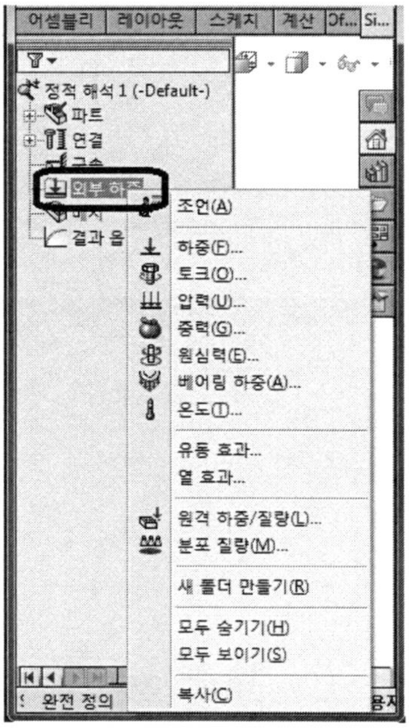

■ **"요소분할(메시) 작성하기"**

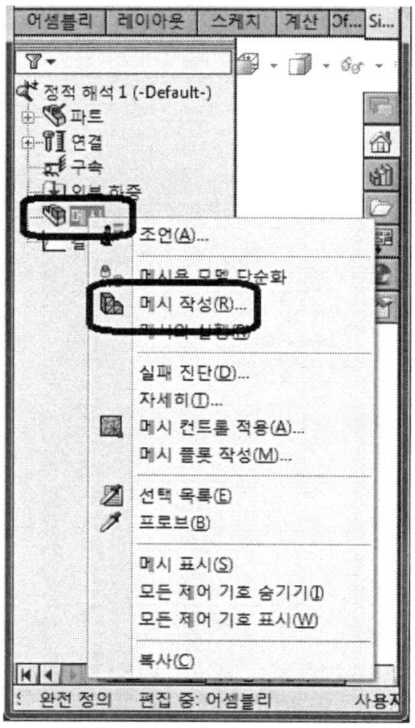

2.5.2 해석 실행 단계

앞에서 설명한 해석 조건을 입력 완료한 후, 해석 대상을 해석하기 위하여 다음과 같이 계산 실행 명령을 사용한다.

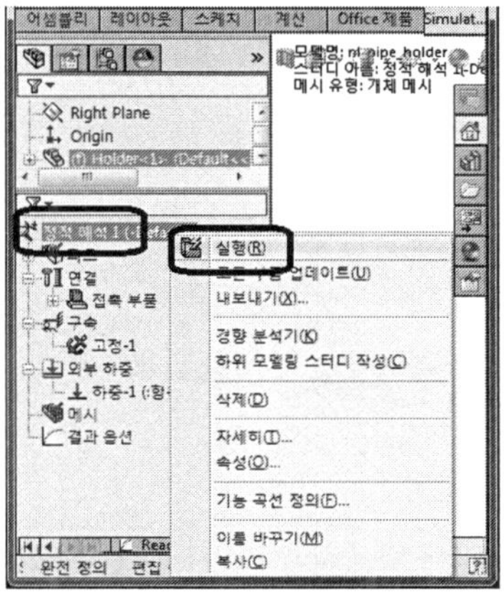

2.5.3 후처리 과정

Solidworks Simulation 프로그램이 유한요소 해석을 완료한 후, 해당 스터디에 대하여 다음과 같이 그 결과를 확인할 수 있다.

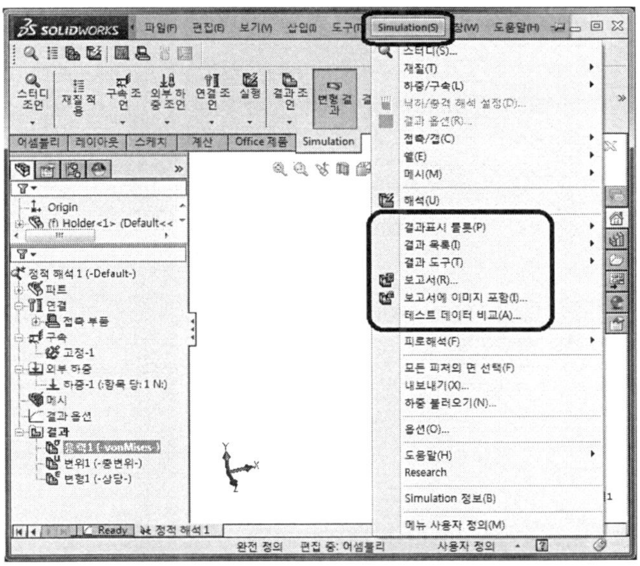

PART 2

기본예제 실습하기

1. 선형 정적 해석
2. 열적 해석
3. 고유 진동수 해석
4. 좌굴 해석
5. 낙하 충격 해석
6. 피로 해석
7. 설계 스터디

제 1 장 선형 정적 해석

1.1 선형 정적 해석이란?

1.1.1 선형 정적 해석의 용도

강체(Rigid Body)가 아닌 탄성(Elastic) 물체에 외부 하중을 가하면 물체가 변형되고 하중의 효과가 물체 전체로 파급된다. 이 때 외부 하중은 내부 하중과 반력을 유발하여 물체를 평형 상태가 되도록 유지한다. 선형 정적 해석(Linear Static Analysis)은 하중이 정적이라는 가정과 하중-변위의 관계가 선형이라는 가정 하에서 외부하중을 받는 구조물의 변위, 변형, 응력, 반력 등 거동을 계산하는 것이다.

1.1.2 선형 해석의 개념

외부 하중과 이에 따라서 구조물 내부에 발생하는 응답 간의 관계가 선형이다. 예를 들어, 하중의 크기를 두 배로 하면 구조물의 응답(변위, 변형률, 응력 등)도 두 배가 된다. 이러한 선형거동 가정은 다음과 같은 경우에 할 수 있다.

- 모델의 모든 재질이 Hooke 법칙(응력이 변형률에 정비례)을 따를 경우
- 얻어지는 변위량이 하중에 의한 강성 변화를 무시해도 될 만큼 적을 경우
- 경계 조건이 하중 적용 도중 변화되지 않을 경우
- 하중은 크기, 방향, 분포 측면에서 일정해야 하며 모델이 변형되는 동안 변동이 없을 경우

이렇게 선형 거동을 하는 경우의 재료 거동은 가해지는 하중에 의한 응력과 이에 대응하는 변형률 관계가 다음 그림과 같이 정의된다. 즉 일정한 응력 범위 내에서는 1차 함수

의 직선 형태를 나타낸다. 그 이후 항복점(Yield Point)을 지나면 재료는 소성(Plastic) 변형을 하여 비선형(Non-Linear) 거동을 하게 되는데 이 비선형 거동은 나중에 다시 설명하기로 한다.

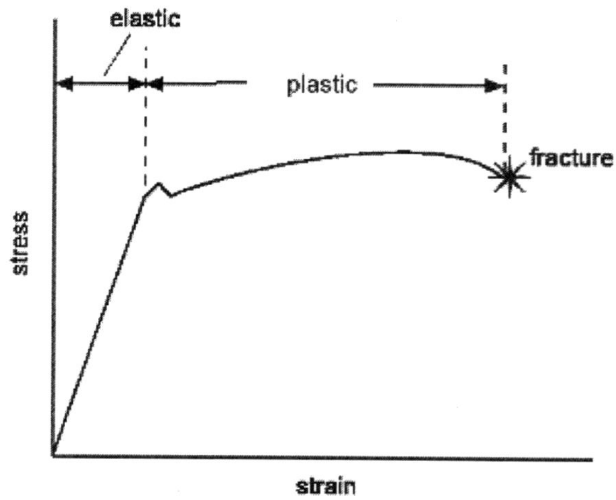

1.1.3 정적 해석의 개념

모든 하중은 실제로 그 하중이 가해지는 과정에서 그 크기가 0에서 일정 크기까지 다음 그림과 같이 증가하게 된다.

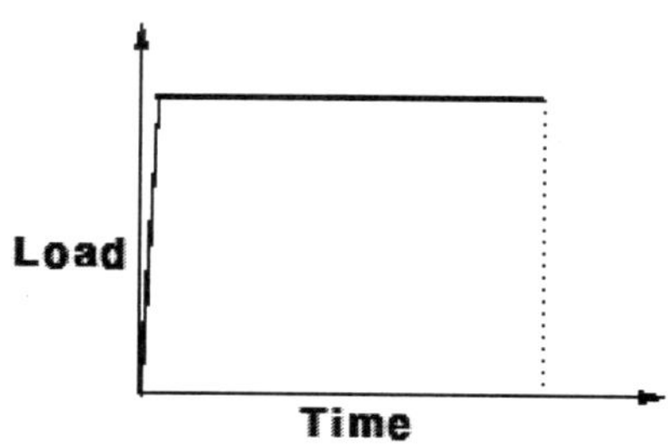

그런데 이 과정에서 하중이 순간적으로 적용되면 구조물에 진동이 발생할 수가 있다. 따라서 하중이 일정 크기에 이를 때까지 천천히, 점진적으로 적용되는 조건을 부여하여야 하며, 그 하중이 최대 크기에 도달하면 다음과 같이 하중이 일정하게 유지된다. 이 가정을 통해 적은 가속도 및 속도 차이에 의한 관성력 및 감쇠력을 무시할 수 있다. 이러한 가정이 정적 해석이다. 이러한 정적 해석은 적용되는 하중이 시간에 따라 바뀌지 않는 다는 것을 가정한 것이므로, 일정 속도로 회전하거나 일정 가속도로 이동하는 물체의 구조적 반응을 계산하기 위해 사용할 수 있다.

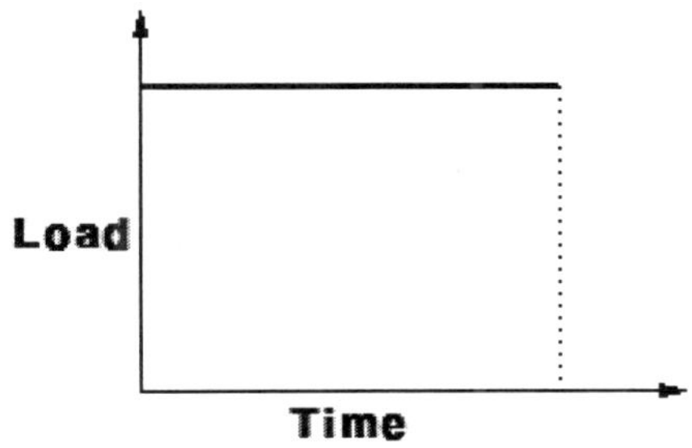

그러나 상당한 크기의 관성력 및 감쇠력을 유발하는 시간 변동 하중에는 동적(Dynamic) 해석을 적용해야 한다. 동적 하중은 시간에 따라 변하는 경우이며, 상당량의 관성력(Inertia Force) 및 감쇠력(Damping Force)을 유발한다. 동적 하중은 같은 크기의 정적 하중에 의해 발생되는 응력에 비해 최대 수 배~수십 배까지의 응력을 발생시킬 수 있으므로 정적 가정을 사용해도 되는 지에 대하여 미리 검증하는 것이 중요하다.

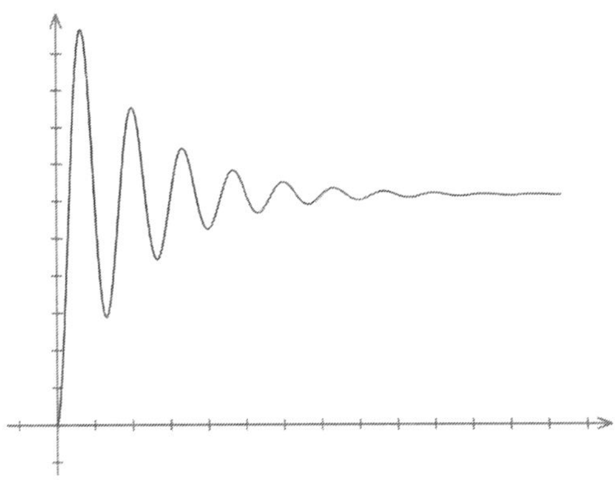

동적인 해석에서 가장 최악의 시나리오는 공진이 발생하는 경우이다. 동적 하중으로는 진동 하중, 충격, 충돌, 랜덤 하중 등이 있다. 이 동적 하중에 대한 거동 해석은 나중에 다시 설명하기로 한다.

1.2 선형 정적 해석의 입력 / 출력 데이터

1.2.1 선형 정적 해석의 입력 데이터

해석을 수행하기 위해서 입력해 주어야 할 데이터의 종류는 다음과 같다.

1. 선형 정적 해석 스터디 작성
2. 구조물의 재질 지정
   - 프로그램 내장 데이터 이용
   - 사용자가 직접 입력
3. 구조물의 구속조건 정의
4. 하중 형태와 값을 입력
5. 구조물의 메시 생성 작업

1.2.2 선형 정적 해석의 출력 데이터

1. 안전 계수
2. 설계 결과 통찰
3. 결과 하중 표시
4. 접촉 하중 표시
5. 베어링 하중 표시
6. 변위 요소
   - 변위 : X-방향, Y-방향, Z-방향
   - 합성 변위 (Resultant Displacement)
7. 반력 요소
   - 반력 : X-방향, Y-방향, Z-방향
   - 합성 반력 (Resultant Reaction)
8. 변형률 요소
   - 수직 변형률 : X-방향, Y-방향, Z-방향

- 전단 변형률 : X-방향, Y-방향, Z-방향
- 등가 변형률
- 변형 에너지 밀도
- 총 변형 에너지
- 주 변형률

9. 요소 응력 및 절점 응력
   - 수직응력 : X-방향, Y-방향, Z-방향
   - 전단 응력 : XY-면, YZ-면, ZX-면
10. 기타 성분
   - 주응력(Principal Stress)
   - von Mises 등가 응력 등

1.3 선형 정적 해석의 예제 설정

본 해석 예제에서는 다음과 같은 기능을 익히도록 하고자 한다.

- 선형 정적 해석 스터디의 전체적인 실습 과정을 읽힌다.
- 해석에 사용하는 아이콘(Icon)의 의미와, 이 아이콘들의 사용법을 읽힌다.
- 구속조건과 하중 적용 방식을 익힌다.
- 구조물에 재질을 부여하는 방식을 익힌다.
- 외력에 의해 발생하는 변위, 응력 등을 해석결과로부터 확인한다.
- 작용력(Action Force)과 반력(Re-Action Force)을 비교하여 힘의 평형 (Force Equilibrium)을 이해한다.
- 해석 결과를 플롯하여 분석한다.
- 해석 결과의 안전 계수 의미를 이해한다.
- 구조물의 형상을 조절하여 최적의 형상으로 변경한다.

위의 목적을 위하여 다음과 같이 해석 문제를 정리할 수 있다.

1. 해석 대상 구조물 : Control Arm

2. 파일의 위치 : **"C: \ Program Files \ SolidWorks Corp \ SolidWorks \ samples \ tutorial \ cosmosxpress \ aw_control_arm.sldprt"**
3. 스터디 유형 : **"정적 해석"**
4. 재질 : 사용자가 직접 입력

속성	값(단위)
탄성계수	1.2 e 11 N/m^2
포아송이	0.3
항복 응력	5 e 8 N/m^2
질량 밀도	7500 kg/m^3

5. 구속 조건 : 큰 Hole의 안쪽 면에 **"고정 지오메트리"**
6. 하중 : 작은 Hole의 안쪽 면에 4,000 N 크기의 수직하중
7. 메시 분할 : - 메시 밀도 : 기본 설정값
   - 메시 파라미터 : 표준 메시
   - 평균 요소크기: 기본 설정값
   - 허용공차 : 기본 설정값
   - 자동 전이 : 선택 안함

- 고급 아래 : - 야코비안 포인트 : 4개의 점
  - 1차 요소 해석 메시 : 선택 안함
  - 솔리드의 자동 시도 : 선택 안함

1.4 선형 정적 해석의 과정

1.4.1 파일 불러오기와 "애드인" 하기

1. "SolidWorks Simulation" 메뉴가 나타나도록 하기 위해서 다음과 같이 **"애드인(D)"** 메뉴를 선택한다.

2. **"애드인"** 메뉴가 나타나면 "SolidWorks Simulation" 앞의 체크 박스를 선택하고 아래의 **"확인"** 버튼을 클릭한다.

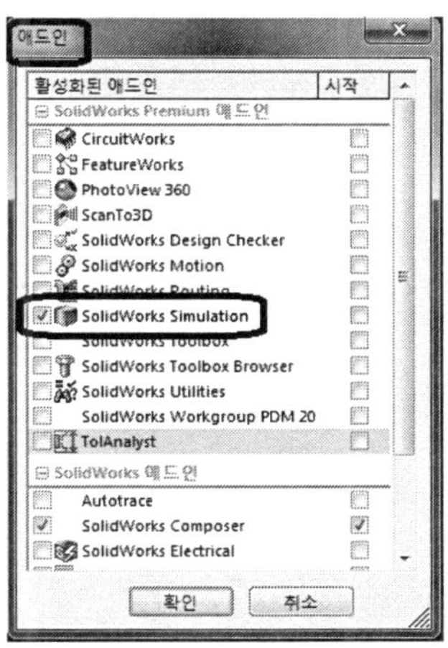

3. 파일 열기(File-Open)를 선택하여 **"C: \ Program Files \ SolidWorks Corp \ SolidWorks \ samples \ tutorial \ cosmosxpress \ aw_control_arm.sldprt"** 파일을 불러온다.

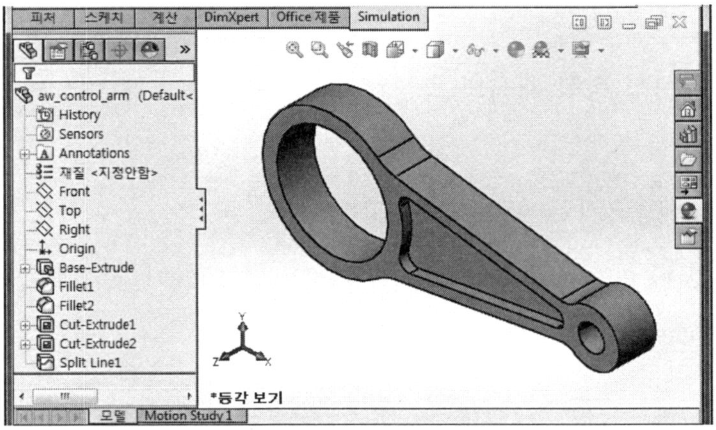

1.4.2 스터디 정의하기

1. 스터디를 정의하는 것이 해석의 시작이다. 주 메뉴에서 다음과 같이 **"Simulation"** 메뉴의 **"스터디"**를 선택한다.

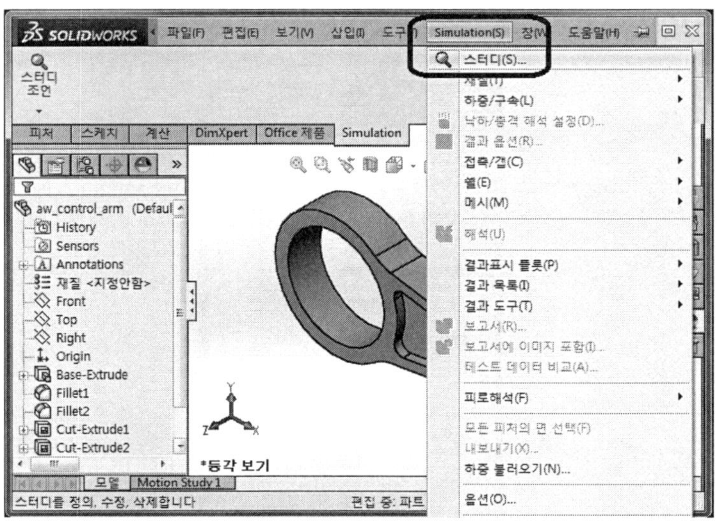

2. 사용자가 임의로 해석 스터디의 명칭을 부여하고, 그 아래의 **"정적 해석"** 버튼을 선택한 다음 바로 위의 **"체크(V)"** 버튼을 클릭한다. 그 결과로 우측 그림과 같이 유한요소 해석을 위한 스터디 정의가 완료되었다.

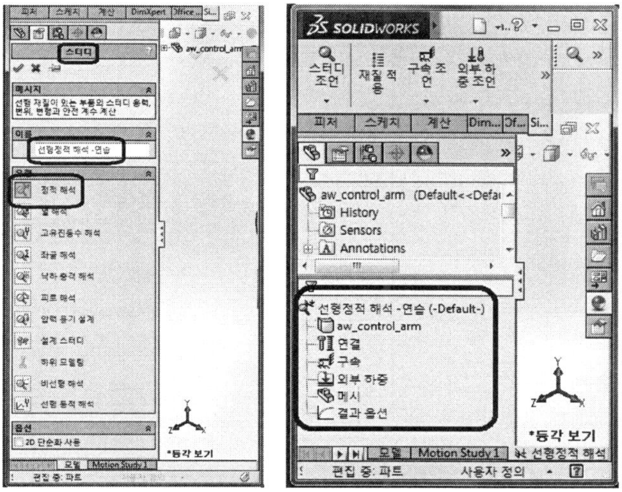

1.4.3 재질 부여하기

1. 이 구조물은 기존에 사용되는 값을 이용하는 것이 아니고 사용자가 직접 재료의 물성치를 입력하는 경우를 설정하였다. 다음과 같이 파트를 선택하고, 마우스 우측 버튼으로 **"재질 선택/편집(M)"** 메뉴를 선택한다.

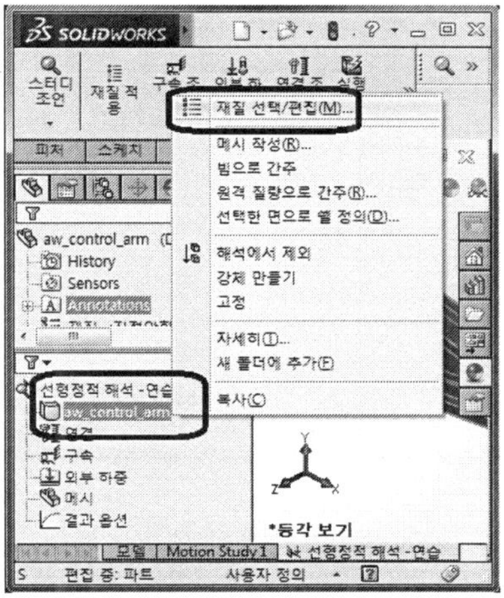

2. **"사용자 정의 재질"** 메뉴를 우측 마우스 클릭하여 **"새 카테고리"**를 선택한다.

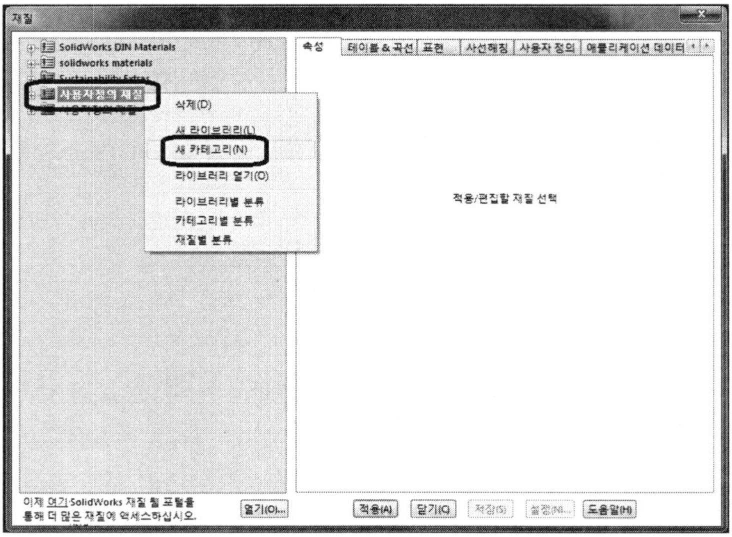

3. 임의로 카테고리의 명칭을 부여하고 그 명칭을 선택하여 마우스 우측 클릭하면 물성치를 입력할 수 있는 메뉴가 나타난다. **"새 재질"** 메뉴를 선택한다.

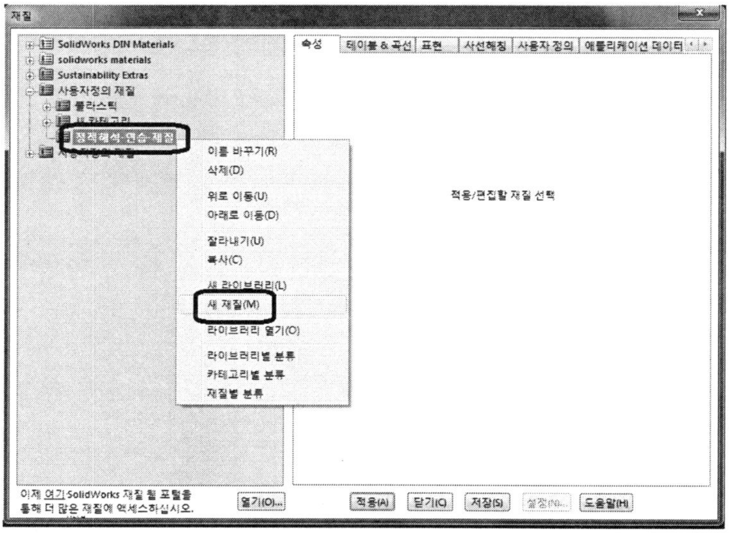

4. 이 단계에서 선택한 파트의 재질은 앞에서 정의한 값으로 한다.

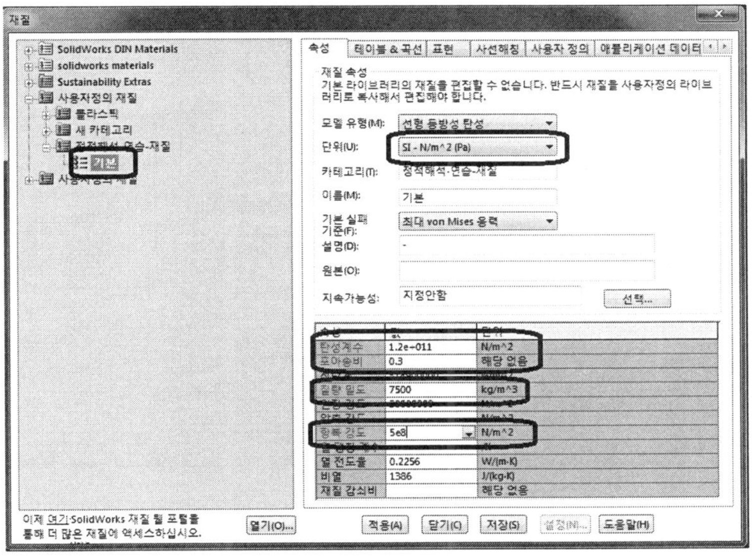

5. 위와 같은 재질 부여 절차 결과 다음과 같이 매니저 창의 파트에 지금 부여한 재질의 종류가 표시되며, 또한 파트의 이름이 녹색으로 체크 표시된 것을 확인할 수 있다.

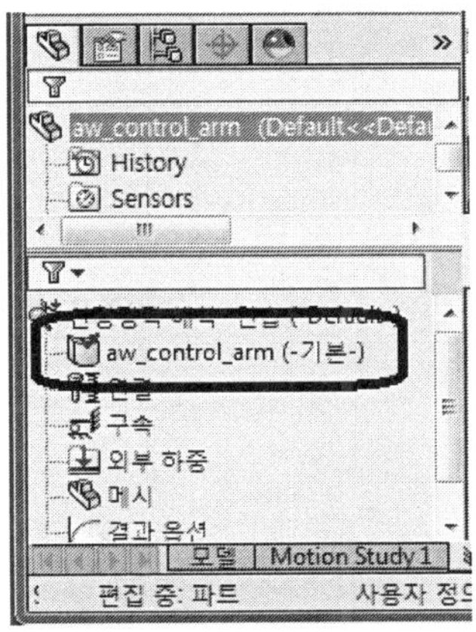

1.4.4 구속 조건 부여하기

1. 구조물은 큰 Hole의 안쪽이 고정지지 되어 있는 경우로 설정하였다. 다음과 같이 **"구속"** 부여를 위한 메뉴 중에서 **"고정 지오메트리"**를 선택한다. 이어서 구속 조건 부가를 위한 설정 창에서큰 Hole의 안쪽면을 선택하고 위의 **"체크(V)"** 버튼을 클릭한다.

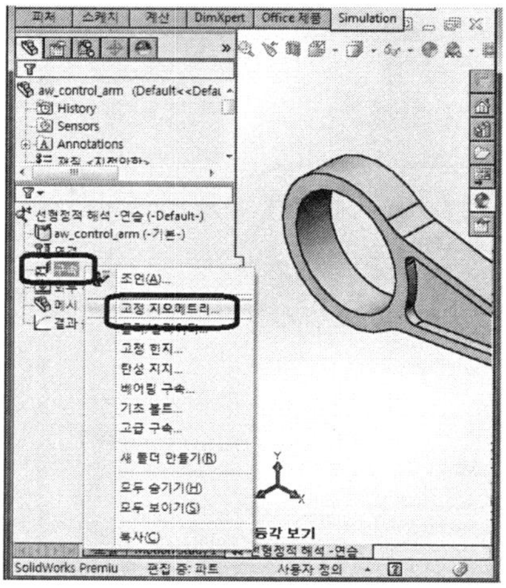

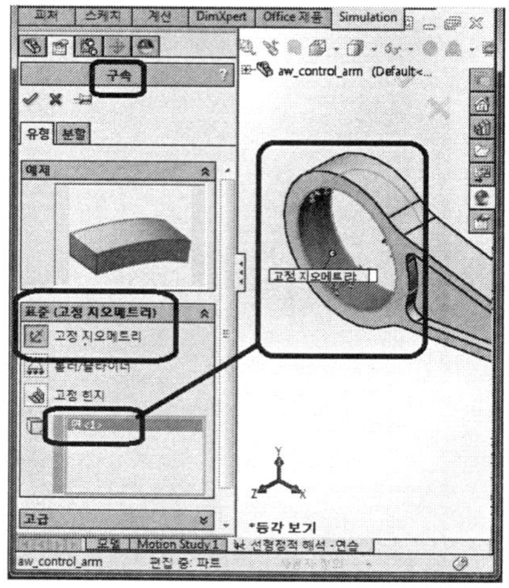

2. 구속조건 부여 절차가 완료되면, 다음 그림과 같이 왼쪽의 매니저 창과 오른 쪽의 그림 영역에 결과가 그림으로 표시된다.

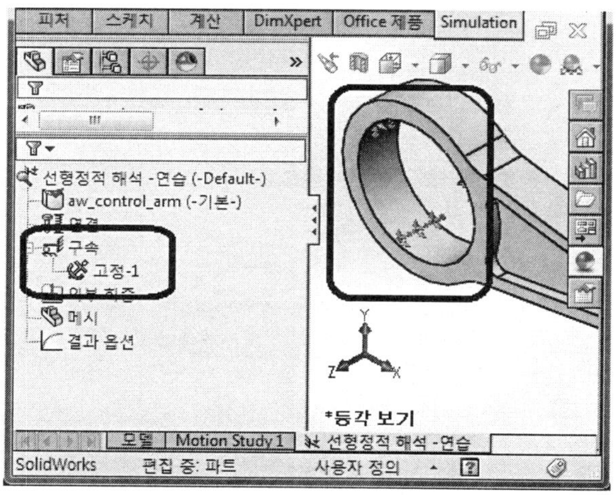

1.4.5 파트에 하중 부여하기

1. 하중을 부여하기 위한 **"외부하중"** 명령어를 실행한다. 집중하중이므로 **"하중(F)"** 메뉴를 선택한다. 우측의 작은 Hole의 안쪽 윗면에 하중이 작용하므로 파트를 회전하여, 하중이 작용하는 면을 선택하고, 하중의 작용 방향을 설정하기 위하여 **"Top"**이라는 기준 평면을 선택한다. 단위를 N로 설정하고 4,000 으로 수치를 기입한다.

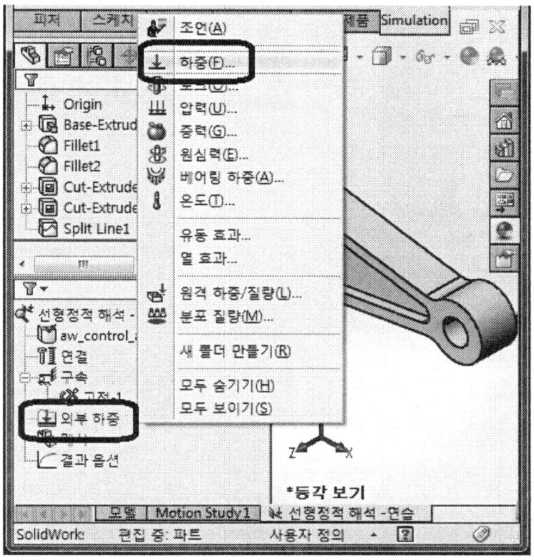

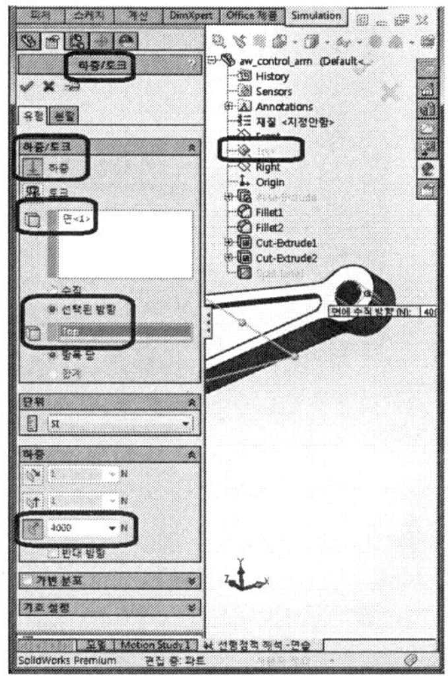

2. 하중조건 부여 절차가 완료되면, 다음 그림과 같이 왼쪽의 매니저 창에 입력 결과가 그림으로 표시된다.

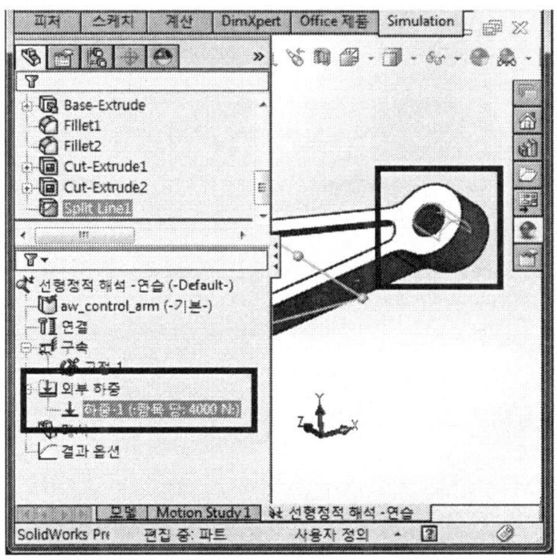

1.4.6 파트의 메시 생성하기

1. 매니저 창에서 **"메시"** 메뉴의 세부 메뉴에서 **"메시 작성(R)"**을 선택한다. 자동 메시 생성 작업을 시작한 조건 설정 창에서 모든 항목을 기본 설정값으로 하기로 하고, **"체크(V)"** 버튼을 클릭한다.

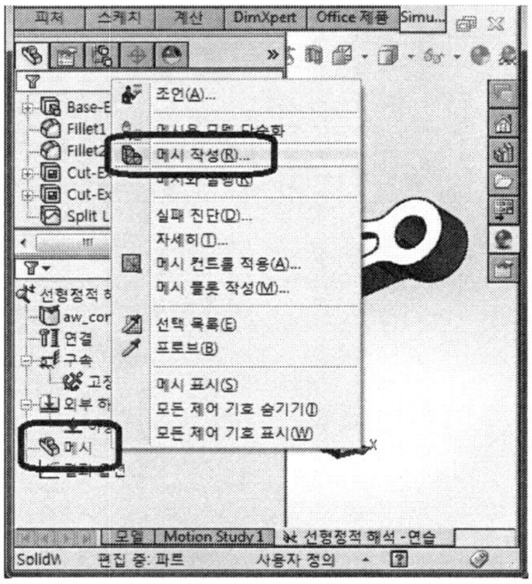

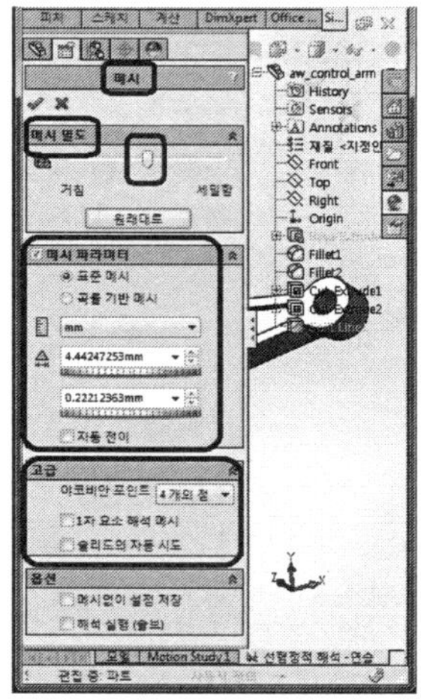

2. 위의 메시 생성 명령어에 의하여 자동으로 매시 생성 작업이 진행된다.

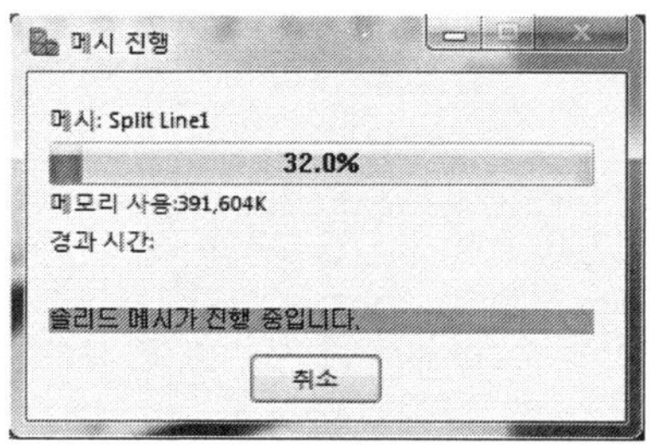

3. 메시 생성 작업이 끝나면 다음과 같이 그 결과가 화면에 표시된다.

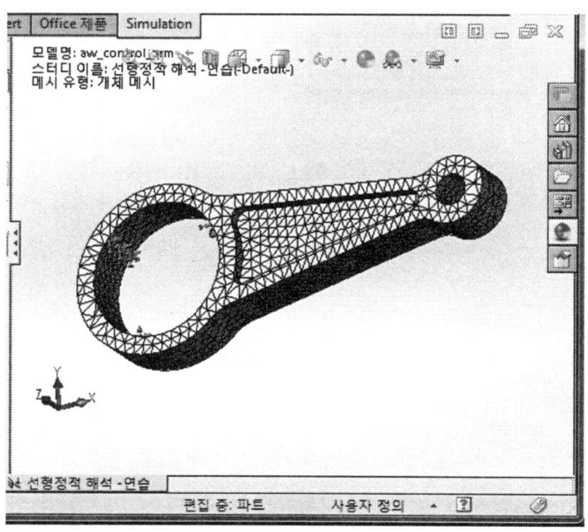

1.4.7 파트의 선형 정적 해석 실행하기

1. 계산을 시작하는 명령은 다음과 같이 스터디 이름을 마우스 우측 클릭하여 **"실행(R)"** 메뉴를 선택하면 프로그램은 계산 작업을 진행한다.

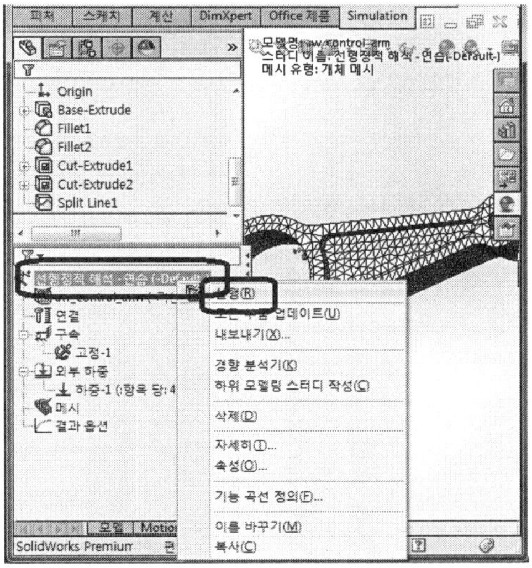

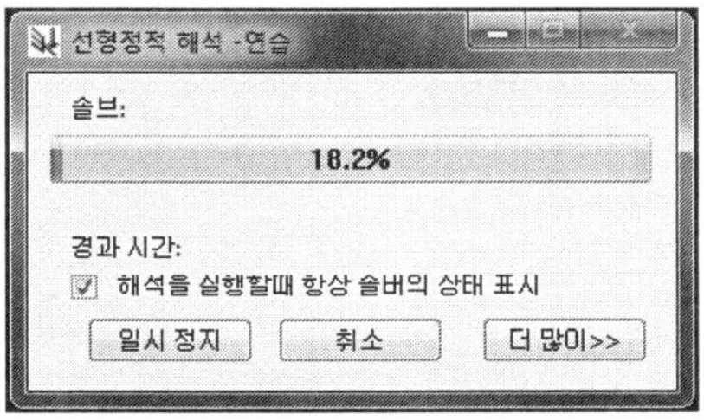

2. 이 계산 작업이 완료되면 다음과 같이 매니저 영역에 **"결과"**라는 폴더가 표시되며, 그래픽 영역에는 대표적인 von Mises 등가 응력의 분포가 나타난다. 이로써 유한요소 해석 과정은 모두 완료되었다.

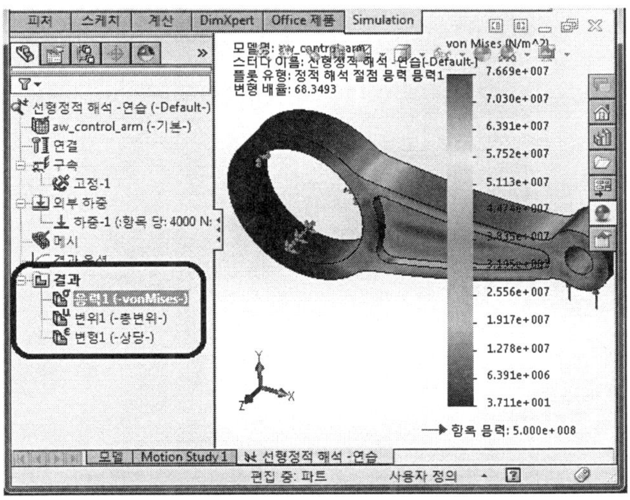

1.5 선형 정적 해석 결과 분석하기

1.5.1 응력과 변위 분포

1. 주 메뉴에서 **"결과표시 플롯(P)"** 메뉴 중에서 **"응력(S)"** 메뉴를 선택한다.

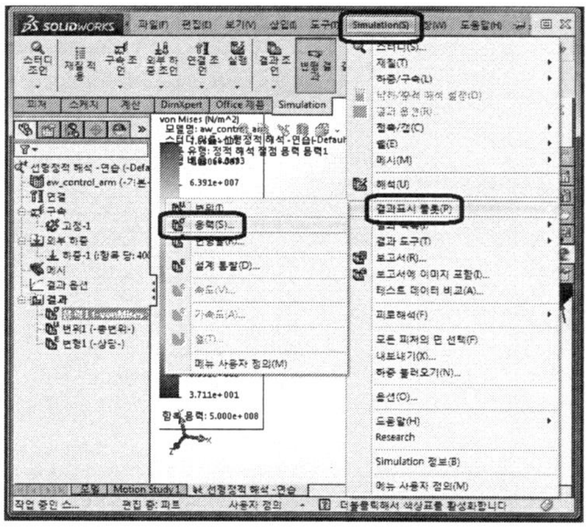

2. 여기에서는 **"VON : von Mises 응력"** 값을 확인하기로 하며, 단위는 Pa로 하면 다음과 같은 응력 분포가 나타난다. 이때 von Mises 응력의 최대값은 76.69 MPa 임을 알 수 있다.

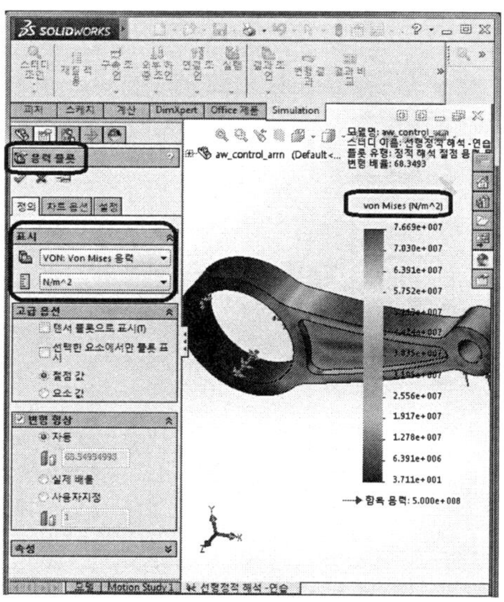

3. 여기서 von Mises 응력은 구조물이 받는 응력이 단축 응력(Uni-Axial Stress)이 아니고 다축 응력(Multi-Axial Stress) 상태의 구조물에 대하여, 등가(Equivalent)의 응력을 환산하기 위하여 가장 널리 사용되는 응력의 정의이며 다음과 같이 수직(Normal) 응력과 전단(Shear) 응력을 모두 반영할 수 있는 공식으로 정의된다.

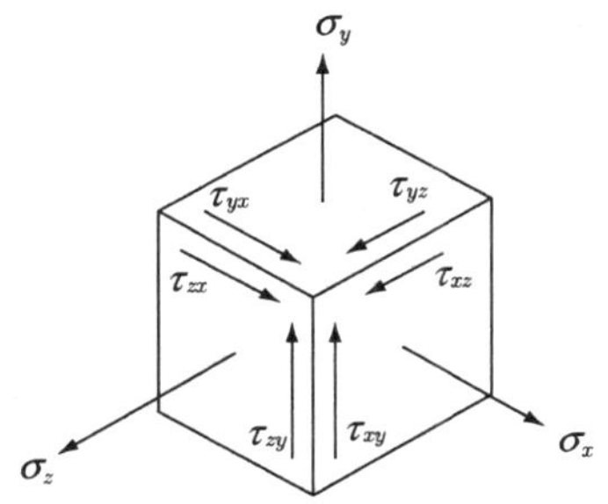

$$\sigma = \sqrt{0.5\left[(\sigma_x - \sigma_y)^2 + (\sigma_y - \sigma_z)^2 + (\sigma_z - \sigma_x)^2\right] + 3\left(\tau_{xy}^2 + \tau_{yz}^2 + \tau_{zx}^2\right)}$$

4. 마찬가지로 사용자가 Y-방향, 즉 상하 방향으로의 변위를 알고 싶은 경우에는 주 메뉴에서 **"결과표시 플롯(P)"** 메뉴 중에서 **"변위(I)"** 메뉴를 선택한다.

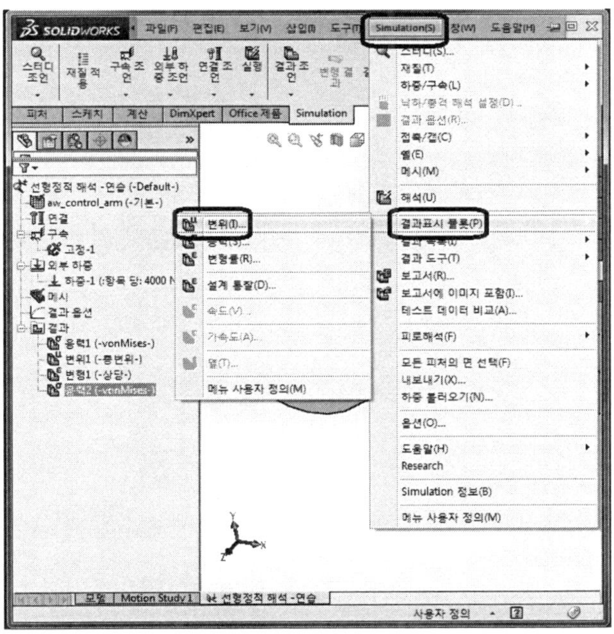

5. **"UY : Y 변위"** 값을 mm 단위로 확인하기로 한다. 그 결과 Y-방향으로의 변위가 나타난다. 이때 Y-방향으로의 최대 변위는 0.2824 mm임을 알 수 있다.

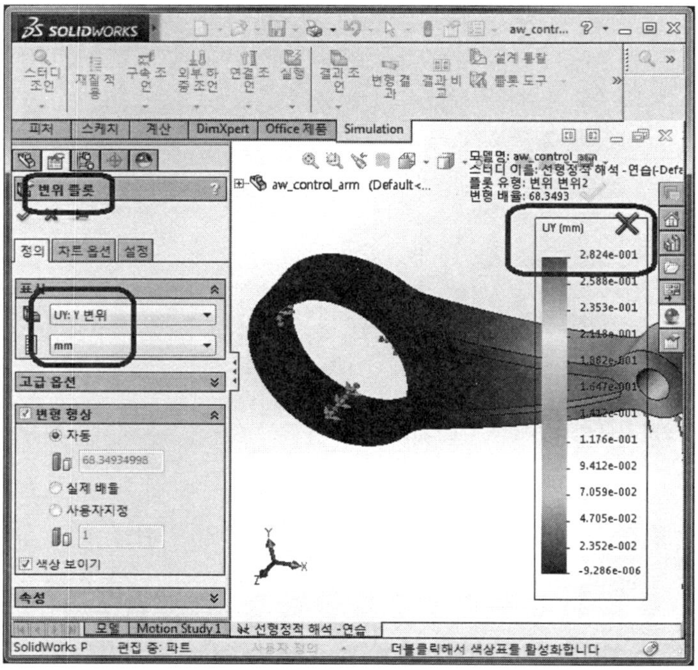

1.5.2 안전 계수 확인

유한요소 해석의 목적은 그 구조물에 발생하는 거동을 예측하고, 구조물에 발생하는 응력 분포를 해석하여 파손 여부를 판별하는 것도 중요한 일일 것이다. 여기에서는 안전계수라는 개념을 이용하여 설계 안전도를 평가하는 방법을 알아보도록 한다.

이러한 안전계수 값의 분포 상황을 파악하여, 파트의 안전도에 영향을 미치지 않으면서도 안전계수가 높은 부분의 재질을 제거할 수도 있다.

1. 먼저 안전계수 (FOS, Factor of Safety)는 다음과 같이 정의된다. 즉 가해지는 외부 응력(또는 하중)에 대하여 그 재료가 견딜 수 있는 허용 응력(또는 하중)과의 비율이다.

$$\text{Factor of Safety} = \frac{\text{Material Strength}}{\text{Design Load}}$$

2. 먼저 다음과 같이 **"결과 도구(T)"** 메뉴에서 **"해석 결과 평가 마법사(D)"**의 메뉴를 선택한다.

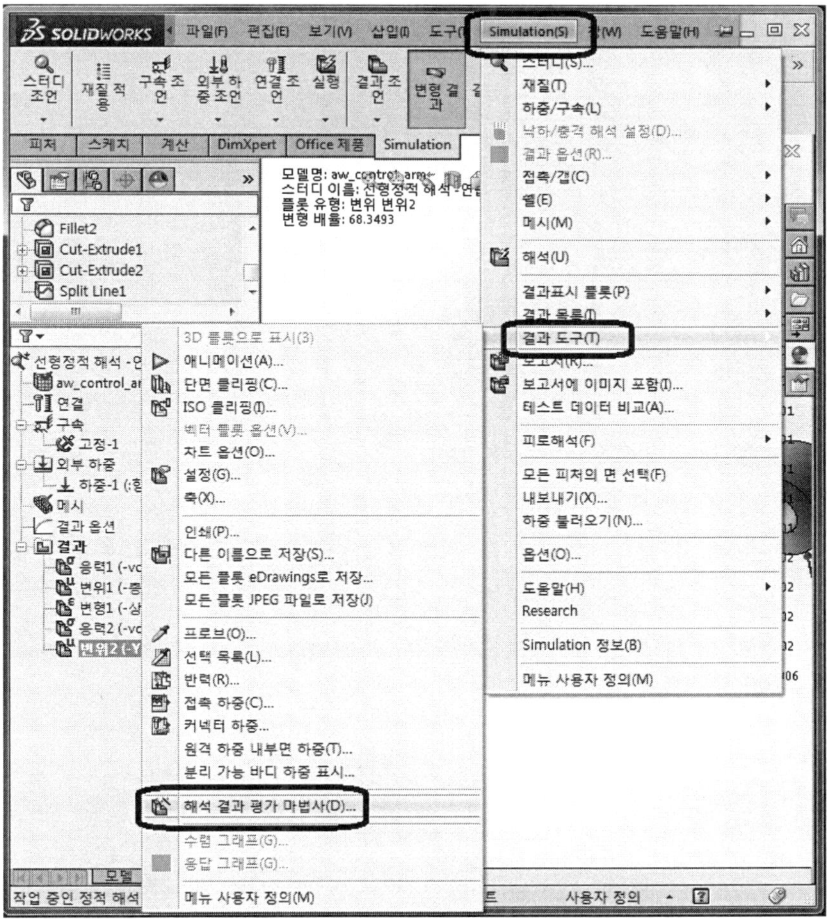

3. 이어서 설정 창이 나타난다. 다음과 같이 각 단계별로 설정해 준다.
   - 제 1단계 : 구조물의 상태를 판단할 판단 기준은 **"최대 von Mises 응력"**을 선택하고 우측 화살표를 클릭한다. 이때 상태를 파악하기 위한 공학적인 판별식은 다음과 같다.

$$\frac{\sigma_{\text{vonMises}}}{\sigma_{\text{Limit}}} < 1$$

– 제 2단계 : 응력 한계 설정 : 항복 응력

– 제 3단계 : 안전 계수 분포도

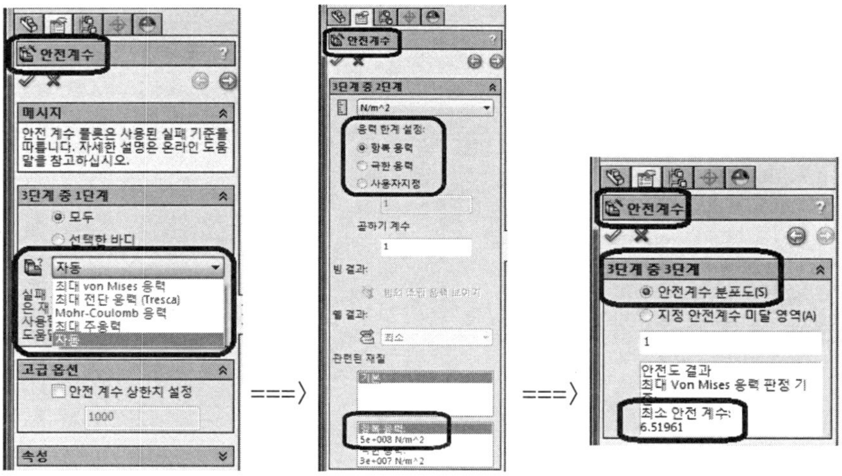

3. 위의 과정을 거치면 다음과 같이 사용자가 지정한 안전 계수분포 값을 얻게 된다. 이 결과로부터 사용자는 설계 변경을 할 수 있는 이론적인 근거를 얻게 된다. 현재 이 구조물의 경우에는 최소 안전계수가 6.519이므로 충분히 안전한 상태임을 알 수 있다.

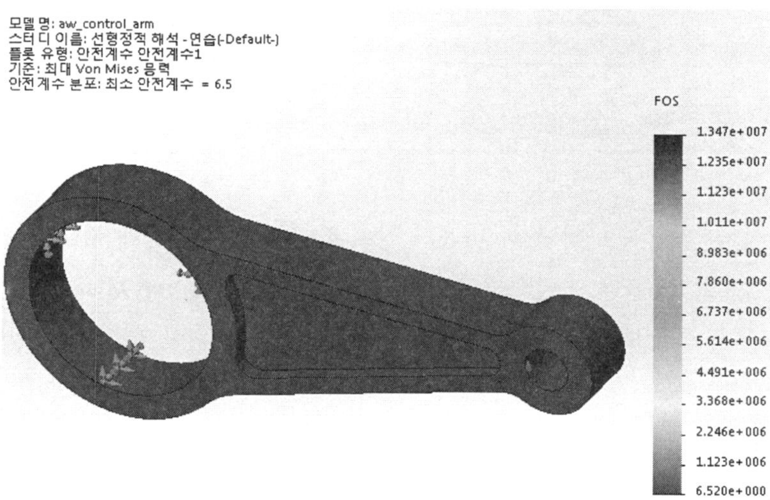

또한 이 안전계수의 의미는 재료의 항복(Yield)이 발생할 때의 값을 안전계수 1로 정의했으므로, 현재 6.519라는 숫자의 의미는 초기에 가해진 외부하중의 6.519배 만큼 큰 하중이 가해져야 이 구조물에 항복이 발생한다는 의미다. 그리고 대부분의 기계 구조물 설계에서는 정적인 해석의 경우에는 안전계수 값을 2~3, 피로파괴 같은 동적인 해석에서는 대략 10 정도의 안전계수를 사용한다.

4. 만일 사용자가 특정한 값 이상의 안전계수 영역을 알고 싶으면 바로 위 작업 단계의 3번째 과정에서 다음과 같이 설정을 조정한다.

5. 그 결과 안전계수가 8인 지점을 기준으로 그 값보다 낮은 지역을 화면으로 표시하면 다음과 같다. 즉 안전계수를 8로 기준하여 설계한 경우에는 구조물에서 안전계수 8 이상인 부분의 치수를 조절하여 무게를 줄일 수 있다는 의미이다.

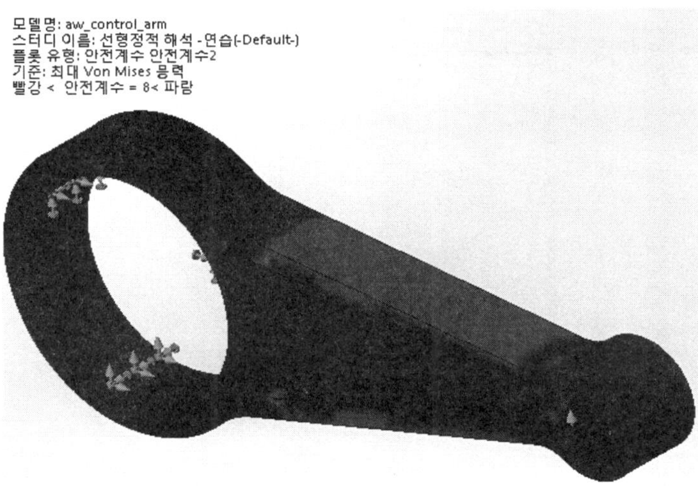

1.6 부피 경감 설계 변경

1.6.1 안전 계수 기준으로 부피 경감

위의 직전 단계에서는 주어진 파트 구조물을 대상으로 해석한 결과 안전계수가 필요 이상으로 크게 나타나는 과잉 설계 부분이 있다는 결과를 얻었다. 따라서 이 과잉 부분을 제거하는 해석 과정을 진행하기로 한다. 이 단계에서는 파트 일부분을 편집하여 구조물 형상을 변경하고 해석하는 방법을 알아보도록 한다.

1. 다음과 같이 FeatureManager 트리에서 아래 탭은 **"모델"** 탭을 선택한 상태에서 **"Cut-Extrude2"**를 마우스 우측 클릭하여 **"피처편집"**을 선택한다.

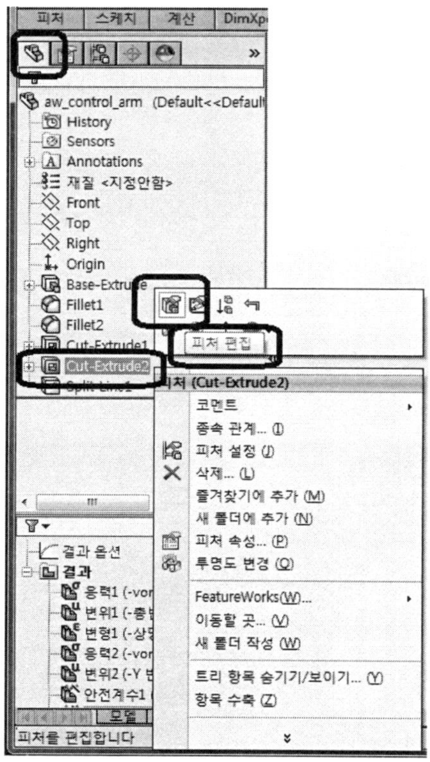

2. 다음과 같이 스케치 평염에 대하여 **"관통"**으로 편집한다.

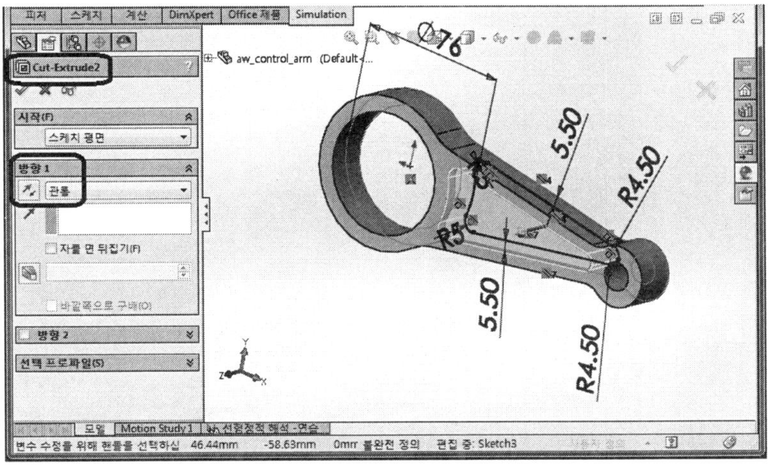

3. 그 결과 다음과 같이 파트의 형상이 변경된다.

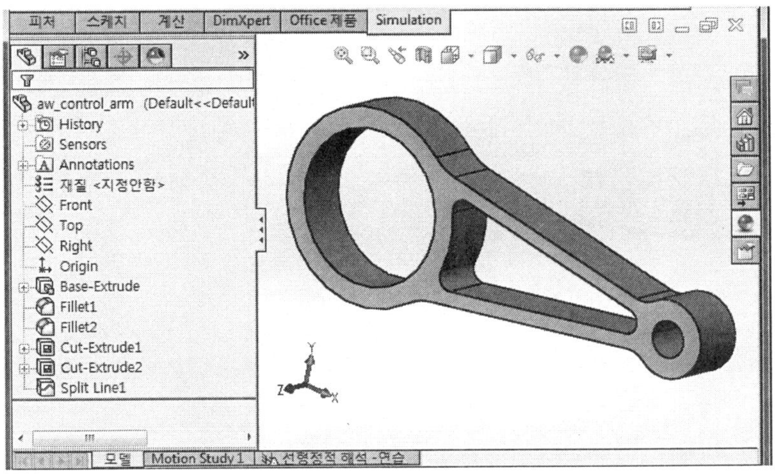

1.6.2 변경된 형상으로 전처리 과정 진행

1. 앞서 진행된 유한요소 해석에 비하여 지금 진행하고 있는 조건은 파트의 형상만이 바뀌어 있다. 따라서 다른 조건은 그대로 사용하고 구조물의 형상이 바뀌었으므로 요소 분할과정(메시 작업)만을 새로 하면 된다. 직전에 수행했던 스터디 탭을 선택한다.

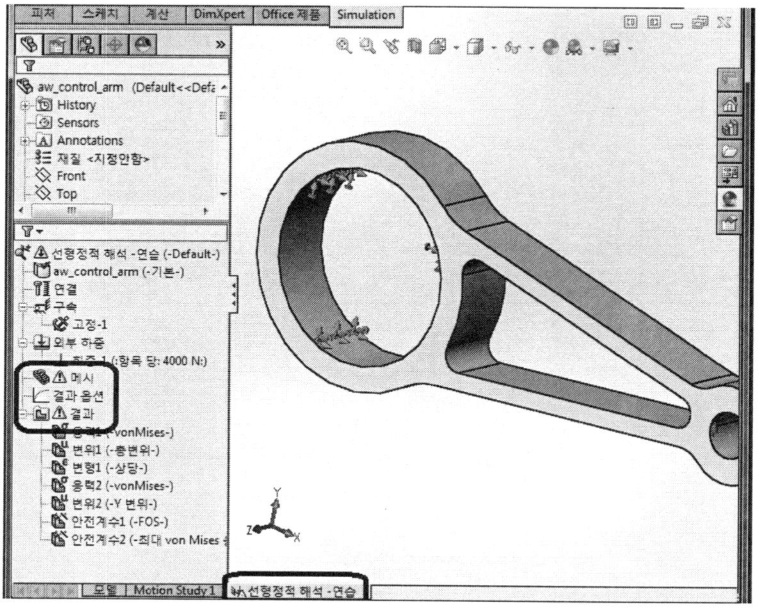

2. 위의 Manager 창에서 **"메시"** 부분과 **"결과"** 부분에 느낌표 표시 ⚠가 나타난다. 이는 그 부분에 오류가 있다는 것이므로 이를 수정해 주어야 한다. 즉 형상이 바뀌었으므로 메시 작업만 새로 해 주면 된다. 이때 직전에 해석한 결과를 잃을 수도 있다는 경고문이 나온다.

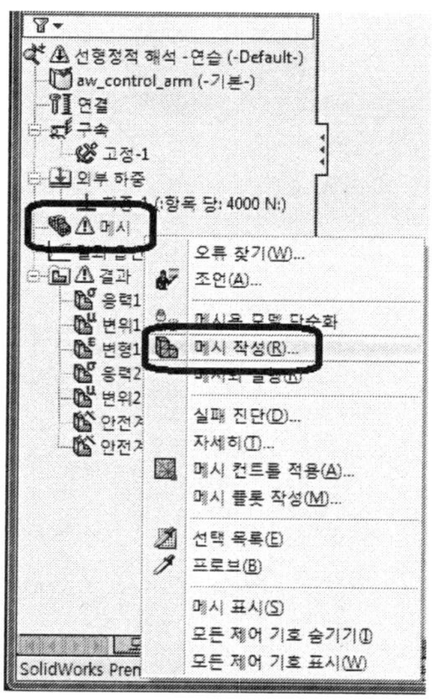

3. 이 메시 작성 결과 다음과 같이 메시 분할 모양이 나타난다. 이어서 새로 작성된 형상과 조건에 대하여 해석을 진행한다.

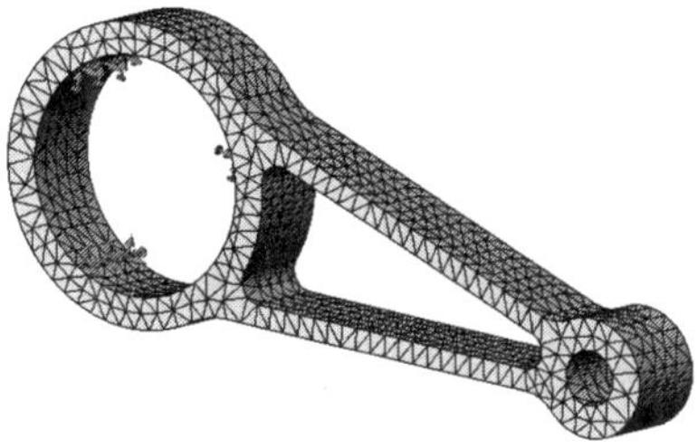

4. 이어서 유한요소 해석을 다시 실행한다.

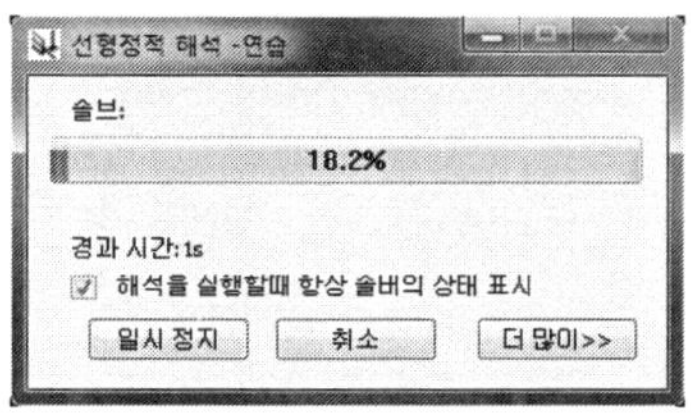

1.6.3 응력과 변위 분포

1. 다시 유한요소 해석을 실행한 결과, **"VON : von Mises 응력"** 값의 분포는 최대 330.2 MPa이며, 상하 방향으로의 변위, 즉 Y-방향으로의 최대 변위는 0.7737 mm임을 알 수 있다.

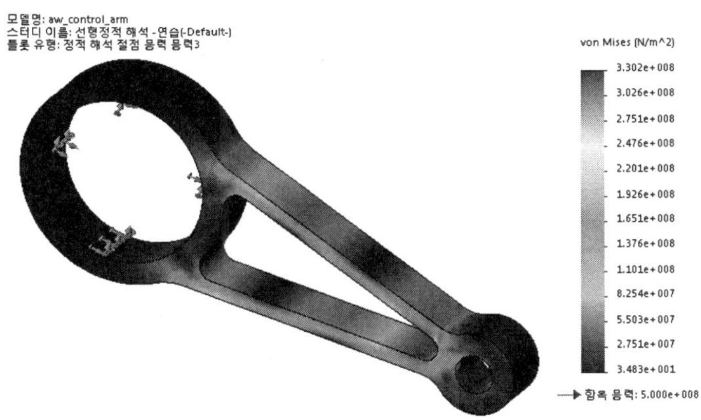

〈von Mises 응력 분포〉

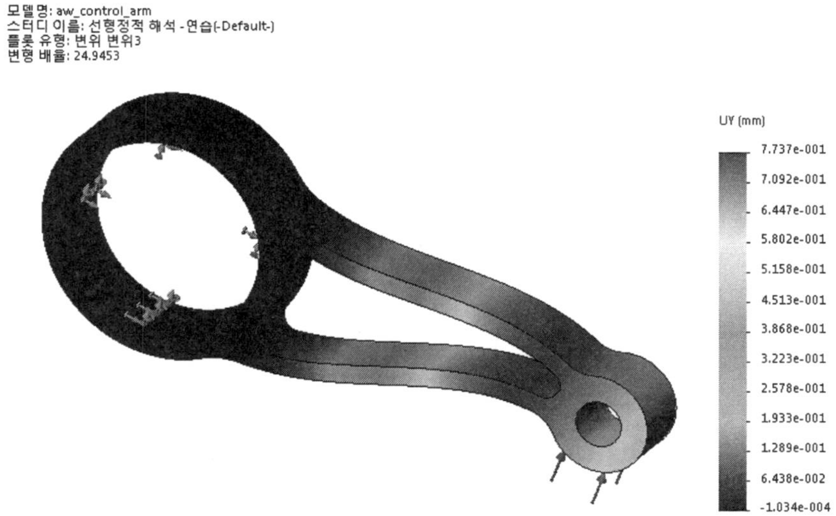

〈Y-방향으로의 최대 변위〉

1.6.4 수정된 형상의 안전 계수 확인

1. 변형된 형상에 대하여 앞에서와 같이 안전계수의 분포를 확인하면 다음과 같다.

2. 이어서 안전계수가 8 인 지점을 기분으로 분류하면 다음과 같다.

3. 부품 형상을 변형시키기 전과 후의 해석 결과를 비교하기 위하여 다음과 같은 표에 각각의 값을 기입하기로 한다. 형상 변경 후에 그 거동에 큰 변화가 나타남을 알 수 있다.

	형상 변형 전	형상 변형 후
최대 변위(UY) (mm)	0.2824	0.7737
von Mises 최대응력 (Mpa)	76.69	330.2
최소 안전계수	6.519	1.514

1.6.5 반력 표시하기

1. 다음과 같이 **"결과"** 폴더에서 **"반력 표시"**의 메뉴를 선택한다.

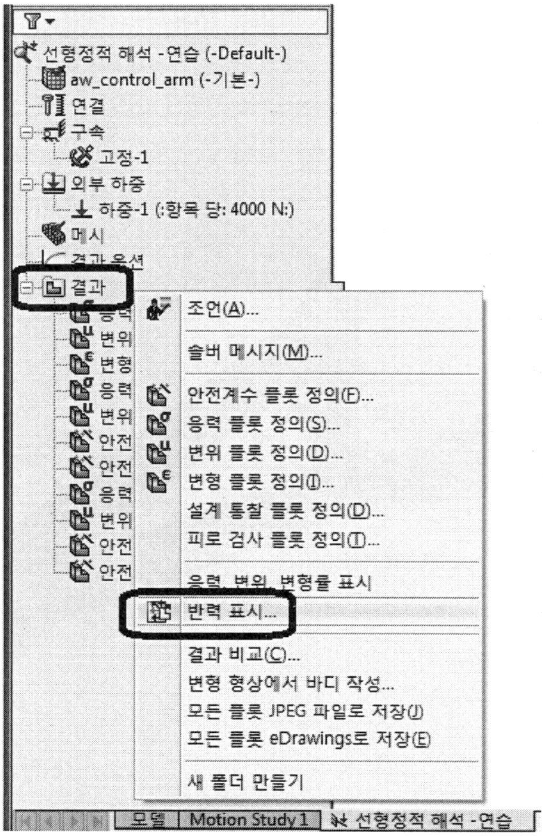

2. 다음 그림의 왼쪽 선택 창에서 반력이 나타나는 큰 Hole의 안쪽 면을 선택한다. 그리고 **"업데이트"**를 선택하면 반력 항목에 그 값이 나타난다.

- 외부 하중 위치, 크기 = 오른쪽 작은 Hole의 안쪽에 + 4,000 N (+ Y방향)
- 반력이 위치, 크기 = 왼쪽 큰 Hole의 안쪽에 – 4,000.2 N (– Y 방향)

나머지 Y–방향, Z–방향은 초기에 외부에서 하중이 가해지지 않았으므로 당연히 반력의 크기는 0 N이어야 한다. 그런데 아래의 그림에서 보면 그 값은 약간 오차가 있다. 이 값들은 수치 계산 과정에서 생기는 오차이다.

- X–방향 반력 크기 = + 0.13808 N
- Z–방향 반력 크기 = – 0.056359 N

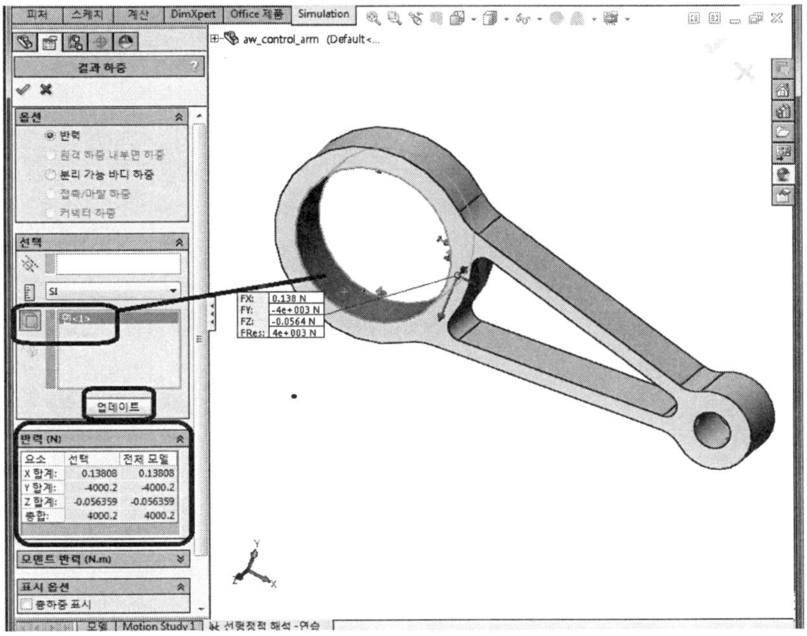
결과 하중
옵션
반력
원격 하중 내부면 하중
분리 가능 바디 하중
접촉/마찰 하중
커넥터 하중
선택
SI
업데이트
반력 (N)
요소
선택
전체 모델
X 합계:
0.13808
0.13808
Y 합계:
-4000.2
-4000.2
Z 합계:
-0.056359
-0.056359
종합:
4000.2
4000.2
모멘트 반력 (N.m)
표시 옵션
총하중 표시
FX: 0.138 N
FY: -4e+003 N
FZ: -0.0564 N
FRes: 4e+003 N
aw_control_arm (Default<...
Simulation
Motion Study 1

제 2 장 열적 해석

2.1 열적 해석이란

2.1.1 열적 해석의 용도

우리 주위의 여러 기계 시스템들은 동력원(Power Source)로부터 발생된 기계적인 힘이나 그 밖의 다른 형태의 동력을 이용하여 원하는 기능을 수행한다. 그 여러 가지 동력원 중에서 석유나 석탄 같은 화석 연료를 이용하는 경우에는 기계 구조물과 그 주위에 고온의 열과 압력, 진동 등이 발생하고 그 열은 그 기계의 사용환경에 적합하게 이동하게 된다. 이때 발생하는 열적인 현상을 공학적으로 이해하고 적절한 설계를 하기 위하여 열전달 해석을 하여야 한다. 그 이외에도 전기적인 에너지를 이영하여 기계를 사용하는 경우에도 사용 도중에 열적인 현상이 발생하므로 다양한 조건에서의 열적인 해석이 필요해진다.

이와 같은 열 전달 메카니즘은 공통적으로 높은 온도의 매질에서 낮은 온도의 매질로 열이 흐른다는 사실이다.

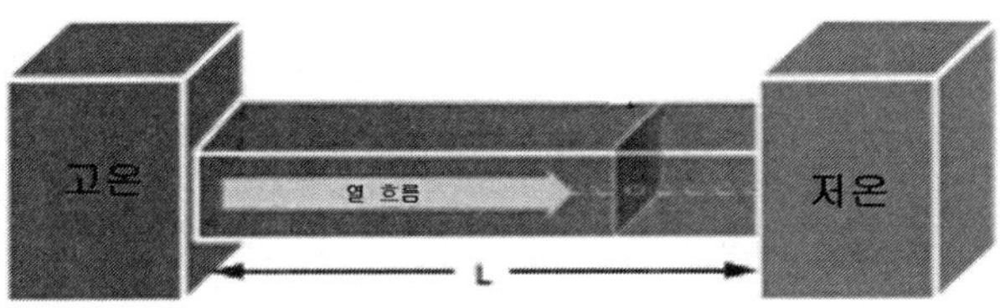

이와 같이 열이 전달되는 방식에는 다음과 같이 세 가지 메카니즘이 있다. 이러한 3가지 열 전달 방식을 그림으로 나타내면 다음과 같다.

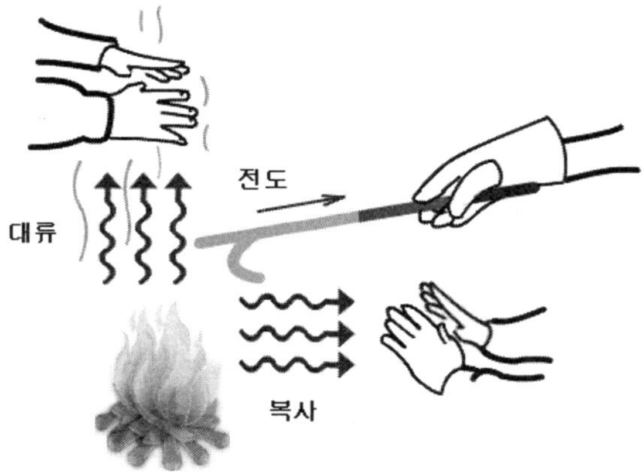

- 전도(Conduction)
- 대류(Convection)
- 복사(Radiation)

그리고 전도나 대류는 그 열이 흐르기 위해서 중간에 매개체가 되는 물질이 존재해야 하며 이에 비해서 복사는 그 중간매질이 존재하지 않는 경우이다. 실제로 공학에서의 열 해석은 이와 같은 메카니즘 중에서 하나 또는 2개 이상에 기인하여 물체의 내부에 발생하는 온도나 물체 사이의 열 전달 현상을 계산해 내는 것이다.

2.1.2 열 전달 방식 I : 전도(Conduction)

온도가 높은 한 지점으로부터 온도가 낮은 다른 지점으로 열에너지가 전달되는 과정에서 물질 내부의 원자나 분자 사이의 운동 에너지가 전달되는 과정이 열전도(Conduction)이다. 이러한 열전도는 고체, 액체, 기체 내에서 모두 발생한다. 이러한 전도에 의한 열 전달 과정에서는 내부에서 물질들의 이동은 없다.

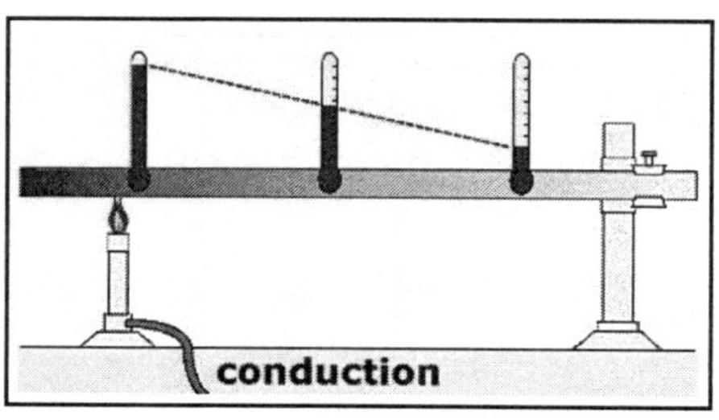

이 전도 현상이 일어나는 과정에서는 다음과 같이 물체 사이의 온도 차이(△K), 그 재료 고유의 열 전도도(Thermal Conductivity, k), 그리고 열전달이 일어나는 유효 단면적(Cross Section, A)이 중요한 요소가 된다.

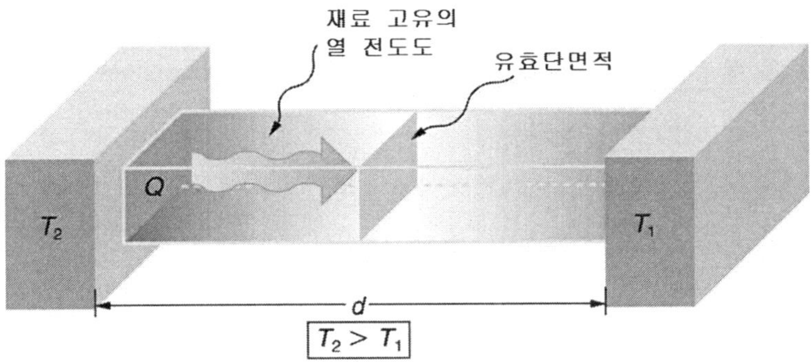

2.1.3 열 전달 방식 II : 대류(Convection)

대류는 물체의 표면과 그 주위에 있는 유동 유체(액체 또는 기체) 사이에 열이 전달되는 열 전달 현상이다. 이때 유체의 입자가 열에너지를 전달하는 전달자(Carrier) 역할을 한다. 뜨거운 면에 인접한 유체 층의 온도가 상승함에 따라 그 밀도는 감소하고(일정 압력에서, 밀도는 온도와 반비례), 따라서 떠오르게 된다. 면 근처의 밀도가 큰 차가운 유체는 따뜻한 유체와 교체되어 순환과정을 형성한다. 아래에 그 개념을 그림으로 설명하고 있다.

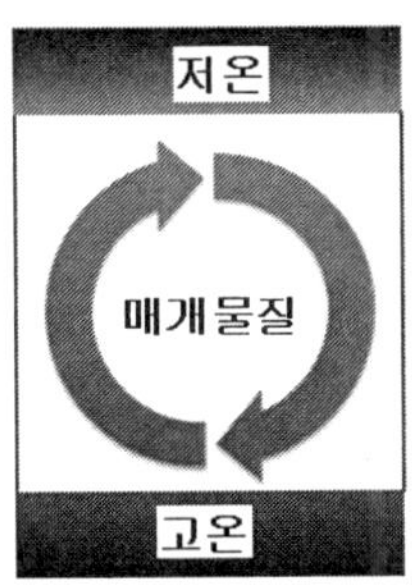

이와 같은 대류현상에는 자연대류(Free Convection, Natural Convection)와 강제대류(Forced Convection)의 두 가지 종류가 있다.

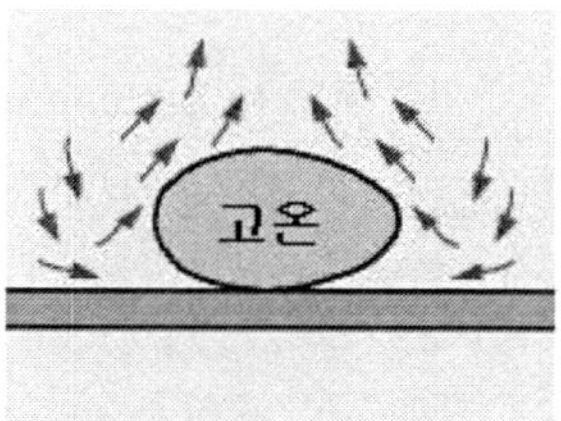

〈자연 대류〉

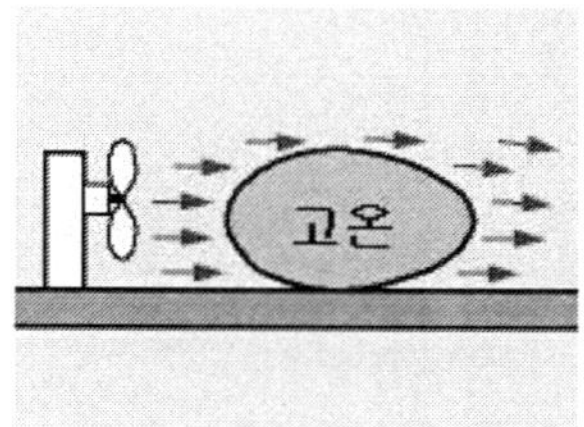

〈강제 대류〉

자연대류는 뜨거운 고체의 표면에 의해서 판 주위의 공기입자들이 뜨거워지고, 그 유체의 밀도가 낮아지며, 그로 인해서 생기는 부력(Buoyancy Force)에 의해서 유체의 운동이 시작된다. 강제대류는 자연대류와 같은 상황이지만 그 조건에 추가하여 외부에서 고체 주위의 유체의 이동을 가속하기 위하여 팬(Fan)이나 펌프(Pump) 등의 수단을 이용하는 것이다. 그 결과로 고체에 인접한 유체 입자의 이동을 빠르게 되어, 열 대류의 속도가 빨라지며, 그 결과로 열 교환율을 크게 할 수 있다.

2.1.4 열 전달 방식 III : 복사(Radiation)

열복사는 물체의 온도에 의해 전자기(Elecrto-Magnetic)파 형태로 물체에서 발산(Emitted)되는 열 에너지다. 절대온도(Absolute Temperature) 0도 이상의 모든 물체는 그 물체 내부에 있는 원자와 분자들의 진동에 의하여 전자기가 발생하며, 이 전자기가 전달되는 방식으로 열에너지를 발산한다. 이때 복사라는 현상이 발생하기 위해서 어떤 매질도 필요하지 않다.

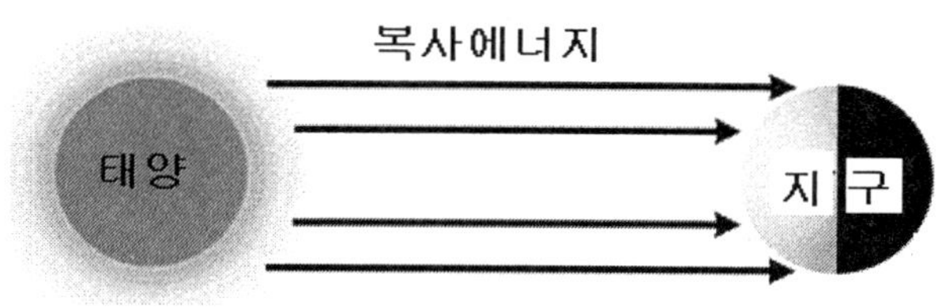

2.1.5 정상상태(Steady-State) 열 해석

초기에 서로 온도가 다른 2개의 물체가 연결된 경우 열전달 진행 시간이 지남에 따라서 그 온도차는 줄어들며 최종적으로는 어느 일정한 온도 상태로 수렴한다.

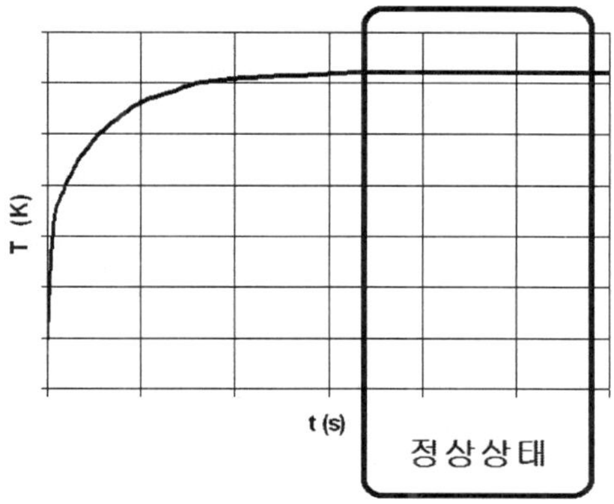

정상상태 해석 유형에서는 시간이 충분히 지나서 물체가 최종적으로 열 평형 상태에 이르렀을 때의 열 조건에만 관심을 가질 때 사용하는 해석 개념이다. 따라서 이 상태에 이를 때까지 걸리는 시간이나 그 동안의 온도 변화 의 경향 등은 고려사항이 아니다. 역학적으로 열 평행 상태에 도달한 이 경우에는, 해석 대상 물체에 유입되는 열 에너지는 발산되는 열 에너지와 같아서 열적인 평형을 이루고 있는 상태이다. 일반적으로, 정상 상태 해석에 필요한 유일한 재질 속성은 열 전도율이다.

2.1.6 비정상상태(과도기상태, Non-Steady-State, Transient) 열 해석

이 해석 유형에서는 시간 변화에 따른 물체의 열전달 상태를 해석한다. 즉 바로 위에서와 같이 초기에 서로 온도가 다른 2개의 물체가 연결되는 경우 열전달이 진행되고, 시간이 지남에 따라서 그 온도차는 줄어들며 최종적으로는 어느 일정한 온도 상태로 수렴한다. 이 과정을 시간에 따라서 모니터하는 것이 비정상(과도기) 열전달 해석이다. 이러한 비정상 상태의 열전달 해석에서 재질 속성을 지정할 때에는 열전도율, 밀도, 비열 등을 지정해야 한다. 또한, 초기 온도, 해석 시간, 시간 증가분도 추가로 지정해야 한다.

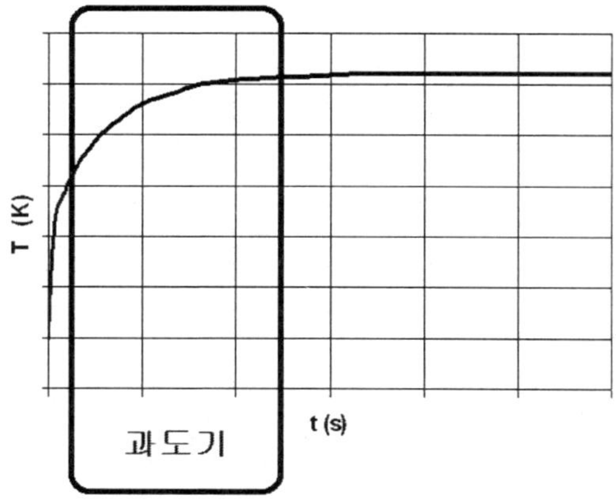

2.1.7 열 응력 해석의 개념

다음과 같이 열 하중을 받는 구조물이 있다고 가정하자. 이 구조물은 가열이 되면 그 재료에 외부에서 구속 조건이 없이 자유 팽창할 수 있다면 열팽창 계수에 상응하는 변형이 발생하게 된다.

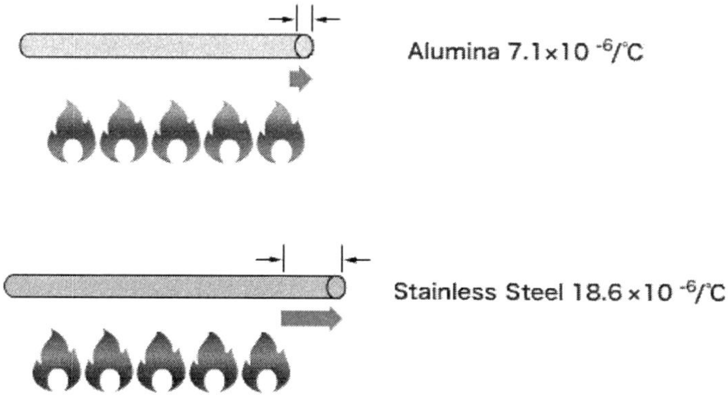

이때 이 늘어나는 변형을 외부에서 강제로 억제하는 경우에는 늘어날 길이가 늘어나지 못하므로 그 길이만큼 압축 방향으로 변위 압축조건을 받는 상황이 된다. 따라서 이 조건에 의하여 압축응력이 발생한다. 이와 같이 열적인 현상과 역학적인 변형이 서로 연결되는 현상을 열응력이라고 한다.

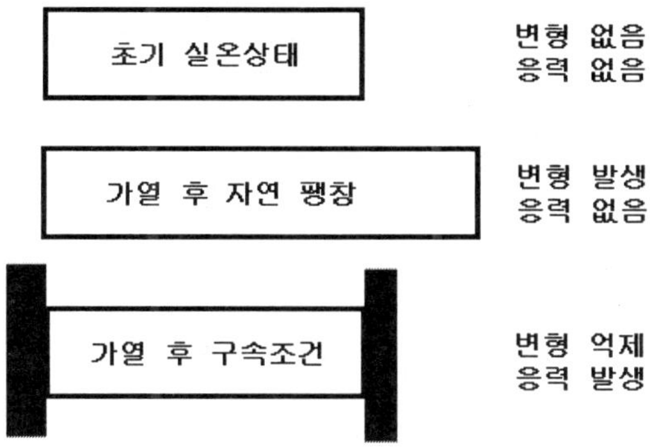

2.2 열적 해석의 입력/출력 데이터

2.2.1 열적 해석의 입력 데이터

열적 해석을 수행하기 위해서 입력해 주어야 할 데이터의 종류는 다음과 같다.

1. **"열 해석"** 스터디를 작성
   - 정상 해석
   - 비정상 해석
2. **"정적 해석"** 스터디를 작성 – **"열 응력 해석"**을 위함
3. 구조물의 재질 지정
   - 프로그램 내장 데이터 이용
   - 사용자가 직접 입력
     - 정상 상태의 열전달 해석 스터디에 대해서는 열 전도율(KX)을 지정
     - 비정상 상태의 열전달 해석 스터디에는 밀도 및 비열도 지정
     - 온도 의존성 속성을 지정
4. 열 하중/구속조건을 지정
   - 온도
   - 대류

- 열 유속
- 열량
- 복사

5. 구조물의 메시 생성 작업

2.2.2 열적 해석의 출력 데이터

1. TEMP : 온도
2. 온도 구배 요소
   - 구배 요소 : GRADX, GRADY, GRADZ (X-방향, Y-방향, Z-방향
   - 총 온도 구배 : GRADN
     * GRADN = [(GRADX)2 + (GRADY)2 + (GRADZ)2](1/2)
3. 열 유속 요소
   - 유속 요소 : HFLUXX, HFLUXY, HFLUXZ (X-방향, Y-방향, Z-방향)
   - 합성 열 유속 : HFLUXN
     * HFLUXN = [(HFLUXX)2 + (HFLUXY)2 + (HFLUXZ)2](1/2)

2.3 열 해석 예제 설정

본 해석 예제에서는 다음과 같은 기능을 익히도록 하고자 한다.

- 정상 상태의 열전달 해석을 위한 스터디 작성법을 익힌다.
- 온도 의존성 재질의 속성을 지정하는 방식을 배운다.
- 재질의 물성치를 직접 사용자가 입력하는 방법을 익힌다.
- 열하중 조건과 경계 조건을 지정하는 과정을 익힌다.
- 해석 결과 얻어진 온도분포 결과를 표시하는 방식을 익힌다.
- 프로브 기능을 이용하여 결과 값을 확인하는 방법을 익힌다.
- 비정상상태(과도기) 열전달 해석 스터디 작성법을 익힌다.

- 재질의 속성과 열하중 지정을 복사하는 방법을 익힌다.
- 지정된 시간 곡선을 불러와 시간 의존성 열하중을 지정하는 방법을 익힌다.
- 해석 완료 후 시간에 따른 온도분포의 결과 그래프를 작성하여 분석한다.
- 열 해석 스터디의 결과와 기계적 구속조건을 동시에 고려한 해석방법을 익힌다.
- 열 해석 결과를 반영한 정적 해석의 결과를 분석한다.

위의 목적을 위하여 다음과 같이 해석 문제를 정리할 수 있다. 해석 모델로 사용되는 칩 어셈블리는 사각형 칩 16개로 구성되어 있다. 발생한 열은 기판 표면에서의 대류작용에 의해 기판의 바닥면과 주위 4개의 모서리 면을 통하여 방출된다. 전체 모델은 중심 부분의 두 평면을 기준으로 대칭 구조로 되어 있으므로, 모델의 1/4만 해석하기로 한다. 이에 따라서 정해지는 전체 모델과 1/4 모델의 경계조건이 아래 그림에 나와 있다.

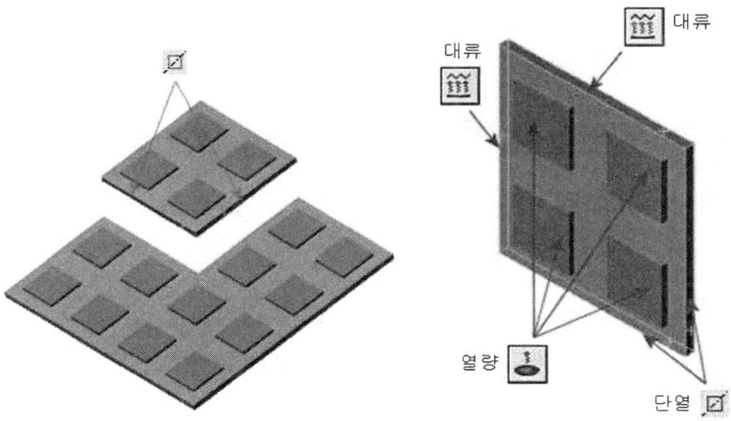

1. 파일의 위치 : "C: \ Program Files \ SolidWorks Corp \ SolidWorks \ Simulation \ Examples \ Thermal \ computer_chip.sldasm"
2. 스터디 유형 : - **"열 해석"** - 정상상태 해석
   - **"열 해석"** - 비정상상태 해석
   - **"정적 해석"** - 열 응력 해석
3. 재질 : - "Substrate" : **"기타 비금속"** 폴더의 **"도자기"**
   - 컴퓨터 칩 : 사용자 지정

속성	값(SI 단위)
탄성계수(EX)	4.1e11 N/m^2
포아송비(NUXY)	0.3
질량 밀도(DENS)	1250kg/m^3
열 전도율(KX)	온도 의존성(아래 테이블 참조)
열 팽창율(ALPX)	1e−6 K^{-1}
비열(C)	670 J/(kg · K)

온도 의존성인 컴퓨터 칩의 열 전도율은 다음과 같이 주어진다.

온도(K)	K(W/m · K)
100	390
150	260
200	195
250	156
300	130
350	110
400	98
450	87

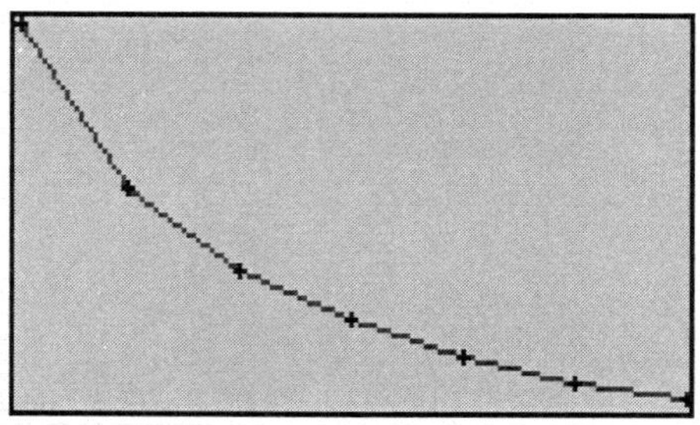

4. 구속 조건(열 해석)
   - 원래 사각형 기판에서 4개 옆면, 칩의 뒷면으로 열대류
   - 열전달 계수(필름계수) : 25 W/m^2K
   - 참조(환경) 온도 : 300K
   - 대칭 때문에 나뉜 부분은 **"단열"** 조건
5. 구속 조건(열 응력 해석) :
   - 뒷면 : **"고정 지오메트리"**
   - 대칭 때문에 나뉜 부분 → **"고정 지오메트리"** → **"대칭"**

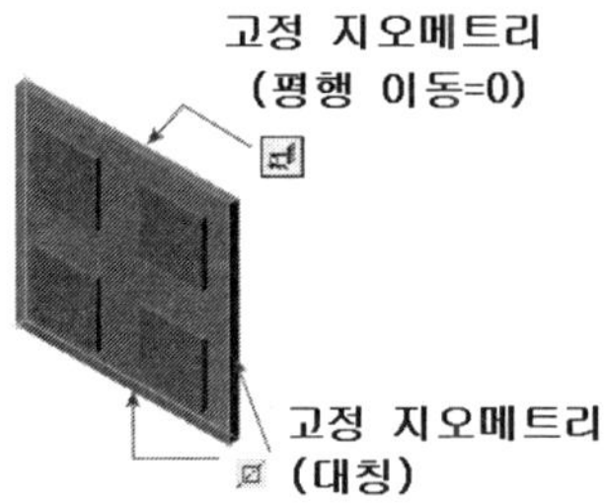

6. 열 하중
   - 각 컴퓨터 칩에서 최대 0.2 와트(W)의 열량 발생
   - 열량은 최초 0 초(t = 0)에서부터 서서히 증가하면서 60 초 후 최대 값 (0.2W)에 도달함

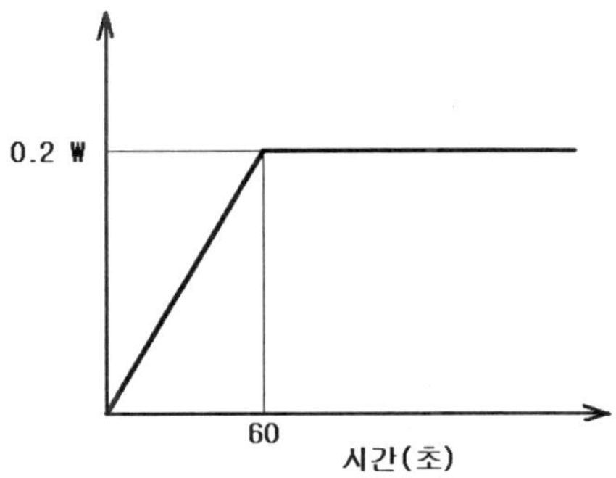

7. 비 정상상태의 시간 옵션 : - 총 시간 : 900 초
   - 시간 간격 : 30초
   - 어셈블리의 초기 온도 : 300 K
8. 메시 분할(열 해석) : - 메시 파라미터 : 표준 메시
   - 평균 요소 크기 : 기본 설정값
   - 허용공차 : 기본 설정값
   - 자동 전이 : 선택 해제
   - 고급 아래 :
   - 야코비안 포인트 : 4개의 점

- 1차 요소 해석 메시 : 선택 해제
- 솔리드의 자동 시도 : 선택
- 시도수 : 3

9. 솔버 : **"FFEPlus(P)"**

2.4 정상 상태의 열 해석 문제 해결 과정

2.4.1 칩 어셈블리 형상 불러오기

1. 애드인이 되어 있다고 가정하고, 파일 열기(File-Open)를 선택하여 아래의 파일을 선택하고 **"열기"**를 클릭한다.
   "C: \ Program Files \ SolidWorks Corp \ SolidWorks \ Simulation \ Examples \ Thermal \ computer_chip.sldasm"

2. 다음과 같이 해석용 형상이 나타난다.

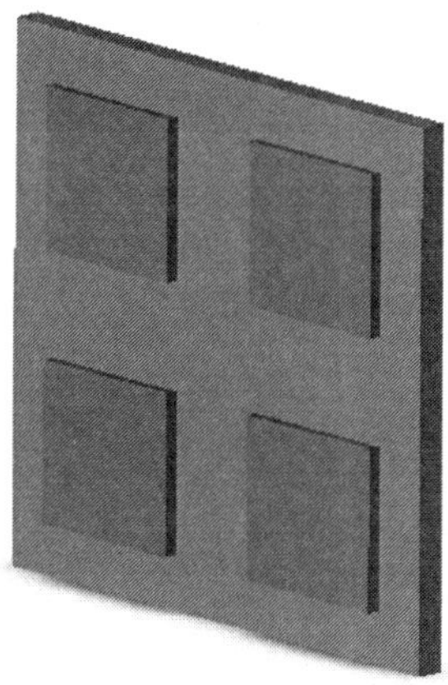

2.4.2 스터디 정의하기

1. 해석을 위하여 다음과 같이 스터디를 **"열 해석"**으로 정의하면 다음 그림과 같이 매니저 창에서 스터디의 시작을 확인할 수 있다.

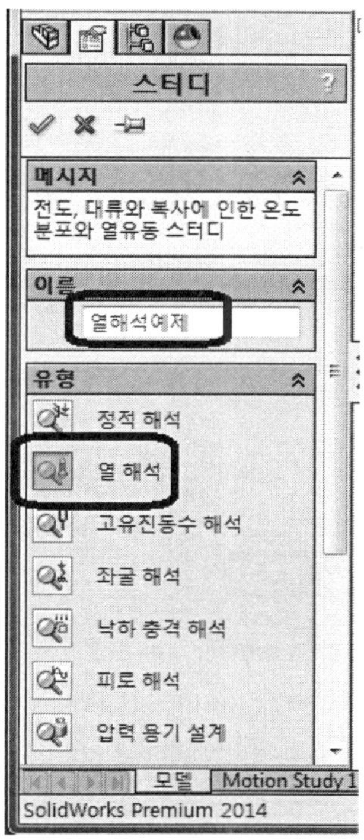

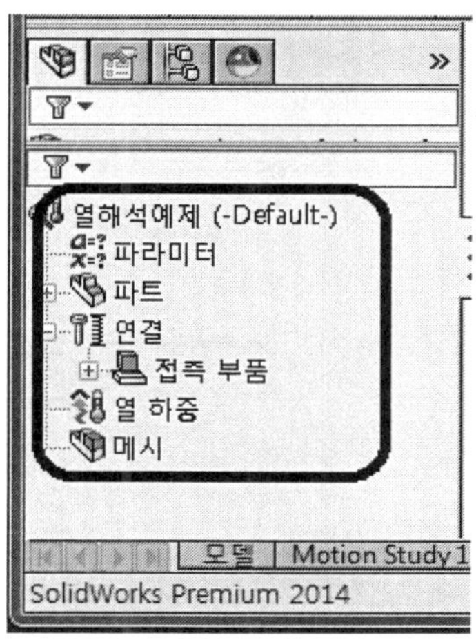

2.4.3 열 해석 유형 설정하기

1. 정의한 스터디에 대하여 스터디 이름을 우측 마우스 클릭하여 **"속성(O)"**을 선택한다. 이어서 나타나는 다음과 같은 화면에서 **"정상상태(S)"**를 선택한다.

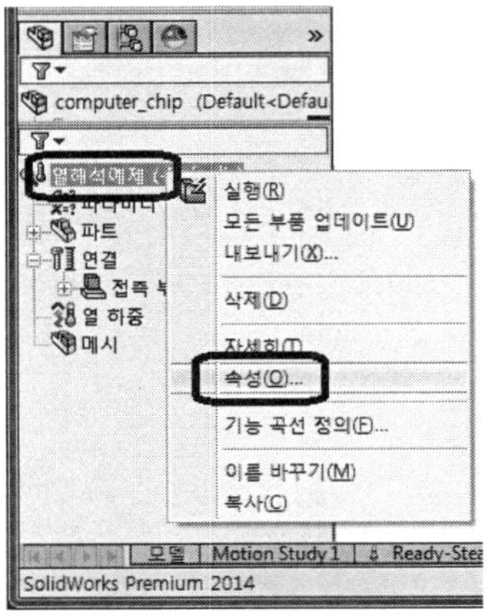

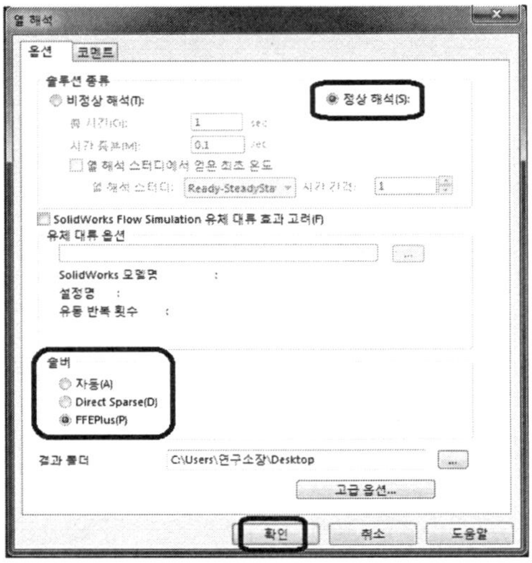

2.4.4 재질 부여하기

1. 이 어셈블리는 2개 종류의 재질로 되어 있다. 먼저 기판(Substrate)에 재질을 부여하기 위하여 다음과 같이 메뉴를 선택한다.

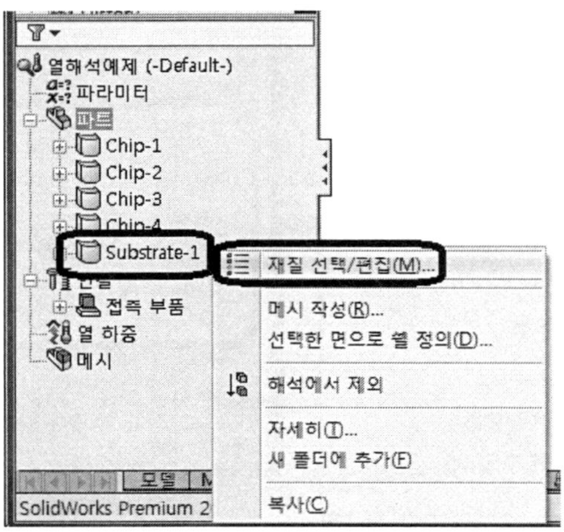

2. 이 파트의 재질은 **"기타 비금속"** 폴더에서 다음과 같이 **"도자기"**를 선택한 후 **"적용(A)"** 버튼을 선택한다.

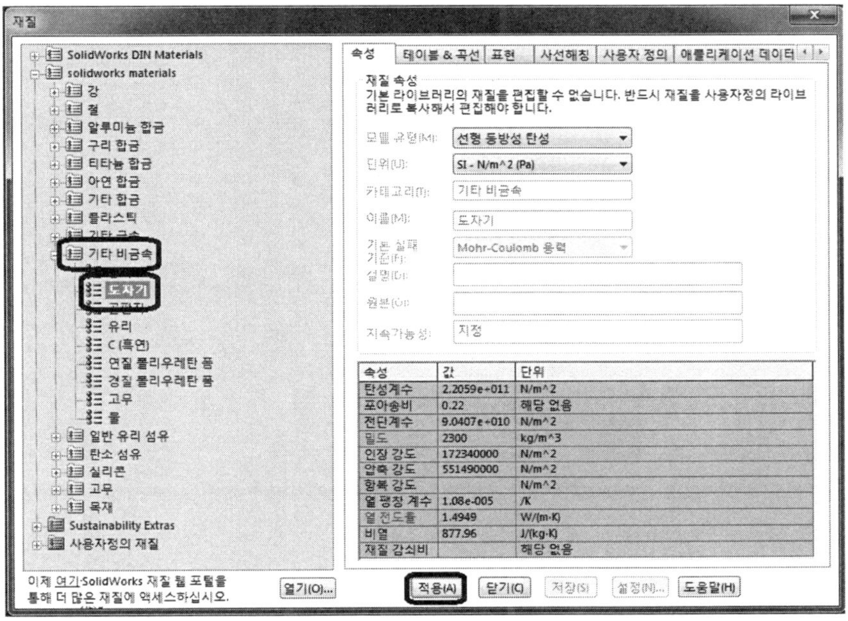

3. 이어서 컴퓨터 칩의 재질을 부여하기 위하여 다음과 같이 메뉴를 선택한다. 여기서는 칩이 4개가 있으므로 **"CTRL"** 키를 이용하여 4개를 동시에 선택한다.

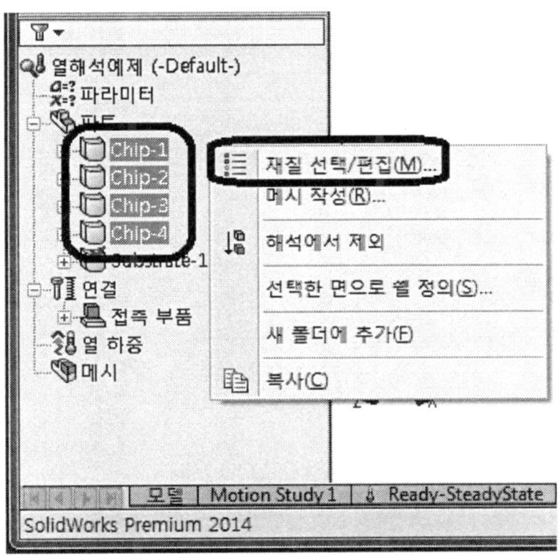

4. **"사용자 재질"** 폴더 아래 **"새 카테고리"**의 **"새 재질(M)"**을 선택한다.

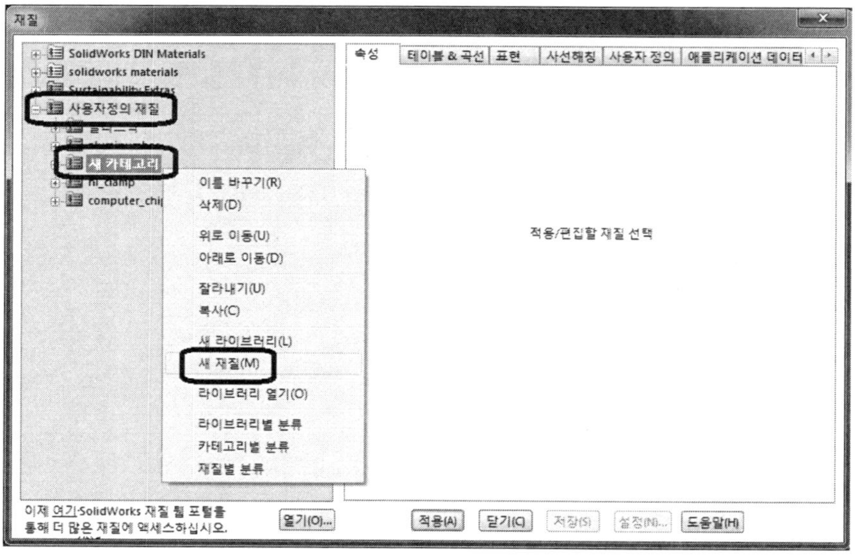

5. 다음의 입력 칸에 다음과 같이 앞에서 정의된 값을 입력한다. 이때 주의할 것은 재질의 **"열 전도율"**에 대한 항목을 **"온도 의존성"**으로 바꿔야 한다는 것이다.

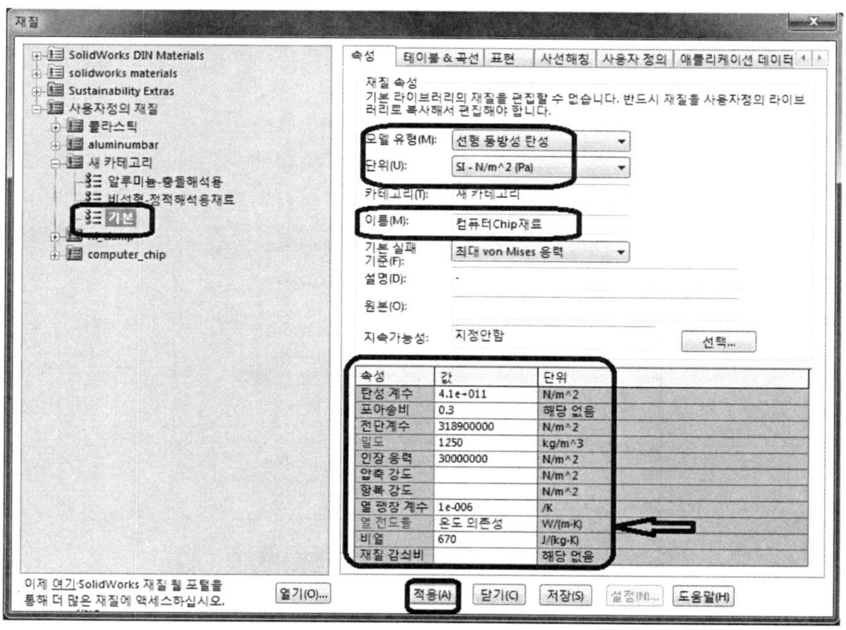

6. 앞의 **"온도 의존성"** 선택에 의하여 **"테이블 & 곡선"** 탭의 설정 창이 더 나타난다. 이 화면에서도 앞의 재료 데이터를 입력한다.

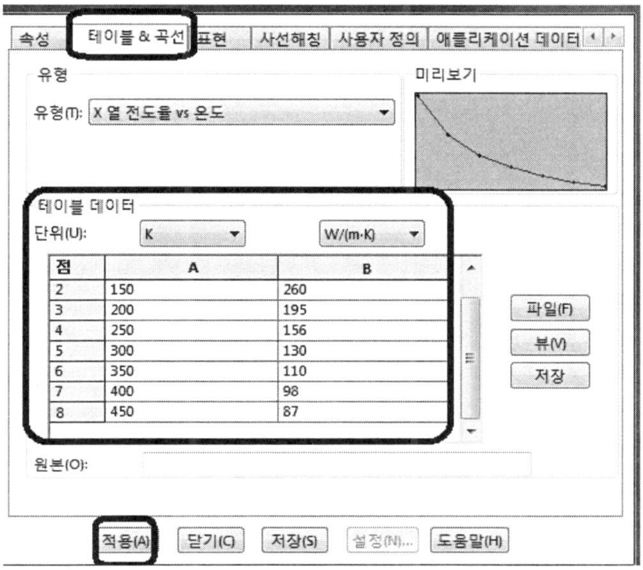

2.4.5 구속 조건 부여하기

1. 이 컴퓨터 칩은 기판의 뒷면과 옆의 2개 면에서 대류 방식으로 열이 방출된다.

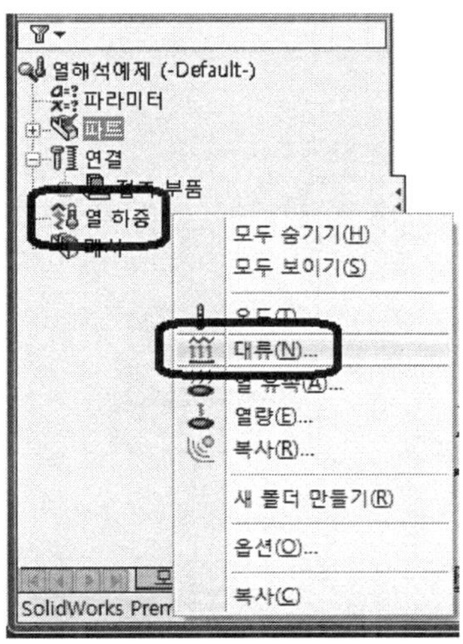

2. 설정 창에서 옆면 2개와 뒷면 1개를 선택하고, 대류 계수와 주변 환경 온도를 입력한다.

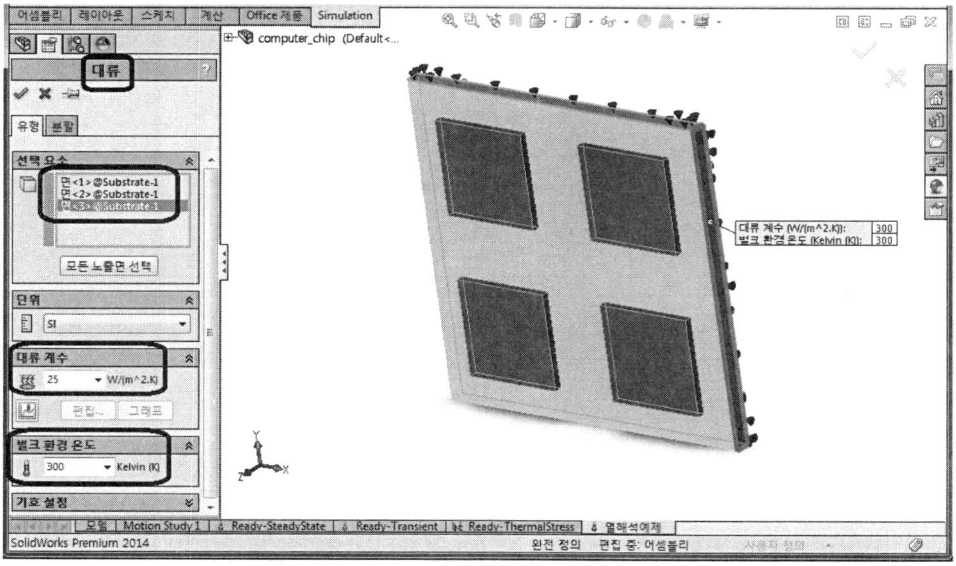

2.4.6 열 하중 부여하기

1. 본 어셈블리에서는 컴퓨터 칩에서 열이 발생하므로 이 조건을 부여하기로 한다.

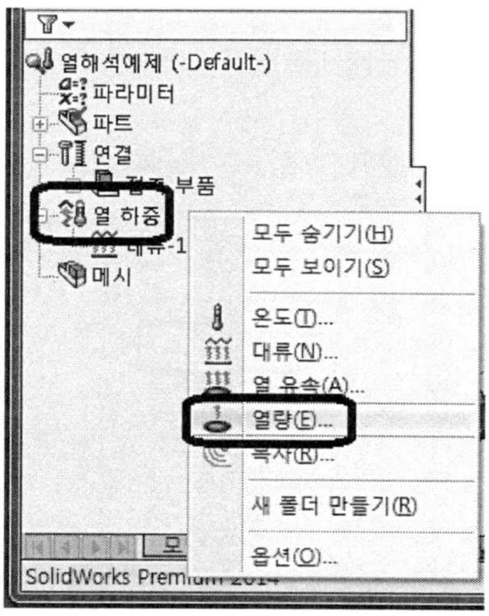

2. 설정 창의 그래픽 영역에서 어셈블리를 클릭하여 플라이아웃 FeatureManager 디자인 트리를 확장한다. 그리고 그 중에서 4개의 칩을 선택하고 **"열량"** 조건 **"0.2"** W를 입력한다.

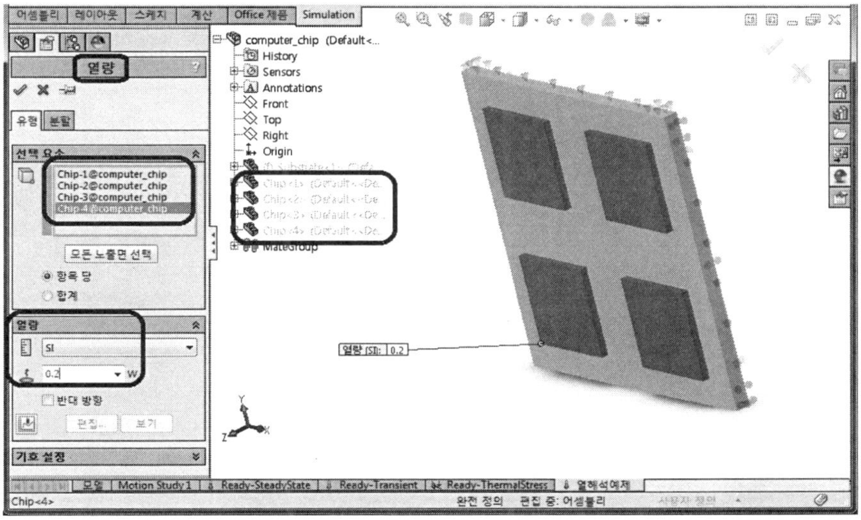

2.4.7 메시 생성하기

1. 다음과 같이 매니저 창에서 **"메시"** 메뉴를 선택하고 이어서 나오는 세부 메뉴에서 **"메시 작성(R)"**을 선택한다.

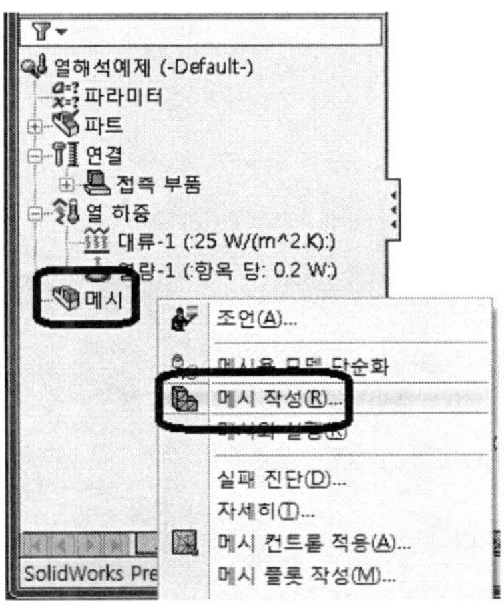

2. 다음과 같은 자동 메시 생성 설정 창에서 처음에 설정한 조건대로 입력하고, **"체크(V)"** 버튼을 클릭하면 다음과 같이 매시 생성 작업이 진행된다.

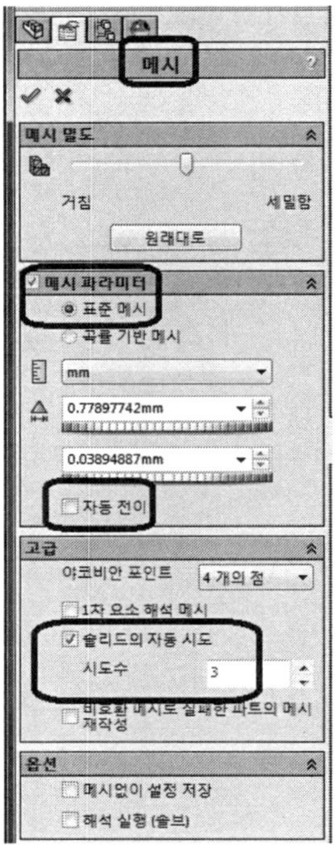

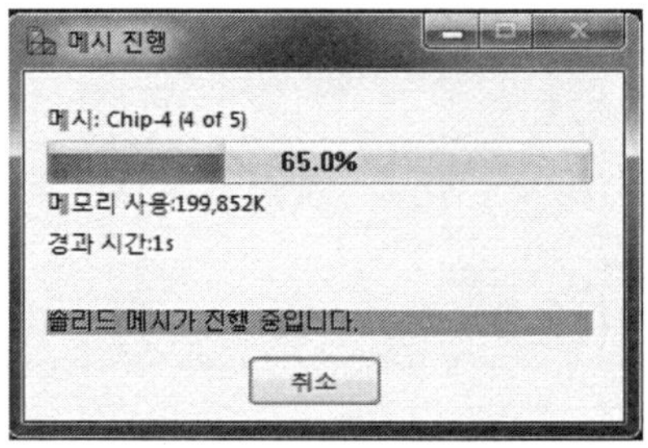

2.4.8 정상 상태 열 해석 실행하기

1. 다음과 같이 스터디 이름을 클릭하여 **"해석 실행(R)"** 메뉴를 선택한다. 이 명령에 의하여 프로그램은 다음과 같이 계산을 진행한다.

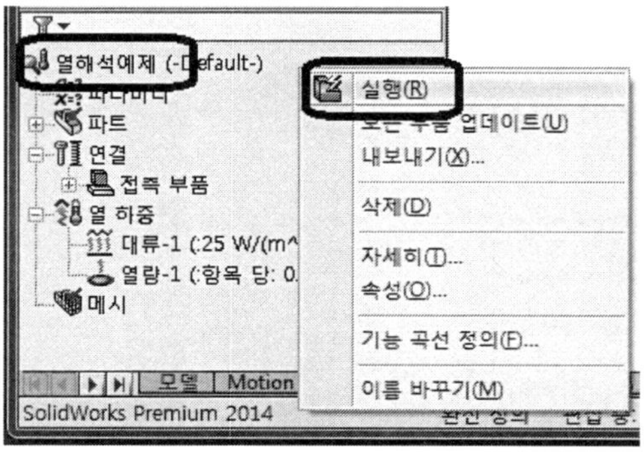

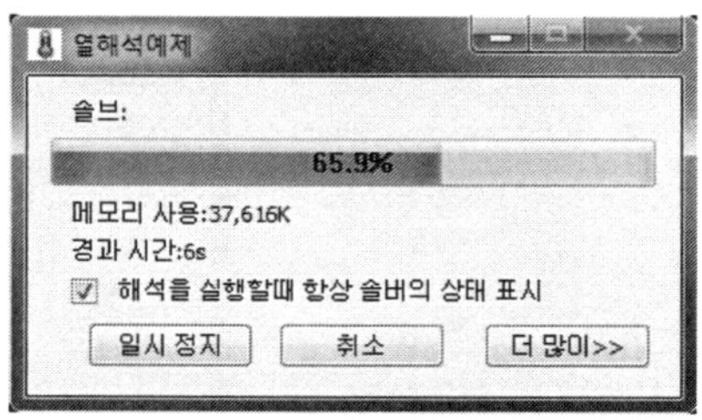

2. 해석이 완료된 후, **"결과"**라는 폴더와 우측에 대표적인 온도 분포가 나타난다.

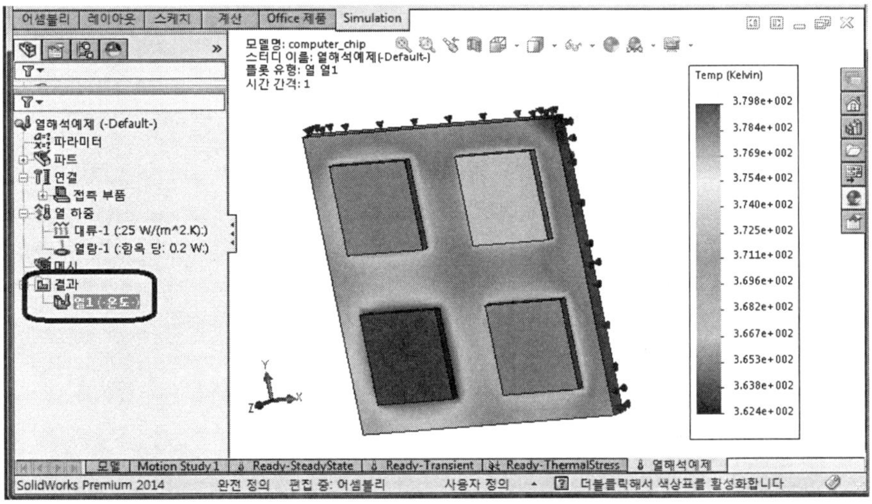

2.5 정상 상태의 열 해석 결과 분석하기

2.5.1 정상 상태 온도 분포

1. 충분한 시간이 흐른 후의 정상 상태의 온도 분포를 확인하기 위하여 다음과 같이 **"결과"** 메뉴에서 **"열온도 플롯 정의"**를 선택한다. 섭씨 온도 단위(Celsius)로 분포를 보기로 한다.

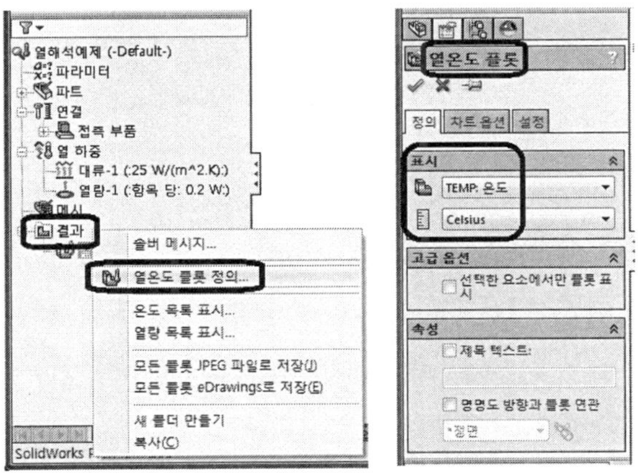

2. 그 결과 온도 분포 결과가 다음과 같이 섭씨 온도 단위로 분포가 도시된다.

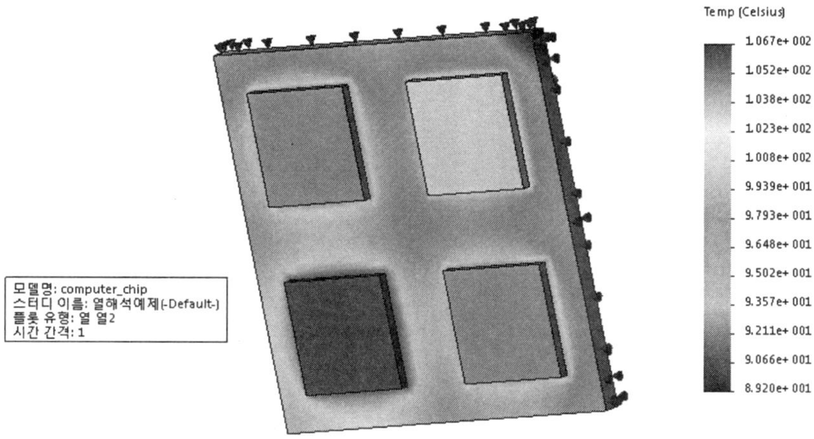

3. 참고로 이 어셈블리를 회전시켜서 뒷면의 온도 분포를 도시하면 다음과 같다.

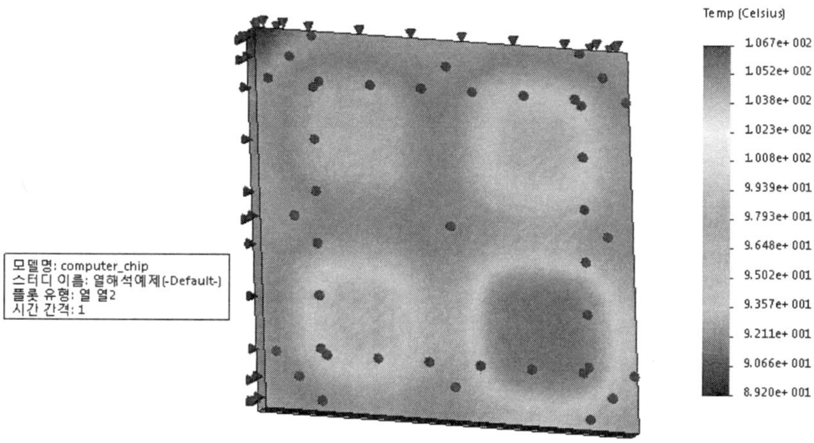

2.5.2 프로브 기능 사용

1. 어셈블리의 위치에 따라서 온도 분포가 변하는 경향을 그래프로 표시하는 프로브 기능을 사용해 보기로 한다. 다음과 같이 주 메뉴에서 **"결과 도구(T)"**에서 **"프로브(O)"** 메뉴를 선택한다.

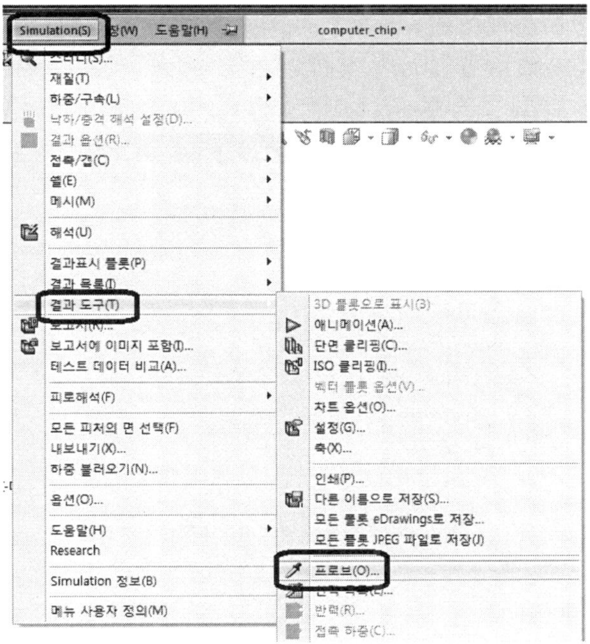

2. 이어서 나타나는 다음의 설정 창에서 사용자가 온도를 알기 원하는 지점들을 순차적으로 클릭해 나간다. 선택이 완료되었으면 아래의 **"플롯"** 아이콘을 클릭한다.

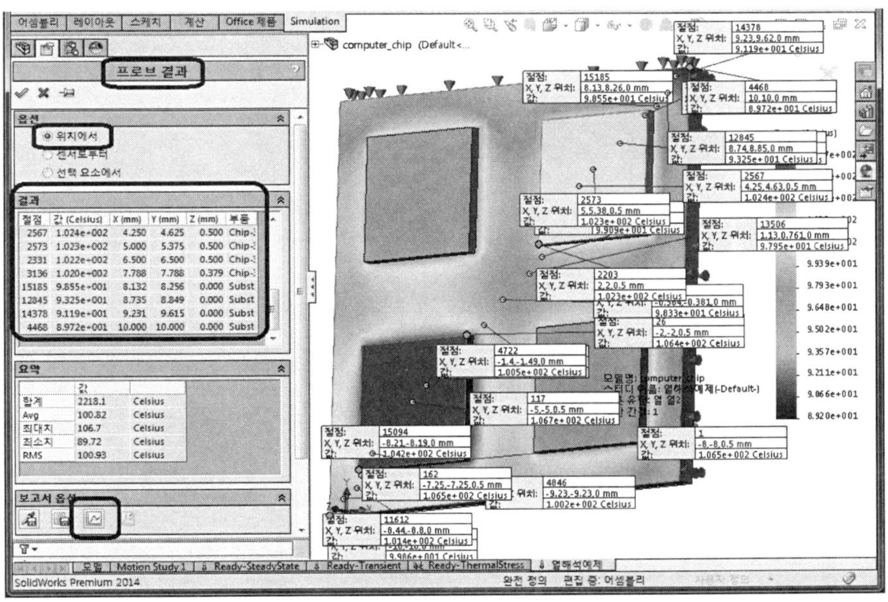

3. 위의 설정 결과 다음과 같이 앞에서 사용자가 지정한 지점의 온도가 그래프 형태로 표시된다. 또한 이 결과를 파일 형식으로도 저장할 수도 있다.

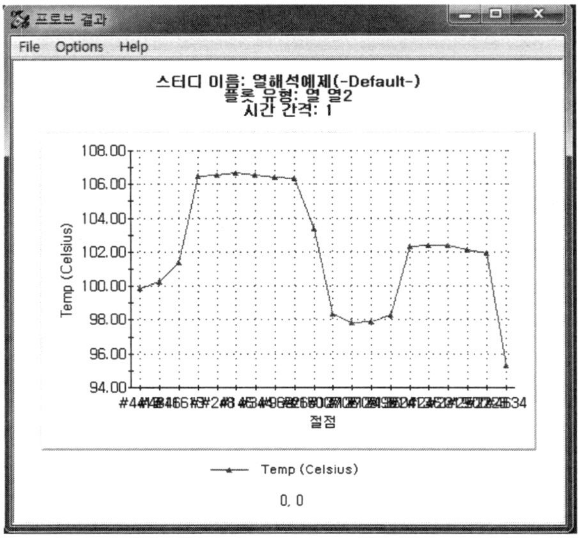

2.5.3 온도 ISO 기능 사용

1. 온도 iso 플롯은 지정한 온도 값과 동일한 지점들을 연결하여 곡면 윤곽 플롯을 나타낸다. 다음과 같이 주 메뉴에서 **"결과도구(T)"**에서 **"ISO 클리핑(I)"** 메뉴를 선택한다.

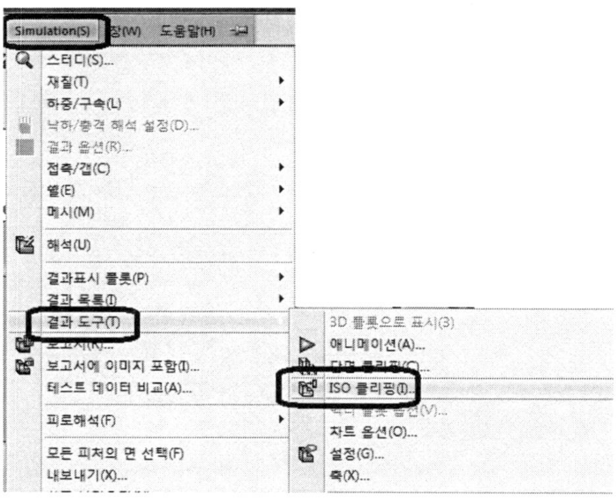

2. 다음의 설정 창에서 사용자가 온도를 알기 원하는 온도의 ISO 값을 입력하거나 슬라이더를 좌우로 조정한다. 이 슬라이더를 움직이면 실시간으로 온도 영역이 변하게 표시된다. 이때에는 설정한 온도 이상인 영역이 모두 표시된다.

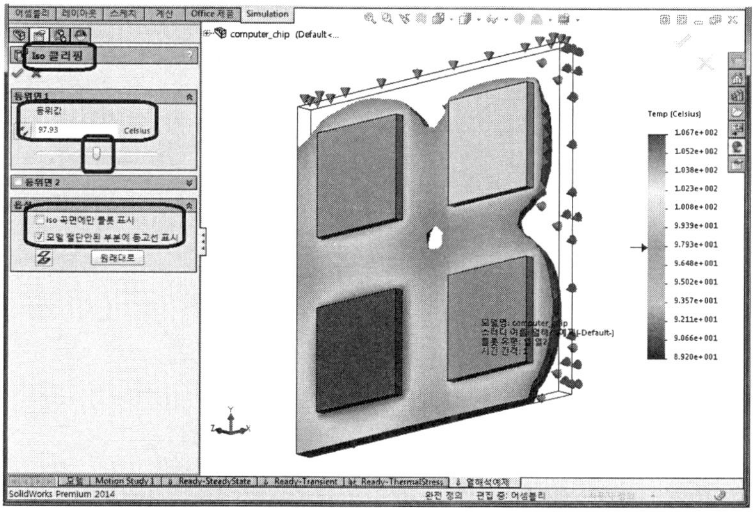

3. 참고로 아래 그림은 옵션에 **"ISO 곡면에만 플롯 표시"** 옵션을 선택한 경우이다. 이때에는 사용자가 지정한 특정 온도의 지점만 3차원적으로 나타내며, 그 온도보다 높거나 낮은 영역은 표시되지 않는다.

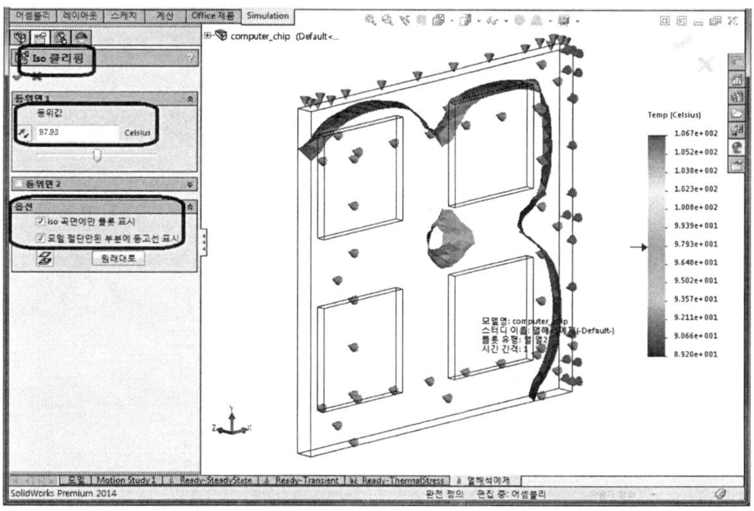

2.5.4 열량 평형 상태

1. 열 해석 결과, 모델에서 방출되는 열에너지를 표시할 수도 있다. 정상 상태에서 시스템으로 유입되는 열에너지는 방출되는 열에너지와 같아야 한다. 따라서 유입되는 열에너지와 유출되는 열에너지의 평형상태를 확인하기 위하여 다음과 같이 **"결과"** 폴더에서 **"열량 목록 표시"** 메뉴를 선택한다.

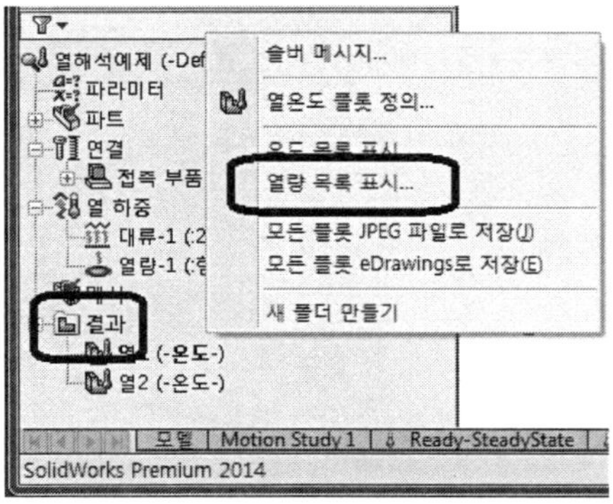

2. 열이 방출되는 면 3개를 선택하고 **"업데이트"** 버튼을 선택한다.

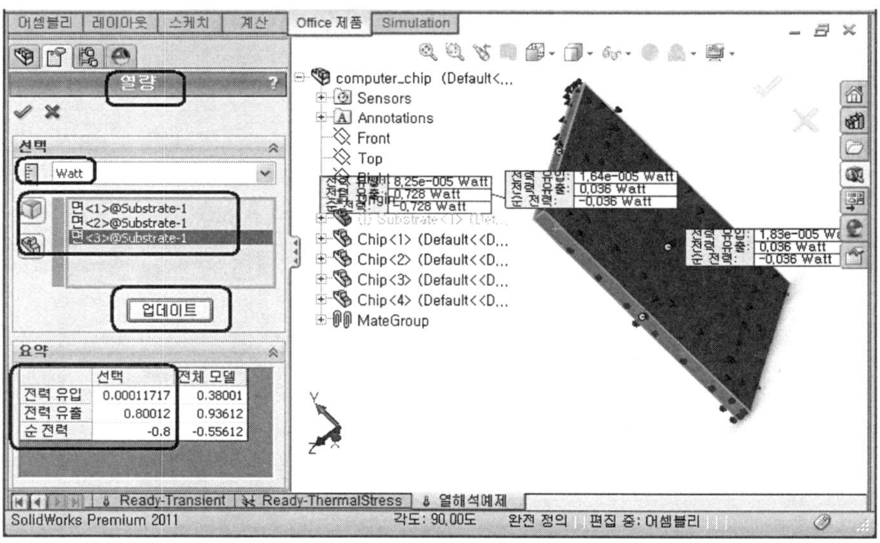

그 결과 위 그림과 같이 **"전력 유출"** 값이 나타난다.

- 전력 유출 = "0.80004" W
- 입력 열량 = 0.2 W X 칩 4개 = 0.8 W
- 계산 결과 오차 = 0.00004 W (0.005 %)

즉 본 해석을 통하여. 매우 적은 수치적인 오차를 제외하면. 발생하는 열량 0.8W가 3면을 통하여 발산되고 있는 열적인 평형 상태임을 확인할 수 있다.

3. 만일 이와 동일한 조건에서 **"메시 분할을 최대한 많이"** 하여 계산을 다시 하면 그 오차는 줄어들 것이다. 그 오차가 얼마인지 사용자들께서 직접 해석해 보고 다음의 해석결과와 맞는지를 확인해 보기 바란다.
   - 최대 메시 분할 시의 출력 열량 =   W
   - 최대 메시 분할 시의 결과 오차 =   W (%)

2.6 비정상 상태의 열 해석 문제 해결과정

2.6.1 비 정상상태 스터디 정의하기

1. 앞과 동일한 방식으로 **"스터디"**를 정의하고 다음과 같이 스터디의 **"속성(O)"**을 선택하여 수정을 진행한다.

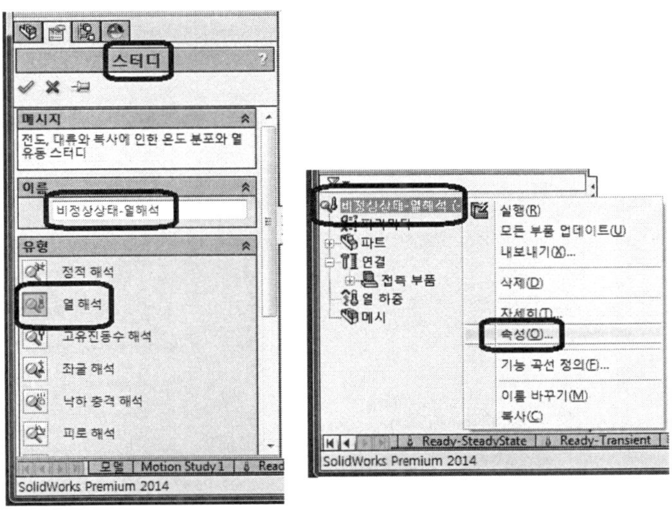

2. 다음의 화면에서 **"솔루션 종류"**을 **"비정상 해석"**으로 선택한다. **"총 시간"**은 900초, **"증가 시간"**은 30초로 입력하고 아래의 **"확인"** 버튼을 클릭한다.

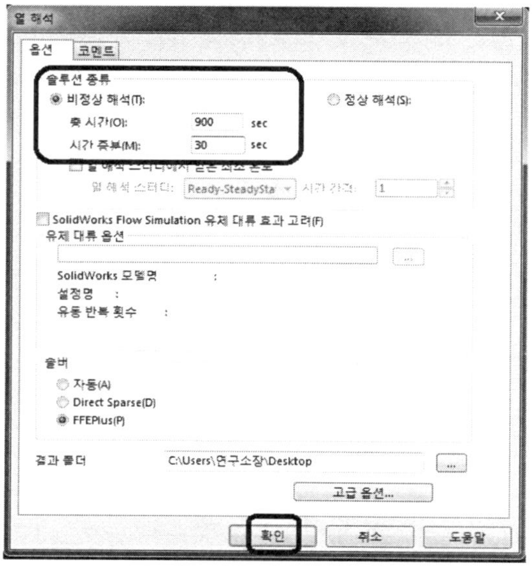

2.6.2 재질 복사하기

1. 앞의 정상상태 해석과 동일한 재질을 사용하므로 그 데이터를 복사하여 사용하기로 한다. 먼저 앞 단계의 스터디에서 **"파트"** 폴더를 선택하고 **"복사(C)"** 메뉴를 선택한다. 이어서 새로 작성한 비정상상태 해석용 스터디에서, **"파트"** 폴더를 선택하고 **"붙여넣기(P)"** 메뉴를 선택한다.

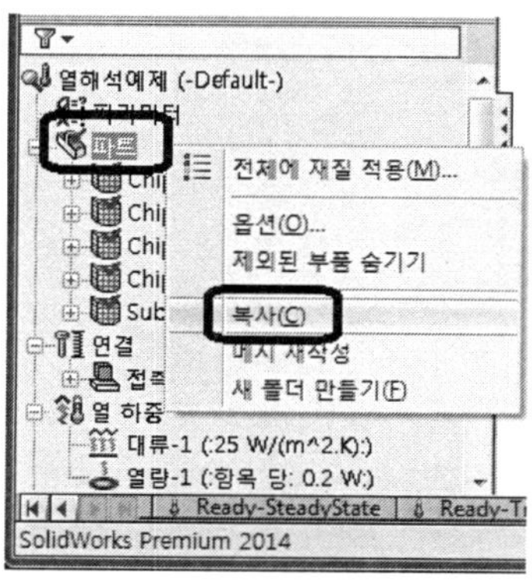

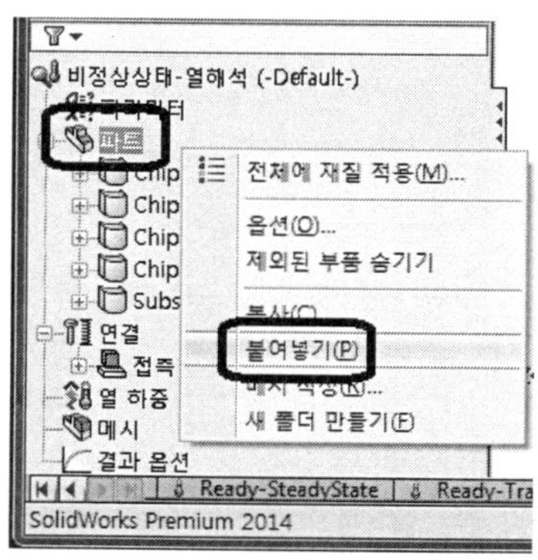

2. 그 결과 새로 정의한 비정상상태 해석의 재질에도 동일한 데이터가 적용된다.

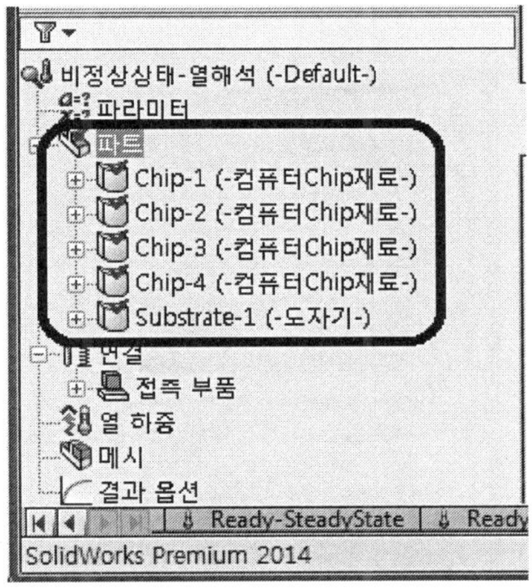

2.6.3 구속조건/열 하중 조건 복사하기

1. 앞 단계의 정상상태 해석용 스터디에서 **"열 하중"** 폴더를 선택하고 **"복사(C)"** 메뉴를 선택한다. 이어서새로 작성한 비정상상태 해석용 스터디에서, **"파트"** 폴더를 선택하고 **"붙여넣기(P)"** 메뉴를 선택한다.

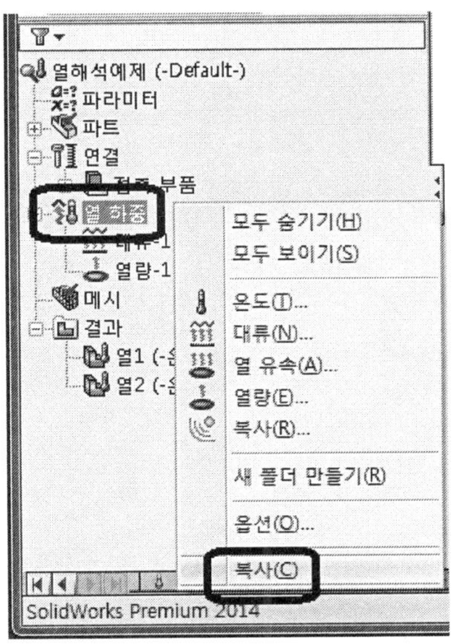

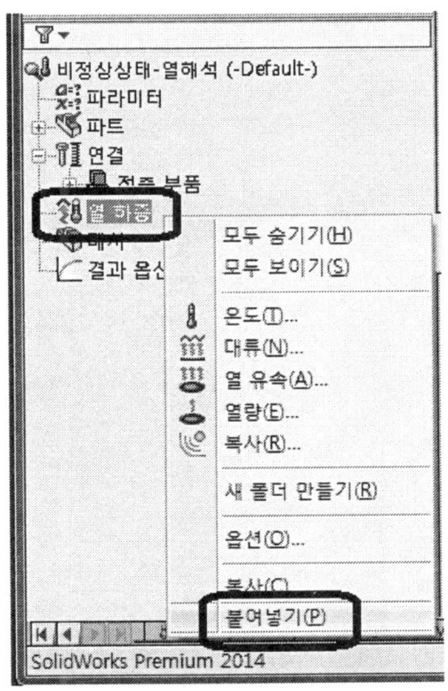

2. 이와 같이 복사하기 기능을 이용하여 재질, 구속/열하중 조건을 복사하였다. 그 결과 새로운 스터디에 다음과 같이 예전의 조건들이 동일하게 입력되었다.

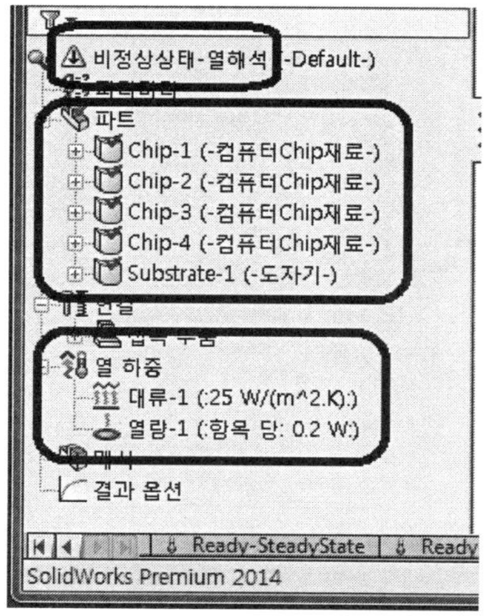

2.6.4 어셈블리에 초기 온도 설정하기

1. 칩 어셈블리에 모두 초기온도를 300K로 설정하기로 한다. 다음과 같이 **"열 하중"** 메뉴에서 **"온도(T)"**를 선택한다.

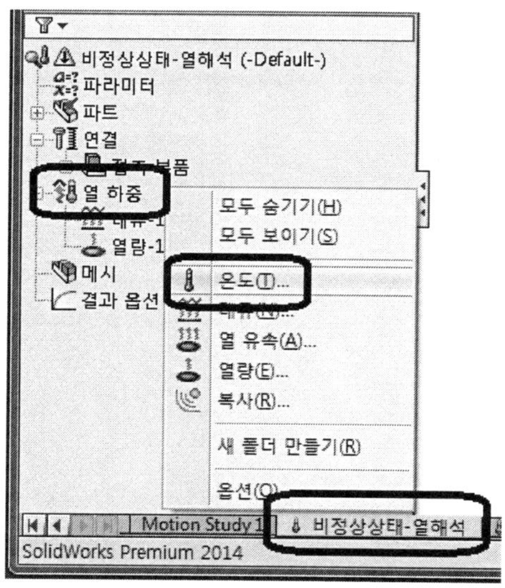

2. 아래의 설정 창에서 **"초기온도"**를 선택하고, 피처 매니저에서 5가지 모든 파트를 선택한 다음, 온도는 (캘빈) 300K를 입력한다. 특히 주의할 것은 물체를 선택할 때 그림 영역에서 마우스로 클릭하여 직접 선택하면 그 파트의 표면만 선택이 되어서 잘못된 조건이 부여되므로 매니저 창에서 파트 이름을 선택하여야 한다.

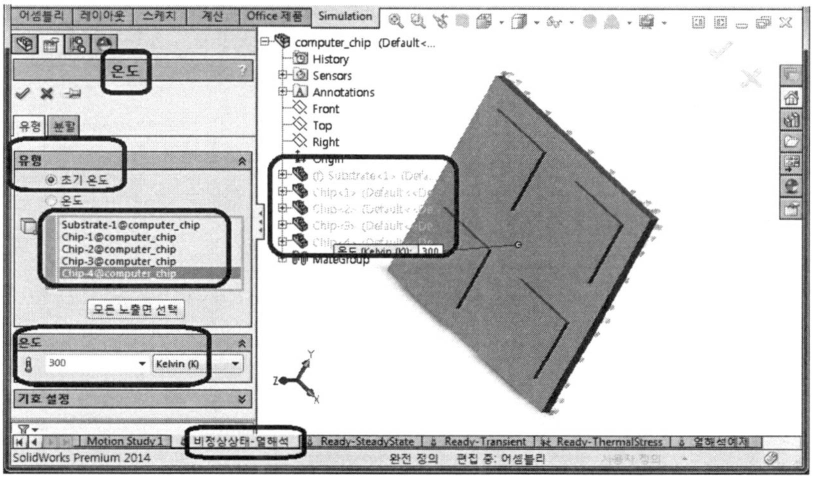

2.6.5 기능 곡선 추가하기

1. **"Pull-Down"** 메뉴에서 **"Simulation"** 아래에 있는 **"옵션"**을 클릭한다.

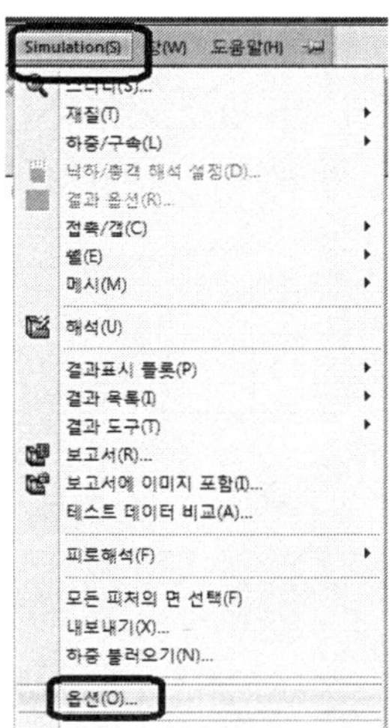

2. **"시스템 옵션"**에서 **"기본 라이브러리"**, **"기능 곡선 라이브러리"**를 차례대로 선택하고, **"폴더"** 항목에서 **"추가"**를 선택하여 다음의 폴더를 선택한다.
   - "C: \ Program Files \ SolidWorks Corp \ SolidWorks \ Simulation \ Examples \ Thermal \ "

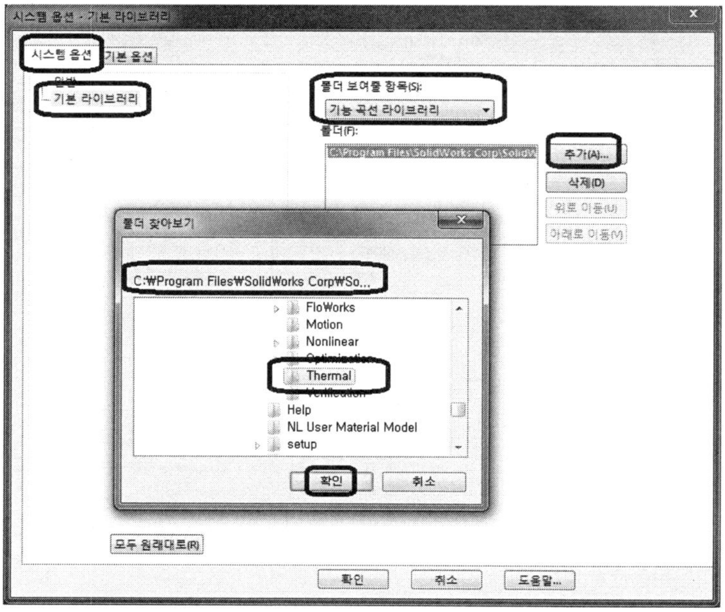

2.6.6 시간 의존적 열량 설정하기

1. 열량은 앞에서 설명한 바와 같이 0 값(t = 0)에서 시작하여 60초 후 최대값 0.2W에 이른다.

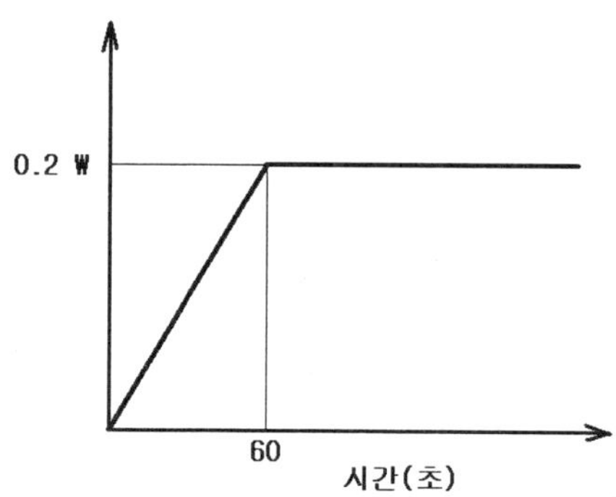

열의 시간에 따른 열량의 변화는 다음의 폴더에 있는 아래의 데이터 곡선 파일을 이용하기로 한다. 비정상 해석의 스터디에서 **"열 하중"**의 **"열량-1"**을 선택하여 **"정의 편집(E)"**을 선택한다.

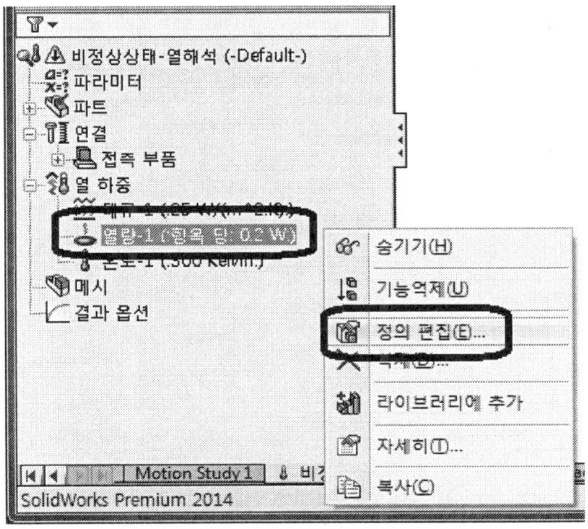

2. 위의 명령에 의하여 다음과 같은 설정 창이 나타난다. 여기서 **"시간 곡선 사용"**을 선택하여 **"편집"**을 클릭하고, 이어서 나타나는 시간곡선 설정 창에서 **"곡선열기(G)"**를 선택한다.

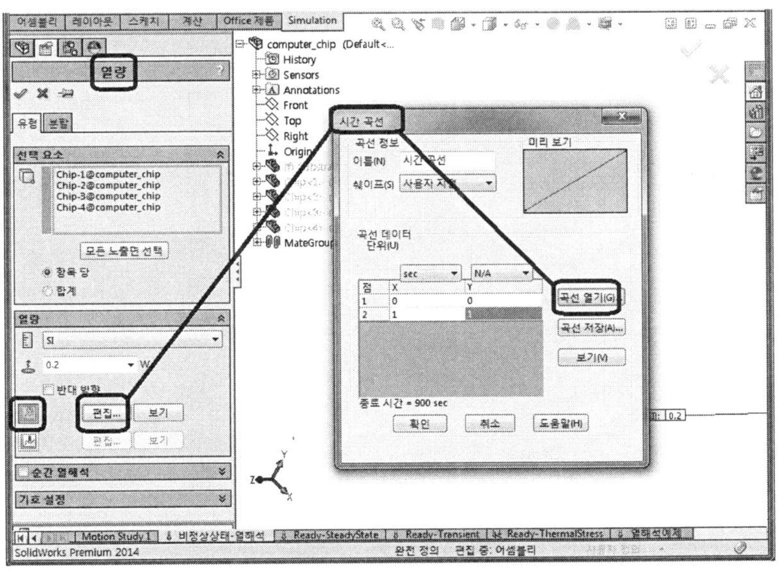

3. 열기 대화상자에서 **"HeatPower_time_curve.cwcur"**를 선택하고 **"열기"**를 클릭한다.
   - C: \ Program Files \ SolidWorks Corp \ SolidWorks \ Simulation \ Examples \ Thermal
   - 데이터 곡선 파일 이름 : HeatPower_ time_curve.cwcur

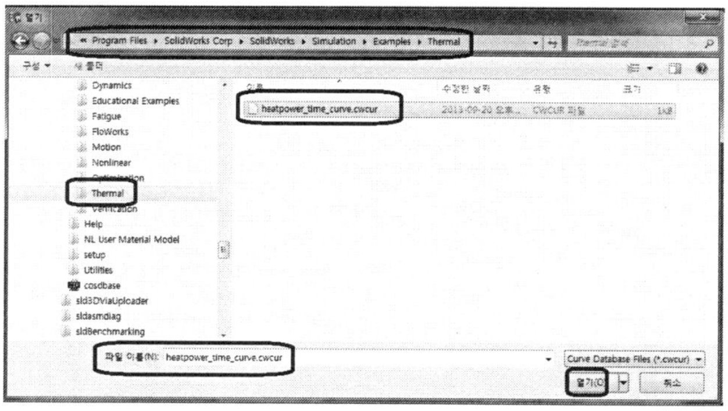

4. 이어서 다음과 같이 **"기능 곡선"** 선택 화면이 나타난다. 대화상자의 시간 곡선 아래에서 **"Time Curve-1"**을 클릭한다. 이 곡선을 보고 싶은 경우에는 아래의 **"보기"** 버튼을 누르면 그 아래에 시간 곡선이 별도의 창에 표시된다. **"확인"** 버튼을 눌러서 설정을 완료한다.

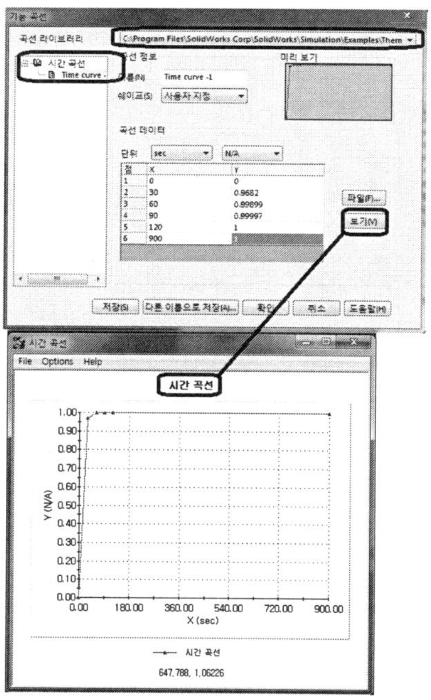

2.6.7 비정상상태 메시 생성하기

1. 다음과 같이 매니저 창에서 **"메시"** 메뉴를 선택하고 이어서 나오는 세부 메뉴에서 **"메시 작성(R)"**을 선택한다.

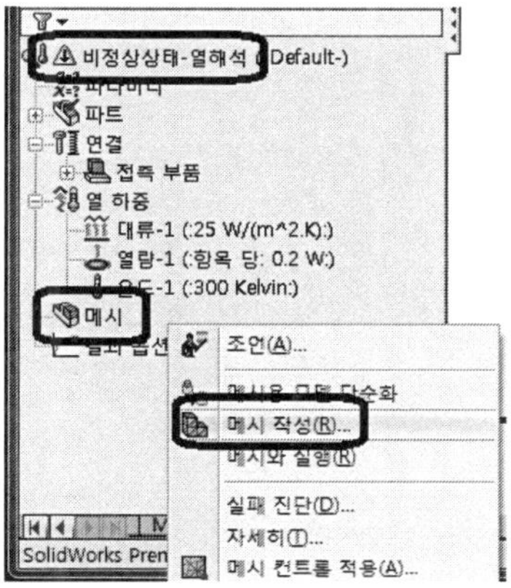

2. **"메시 파라미터"** 아래에서 **"평균 요소 크기"**를 1.50 mm로 설정하여 직접 입력하고, **"체크(V)"** 버튼을 클릭한다. 위의 메시 생성 명령어에 의하여 다음과 같이 자동으로 매시 생성 작업이 진행된다.

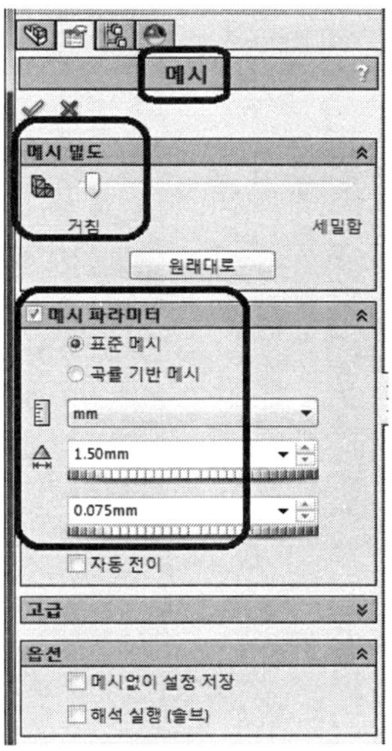

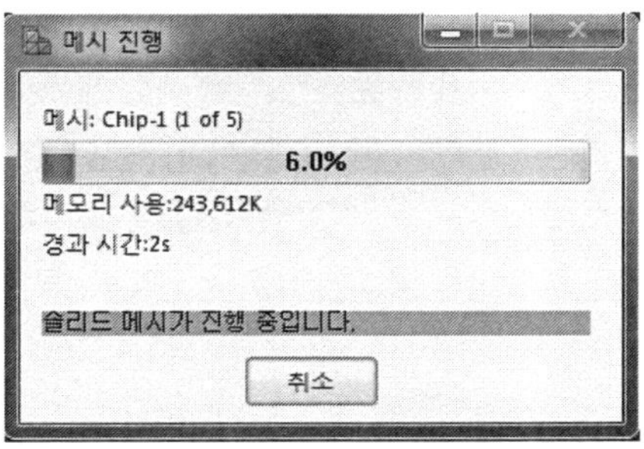

2.6.8 비정상 상태 열 해석 실행하기

1. 다음과 같이 스터디 이름을 클릭하여 **"해석 실행(R)"** 메뉴를 선택한다. 이 명령에 의하여 프로그램은 계산을 진행한다.

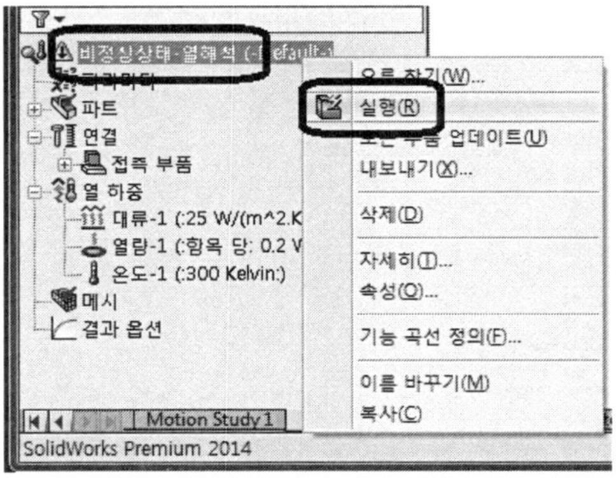

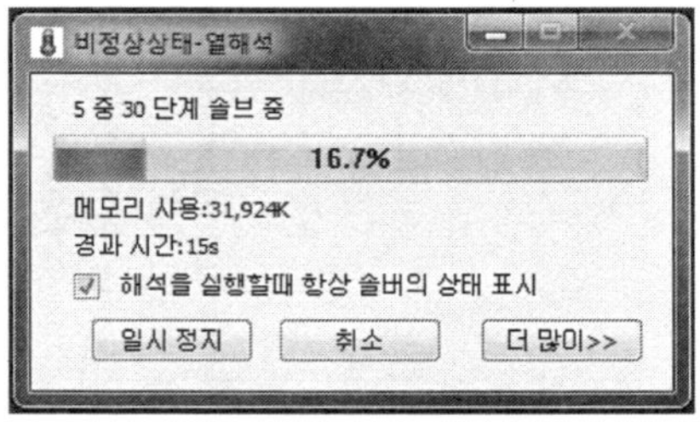

2. 해석이 완료된 후, **"결과"**라는 폴더와 해석의 마지막 단계인 900초 후의 온도 분포가 나타난다.

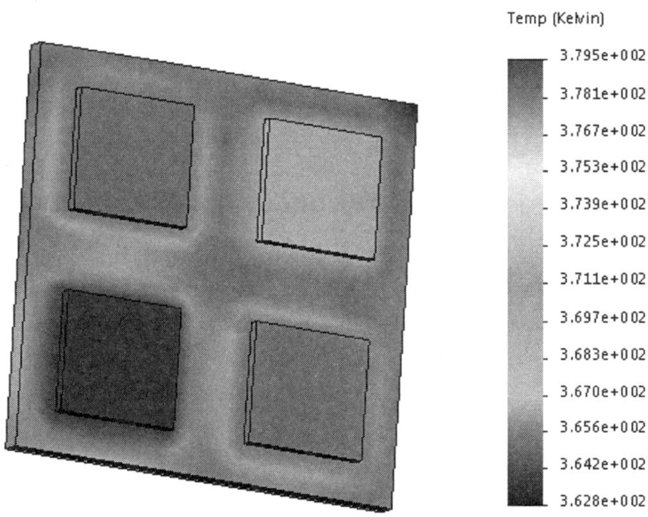

2.7 비정상 상태 열 해석 결과 분석하기

2.7.1 원하는 시간에서의 온도 확인하기

1. 특정한 시간에서의 온도 분포를 보려고 할 때에는 **"결과"** 폴더에서 **"열온도 플롯 정의"** 메뉴를 선택한다. 이 그림에서는 1번째, 즉 해석 시작 후 30초 후의 온도 분포를 보고자 한다.

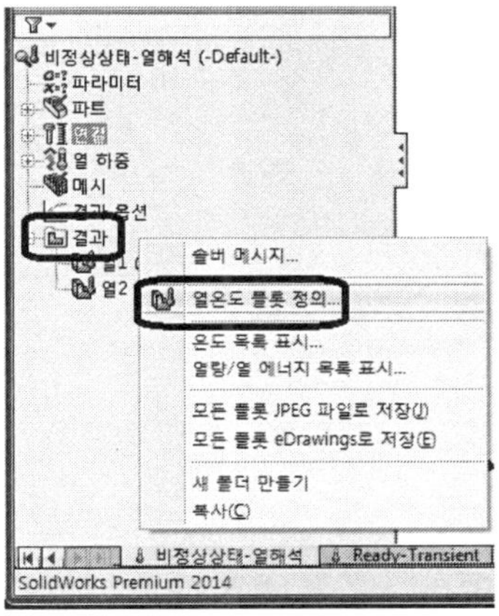

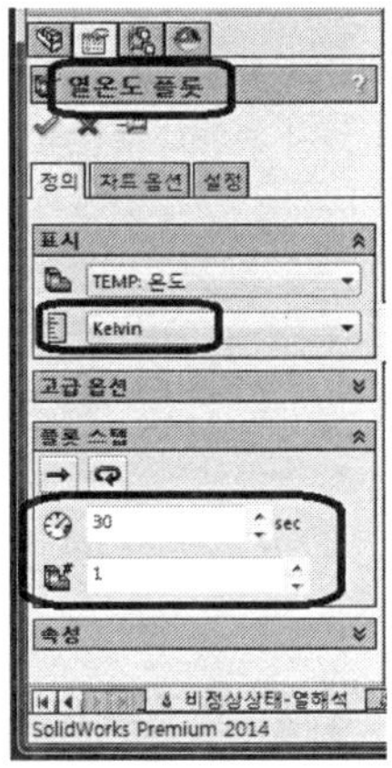

2. 그 결과 다음과 같이 1번째 스텝의 온도분포 결과를 볼 수 있다.

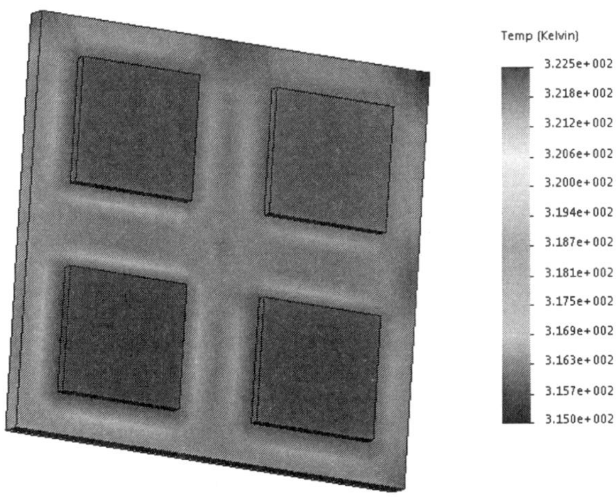

〈비정상 상태 해석에서 30초 후의 온도 분포〉

3. 이어서 900초가 흐른 마지막 30 단계에서의 온도 분포를 보기로 한다.

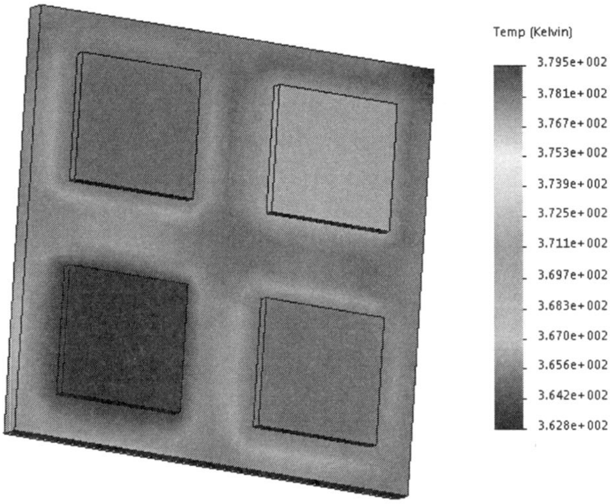

〈비정상 상태 해석에서 900초 후의 온도 분포〉

4. 그런데 앞에서 해석했던 정상상태에서의 온도 분포가 위의 900초에서의 결과와 거의 비슷하여야 한다. 예전의 정상상태 해석 결과를 다시 보기로 한다.

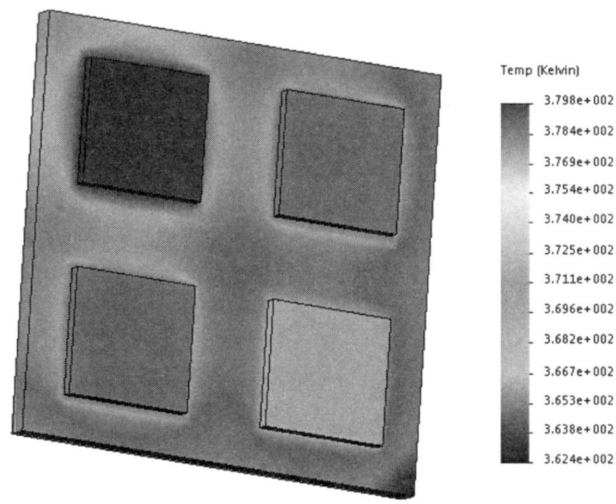

〈정상 상태 해석에서의 온도 분포〉

5. 비정상상태 해석에서도 앞의 정상상태 해석 때와 같은 **"기본 설정"**의 메시 크기로 계산을 다시 하면 마지막 단계인 900초 때의 온도를 다음과 같이 얻을 수 있다. 즉 오차가 없이 동일하게 온도 분포를 얻을 수 있다.

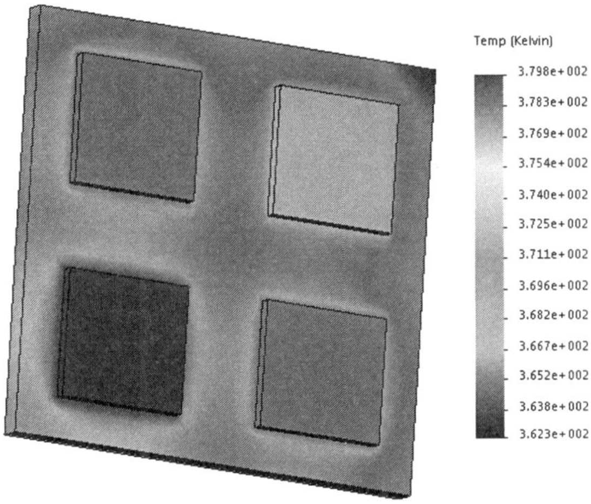

〈비정상 상태, 메시가 세밀한 경우, 900초 후의 온도 분포〉

6. 이때 메시의 크기별로, 해석방법별로 해석 결과를 비교하면 다음과 같다. 즉 메시를 세밀히 분할하여 해석하면 동일한 수렴 온도 값을 얻을 수 있다.

	평균 요소크기	최대 온도(K)	오차
정상상태 (시간=충분히 긴 시간)	0.77897742 mm	379.8	-
비정상상태 (t=900초)	1.50 mm	379.5	0.079 %
	0.77897742 mm	379.8	0 %

2.7.2 시간에 따른 온도 변화 확인하기

1. 프로브 도구를 사용하여 모델의 특정 위치의 온도-시간 곡선 플롯(응답 해석 그래프라고도 함)을 표시해 보기로 한다. 스터디의 **"결과"** 폴더에 있는 **"열 1 (-온도-)"**를 선택하고 우측 마우스로 하위 메뉴 중에서 **"프로브"**를 선택한다.

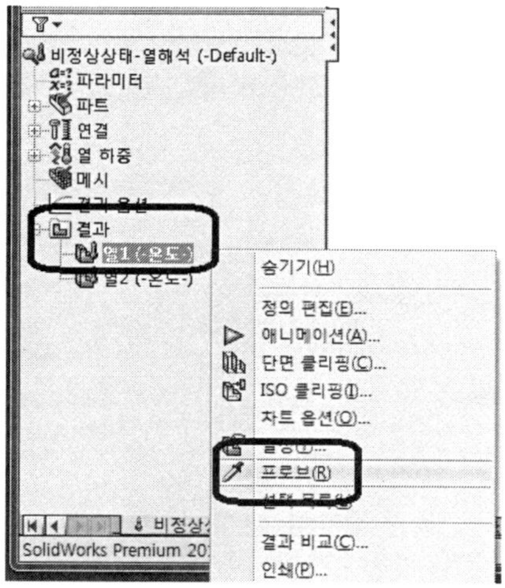

2. 다음과 같은 설정 창에서 가장 온도가 높아지는 칩의 모서리를 선택하고 확인을 누른다.

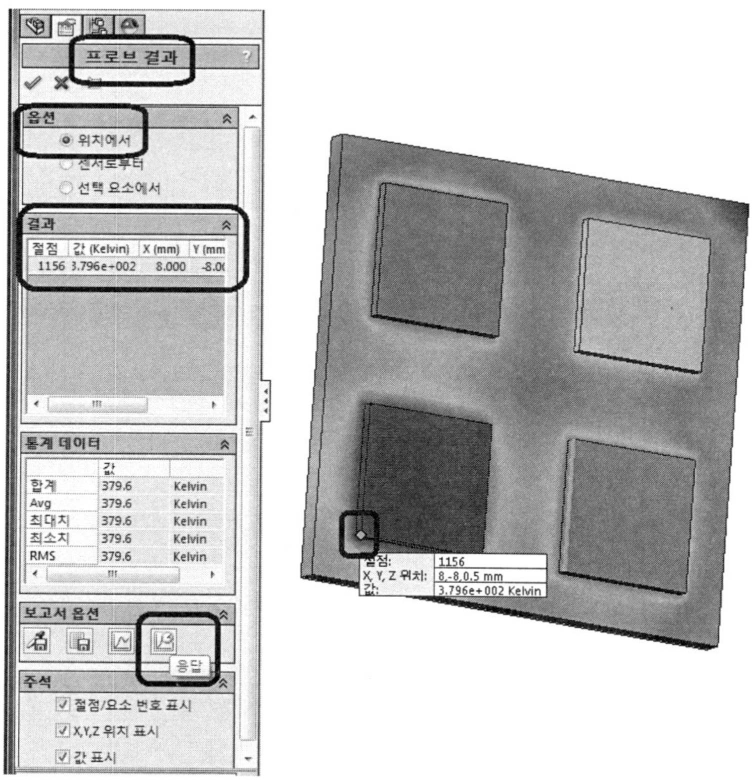

3. 그 선택한 지점에서의 온도는 다음 그래프와 같이 상승함을 확인할 수 있다.

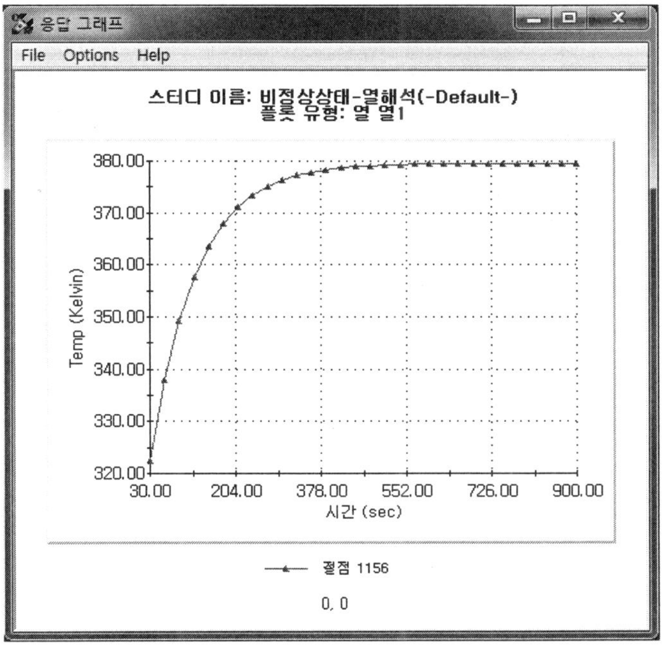

2.8 열 응력 문제 해결 과정

2.8.1 스터디 정의하기

1. 이 열 응력 문제를 해석하기 위해서는 먼저 앞의 열전달 해석 부분이 끝나 있어야 한다. 본 예제에서는 아래와 같은 명칭으로 해석 스터디 이름을 명명하여 해석한 바 있으므로, 이들 스터디를 이용하기로 한다.

   – 정상상태 열해석 스터디 : **"열해석예제"**

   – 비정상상태 열해석 스터디 : **"비정상상태–열해석"**

   열응력 해석을 위하여 다음과 같이 스터디 종류를 **"정적 해석"**으로 정의한다. 그 결과 다음 그림과 같이 매니저 창에서 스터디의 시작을 확인할 수 있다. 이때 이전에 해석한 2개의 스터디도 같이 확인할 수 있다.

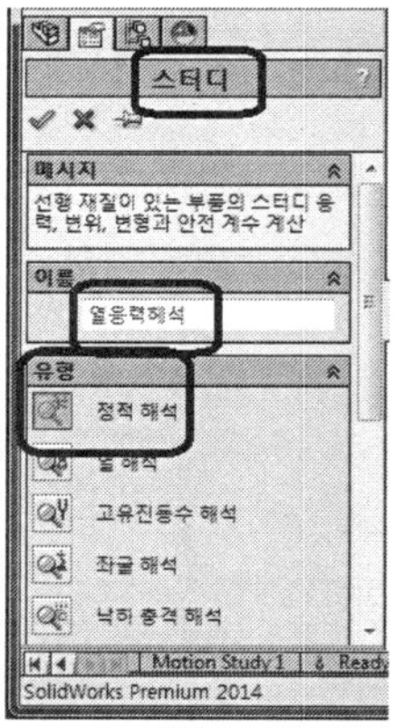

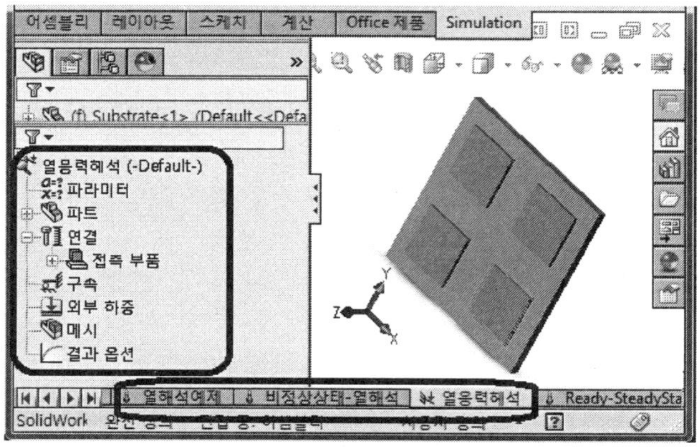

2.8.2 열 응력 해석 속성 설정하기

1. 정의한 **"정적 해석"** 스터디에 앞서 계산한 열 해석 결과를 연결하기 위하여 다음과 같이 스터디 이름을 우측 마우스 클릭하여 **"속성(O)"**을 선택한다.

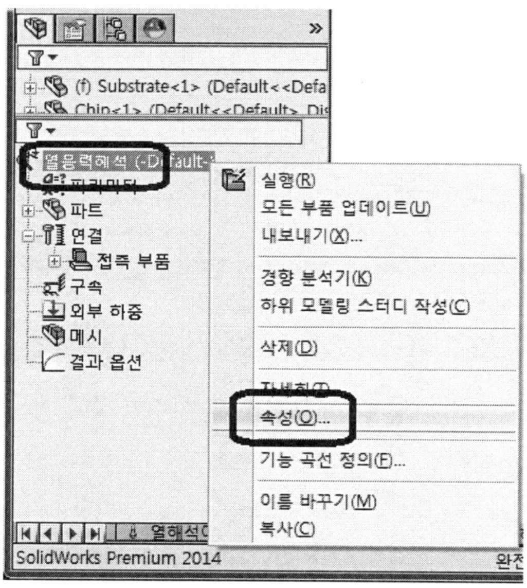

2. 이어서 나타나는 **"옵션"** 탭에서 **"솔버"**는 **"FFEPlus(P)"**를 선택한다.

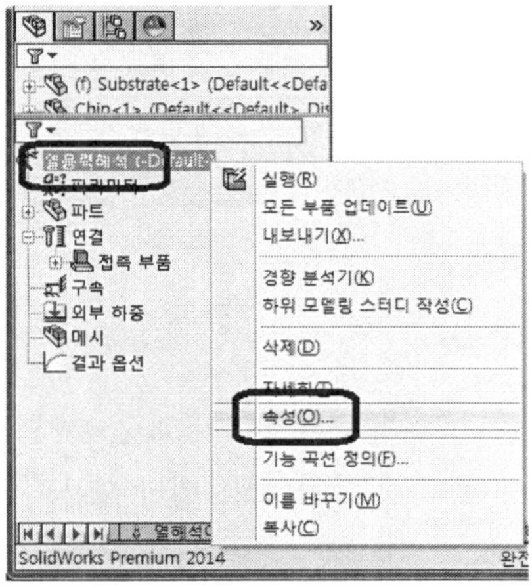

3. 이어서 나타나는 **"유동/온도 효과"** 탭에서 다음과 같이 설정한다. 이 단계에서 열해석 결과를 연결하는 것이 바로 하중을 가하는 것과 동일한 효과를 얻는다. 따라서 따로 하중 부여 과정을 하지 않는다.
   - 열 옵션 = **"열 전도 해석에서 얻은 온도"**
   - 열 전도 해석 = **"비정상상태-열해석"** 스터디
   - 시간 간격 = **"15"** (15번째 단계에서의 온도 분포를 이용)
   - 제로 변형율 참조 온도 = 300 K

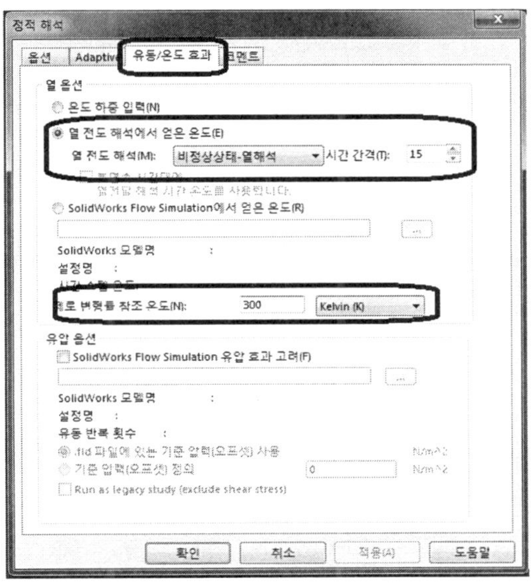

2.8.3 재질 부여하기

1. 이 정적 해석도 직전에 해석한 열 해석의 재질과 동일한 재질이므로 그 데이터를 앞에서 사용한 **"복사(C)/붙여넣기(P)"** 기능으로 불러 오기로 한다.

2.8.4 구속 조건 부여하기

1. 이 컴퓨터 칩은 기판의 뒷면과 옆의 2개 면에 운동이 제한되는 **"고정 지오메트리"** 조건이 부여된다. 설정 창에서 **"고급(참조 형상 사용)"** 메뉴를 사용하고, 기판의 뒷 면을 앞 뒤 방향으로 이동을 못하도록 평행 이동 = 0 mm의 조건을 부여한다.

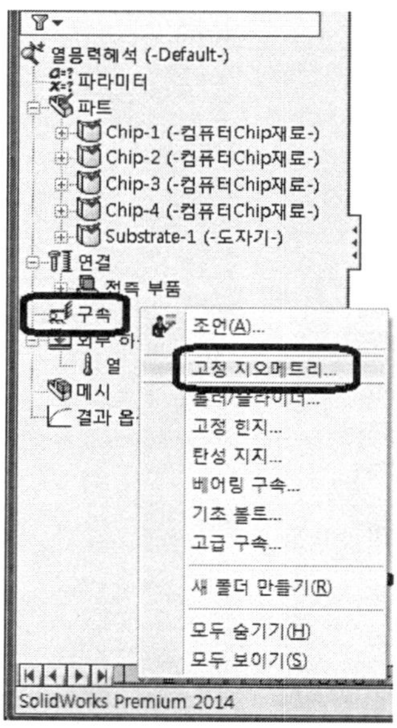

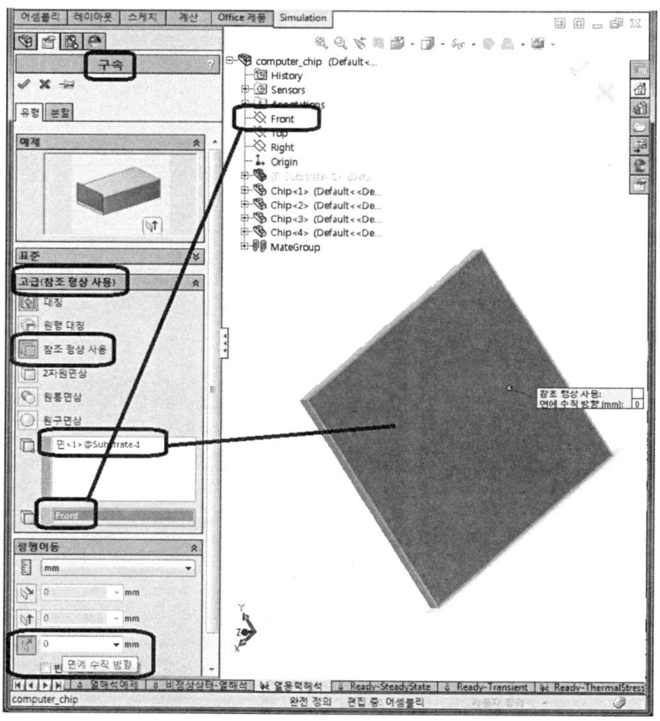

2. 이어서 대칭면을 설정하기 위하여 설정 창에서 **"고급(대칭)"** 메뉴를 사용하고 해당되는 2개 옆면을 선택한다.

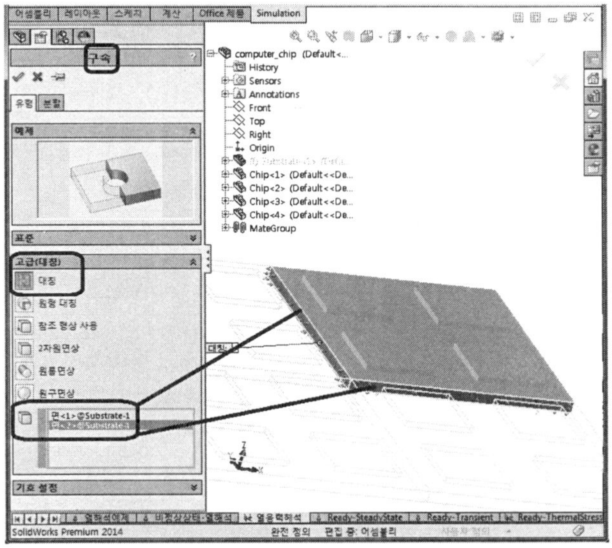

2.8.5 메시 생성하기

1. 기본 조건을 사용하여 **"메시"**를 작성한다. 여기서 **"평균 요소 크기"**는 프로그램의 자동 설정 값인 0.77897742 mm로 설정하기로 한다. 이어서 메시 생성 작업이 진행된다.

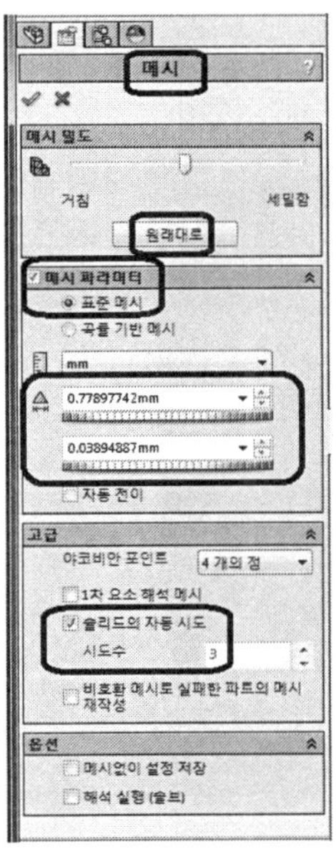

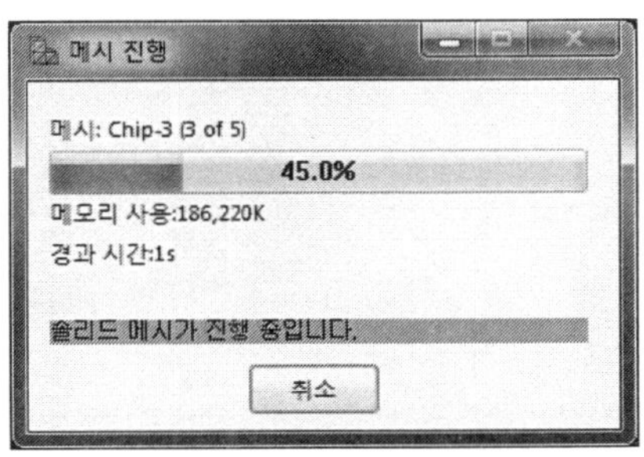

2.8.6 열 응력 해석 실행하기

1. 다음과 같이 스터디 이름을 클릭하여 **"해석 실행(R)"** 메뉴를 선택하면 프로그램은 계산을 진행하며, 그 과정에서 화면에 다음과 같은 정보를 나타내 준다.

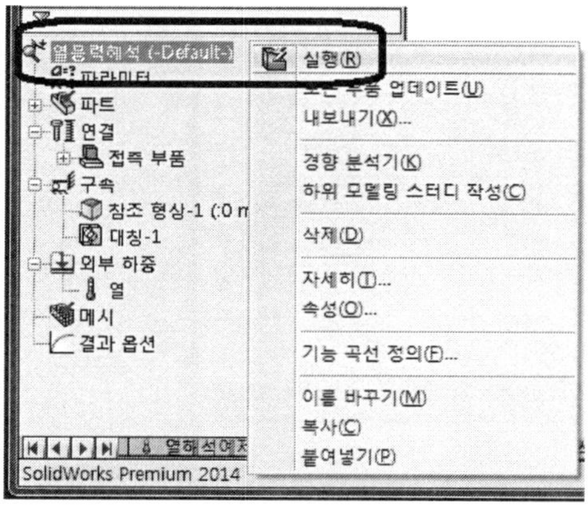

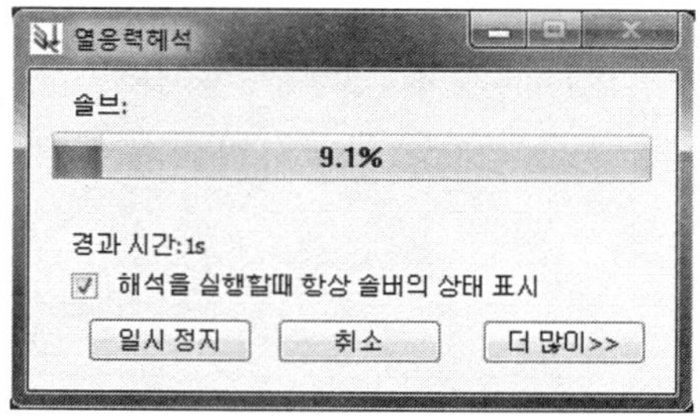

2. 해석이 완료된 후, **"결과"**라는 폴더와 우측에 대표적인 응력인 von Mises 응력 분포가 나타난다.

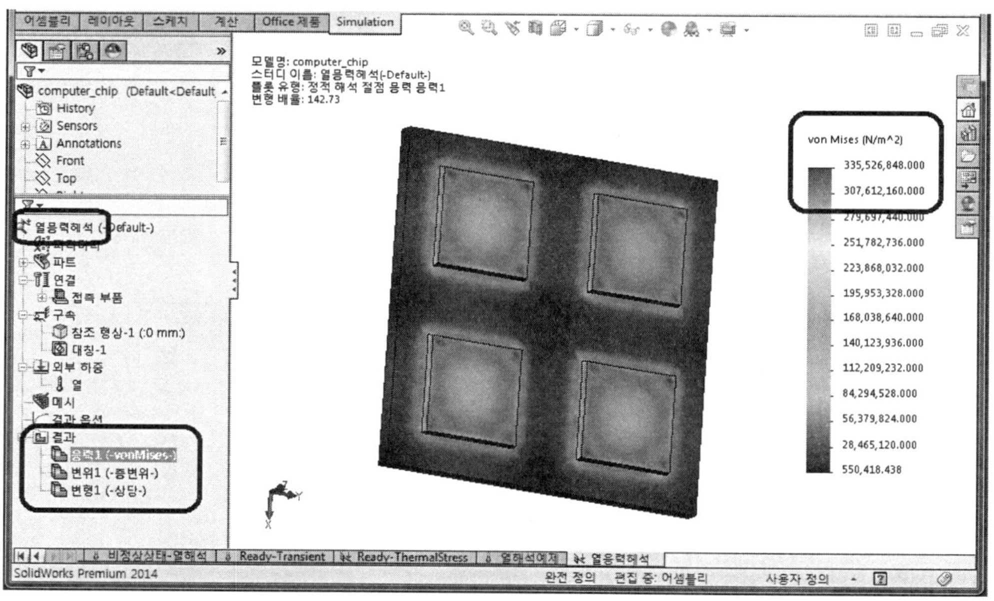

2.9 열 응력 문제 해석 결과 분석하기

2.9.1 응력 분포 확인하기

1. 열 응력 해석 결과 얻게 되는 **"결과"** 폴더에 저장된 데이터는 다음과 같다.

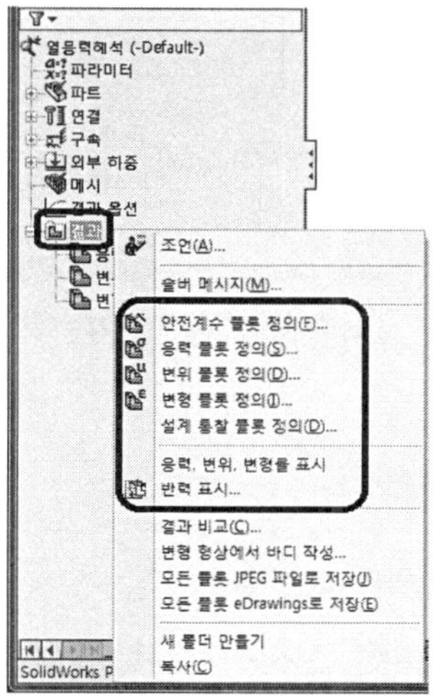

2. 응력 분포를 단위를 psi로 바꾸어서 확인해 보기로 한다. 이때, 15번째 온도 스텝, 즉 450초가 지난 상태에서 발생하는 최대 von Mises 응력의 크기는 48,664 psi 이다.

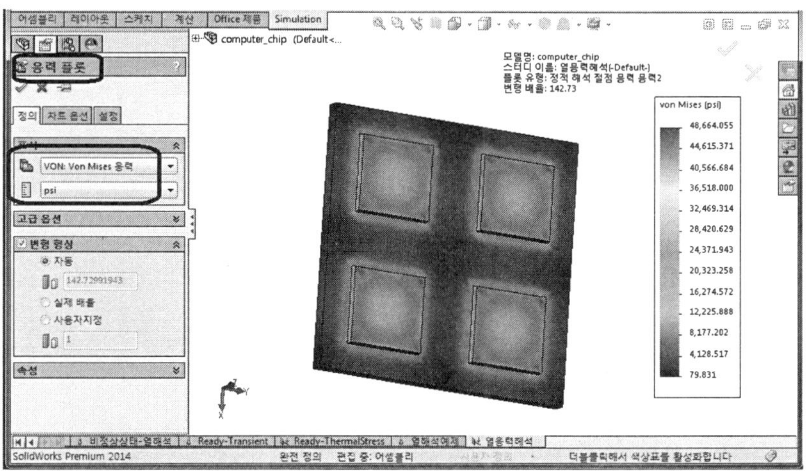

〈앞면의 응력 분포〉

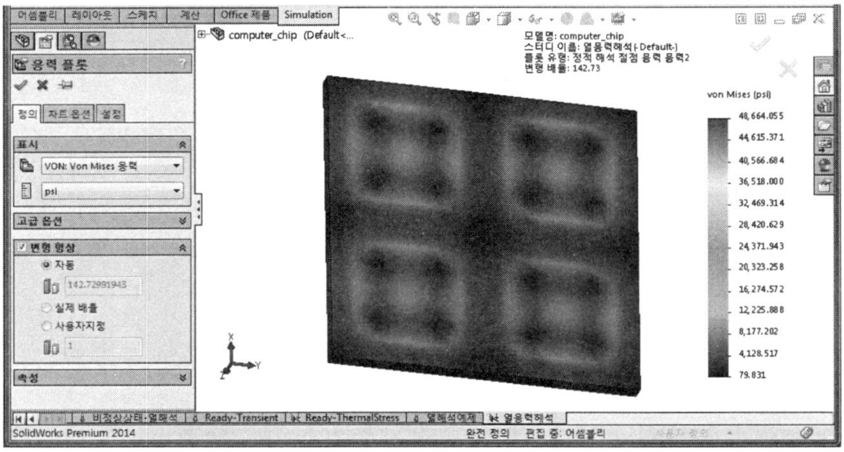

〈뒷면의 응력 분포〉

2.9.2 사용자가 직접 확인하기

1. 위이번에는 가장 온도가 높아진 30번째 단계인 900초의 열 조건을 고려하여야 가장 응력이 큰 상황에 대한 해석이 된다. 따라서 사용자 여러분들은 다음과 같이 **"대류/온도 효과"** 탭에서 다음과 같이 설정을 변경하여 해석하고 그 결과를 비교하기 바란다.

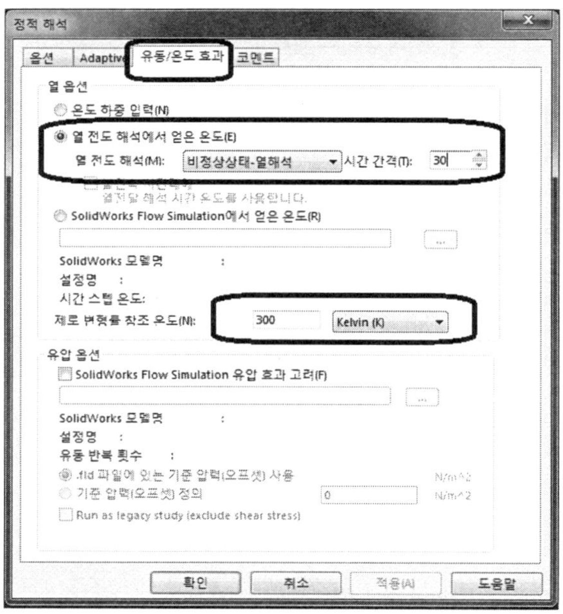

2. 응력 분포를 확인해 보면 최대 값이 49,073 psi이며, 이 값은 앞서의 중간 단계인 15번째 단계에서의 48,664 psi보다 큰 응력이 발생함을 알 수 있다.

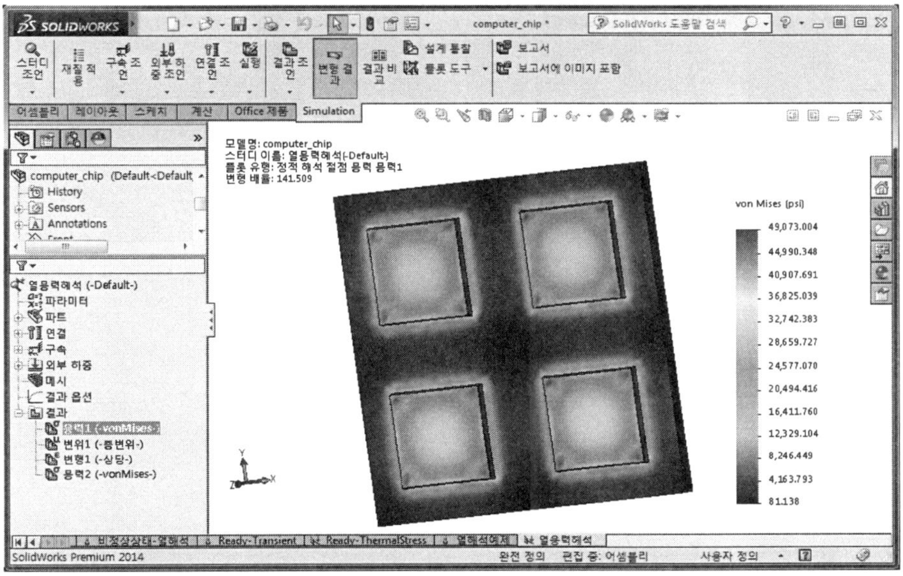

제 3 장 고유 진동수 해석

3.1 고유 진동수 해석이란

3.1.1 고유진동수 해석의 용도

자연계에 존재하는 모든 물체는 처음부터 그 물체만의 고유한 속성들을 가지고 있는데, 그 중에서는 고유한 진동 특성도 포함하고 있다. 예를 들어서 아래 그림과 같이 매달려 있는 체인인 경우에는 다음과 같은 형태로 자유롭게 진동하게 된다.

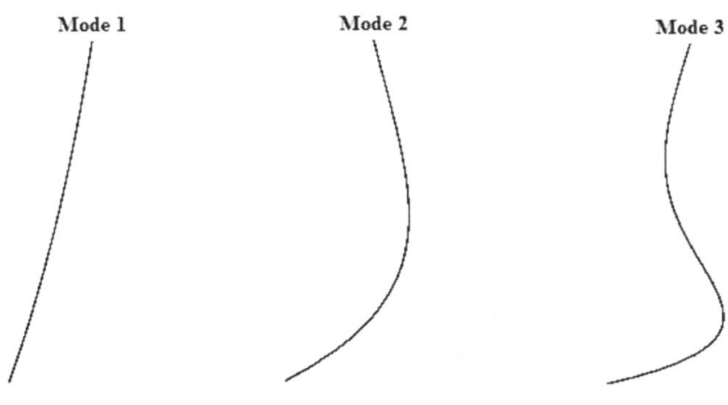

또한 양 끝이 고정된 줄(String)의 자유 진동 형태는 다음과 같다.

이와 같이 모든 구조물에는 고유 진동수(Natural Frequency) 또는 공명진동수(Resonant Frequency)라고 하는 특정 진동수가 있는데 이렇게 물체가 가지고 있는 고유한 진동 특성을 찾기 위한 분야가 고유진동수 해석이다. 이 고유 진동수 해석의 공학적인 목적은 구체적으로 진동 모드(Mode)와 고유진동수(Natural Frequency)를 알기 위한 것이다. 즉 특정한 진동 모양과 그 모양이 발생한 때의 진동수를 알기 위함이다.

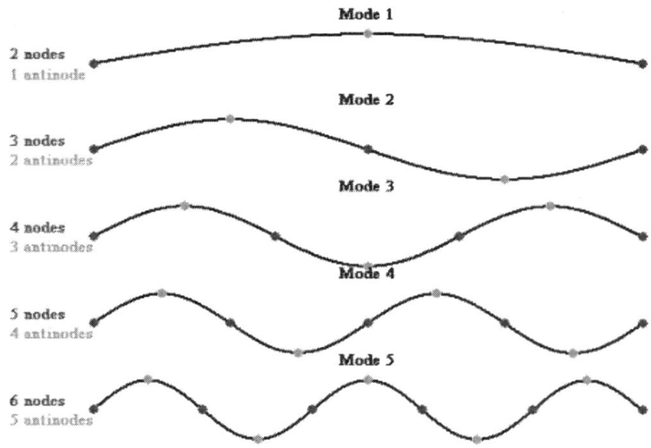

3.1.2 고유 진동수 해석의 개념

이 고유 진동수에 영향을 미치는 주요 조건들에는 다음과 같은 요소들이 있다.

- 구조물의 재질
- 구조물을 지지하는 구속조건
- 그 구조물의 형상 등

구조물이 그 고유진동수 중 하나와 거의 일치하는 진동수를 가진 동적 하중에 의해 자극을 받았을 때, 구조물은 점점 그 변위가 커지게 된다. 이러한 현상을 공명 또는 공진(Resonance)이라고 한다.

이 공진 현상에 대하여 좀 더 살펴보기로 한다. 먼저 다음과 같이 구조물 자신의 고유진동 모드가 있다고 가정한다.

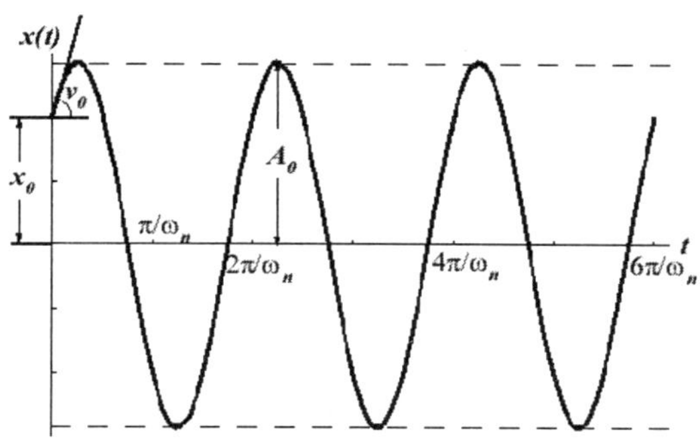

여기에 다음과 같이 그 고유 진동수와 비슷한 주파수의 진동이 가해지면 그때 변위값은 점점 증가하게 된다. 즉 공진의 주파수 선택특성은, 입력되는 신호의 주기와 공진구조물이 가진 고유의 주기 특성이 일치됨으로써 발생하게 된다.

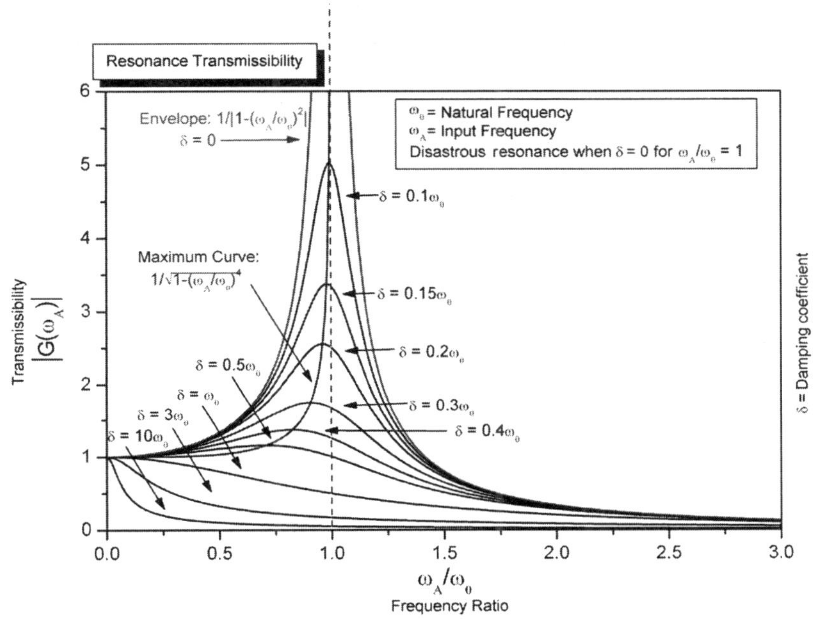

위의 상황과 같은 **"비감쇠(Undamped)"** 구조물에서 공진은 다음 그림과 같이 이론적으로 진폭이 무한대인 운동을 유발한다. 일부 장치의 설계 시에는 이러한 공진현상을 적절히 이용하여 진폭이 커지는 현상을 이용하기도 한다.

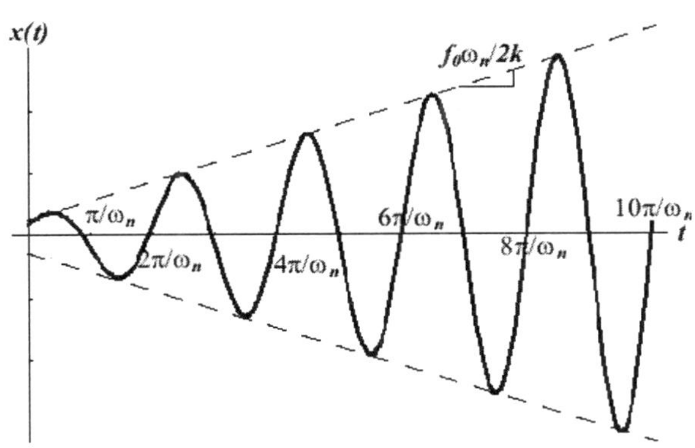

그러나, **"감쇠(Damped)"** 구조물에서는 공진 하중으로 인한 구조물의 반응에 제한을 가한다. 따라서 설계한 구조물이 특정 진동수가 있는 동적 하중을 받게 될 경우, 고유진동수 해석을 통해 공진을 막을 수 있다. 즉 진동해석 스터디를 통하여 공진을 피할 수 있다.

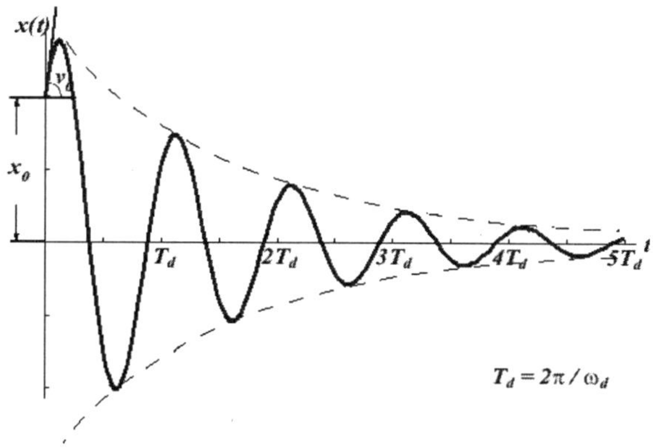

연속체인 구조물은 이러한 공진은 한 가지 주파수에 대한 것이 아니라 다음과 같이 이론적으로 무한한 개수의 공진 주파수가 존재한다. 그러나 유한요소법을 이용하여 해석하는 경우에는 그 유한요소의 자유도에 해당하는 숫자만큼의 유한한 개수의 고유진동수를 계산하게 된다. 이론적으로 감쇠(Damping)가 없는 경우에는 무한한 크기의 변위를 나타내지만 감쇠는 실제 구조물 속에 항상 존재하며 공진을 유발하는 구조물의 하중에 대해서도 일정한 제약을 가하게 된다.

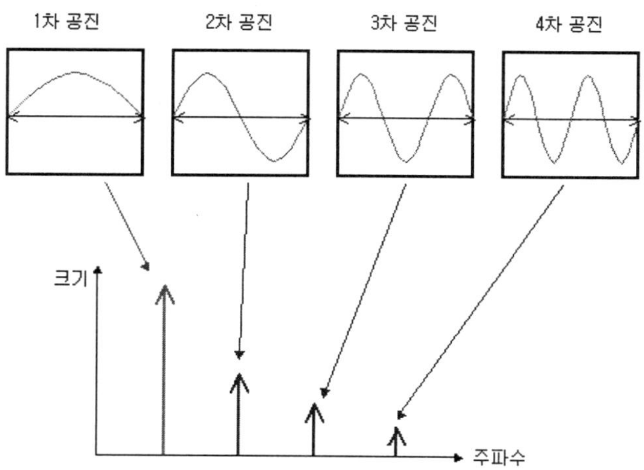

실제로 구조물을 설계할 때에는 이 주파수 중에서 대략 3개 혹은 5개 정도의 고유 진동수를 고려한 동적 해석을 수행하는 것이 일반적이다.

이와 같이 사용자의 설계 구조물이 동적 하중의 영향을 받는 경우에는, **"정적 스터디"**로는 반응을 평가하는데 사용할 수 없다. 이런 경우에는 **"선형 동적 해석"** 스터디를 이용하여 구조물의 진동 양상과 외부 하중의 영향을 고려한 해석을 하여야 한다.

3.1.3 실제 변형과 고유 진동 모드 관계

이 해석을 통하여 얻게되는 구조물의 고유 진동 모드는 아래의 그림과 같이 여러 가지 모드가 중첩(Superposition)되어 실제 구조물의 변형으로 그 역할이 나타난다.

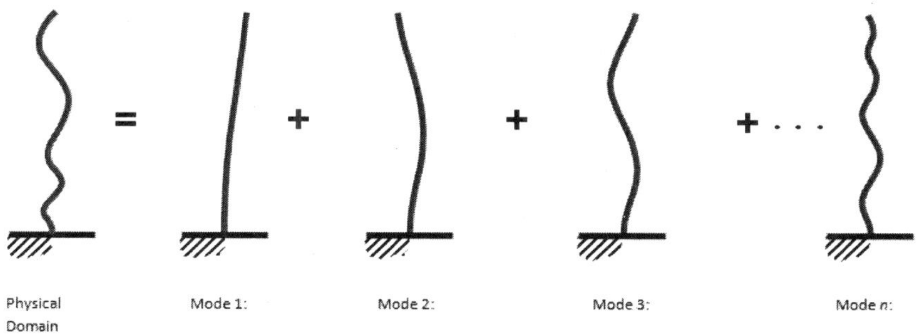

3.1.4 다양한 고유 진동 모드

아래에는 다양한 구속조건이 있는 보(Beam)가 나타내는 공진 모드 그림이 나타나 있다. 이 그림들을 참고하여 공진 모드와 주파수에 대한 이해에 도움이 되기를 바란다.

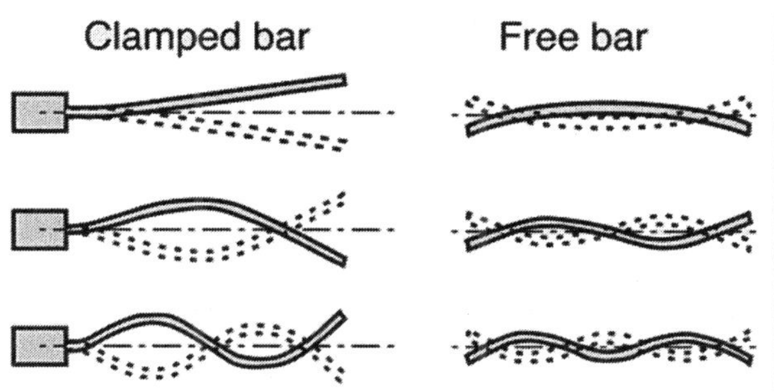

3.1.5 외부 하중과 진동 특성의 연계(Coupling)

고유진동수 해석에 있어서 만일 외부에서 하중이 추가로 작용하는 경우에는 상황이 달라진다. 구조물의 형상을 작성할 때 모델의 변형이 없는 형상을 기준으로 작성하게 된다. 구조물의 자중과 같은 일부 하중은 항상 존재하며 구조물의 형상과 그 고유진동수 및 모드에 상당한 영향을 줄 수 있다.

그러나 외부의 하중은 물체의 모델 특성에 영향을 준다. 일반적으로, 압축 하중은 고유진동수를 감소시키고 인장 하중은 고유진동수를 증가시킨다. 이러한 사실은 바이올린 줄의 팽팽함을 변경시켜 보면 쉽게 설명할 수 있다. 줄이 팽팽해질수록 진동수가 높아진다. 그리고 고유진동수 해석을 위하여 스터디에서는 하중을 정의할 필요가 없으나, 꼭 외부에서 가해지는 외력을 동시에 고려해야 하는 경우에는 그 외부의 하중을 반영하여 해석하여야 한다. 이를 가진 진동(Forced Vibration) 해석이라고 한다.

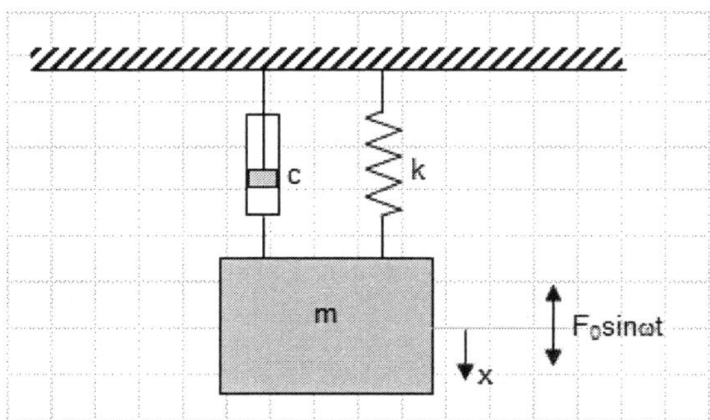

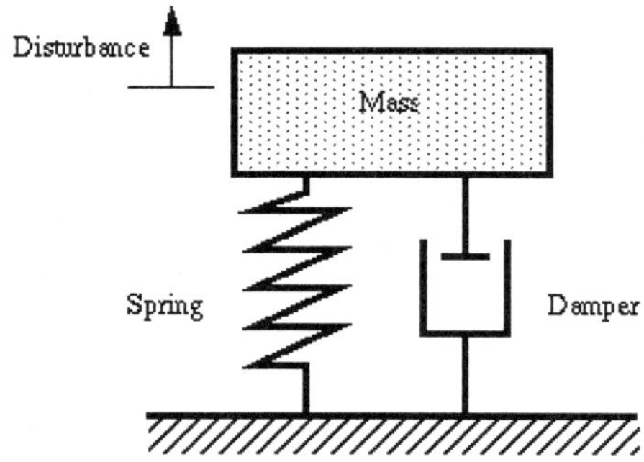

3.2 고유 진동수 해석의 입력/출력 데이터

3.2.1 고유 진동수 해석의 입력 데이터

해석을 수행하기 위해서 입력해 주어야 할 데이터의 종류는 다음과 같다.

1. 고유진동수 해석 스터디를 작성
2. 구조물의 재질 지정
   - 프로그램 내장 데이터 이용
   - 사용자가 직접 입력
3. 구조물의 구속조건 정의
4. 하중 지정 : 외부 하중이 필요하지 않음
5. 구조물의 메시 생성 작업

3.2.2 고유 진동수 해석의 출력 데이터

고유진동수 해석 스터디를 성공적으로 실행한 후 다음 결과를 표시할 수 있다.

1. 진동 모드
2. 고유 진동수
3. 변위 요소
   - 변위 : X-방향, Y-방향, Z-방향
   - 합성 변위 (Resultant Displacement)
4. 변형

3.3 고유진동수 해석 예제 설정

본 해석 예제에서는 다음과 같은 기능을 익히도록 하고자 한다.

- 고유진동수 해석 스터디를 익힌다.
- 재질 지정 및 구속조건 부가 방법을 익힌다.

- 고유진동수 해석의 결과를 분석하여 진동 모드와 진동수를 확인한다.
- 질량 분배 목록 표를 통하여 각 방향으로의 영향력을 이해한다.
- 메시 크기에 따른 해석 결과의 정확도를 비교, 평가한다.

위의 목적을 위하여 다음과 같이 해석 문제를 정리할 수 있다. 해석하고자 하는 물체의 형상은 다음과 같은 Shaft 어셈블리이다.

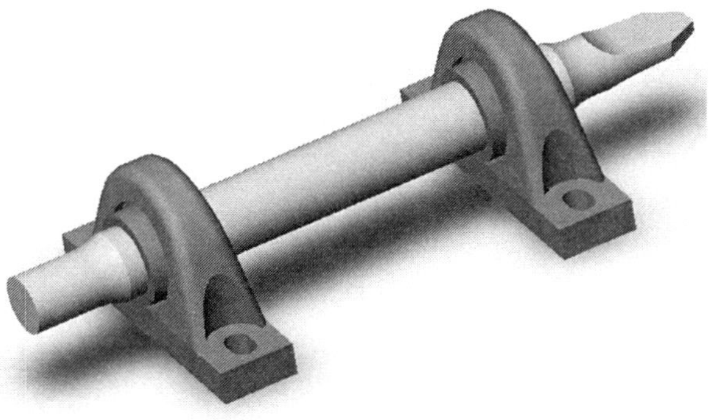

1. 파일의 위치 : "C: \ Program Files \ SolidWorks Corp \ SolidWorks \ Simulation \ Examples \ shaft.sldasm"
2. 스터디 유형 : **"고유진동수 해석"**
3. 재질 : SolidWorks Materials 폴더 Steel 폴더의 AISI 1020 (Steel)
4. 구속 조건 : 두 개의 베어링 바닥면에 **"고정 지오메트리"**
5. 하중 : 작용하지 않음
6. 옵션 : 5 모드 형상 플롯, 결과 유형 : 변위
7. 메시 분할 :
   - 메시 파라미터 : 표준 메시
   - 평균 요소 크기 : 기본 설정값
   - 허용공차 : 기본 설정값
   - 자동 전이 : 선택 해제
   - 고급 아래 :

- 야코비안 포인트 : 4개의 점
- 1차 요소 해석 메시 : 선택 해제
- 솔리드의 자동 시도 : 선택
- 시도수 : 3

3.4 고유진동수 해석 문제 해결 과정

3.4.1 파일 불러오기

1. 애드인이 되어 있다고 가정하고, 파일 열기(File–Open)를 선택하여 아래의 파일을 선택하고 **"열기"**를 클릭한다.
   "C: \ Program Files \ SolidWorks Corp \ SolidWorks \ Simulation \ Examples \ shaft.sldasm"

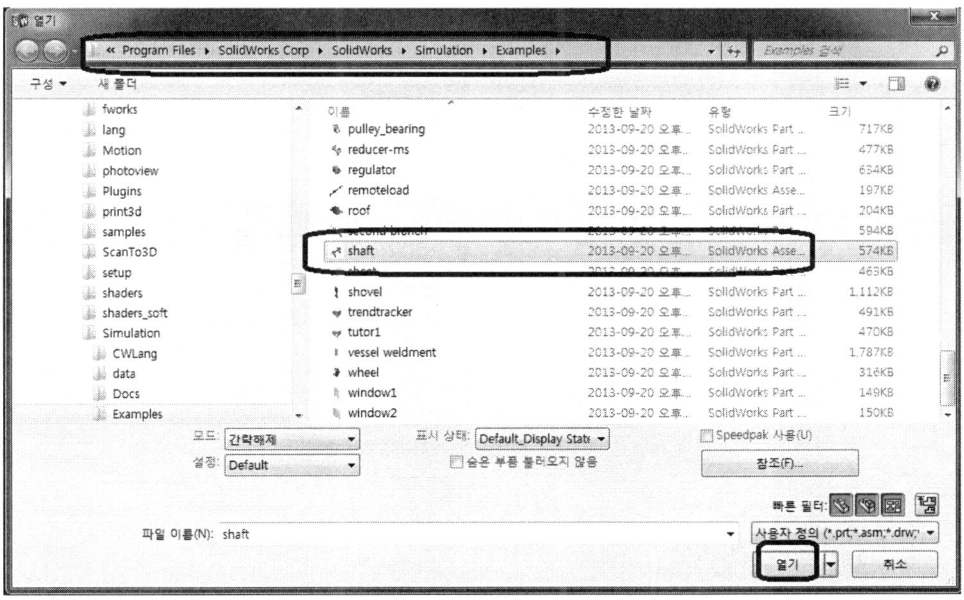

2. 다음과 같이 해석용 형상이 나타난다.

3.4.2 스터디 정의하기

1. 해석을 위하여 다음과 같이 스터디를 **"고유진동수 해석"**으로 정의한다. 그 결과 다음과 같이 스터디 정의가 완료되었다.

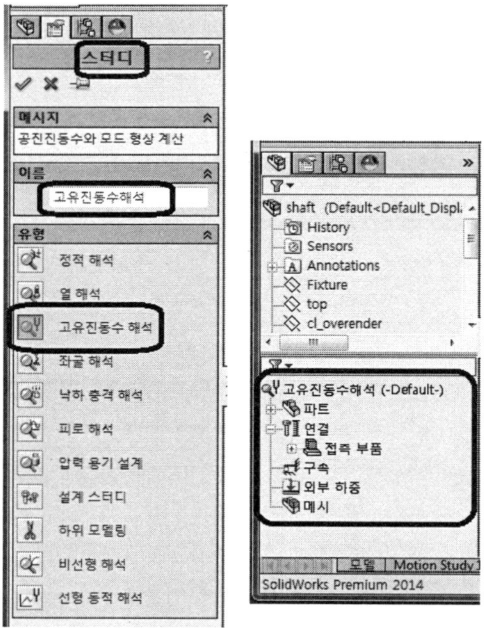

3.4.3 재질 부여하기

1. 3개 파트의 재질이 모두 동일하므로 한꺼번에 지정하기로 한다. 폴더 개념인 **"파트"** 이름을 선택하고, **"전체에 재질 적용(M)"** 메뉴를 선택한다.

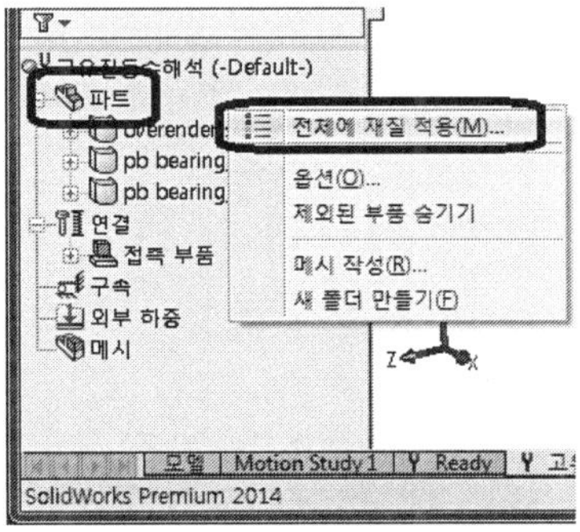

2. 이 파트의 재질은AISI 1020 Steel이므로 다음과 같이 강(Steel) 폴더를 열고 재질을 선택한 후 **"적용(A)"** 버튼을 선택한 후 **"닫기(C)"** 버튼을 누른다.

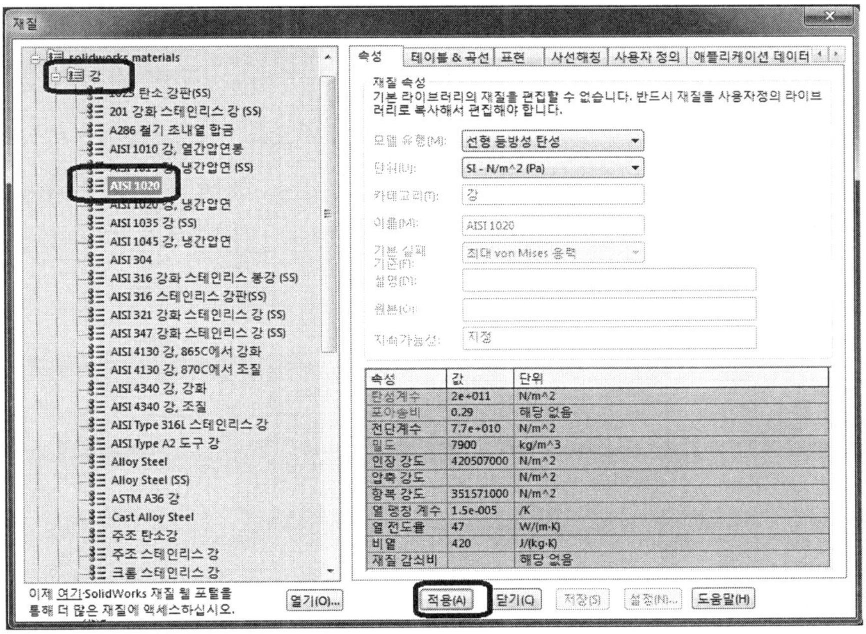

3.4.4 구속 조건 부여하기

1. 이 Shaft 어셈블리는 베어링 바닥면이 고정되어 있으므로 다음과 같이 **"구속"** 메뉴에서 **"고정 지오메트리"**를 선택하고, 베어링의 바닥면 2곳을 선택하고 **"고정 지오메트리"** 조건을 부여한다.

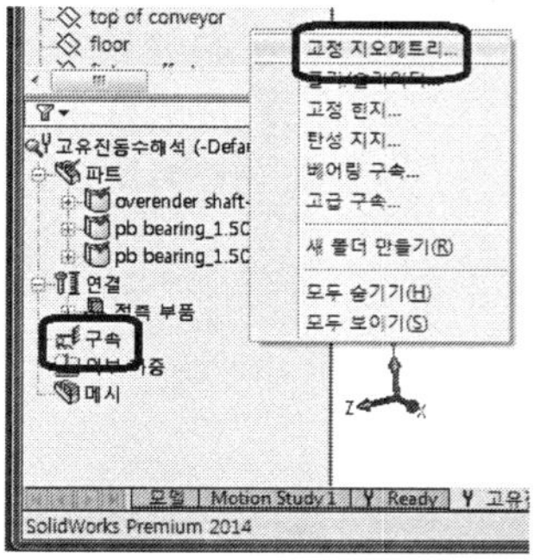

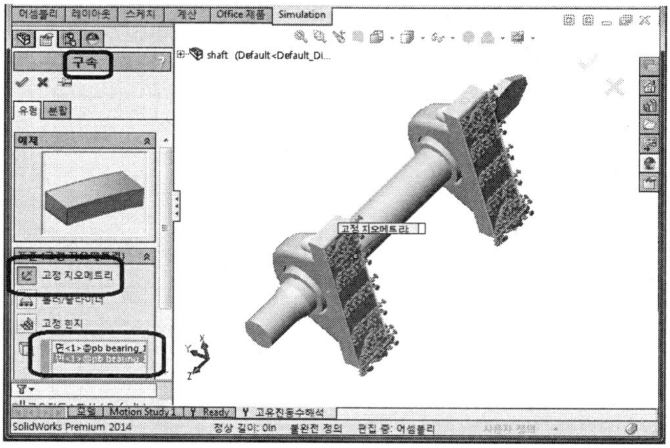

3.4.5 옵션 정의하기

1. 해석 시에 적용될 옵션 항목들을 정의하기로 한다. 스터디 이름을 선택한 상태에서 우측 마우스로 **"속성"** 메뉴를 선택한다. 이어서 나오는 다음의 화면에서 고유 진동수는 5개까지 계산하기로 하며, 진동수 설정에 숫자 5를 입력한다. 이 의미는 진동수 해석을 할 때, 가장 낮은 고유진동수로 부터 점점 큰 진동수로 5번째까지 해석을 하기로 설정한다는 뜻이다.

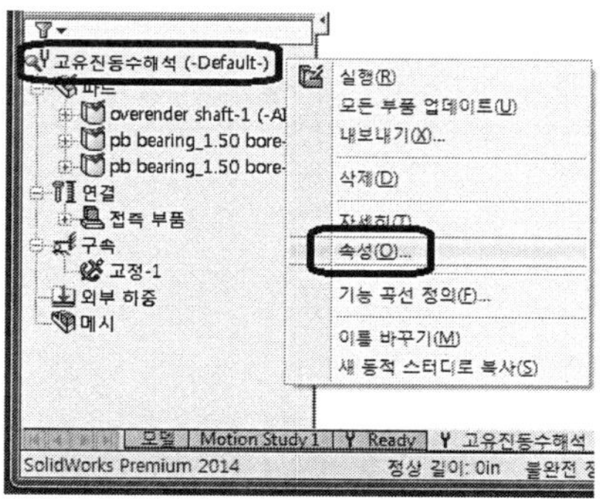

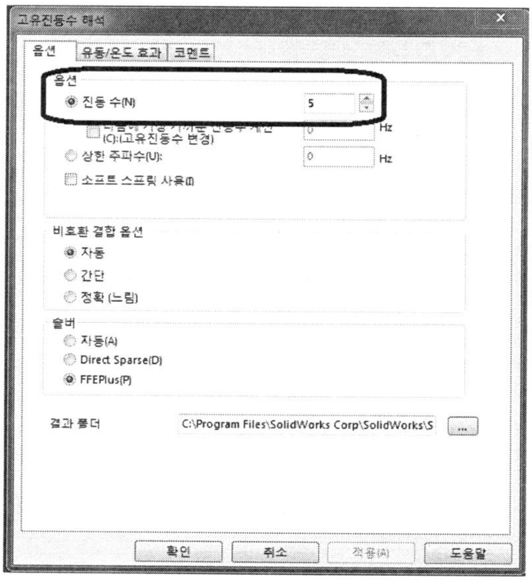

3.4.6 하중 부여하기

1. 본 고유 진동수 해석은 외부 하중이 없는 상태에서 물체가 가지고 있는 고유한 상태를 해석하는 것이므로 외부 하중 조건을 줄 필요가 없다.

3.4.7 메시 생성하기

1. 다음과 같이 매니저 창에서 **"메시"** 메뉴를 선택하고 이어서 나오는 세부 메뉴에서 **"메시 작성(R)"**을 선택한다. **"메시 파라미터"**에서는 프로그램이 제안하는 **"표준 메시"**의 평균 요소 크기와 허용공차의 설정 값을 사용하기로 한다. **"고급"** 기능에서 **"솔리드의 자동 시도"**를 3회 시도로 설정하여 메시 생성 작업이 진행된다.

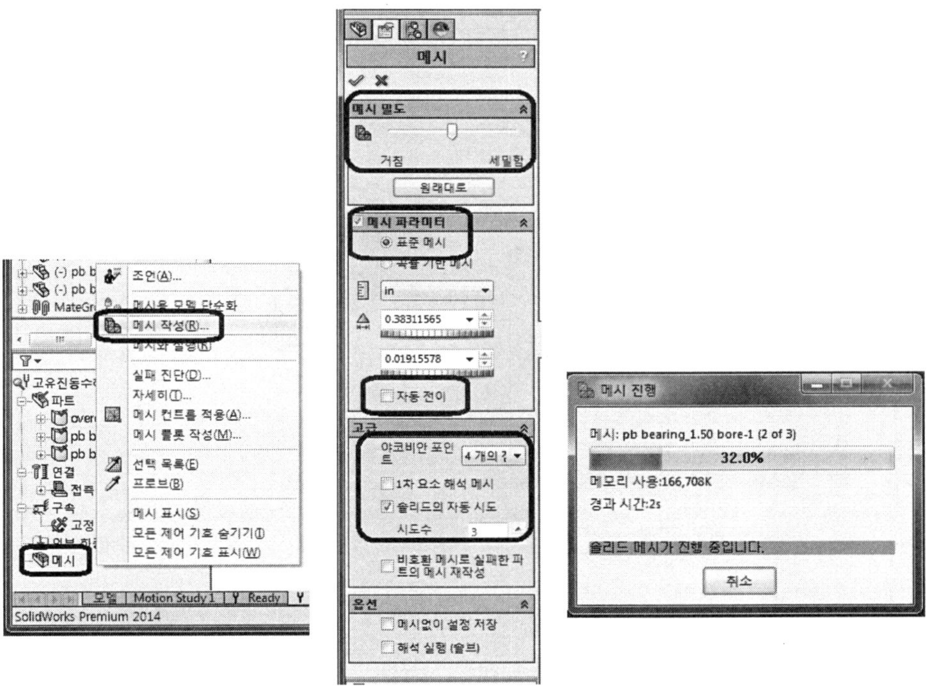

3.4.8 고유 진동수 해석 실행하기

1. 다음과 같이 스터디 이름을 클릭하여 **"실행(R)"** 메뉴를 선택하여 계산 작업을 진행한다.

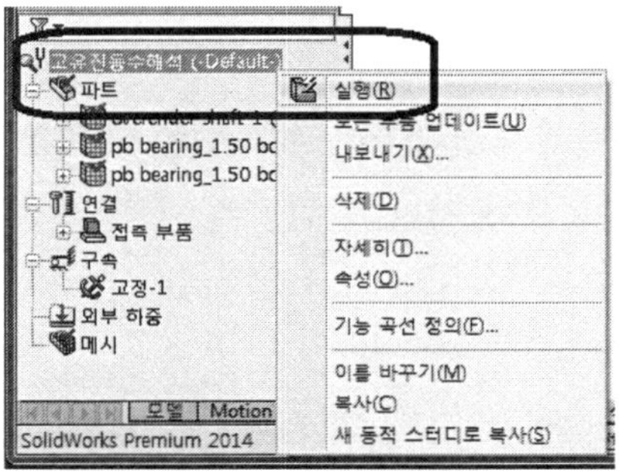

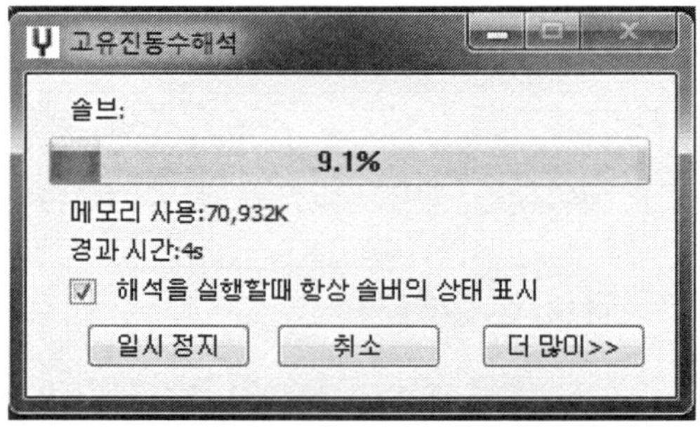

2. 이 계산 작업이 완료되면 **"결과"**라는 폴더가 표시되며, 그래픽 영역에는 대표적인 해석 결과인 **"첫 번째 모드"**의 변형 형태가 나타난다.

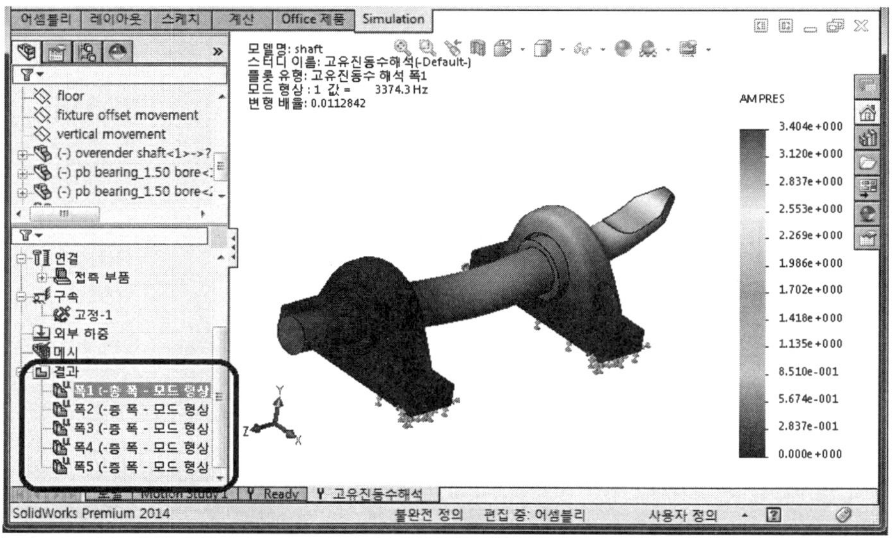

3.5 고유진동수 해석 결과 분석하기

3.5.1 고유 진동수 확인하기

1. 다음과 같이 **"결과"** 폴더를 선택하여 우측 마우스로 **"공진진동수 표시"**를 선택한다. 사용자가 설정한 대로 5개의 모드 해석 결과가 나타난다.

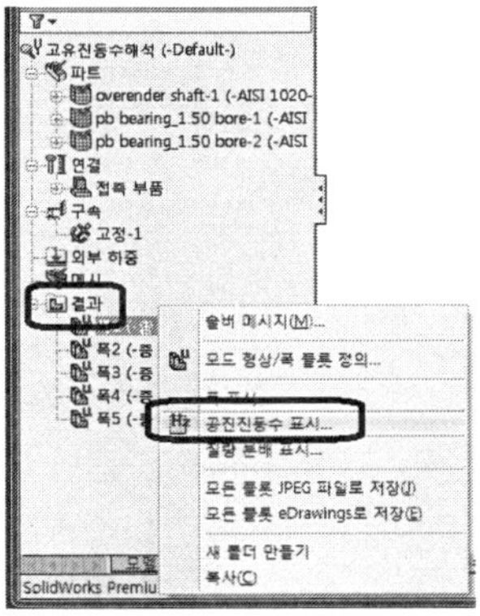

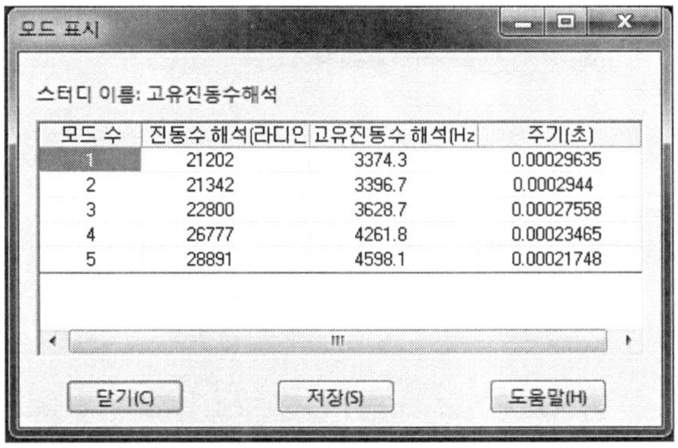
모드 표시

스터디 이름: 고유진동수해석

모드 수	진동수 해석(라디안	고유진동수 해석(Hz	주기(초)
1	21202	3374.3	0.00029635
2	21342	3396.7	0.0002944
3	22800	3628.7	0.00027558
4	26777	4261.8	0.00023465
5	28891	4598.1	0.00021748

닫기(C) 저장(S) 도움말(H)

3.5.2 질량 분배 목록 표시하기

1. **"결과"** 폴더를 선택하여 우측 마우스로 **"질량 분배 표시"**를 선택한다. 모드 1 의 경우 각 방향의 분배는 X-방향으로는 무시할 수 있고, Y-방향으로는 대략 0.00932, Z-방향으로는 대략 0.0644 값을 갖는다.

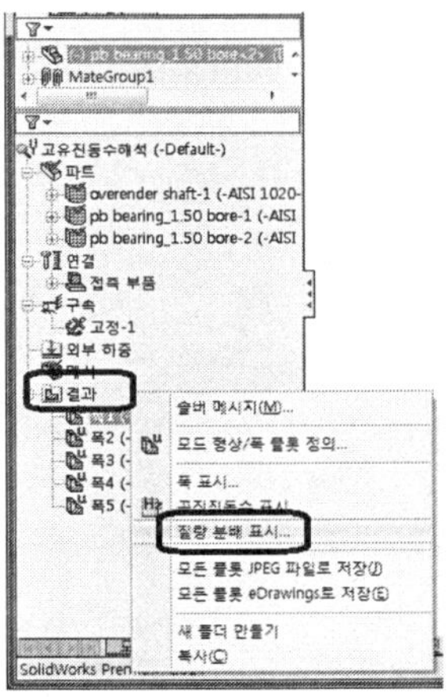

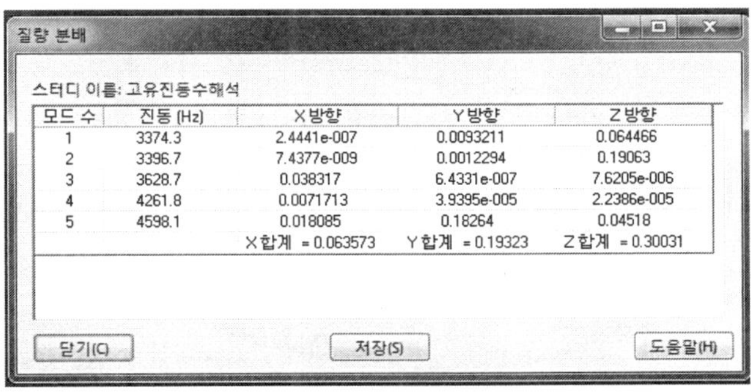
질량 분배

스터디 이름: 고유진동수해석

모드 수	진동 (Hz)	X방향	Y방향	Z방향
1	3374.3	2.4441e-007	0.0093211	0.064466
2	3396.7	7.4377e-009	0.0012294	0.19063
3	3628.7	0.038317	6.4331e-007	7.6205e-006
4	4261.8	0.0071713	3.9395e-005	2.2386e-005
5	4598.1	0.018085	0.18264	0.04518
		X합계 = 0.063573	Y합계 = 0.19323	Z합계 = 0.30031

닫기(C) 저장(S) 도움말(H)

3.5.3 각각의 진동 모드 확인하기

1. **"Simulation"** 메뉴에서 **"결과 표시 플롯(P)"**, 그리고 **"변위(I)"**를 선택한다. 1번째 모드 형상은 아래와 같이 **"플롯 스텝"** 메뉴의 **"모드 형상"** 란에 해당하는 숫자를 입력한다.

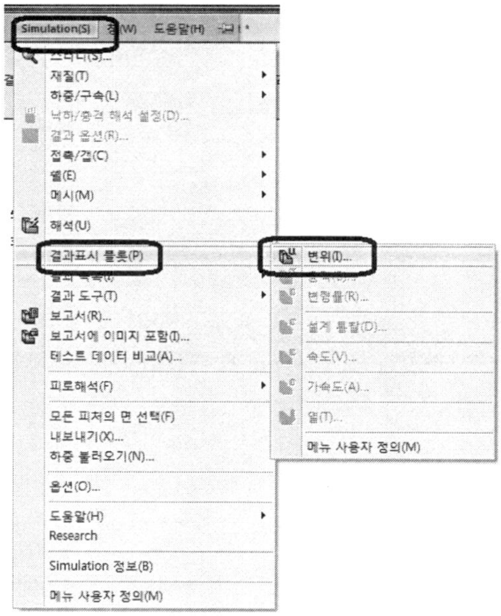

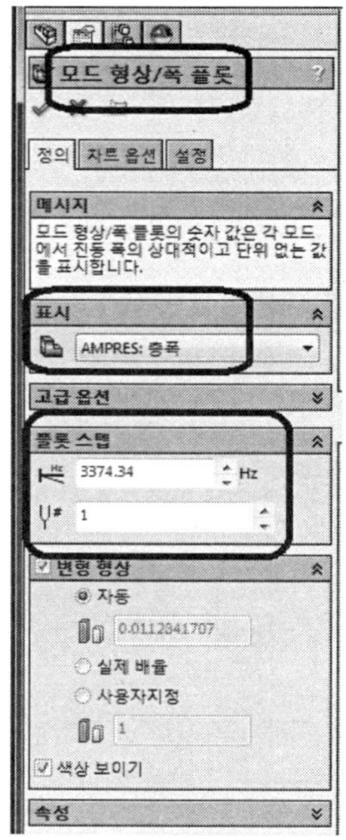

2. 다음은 이와 같은 방법으로 나머지 모드 형상을 모두 나타낸 그림이다.

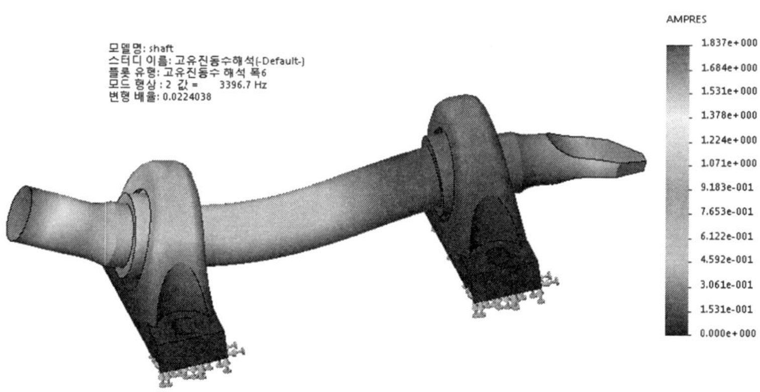

〈2번째 모드〉

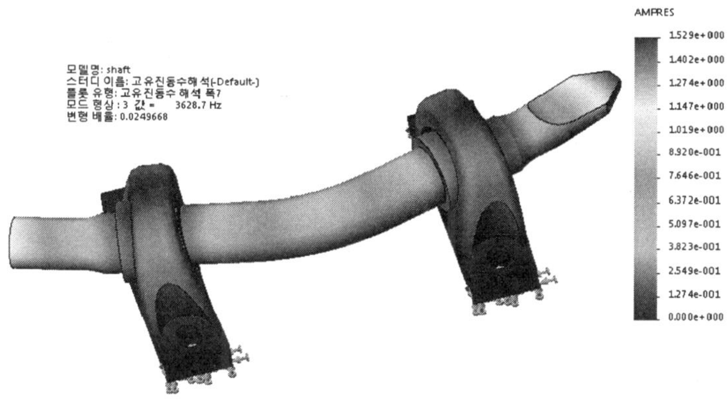

〈3번째 모드〉

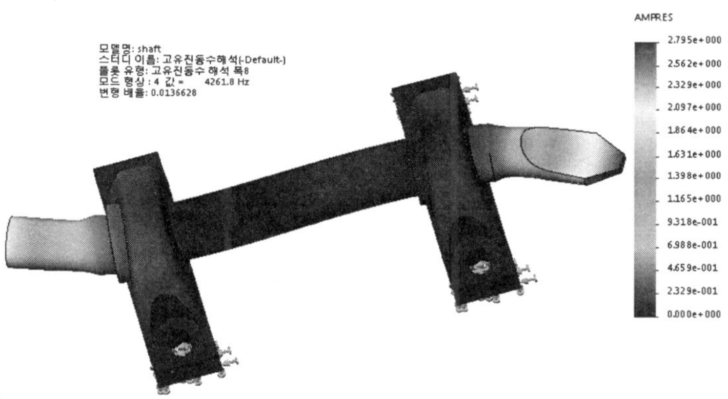

〈4번째 모드〉

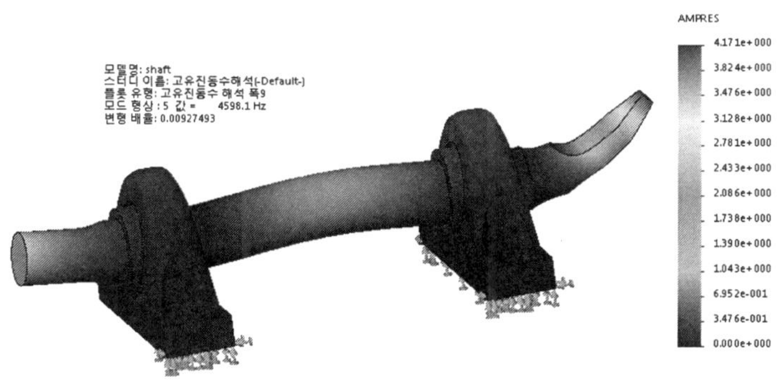

〈5번째 모드〉

3.6 메시 크기 조절의 영향 분석하기

3.6.1 메시 다시 생성하여 계산 실행하기

1. 요소의 크기가 달라지면 그 정확도도 달라진다. 이 현상을 확인해 보기 위하여 메시 설정의 크기를 변경해 보기로 한다. 다음과 같이 메시 작성을 시작한다. 기존 메시 데이터를 잃을 수 있다는 경고 문구에서, **"확인"**을 선택한다.
   메시를 **"표준 메시"**로 동일하게 하고 **"평균 요소 크기"**가 0.30 in의 크기로 설정한다. (앞 단계에서는 **"평균 요소 크기"**가 0.38311565 in이었다.) 즉 메시 숫자가 많아지게 한 것이다. 이 설정으로 메시 작성을 하고 **"고유 진동수 해석"** 스터디를 각자 **"실행"**하기로 한다.

3.6.2 메시 재생성 후의 결과 비교하기

1. 해석 결과 얻어진 공진진동수를 나타내면 다음과 같다. 이 값들은 앞에서 얻은 고유 진동수보다 약간 값이 작게 나타난다. 즉 구조물은 좀더 부드러운 거동을 한다 공학적인 표현으로는 유연(Flaxible)해진다는 의미이다. 그 이유는 메시를 잘게 작성하여 총 요소 수를 많이 사용하면 실제 구조물에 가깝게 해석을 할 수 있으며, 이 값이 자연 현상에 더 가까운 결과이이고 하다. 그러나 해석에 사용하는 컴퓨터의 성능에 제한이 있기 때문에 무작정 메시를 작은 크기로 분할할 수는 없다.

(표준 요소 크기 = 0.3831 in인 경우)

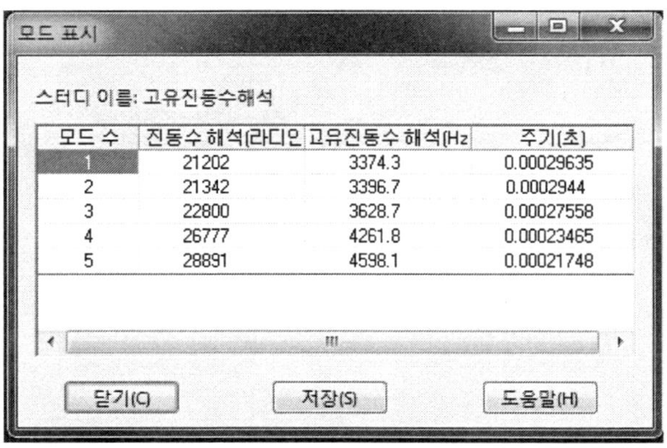

모드 수	진동수 해석(라디인	고유진동수 해석(Hz	주기(초)
1	21202	3374.3	0.00029635
2	21342	3396.7	0.0002944
3	22800	3628.7	0.00027558
4	26777	4261.8	0.00023465
5	28891	4598.1	0.00021748

(표준 요소 크기 = 0.30 in인 경우)

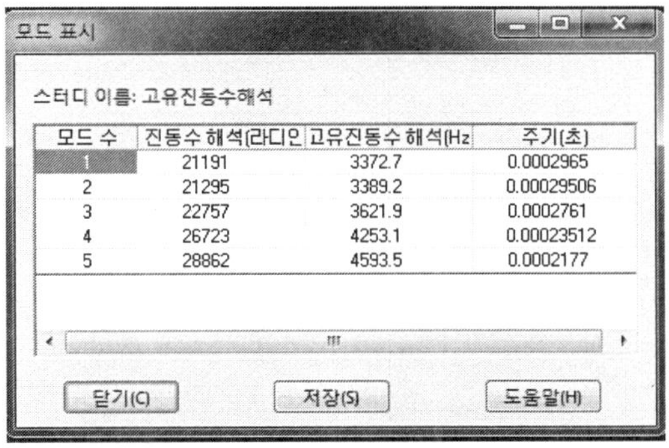

2. 사용자들은 아래의 표 중에서 빈칸에 더 작은 크기의 메시를 사용하여 교유진동수 해석을 진행한 후에, 그 결과를 표에 기입하고 비교해 보기 바란다.

표준 요소크기 (inch)	0.38311565 (기본 설정 값)	0.30 (메시 크기 지정)	0.25 (사용자 지정)
모드 1 (Hz)	3374.3	3372.7	
모드 2 (Hz)	3396.7	3389.2	
모드 3 (Hz)	3628.7	3621.9	
모드 4 (Hz)	4261.8	4253.1	
모드 5 (Hz)	4598.1	4593.5	

3. 위의 두 가지 메시 크기에 대한 해석 결과를 고유진동수의 값을 기준으로 아래의 표에 비교해 보았다. 이론적으로 메시의 크기가 작아지고 따라서 메시의 숫자가 증가할수록 엄밀해(Exact Solution)에 접근하게 된다.

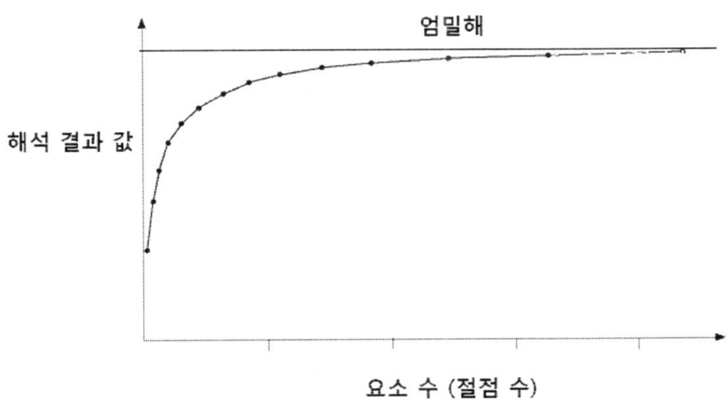

제 4 장 좌굴 해석

4.1 좌굴(Buckling) 해석이란

4.1.1 좌굴 해석의 용도

구조물에 가해지는 정적인(Static) 하중 종류는 크게 다음과 같이 분류할 수 있다.

- 인장(Tension) 하중
- 압축(Compression) 하중
- 전단(Shear) 하중
- 굽힘(Bending) 하중
- 비틀림(Torsion) 하중

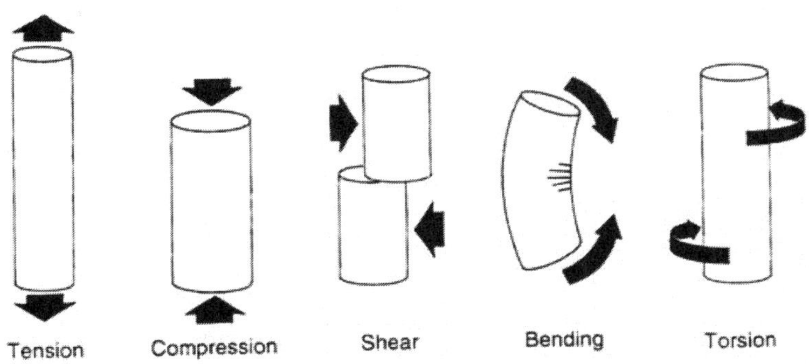

구조물에 외부의 하중이 가해질 때 그 구조몰이 기계적인 역할을 하지 못하는 경우는 다음과 같은 경우이다. 즉 재료가 파괴되는 재료적인 불안정성(Material Un-stability)과, 재료는 파괴되지 않았으나 외부 하중을 지지하는 구조물로서의 역할을 못하게 되는 구조적인 불안정성(Structural Un-stability)이 있다.

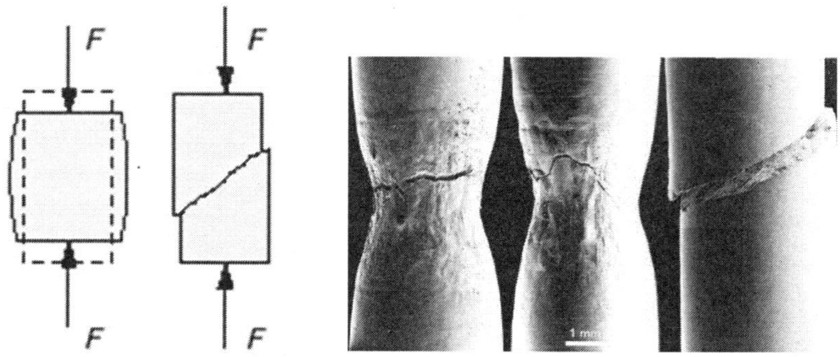

위의 그림에서와 같은 구조물의 치수 비율이 3-D에 적합한 땅딸막한(Stocky) 구조물들은 공학적인 역학의 내용처럼 외부의 응력이 내부의 강도를 초과할 때 재료적인 (Material) 파괴(Fracture)가 발생한다. 따라서 이러한 구조물들은 좌굴이 일어나기 위해서는 더 큰 하중이 필요하며, 따라서 대개는 좌굴해석이 필요하지 않다.

그러나 가늘고 긴(Slender) 구조물이 축(Axial) 방향으로 하중을 받으면 상대적으로 작은 크기의 축 방향 하중에 의해서도 좌굴이 일어난다. 이 가늘고 긴 구조물들의 기하학적인 치수의 비율이 크게(일반적으로 20:1 이상) 차이가 나면 기본 역학의 파괴 현상이 아닌 좌굴(Buckling)이라는 현상인 구조물의 대변형(Large Deformation)이 발생하고, 이로 인하여 재료가 파괴되지 않았다 하더라도 구조물은 외력에 저항하는 능력이 상실되는 상황이 된다. 이러한 상황이 구조적인 불안정성, 즉 좌굴이다.

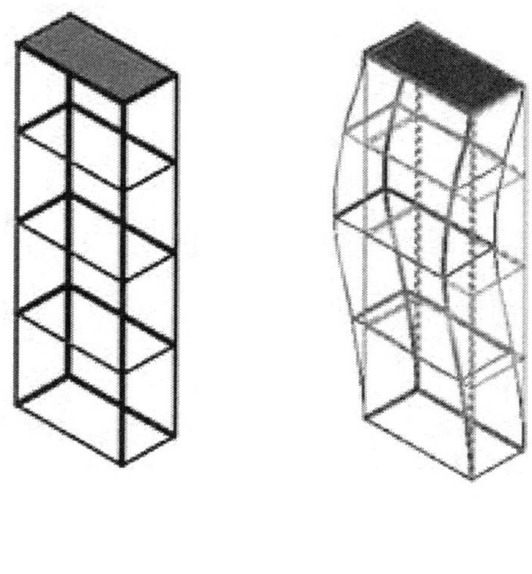

4.1.2 좌굴 해석의 개념

좌굴이 발생하는 과정에서 구조물의 변형된 형상을 좌굴 모드(Buckling Mode)라고 하며, 이 때 가해지는 하중을 좌굴 하중(Buckling Load)이라고 한다. 일반적으로 가늘고 길거나, 얇은(Shell) 구조물은 압축하중이나, 전단하중, 그리고 비틀림 하중 등을 받으면 이러한 좌굴 거동을 한다. 좌굴이란 역학적으로는 저장된 막(Membrane) 에너지가 외부에서 가해지는 하중에 변함이 없으면서 굽힘 에너지로 변환되는 갑작스러운 변형이라고 정의하고 있다. 수학적으로는 좌굴이 일어날 때 전체 강성행렬(Stiffness Matrix)이 특이점(Singular)이 되는 경우이다.

이 좌굴 현상에 영향을 미치는 인자들을 나열하면 다음과 같다.

- 재질
- 구조물의 형상(가로세로비, 치수 비율)
- 구속 조건
- 하중 조건

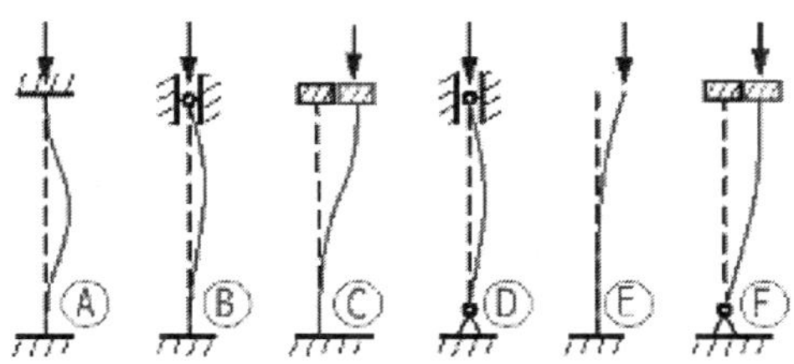

〈구속 조건에 따른 죄굴 양상〉

이어서 가해지는 외부 하중의 종류에 따라서 달라지는 좌굴 유형을 정리하면 다음 그림과 같다.

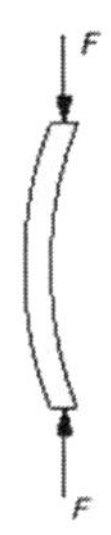

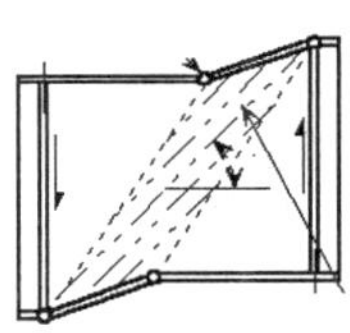
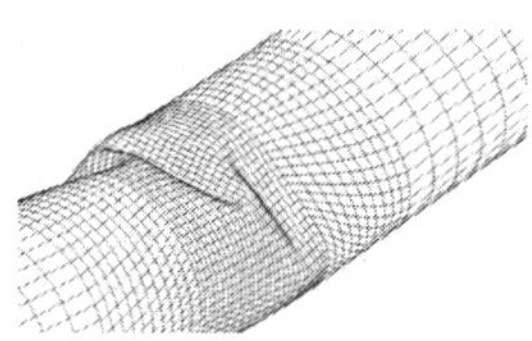
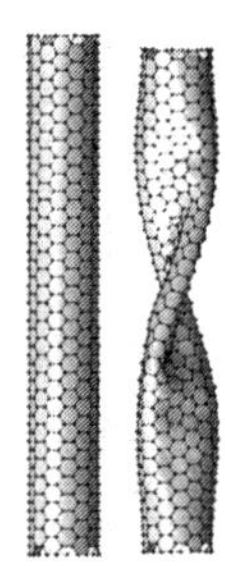

〈압축 좌굴〉 〈전단 좌굴〉 〈굽힘 좌굴〉 〈비틀림 좌굴〉

좌굴 해석의 목적은 다음과 같이 어떤 구조물에 좌굴 현상이 생기기에 가장 작은 임계치의 하중(또는 임계좌굴 하중계수(Critical Buckling Load Factor))을 계산하고, 그 때의 좌굴 모드(Mode, 형상)을 알기 위한 것이다.

- 좌굴 모드
- 해당 좌굴 모드의 임계좌굴 하중계수

일반적으로 설계자들은 가장 작은 크기의 모드에 관심이 있다. 왜냐하면 좌굴이 가장 중요한 설계요인일 경우에, 여러 개의 좌굴 모드를 계산하는 것은 모델의 가장 약한 부분을 찾아내는 데 도움을 준다. 여기서 사용되는 선형화된 수치적인(Numerical) 좌굴 해석법은 임계 좌굴하중 계수와 이와 관련된 좌굴 형상을 추정하기 위한 고유치(Eigenvalue) 문제를 푸는 것이다.

4.1.3 임계 좌굴 하중의 계산

좌굴 해석에서는 사용자가 대화 상자에 설정한 모드 수 만큼 계산한다. 설계자는 대개 최저 모드(모드 1)에 관심을 가지며, 이는 최저 모드가 최저 임계 하중과 관련되어 있기 때문이다. 또한 좌굴 모드의 형상은 구조물의 형상 또는 지지 구조를 수정하여 특정 모드에서의 좌굴이 발생하지 않도록 설계하는데 도움이 될 수 있다. 좌굴과 그 밖의 구조물의 더욱 세밀한 거동을 해석하기 위해서는 비용이 더 소요되더라도 비선형 해석 코드를 사용할 수도 있다.

이와 같이 좌굴 해석결과 얻은 임계하중계수가 단위값(Unity, 1)보다 크다면 그 해석결과는 주어진 모델이 주어진 하중을 받을 때에 좌굴이 일어나지 않는다는 것을 의미한다. 구조물에 좌굴이 일어날 수 있는 가장 작은 하중은 다음과 같이 정의된 하중에 해석결과로 얻어진 임계하중계수를 곱하여 얻은 값이다.

임계 좌굴 하중 = 적용 하중 × 좌굴하중 계수(BLF)

SolidWorks Simulation 프로그램을 이용하여 선형 좌굴해석을 수행하면 얻게 되는 몇 가지 해석결과 중에서 좌굴하중계수(Buckling Load Factor, BLF)가 있다. 이 값들과 실제로 좌굴이 발생하는 임계좌굴하중(Critical Buckling Load)와의 관계를 간략히 정리하면 다음의 표와 같다.

BLF 값	좌굴 발생 여부	물리적인 의미
1〈 BLF	좌굴 발생하지 않음	가해지는 하중 〈 임계좌굴하중
BLF = 1	좌굴 발생함	가해지는 하중 〉 임계좌굴하중
0〈 BLF 〈1	좌굴 발생함	가해지는 하중 〉 임계좌굴하중
−1〈 BLF 〈0	좌굴 발생하지 않음	인장 하중상태
BLF = −1	좌굴 발생하지 않음	인장 하중상태
BLF 〈 −1	좌굴 발생하지 않음	인장 하중상태

4.2 좌굴 해석의 입력 / 출력 데이터

4.2.1 좌굴 해석의 입력 데이터

해석을 수행하기 위해서 입력해 주어야 할 데이터의 종류는 다음과 같다.

1. 좌굴 해석 스터디 작성
2. 구조물의 재질 지정
   - 프로그램 내장 데이터 이용
   - 사용자가 직접 입력
3. 구조물의 구속조건 정의
4. 하중 형태와 값을 입력
5. 구조물의 메시 생성 작업

4.2.2 좌굴 해석의 출력 데이터

1. 좌굴 하중 계수(Buckling Load factor, BLF)
2. 변위 요소
   - 변위 : X−방향, Y−방향, Z−방향
   - 합성 변위 (Resultant Displacement)
3. 변형

4.3 좌굴 해석의 예제 설정

본 해석 예제에서는 다음과 같은 기능을 익히도록 하고자 한다.

- 좌굴 해석 스터디 작성을 배운다.
- 얇은 구조물의 해석에 필요한 쉘 파라미터의 지정 방법과 재질 지정을 배운다.
- 쉘에 구속 조건 및 하중 적용 방법을 익힌다.
- 쉘 모델의 메시 작성법을 익힌다.
- 좌굴 해석의 결과를 이해한다.
- 임계 좌굴 하중을 계산한다.
- 다양한 설계 인자들을 조합하여 최대의 좌굴 하중을 갖는 쉘의 형상을 설계한다.

위의 목적을 위하여 다음과 같이 해석 문제를 정리할 수 있다. 먼저 해석하고자 하는 구조물의 형상은 다음과 같으며, 이 구조물에 발생하는 선형 좌굴 거동을 해석하기로 한다.

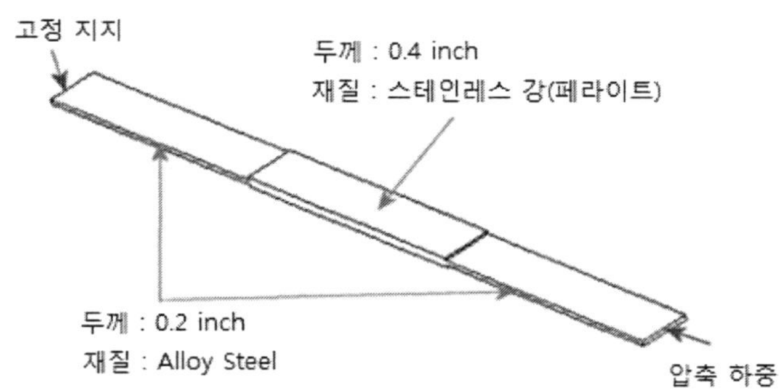

1. 파일의 위치 : "C: \ Program Files \ SolidWorks Corp \ SolidWorks \ Simulation \ Examples \ 3plates-surfaces.sldprt"
2. 스터디 유형 : **"좌굴 해석"**
3. 쉘 두께 지정 : – 중간 부분 = 0.4 inch
   – 양 끝단 부분 = 0.2 inch

4. 재질 : **"스테인레스 강 (페라이트)"** – 중간 두꺼운 부분
   "Alloy Steel" – 양 끝 얇은 부분
5. 구속 조건 : 얇은 평판의 한쪽 얇은 끝단에 **"고정 지오메트리"**
6. 하중 : 얇은 평판의 나머지 한쪽 얇은 끝단에 **"500 N"**의 압축 하중
7. 메시 분할 : – 중간 크기
   – 메시 파라미터 : 표준 메시
   – 평균 요소 크기 : 기본 설정 값(Default)
   – 허용공차 : 기본 설정 값(Default)
   – 자동 전이: 선택 해제
   – 고급 : 설정하지 않음

4.4 좌굴 해석 문제 해결 과정

4.4.1 파일 불러오기

1. 애드인이 되어 있다고 가정하고, 파일 열기(File–Open)를 선택하여 아래의 파일을 선택하고 **"열기"**를 클릭한다.
   "C: \ Program Files \ SolidWorks Corp \ SolidWorks \ Simulation \ Examples \ 3plates–surfaces.sldprt"

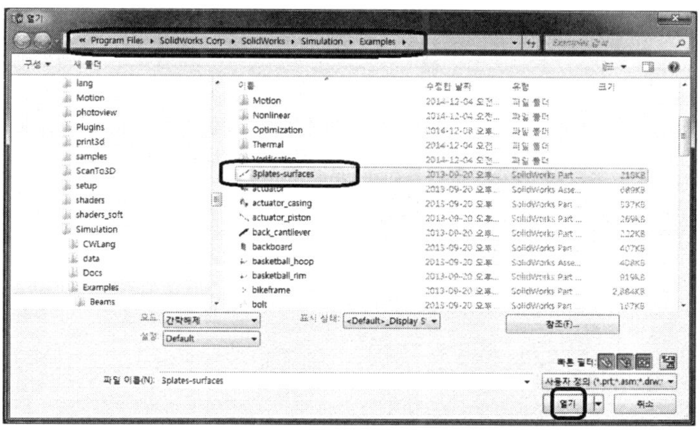

2. 다음과 같이 좌굴 해석용 구조물의 형상이 나타난다.

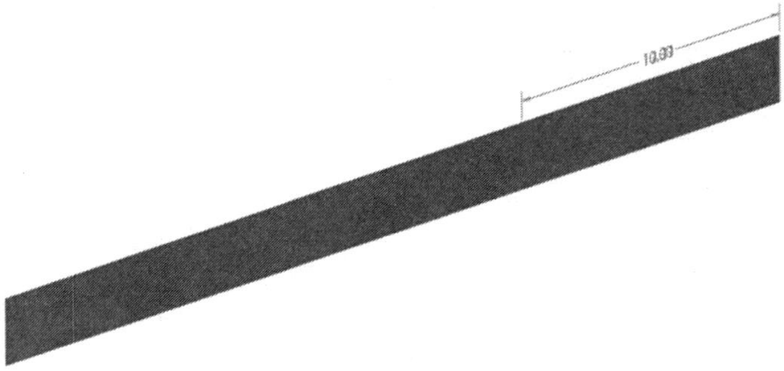

4.4.2 스터디 정의하기

1. 해석을 위하여 다음과 같이 스터디를 **"좌굴 해석예제"**로 정의한다. 그 결과 다음 그림과 같이 매니저 창에서 확인할 수 있다.

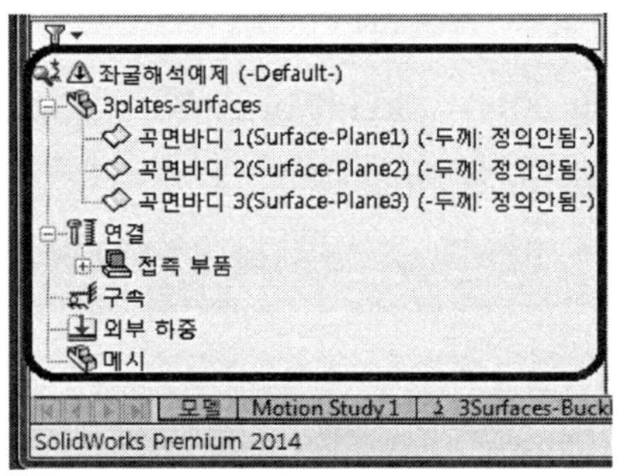

4.4.3 쉘 조건 정의하기

1. 본 해석에서 사용할 구조물은 사용되는 재질도 두 가지이며, 기하학적인 형상도 매우 얇은 쉘(Shell) 형태이고, 두께도 다르다. 따라서 각기 정의된 특이 형상 부분에

각기 따로 쉘 종류와 타입을 구체적으로 설정해 주어야 한다. 이를 위하여 다음과 같이 해당 파트를 선택하고 **"정의 편집"**을 선택한다. 우선 가운데의 두꺼운 부분에 대한 설정 과정을 보기로 한다.

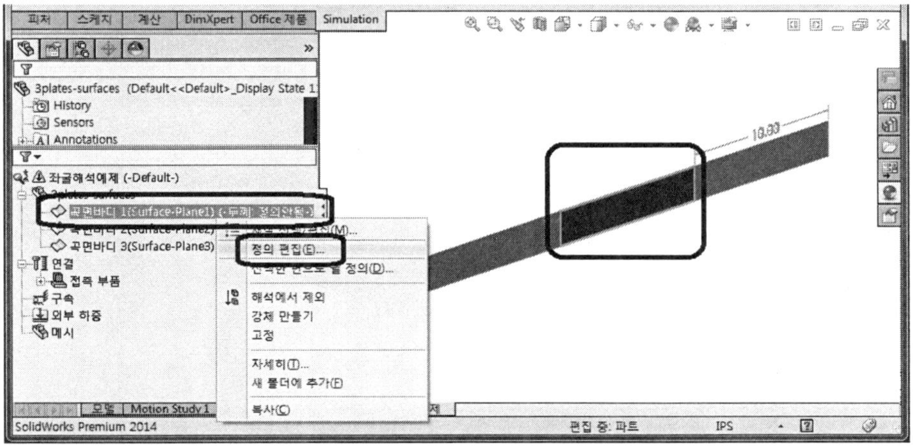

2. 설정 창이 나타나면 유형은 **"얇게"**를 선택하고, 두께 치수 0.4 인치를 기입하고 위의 **"체크(V)"** 버튼을 클릭한다.

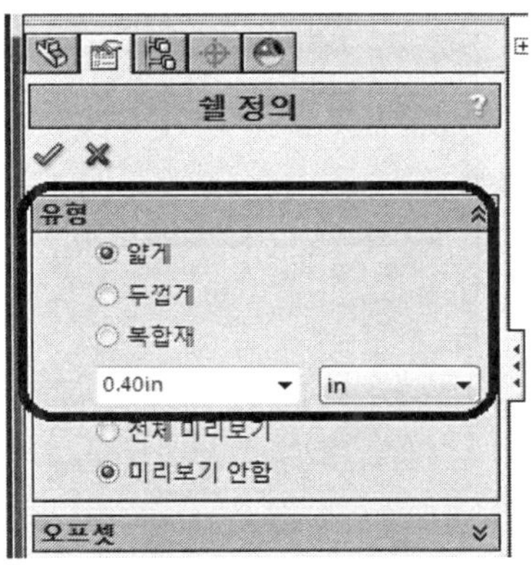

3. 마찬가지 과정으로 이번에는 평판의 양쪽 두 부분의 쉘 요소 정의를 다음과 같이 설정하여 진행한다. 이때에는 두께 치수가 각각 0.2 인치이다.

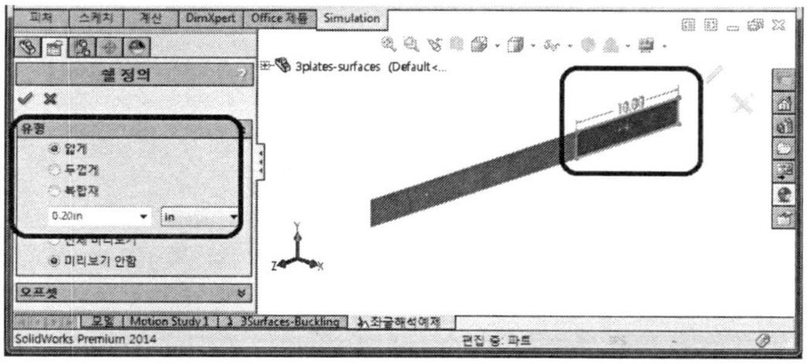

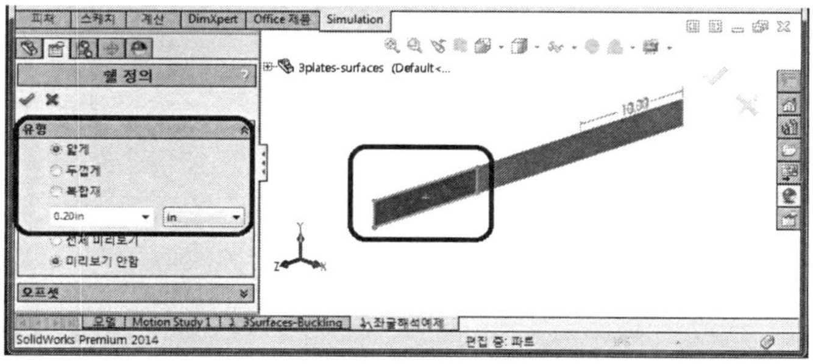

4. 쉘 두께와 유형을 설정하는 과정이 끝나면 아래와 같이 화면에 표시된다.

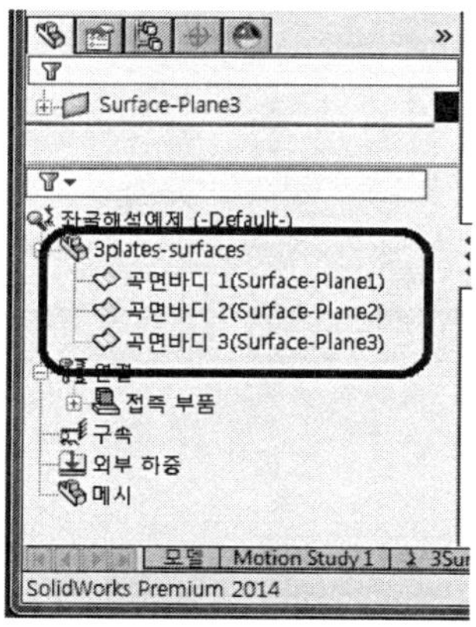

4.4.4 재질 부여하기

1. 3개의 쉘 부분으로 구성되어 있으므로 각각에 대하여 재질을 부여한다. 양 끝 부분의 재질이 같으므로 동시에 재질 부여를 하기로 한다. 매니저 창에서 두 개의 쉘 이름을 동시에 선택하고, 마우스 우측 버튼으로 **"재질 선택/편집(M)"** 메뉴를 선택한다.

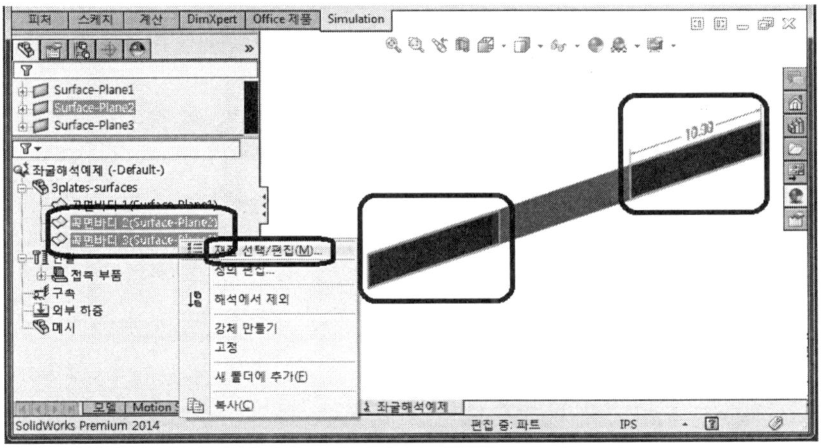

2. 이 파트의 재질은 Alloy Steel이므로 다음과 같이 Steel폴더를 열고 해당 재질을 선택한 후 **"적용(A)"** 버튼을 선택한 후 **"닫기(C)"** 버튼을 누른다.

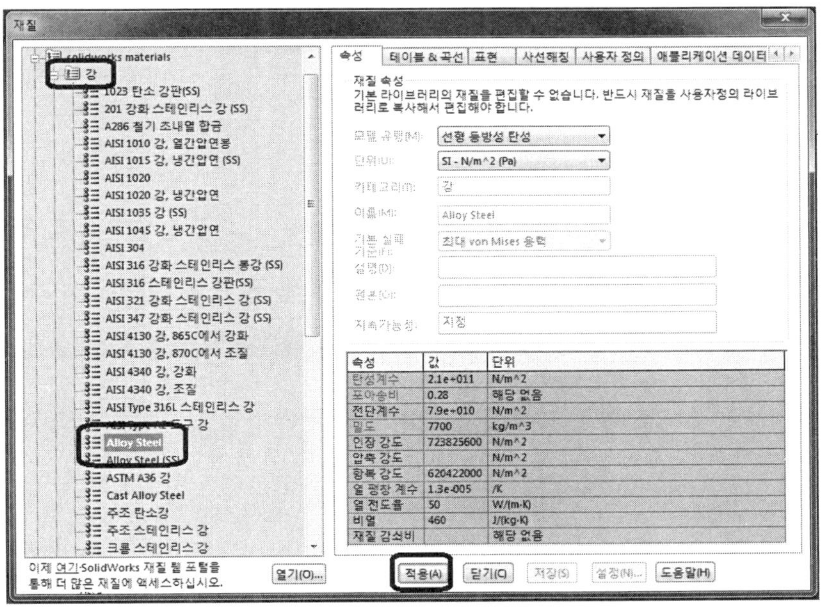

3. 이어서 중간 부분의 재질을 부여하기 위하여 동일한 방법으로 입력을 진행한다. 이 중간 쉘 파트의 재질은 **"스테인레스 강 (페라이트)"**이다.

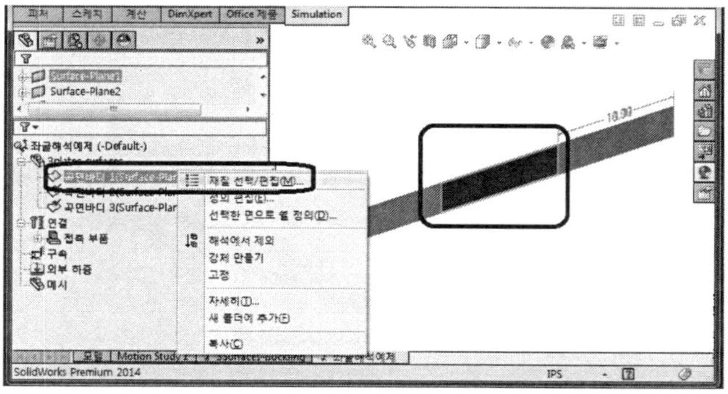

4. 위의 재질 부여 과정이 끝나면 매니저 창에 다음과 같이 재질이 표시된다.

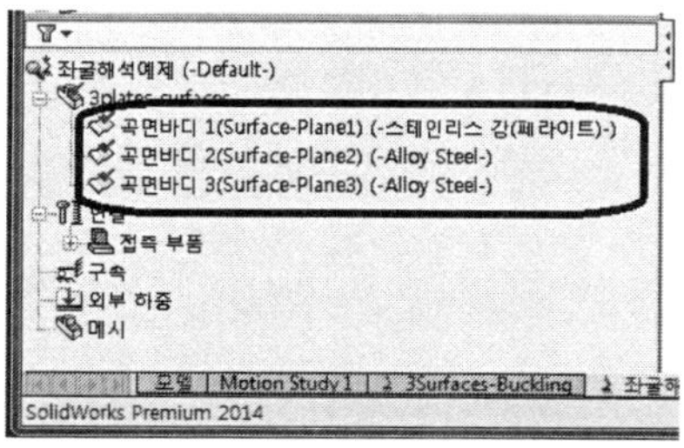

4.4.5 구속 조건 부여하기

1. 이 쉘의 한쪽 끝을 고정하는 구속 조건을 부여하기로 하자. 다음과 같이 **"구속"** 메뉴에서 **"고정 지오메트리"**를 선택한다. 평판의 한쪽 끝 면의 **"모서리선"**을 선택하고, 그 곳의 조건을 **"고정 지오메트리"**로 조건을 부여한다.

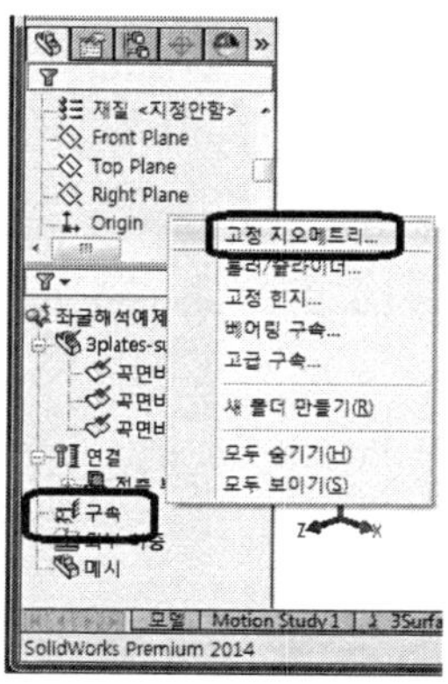

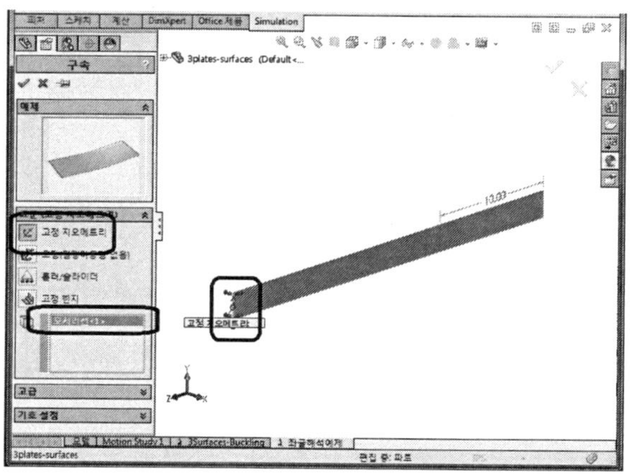

4.4.6 연결 평판에 하중 부여하기

1. 다음 그림과 같이 하중을 부여하기 위한 명령어를 실행한다. 이 문제에서는 가해지는 외력이 집중하중이므로 **"하중(F)"** 메뉴를 선택한다.

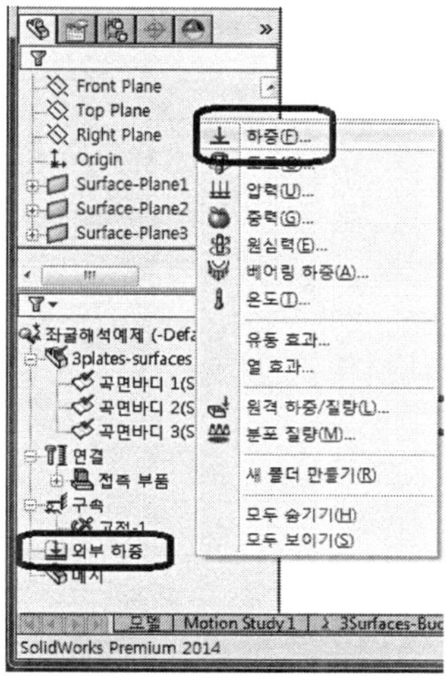

2. 설정 창에서 **"하중"**, **"모서리선"**, **"선택된 방향"**, "Front Plane", "500 N", 그리고 **"면에 수직 방향"**을 선택하면 하중 조건의 결과가 그림으로 표시된다.

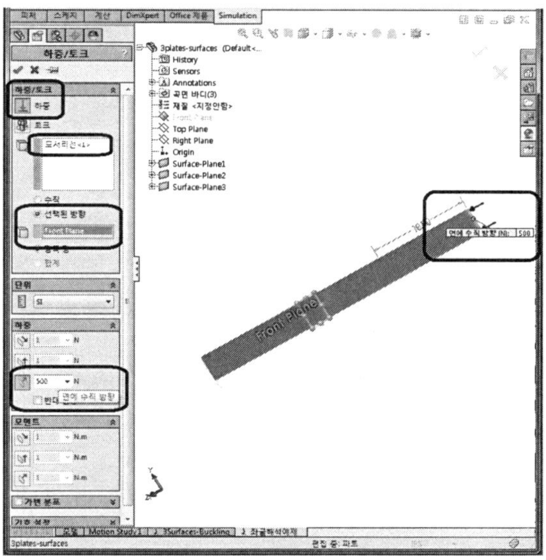

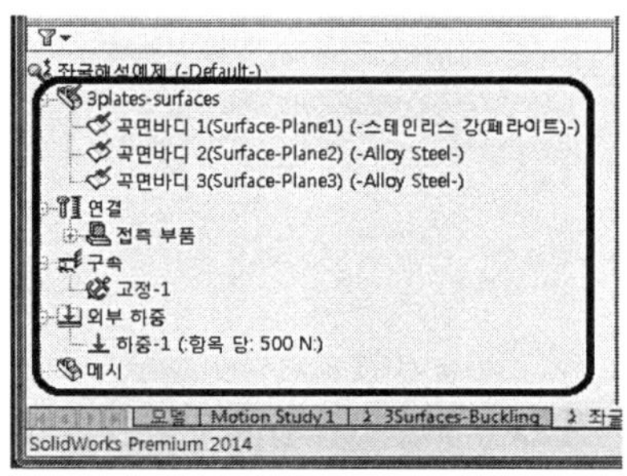

4.4.7 메시 작성하기

1. 다음과 같이 **"메시 작성(R)"**을 선택한 후 조건 설정 창에서 **"표준 메시"**와, 프로그램이 제안하는 평균 요소 크기와 허용공차의 기본 설정값을 사용하기로 한다. 그 결과 자동으로 매시 생성 작업이 진행된다.

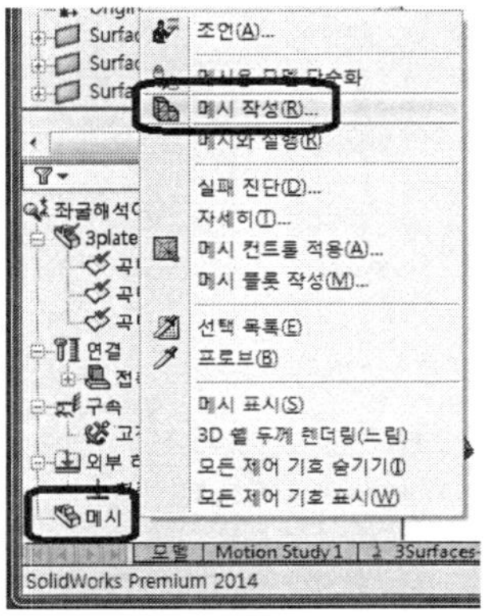

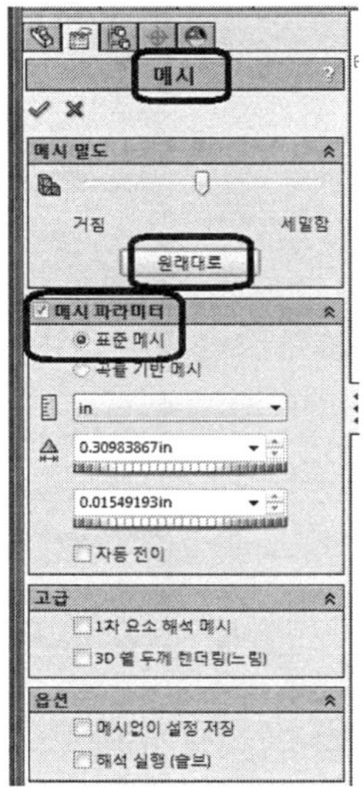

4.4.8 선형 좌굴 해석 실행하기

1. 다음과 같이 스터디 이름을 클릭하여 **"해석 실행(R)"** 메뉴를 선택하면 프로그램이 계산 작업을 진행하면서 다음과 같은 정보를 화면에 나타내 준다.

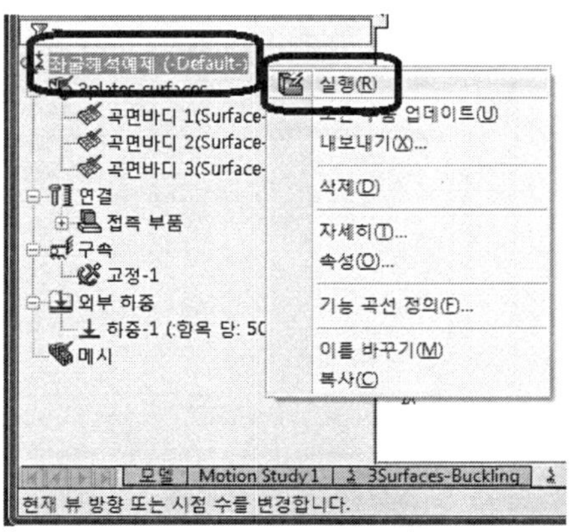

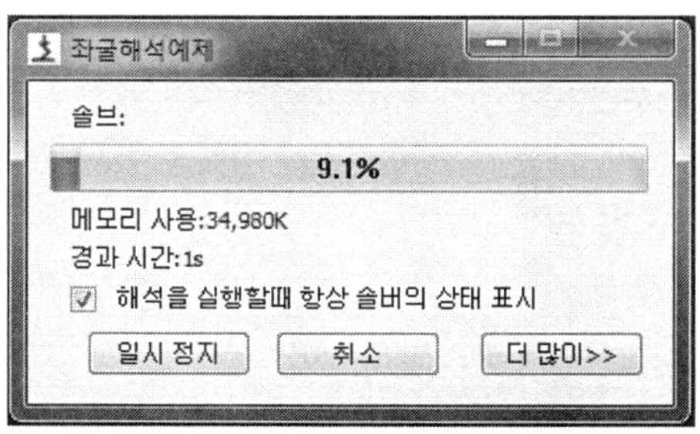

2. 계산 완료 후 다음과 같이 매니저 영역에 해석 결과를 담을 수 있는 **"결과"**라는 폴더가 표시되며, 우측에는 대표적인 해석 결과로서 변형 모드가 나타난다.

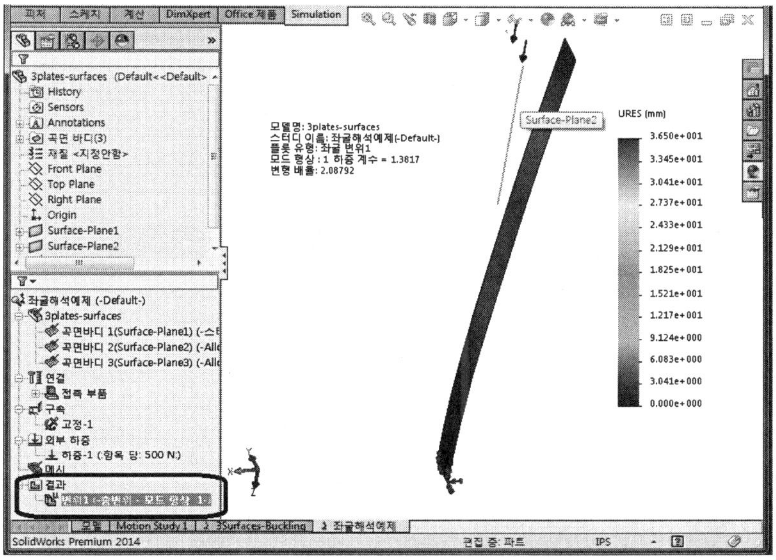

4.5 좌굴 해석 결과 분석하기

4.5.1 좌굴 하중 계수 보기

1. 해석이 완료되면 **"결과"** 폴더가 나타나며, 이 폴더에서 **"안전계수 표시(L)"**를 선택한다.

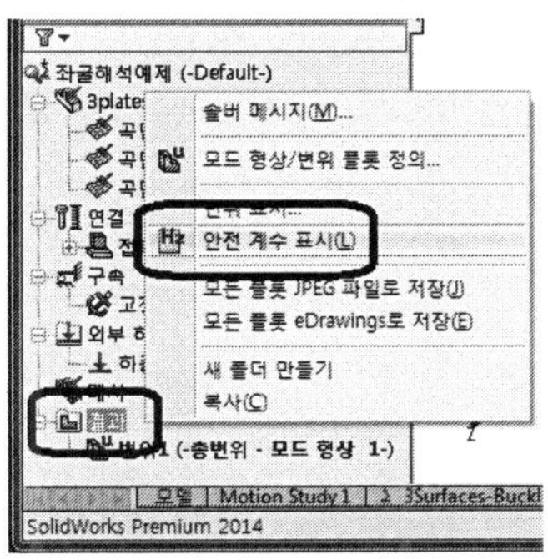

2. 그 결과 다음과 같이 **"좌굴안전계수"**가 화면에 표시된다. 이 결과에서 좌굴하중계수가 1.3817이라는 의미는 좌굴 해석 시에 가해준 500 N의 압축하중보다 1.3817배 크기의 하중이 작용하여야 좌굴이 발생한다는 의미이다. 즉 이 연결 평판에 좌굴 현상이 생기게 하기 의해서는 좌굴하중의 크기는 "500 N × 1.3817 = 690.85 N"의 하중이 작용하여야 하며, 이때의 하중 값을 **"임계 좌굴 하중**(Critical Buckling Load)" 이라고 한다.

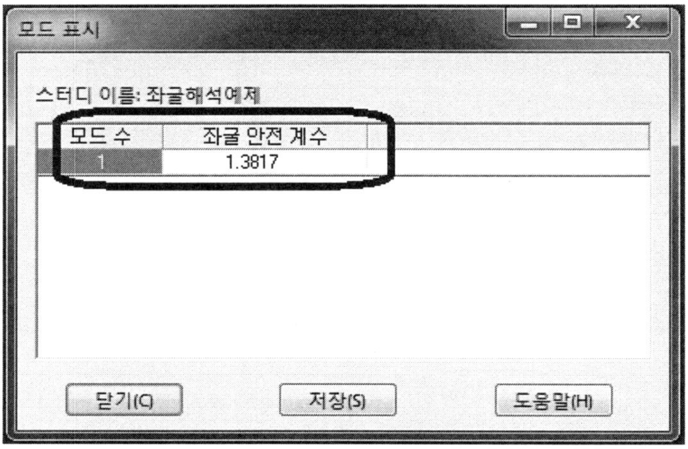

3. 사용자들이 물리적 의미를 좀 더 확인할 수 있는 과정으로 다음과 같이 해석 대상 구조물은 위에서 해석을 진행한 경우와 유사하지만 각 쉘의 두께가 달라질 때, 임계 좌굴 하중이 얼마나 달라지는 지를 해석해 보기로 한다. 각 쉘의 폭과 길이, 재질, 구속조건은 동일하므로 다음과 같이 각 쉘의 두께를 바꾸어도 전체 부피는 동일하다. 이때 외부의 압축하중의 크기도 "500 N"으로 동일하다고 가정하자. 아래와 같은 6가지 형상에 대하여 임계 좌굴하중을 계산하고, 임계좌굴하중이 가장 큰 구조물은 그 이유가 무엇인지 각자 공학적으로 생각해 보기로 한다.

<table>
<tr><th colspan="2"></th><th>Case 1</th><th>Case 2</th><th>Case 3</th><th>Case 4</th><th>Case 5</th><th>Case 6</th></tr>
<tr><td rowspan="3">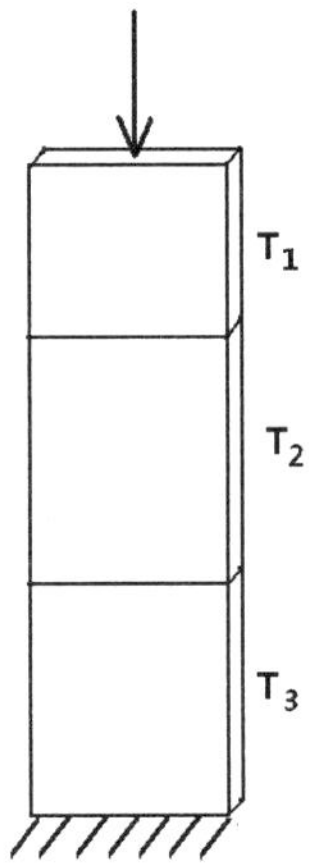</td><td>T1 (in.)</td><td>0.4</td><td>0.2</td><td>0.2</td><td>0.2</td><td>0.3</td><td>0.3</td></tr>
<tr><td>T2 (in.)</td><td>0.2</td><td>0.4</td><td>0.2</td><td>0.3</td><td>0.2</td><td>0.3</td></tr>
<tr><td>T3 (in.)</td><td>0.2</td><td>0.2</td><td>0.4</td><td>0.3</td><td>0.3</td><td>0.2</td></tr>
<tr><td colspan="2">좌굴안전계수</td><td></td><td></td><td></td><td></td><td></td><td></td></tr>
<tr><td colspan="2">임계좌굴하중 (N)</td><td></td><td></td><td></td><td></td><td></td><td></td></tr>
</table>

제 5 장 낙하 충격 해석

5.1 낙하 충격 해석이란

5.1.1 낙하 충격 해석의 용도

충격(Impact)이라는 공학적인 현상은 매우 짧은 시간 동안에 대상 구조물에 큰 하중이 작용하는 상태이다. 즉 수백 또는 수천분의 1초 동안의 시간 동안에 대상 구조물의 일부분에 수십~수천 기압 정도의 응력이 작용하기도 한다. 이 충격 현상 중에서 지구의 중력에 의하여 자유 낙하하는 현상으로 국한해서 표현하면 낙하(Drop)라고 표현할 수 있다.

이러한 충격 하중에 의한 구조물의 거동은 일반적인 상황에서 구조물에 가해지는 정적인 하중과는 전혀 다른 거동을 보이기도 하다. 특히 고속 충돌인 경우에는 일반적인 탄성 범위를 벗어나 대변형(large Deformation), 대회전(Large Rotation), 대변형률(Large Strain) 등과 같은 특이 현상을 동반하기도 한다.

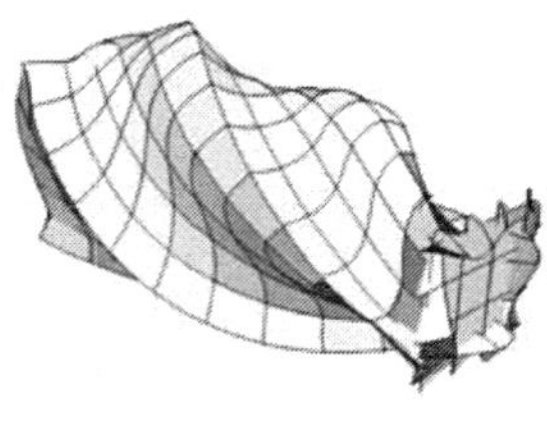

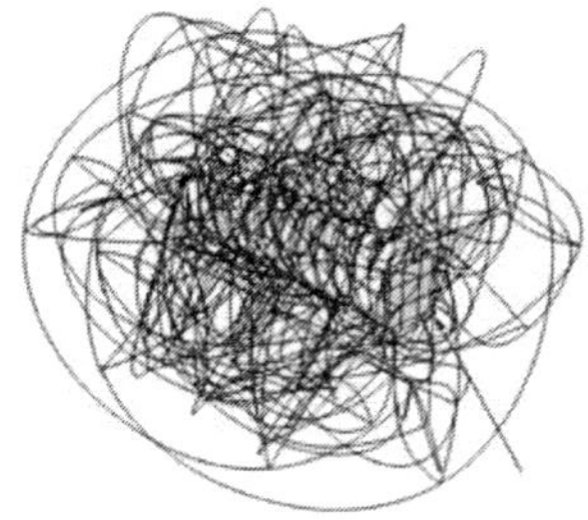

5.1.2 낙하 충격 해석의 개요

낙하 충격 해석 스터디는 파트나 어셈블리가 다른 물체에 부딪혔을 때의 충격 효과를 해석한다. 계산 과정에서 프로그램에 의해서 충격에 의한 하중 뿐 아니라 중력 효과를 추가로 고려하여 계산할 수도 있다. 그런데 충돌 해석이 일단 시작되어 계산이 진행되는 도중에는 사용자가 임의로 하중이나 구속조건을 지정할 수 없으며 충격 상황을 설정해 주는 직전 시간의 해석 결과로부터 이어 받아서 다음 단계의 해석이 진행된다.

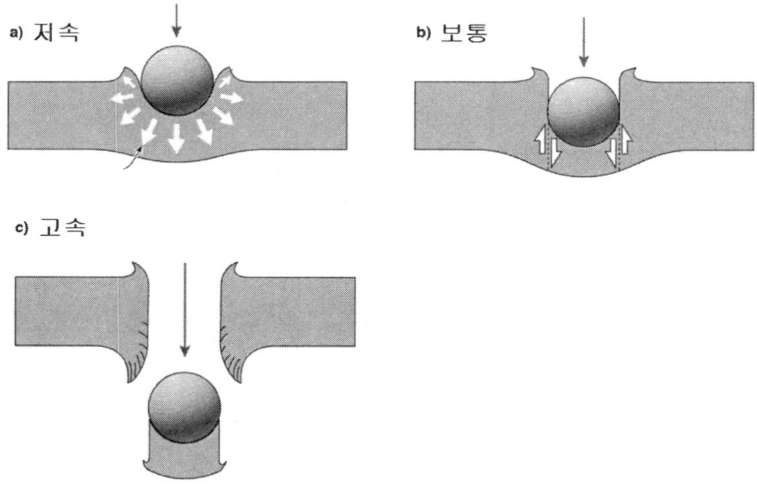

이러한 해석의 필요성은 예를 들면 자동차의 차체 설계 및 개발 시에 수많은 종류의 성능에 대하여 시제품(Prototype)으로 시험이 요구되는데, 이는 오랜 기간과 매우 고비용을 요구한다. 따라서 이 비용과 시간을 절약하고 그 성능을 보장하기 위하여 이에 상응하

는 과정으로 CAE 기법으로 충돌 해석을 사용하기도 한다.

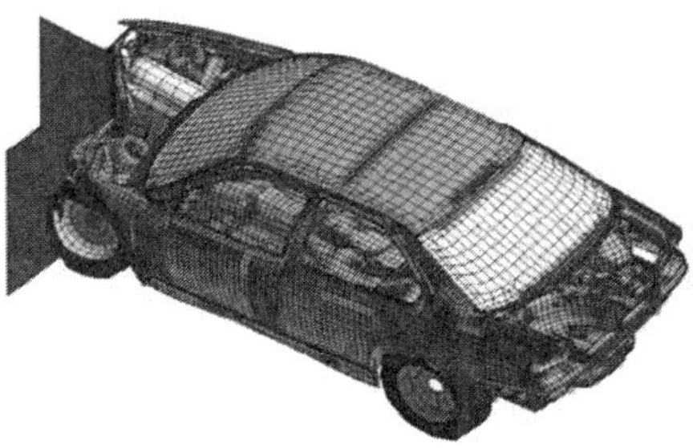
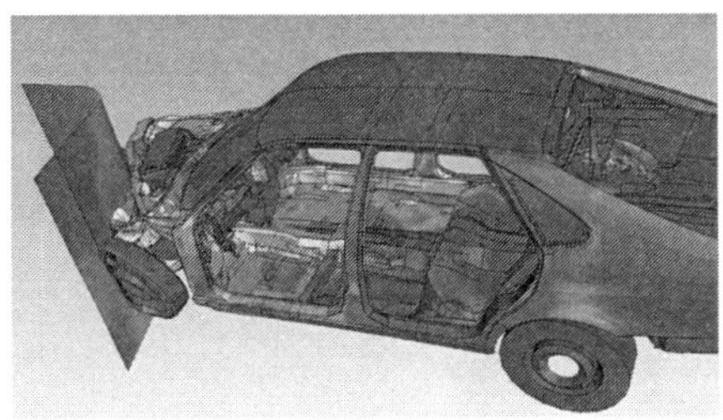

이러한 해석을 이용한 설계가 완료되면 다음의 예와 같이 외부 충격하중에 대하여 사용자의 안전 요구조건을 만족하는 개발 결과를 얻을 수 있다.

충격 해석을 하기 위해서는 다음과 같이 상대적으로 운동을 하는 투사체(Impactor, Projectile)와 목표물(Target)의 개념이 필요하다.

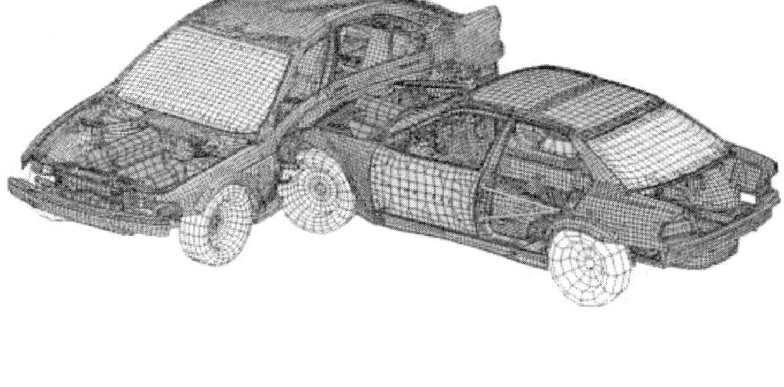

낙하 충격 해석을 설정하기 위해서 다음과 같이 두 가지 옵션 중에서 하나를 선택하여 해석한다.

A) 낙하 높이(h), 중력 가속도(g)

이 방식은 낙하 높이(h)가 주어지는 경우에, 중력 가속도(g), 충격 면의 방향을 지정하여 해석을 진행하는 옵션이다. 물체는 강체 면에 부딪힐 때까지 중력에 의하여 강체 운동(Rigid Body Motion)을 하며 이동하고, 접촉이 시작되면서 변형과 하중 전달이 시작된다.

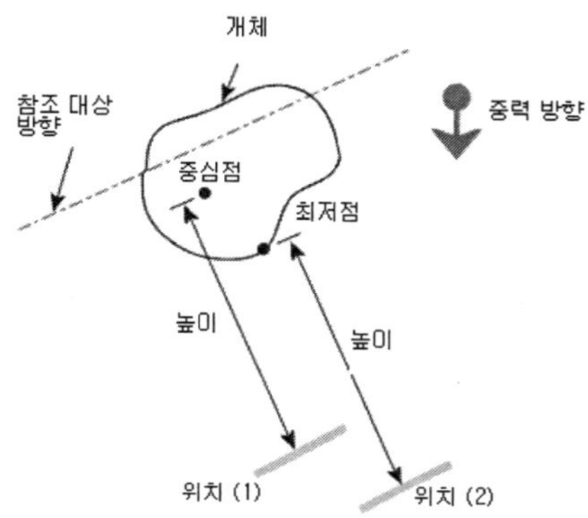

B) 충격 속도(v), 중력 가속도(g)

이 방식은 충격이 발생하는 순간의 속도(V)가 주어지는 경우에, 추가로 중력 가속도(g), 충격 면의 방향을 지정하여 해석을 진행하는 옵션이다.

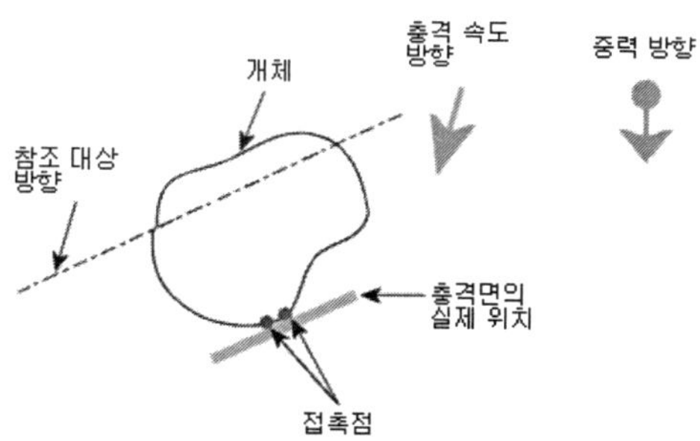

아래의 그래프는 충격이 진행되면서 시간에 따라서 발생하는 응력 상태의 한 가지 예를 나타낸 그림이다. 이 그림으로부터 충돌이 진행되는 시간동안은 수천분의 1초 정도의

매우 짧은 시간 단위로 충격량의 전달과 이로 인한 거동의 변화가 진행되고 있음을 확인할 수 있다.

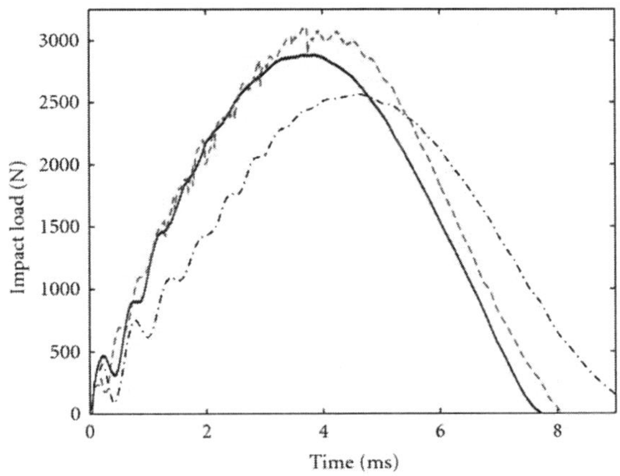

5.2 낙하 충격 해석의 입력/출력 데이터

5.2.1 낙하 충격 해석의 입력 데이터

낙하 충격 해석을 수행하기 위해서 입력할 데이터의 종류는 다음과 같다.

1. 낙하/충격 해석 스터디 작성
2. 구조물의 재질 지정
   - 프로그램 내장 데이터 이용
   - 사용자가 직접 입력
3. 설정 정의
   - 유형 지정 : 낙하 높이, 충격 속도 중 선택
   - 높이 지정 : 중심점 기준, 최저점 기준 중 선택
   - 중력 설정
   - 대상의 조건 설정 : 대상의 방향, 대상의 강성 설정

4. 결과옵션 지정
   - 충격 후 솔루션 시간
   - 결과 저장 시간 조건
5. 구조물의 메시 생성 작업

5.2.2 낙하 충격 해석의 출력 데이터

1. 변형 형상
2. 시간 기록 그래프
3. 변형률 요소
   - 수직 변형률 : X-방향, Y-방향, Z-방향
   - 전단 변형률 : X-방향, Y-방향, Z-방향
   - 등가 변형률
   - 변형 에너지 밀도
   - 총 변형 에너지
   - 주 변형률
4. 변위 요소 : X-방향, Y-방향, Z-방향, 합성변위
5. 요소 응력 및 절점 응력
   - 수직응력 : X-방향, Y-방향, Z-방향
   - 전단 응력 : XY-면, YZ-면, ZX-면
6. 접촉 마찰 하중

5.3 낙하 충격 해석의 예제 설정

본 해석 예제에서는 다음과 같은 기능을 익히도록 하고자 한다.

- 낙하 충격 해석의 스터디 해석 방법을 익힌다.
- 구조물이 소성 변형하는 것을 모델링하기 위하여 등방성 경화 성질의 von Mises 가

소성 모델을 사용하는 재질을 지정하는 방법을 익힌다.
- 낙하/충격 스터디의 결과 옵션 설정 방법을 익힌다.
- 해석 결과 얻어진 변위를 플롯하고 그래프 만들기를 익힌다.
- 각 충격 시간에 따른 거동을 플롯을 이용하여 확인한다.

위의 목적을 위하여 다음과 같이 해석 문제를 정리할 수 있다. 원통형 알루미늄 막대가 그 중심축 방향으로 고정 경계 벽면을 향하여 충돌할 때, 시간에 따른 알루미늄 막대의 응답(Response)을 해석해 본다. 아래의 그림은 알루미늄 막대의 모양과 알루미늄 재질의 응력-변형률 곡선을 나타내고 있다. 즉 알루미늄 막대의 변형은 탄소성(Elasto-Plastic, 가소성) 거동을 하는 것으로 설정하였다.

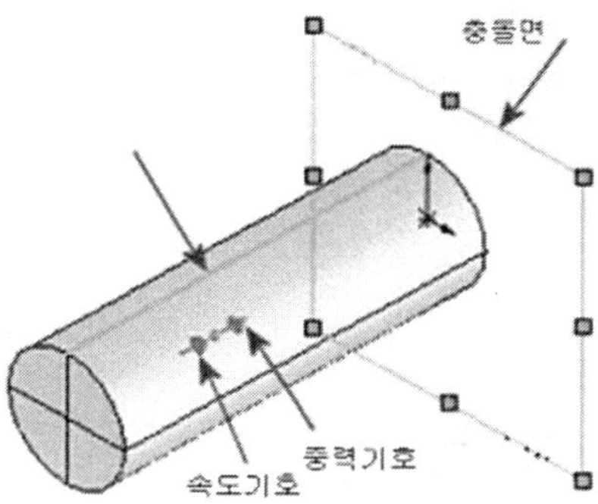

〈충돌 물체의 조건〉

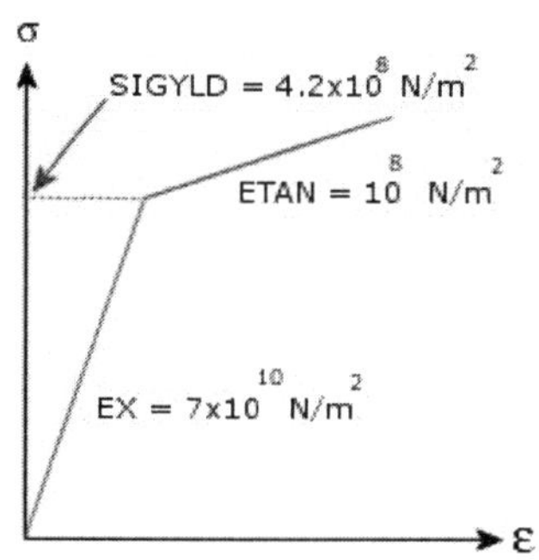

〈재질의 응력-변형률 곡선〉

1. 파일의 위치 : **“C: \ Program Files \ SolidWorks Corp \ SolidWorks \ Simulation \ Examples \ Drop Test \ aluminumbar.sldprt”**
2. 스터디 유형 : **“낙하/충격 해석”**
3. 재질 : **“알루미늄–소성”**
   - 모델 유형 : 탄소성(Elasto-Plastic, 가소성) – von Mises
   - 탄성계수 = 7e10 N/m^2
   - 포아송 비 = 0.3
   - 항복 강도 = 4.2 e8 N/m^2
   - 탄젠트 계수 = 1.0 e8 N/m^2

- 질량 밀도 = 2,700 kg/m^3
- 가공경화지수 = 0.0

4. 하중 : - 충돌 속도 : 478 m/sec
   - 중력 : 충돌 방향으로 동시에 작용
5. 메시 옵션 : 가장 거칠게 작성 (슬라이더를 가장 왼쪽으로)
6. 결과 옵션 : - 충격 후 솔루션 시간 : 45 (microseconds)
   - 결과 저장 시작 : 0
   - 플롯 수 : 30
   - 센서 목록 : "〈Ready〉 – Drop Test"

5.4 낙하 충격 해석 문제 해결 과정

5.4.1 파일 불러오기

1. 애드인이 되어 있다고 가정하고, 파일 열기(File-Open)를 선택하여 아래의 파일을 선택하고 **"열기"**를 클릭한다.
   "C: \ Program Files \ SolidWorks Corp \ SolidWorks \ Simulation \ Examples \ Drop Test \ aluminumbar.sldprt"

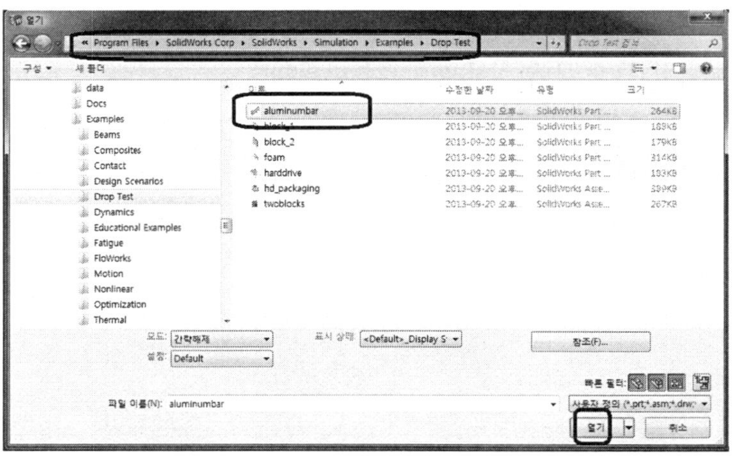

2. 다음과 같이 충돌 해석용 알루미늄 막대의 형상이 나타난다.

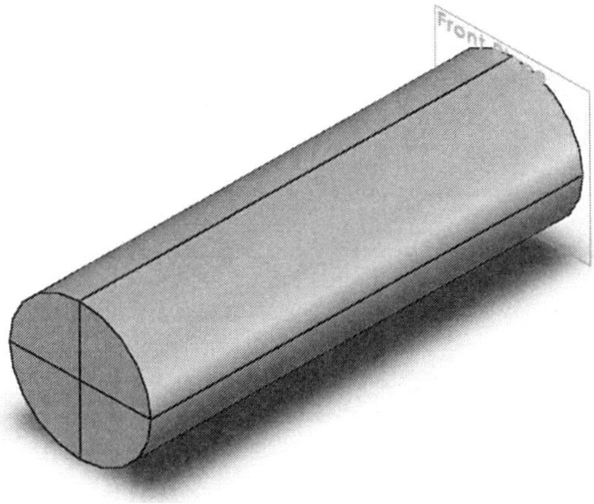

5.4.2 스터디 정의하기

1. 해석을 위하여 다음과 같이 스터디를 **"낙하충격해석"**으로 정의한다. 이 결과는 다음 그림과 같이 매니저 창에서 확인할 수 있다.

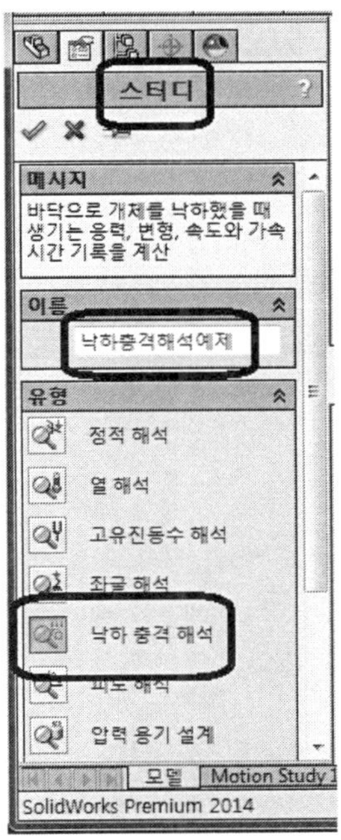

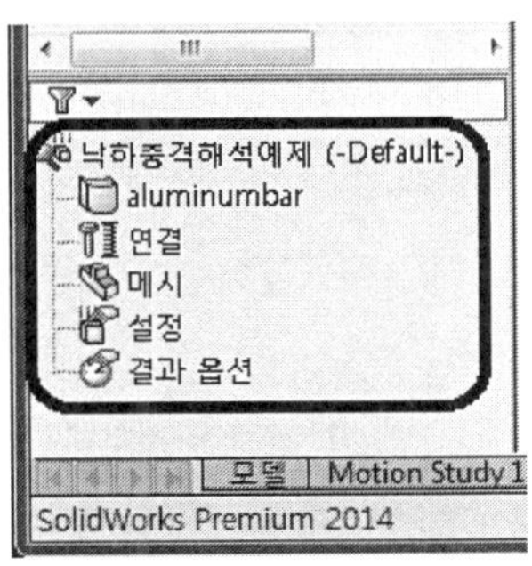

5.4.3 재질 부여하기

1. 아래 그림과 같이 파트 이름을 선택하고, 마우스 우측 버튼으로 **"재질 선택/편집(M)"** 메뉴를 선택한다.

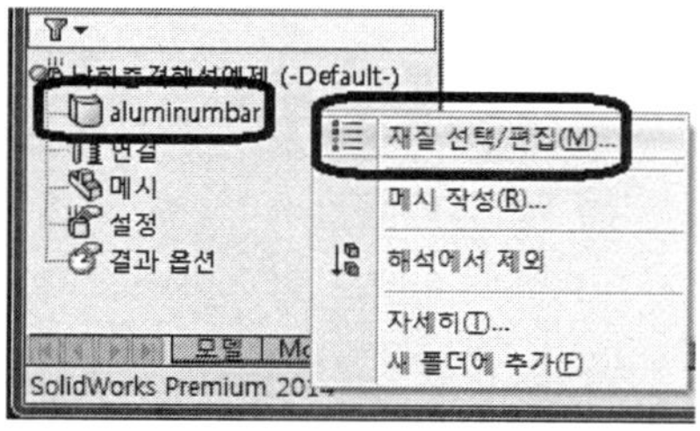

2. 사용자가 직접 데이터를 입력하기 위하여, **"사용자 정의 재질"**을 우측 마우스로 열고 **"새 카테고리(N)"**를 선택하고, **"새 카테고리(N)"**를 마우스 우측 선택하여 **"새 재질(M)"**을 선택한다.

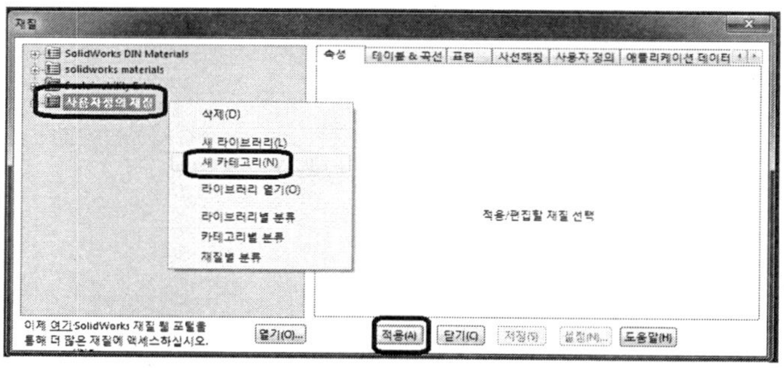

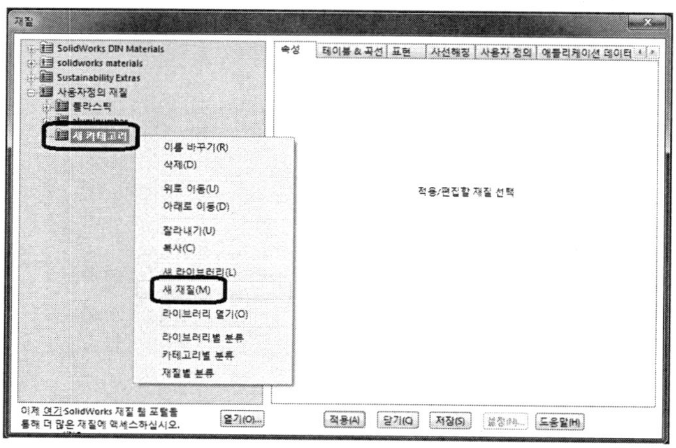

3. 다음의 입력 화면에서 앞에서 정의한 재질 데이터를 입력한다.

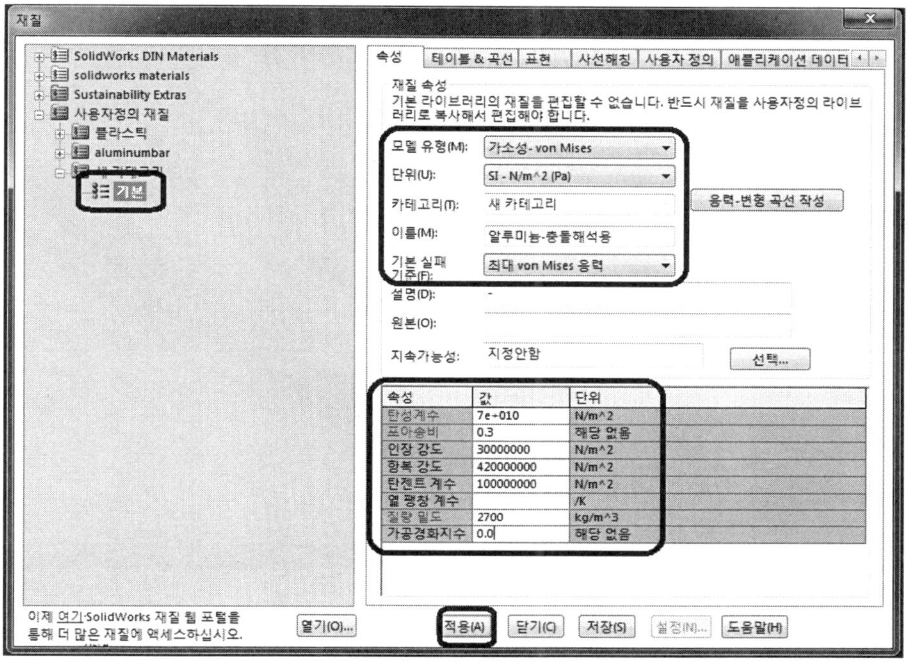

5.4.4 스터디 조건 설정하기

1. 충격 해석을 하기 위하여 먼저 다음과 같이 스터디의 **"설정"**을 **"정의/편집(D)"** 명령을 이용하여 시작한다.

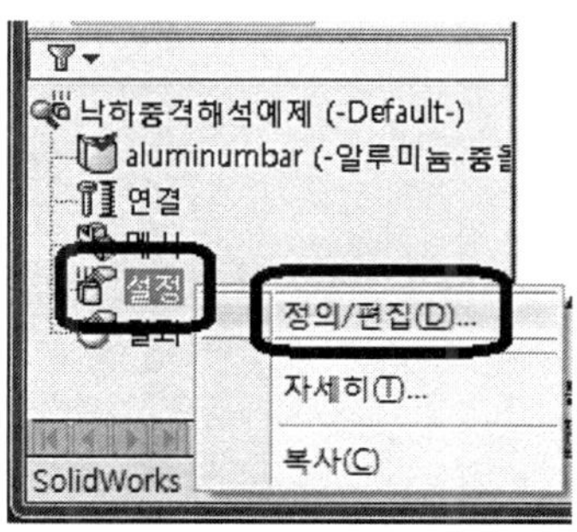

2. 다음과 같이 설정 창에서 주어진 충격 조건과 중력 조건을 입력한다.

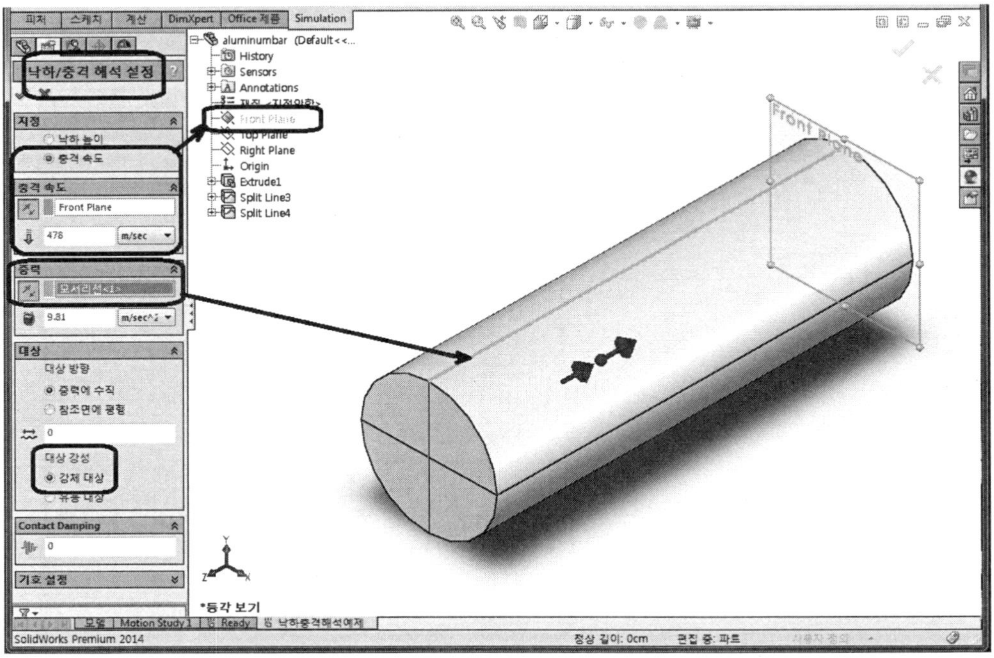

5.4.5 결과 옵션 정의하기

1. 해석이 완료된 후 결과를 분석할 때 적용될 옵션 항목들을 정의하기로 한다. **"결과 옵션"**을 선택한 상태에서 우측 마우스로 **"정의/편집(D)"** 메뉴를 선택하고, 주어진 결과에 관련된 항목들을 입력한다.

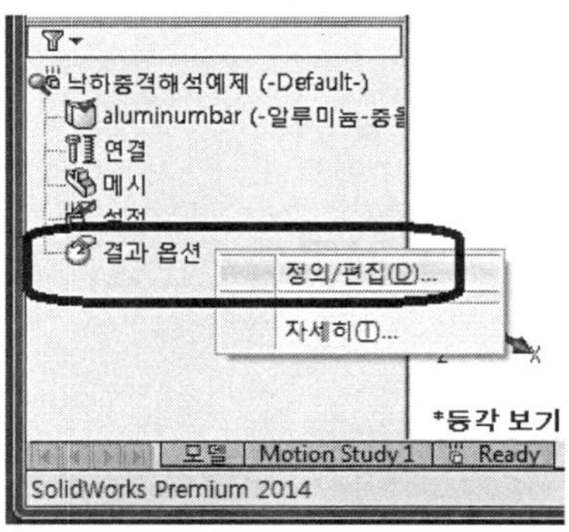

5.4.6 메시 생성하기

1. **"메시"** 메뉴의 세부 메뉴에서 **"메시 작성(R)"**을 선택한다. 슬라이더를 가장 왼쪽 끝(거침)으로 설정한다. 그 이유는 낙하 충격해석은 비선형 해석이므로 수많은 반복계산 과정 때문에 시간이 많이 걸린다. 그리고 이 스터디에 사용된 거친 메시를 사용하더라도 정확도 면에서 실제 실험에 의한 길이 측정치와 적합하게 일치하는 것으로 알려져 있기 때문이다.

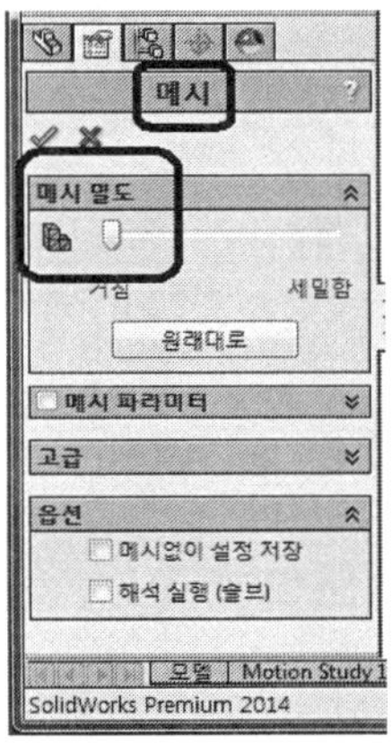

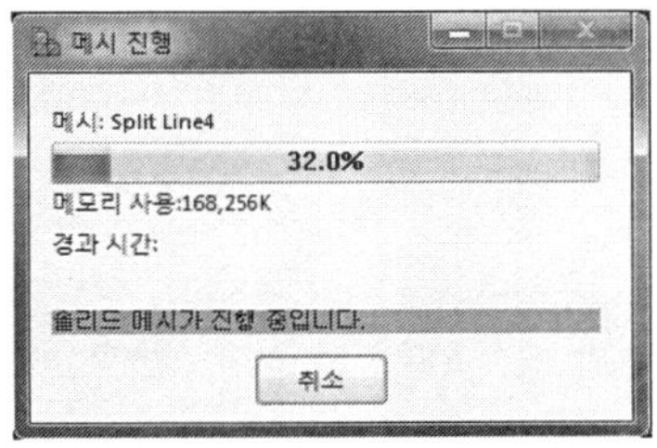

5.4.7 낙하/충격 해석 실행하기

1. 계산을 시작하기 위하여 스터디 이름을 클릭하여 **"실행(R)"** 메뉴를 실행하면 프로그램은 계산 작업을 진행한다.

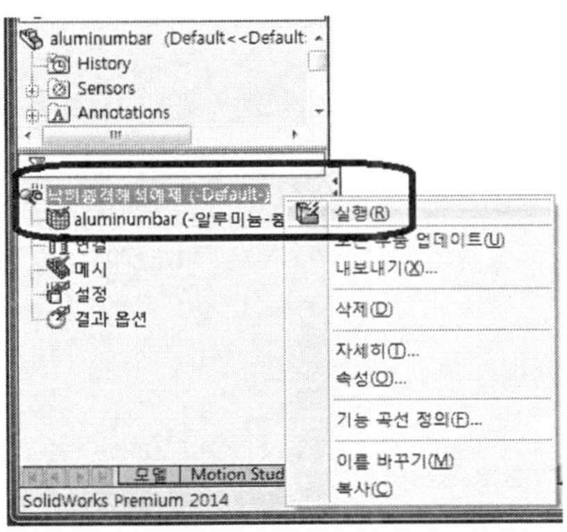

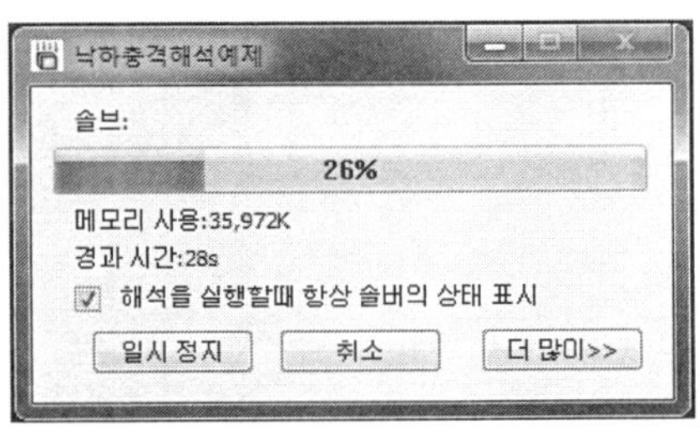

2. 이 계산 작업이 완료되면 **"결과"**라는 폴더가 표시되며, 그래픽 영역에는 대표적인 응력 분포가 나타난다. 이로써 유한요소 해석 과정은 모두 완료되었다.

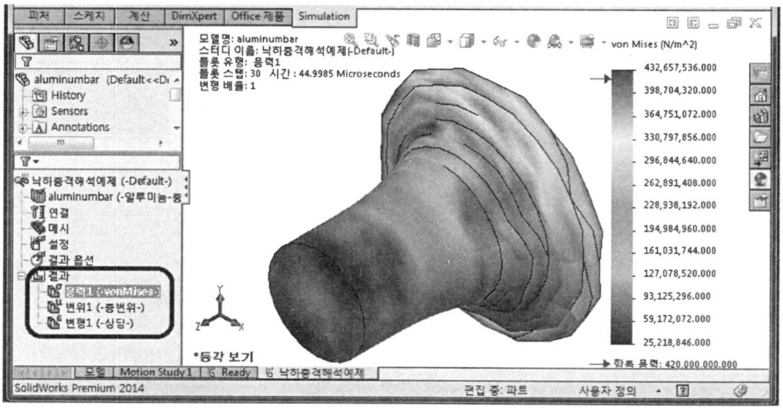

5.5 낙하 충격 해석 결과 분석하기

5.5.1 응력 확인하기

1. 여러 종류의 해석 결과 중에서 먼저 충돌 직후 1 타임 스텝의 응력과 변형 형상을 보도록 한다. 다음과 같이 **"결과"** 폴더에서 **"응력 플롯 정의"**를 선택한다.

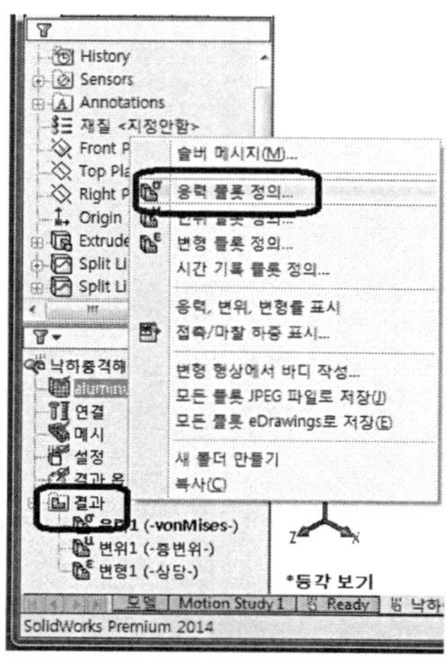

2. 설정 창에서 단위=N/m^2, 스텝=1, 변형형상은 지정=1을 선택한다.

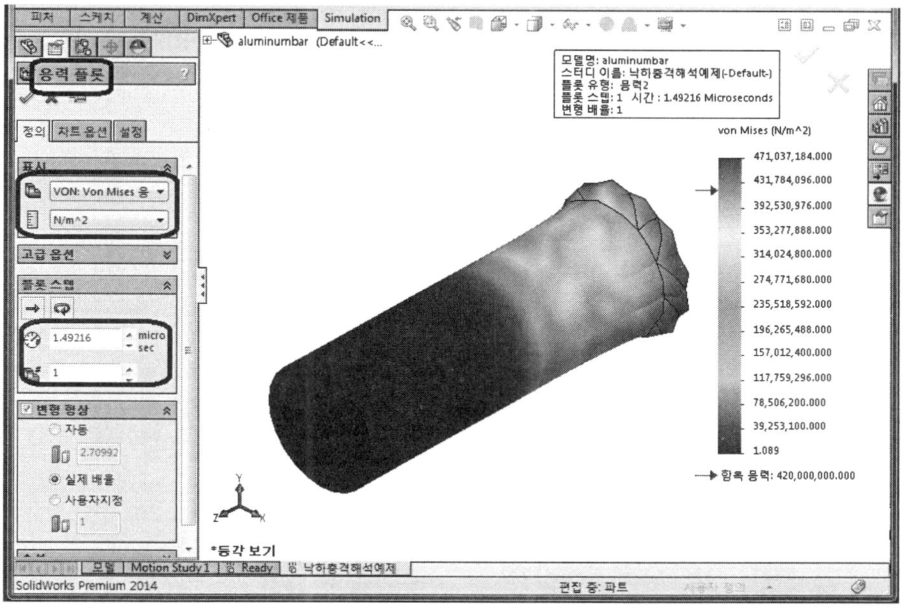

3. 동일한 조건에서 스텝=30번째인 충돌 마지막 순간의 응력은 다음과 같다.

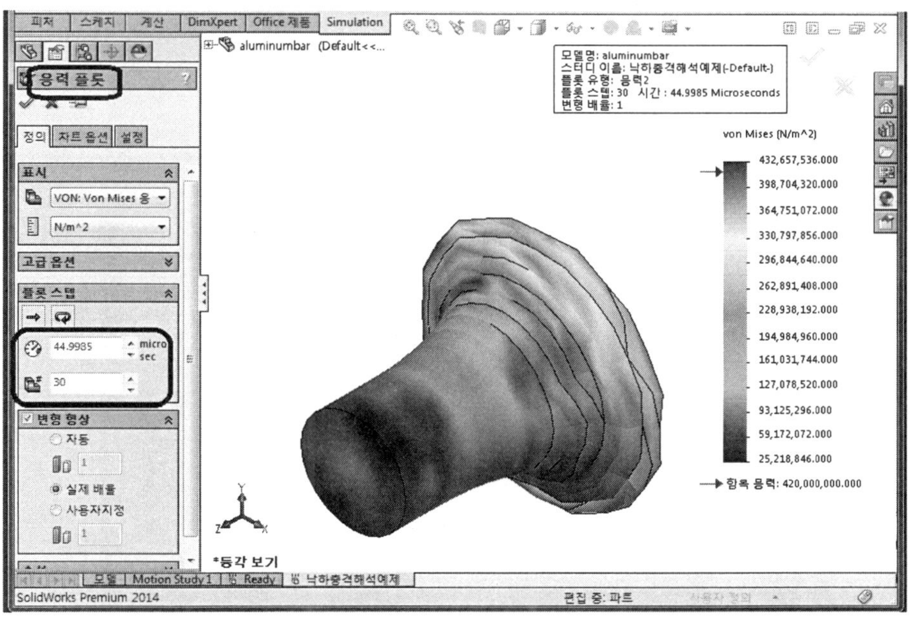

4. 참고로 응력과 변형률(Strain)을 비교하기 위하여, 동일한 조건에서 스텝=30번째 인 충돌 마지막 순간의 변형률 그림은 다음과 같다. 이때의 그림에서 **"변형플롯"**이라는 용어는 잘못된 번역이며 **"변형률 플롯"**이 올바른 표현이다.

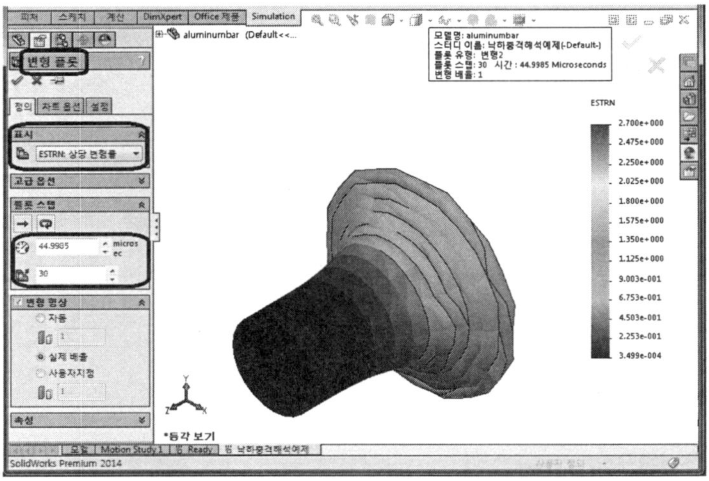

5.5.2 변위 확인하기

1. 동일한 방법으로 변위(Displacement)를 확인하기로 한다. **"결과"** 폴더에서 **"변위 플롯 정의"**를 선택한 후 다음과 같이 중심 축 방향, Z-축 방향으로 스텝=1의 변위를 보기로 한다.

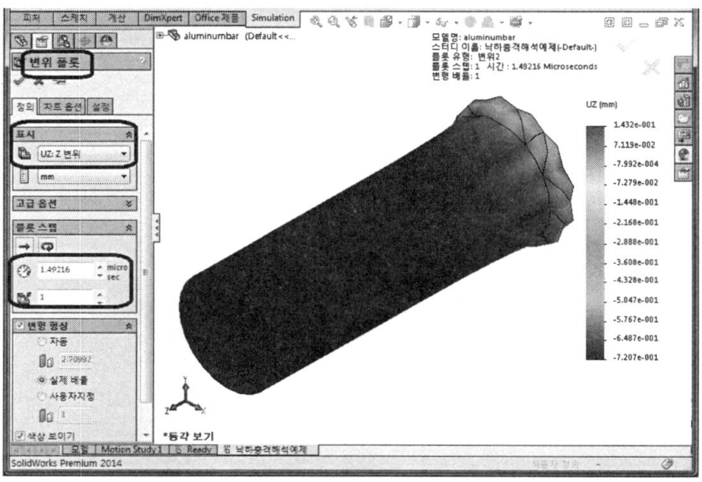

2. 이 충돌이 마무리되는 스텝=30에서의 변위를 아래에 비교해 보기로 한다.

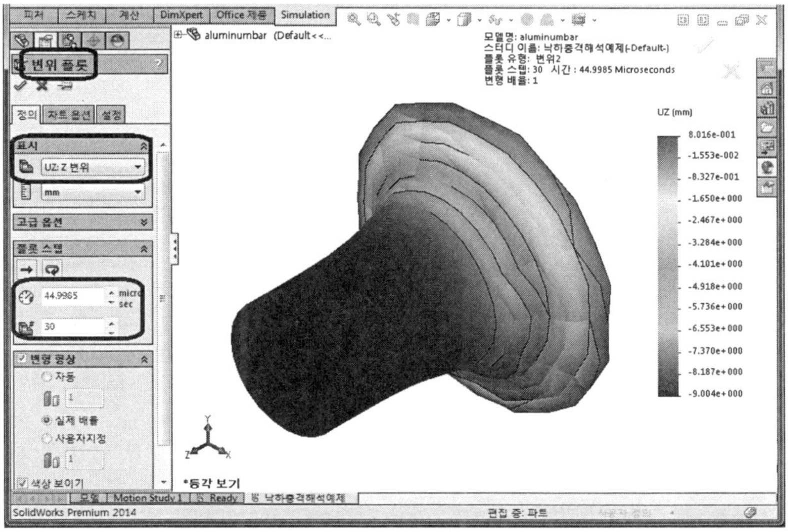

5.5.3 동영상으로 확인하기

1. 동영상을 통하여 해석하고자 할 경우에는 해석 대상의 그림을 먼저 플롯 한 다음에 그 이름을 우측 마우스 클릭한다.

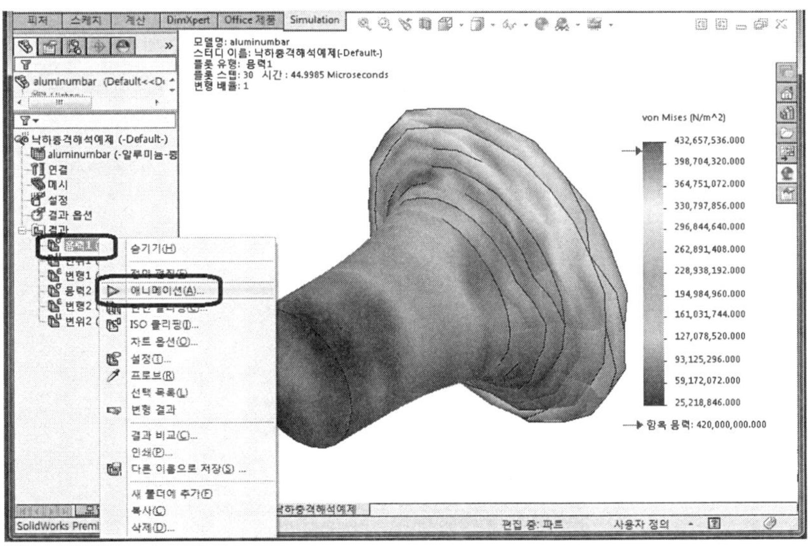

2. 이 명령어에 따라서 다음과 같이 애니메이션이 시작된다. 이 그림은 동영상의 한 순간을 캡춰한 것이다.

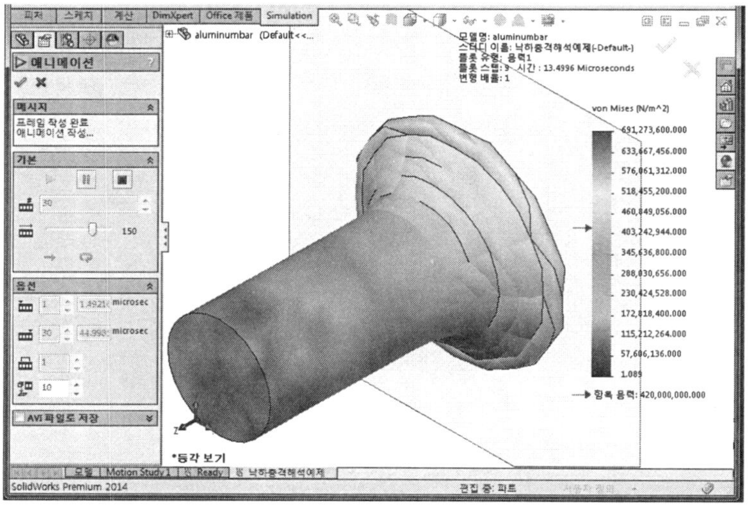

5.5.4 시간 변위 그래프 확인하기

1. 시간이 경과하면서 UZ, 즉 Z-축 방향으로의 변위가 변하는 경향을 알고 싶은 경우에는 **"결과"** 폴더를 우측 클릭하여 **"시간 기록 플롯 정의"**를 선택한다.

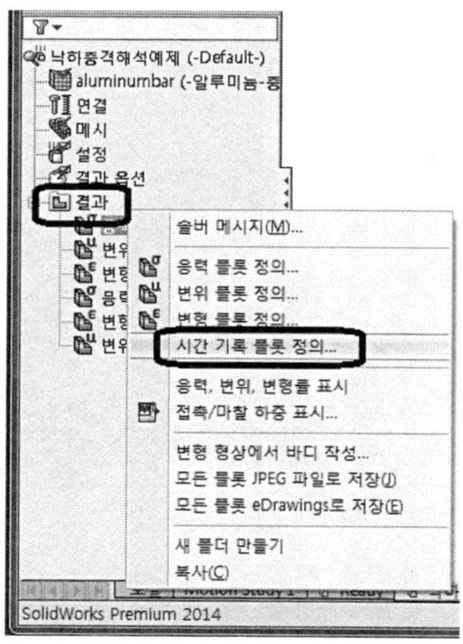

2. 다음과 같은 설정 창에서 **"Y-축"** 설정을 **"UZ : Z 변위"**로 입력한다.

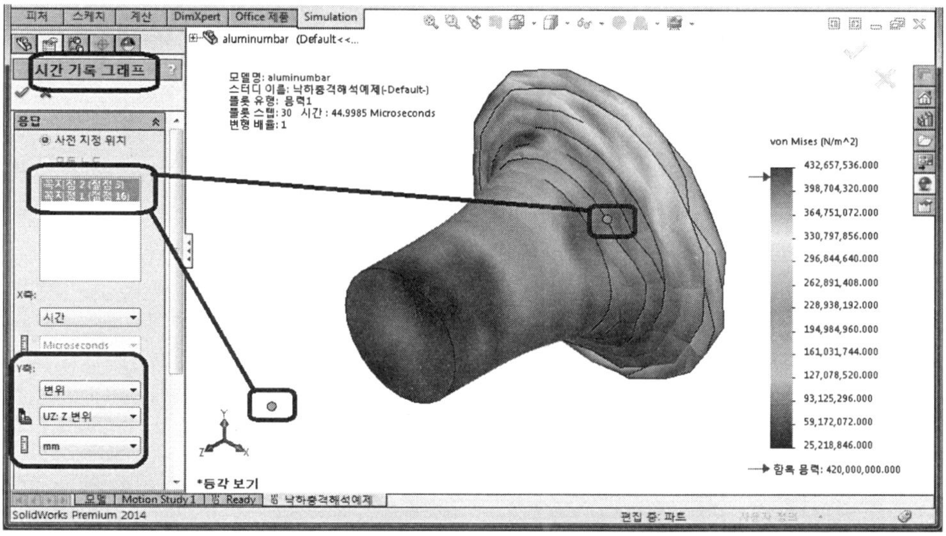

3. 그 결과 다음과 같이 표적면의 반대편에 있는 꼭지점과, 접촉면에 맞닿아 있는 두 지점의 축 방향의 변위, 즉 UZ가 다음의 곡선으로 표시된다.

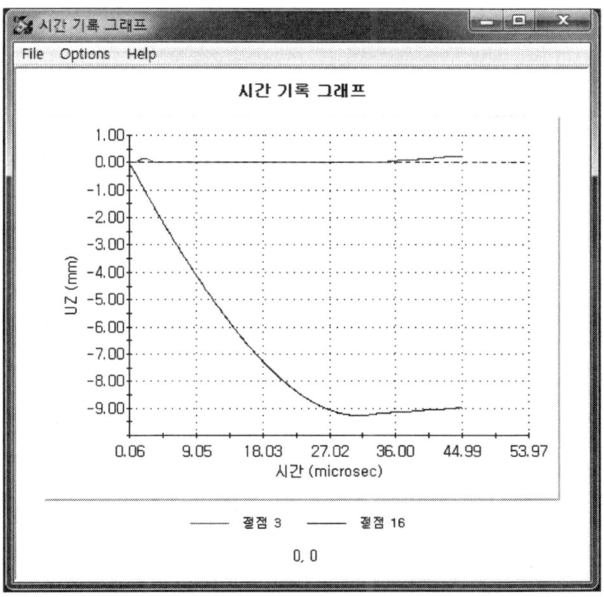

5.5.5 시간 응력 그래프 확인하기

1. 시간이 경과하면서 충격에 의해 발생하는 응력의 경향을 알고 싶은 경우에도 마찬가지로 **"결과"** 폴더를 우측 클릭하여 **"시간 기록 플롯 정의"**를 선택한다.

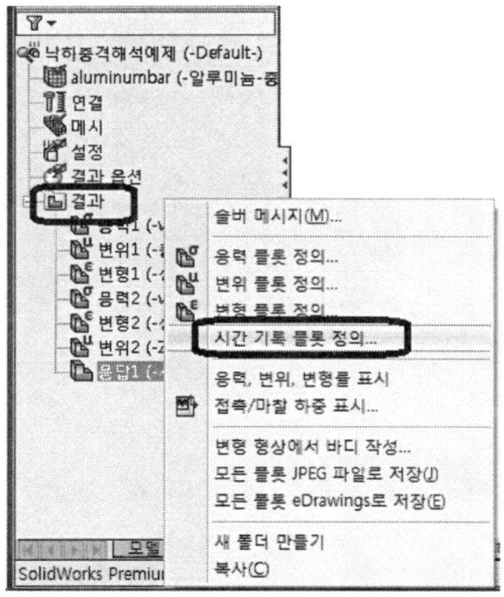

2. 다음과 같은 설정 창에서 **"Y-축"**을 **"VON : von-Mises 응력"**으로 입력한다.

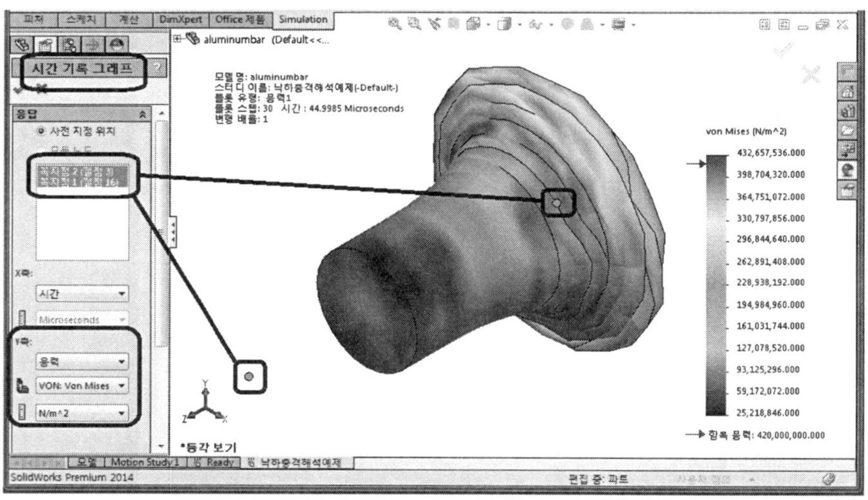

3. 그 결과 다음과 같이 표적면의 반대편에 있는 꼭지점과, 접촉면에 맞닿아 있는 두 지점의 축 방향의 접촉응력, von-Mises 응력이 다음의 곡선으로 표시된다.

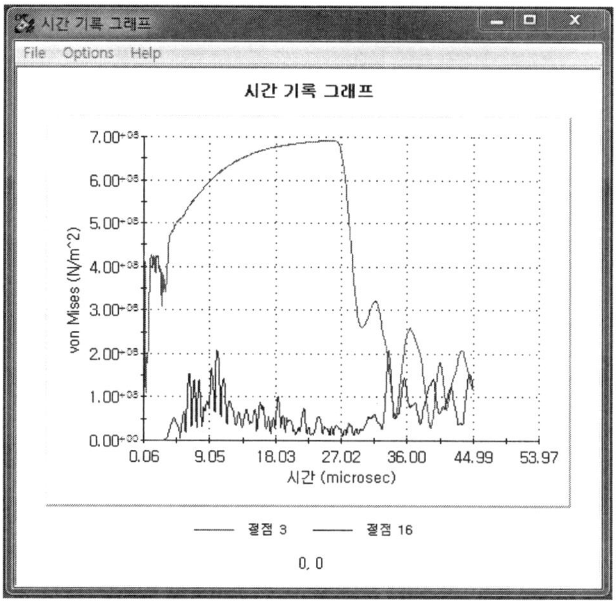

시간 기록 그래프
File Options Help
시간 기록 그래프
von Mises (N/m^2)
7.00+08
6.00+08
5.00+08
4.00+08
3.00+08
2.00+08
1.00+08
0.00+00
0.06
9.05
18.03
27.02
36.00
44.99
53.97
시간 (microsec)
절점 3
절점 16
0, 0

제 6 장 피로 해석

6.1 피로 해석이란

6.1.1 피로 해석의 용도

기계 구조물이 운용 중에 받게 되는 하중의 종류에는 정적인 하중과 동적인 하중이 있다. 이들 하중 중에서 시간에 따라서 그 크기가 변하는 동적인 하중(Dynamic Load)을 분류하면 다음과 같다.

- 충격 하중 (Impact Load) : 짧은 시간 동안 급격한 거동 변화
- 피로 하중 (Fatigue Load) : 오랜 시간동안 발생하는 거동 변화

위의 분류 중에서 피로 하중의 특징을 나타내면 다음과 같다. 즉 구조물에 작용하는 하중(또는 응력)은 시간에 따라서 그 크기가 변하며, 규칙적 혹은 불규칙적으로 그 크기가 변하는 특징이 있다. 그리고 매우 긴 시간에 걸쳐서 피로하중이 작용하는 경우이다.

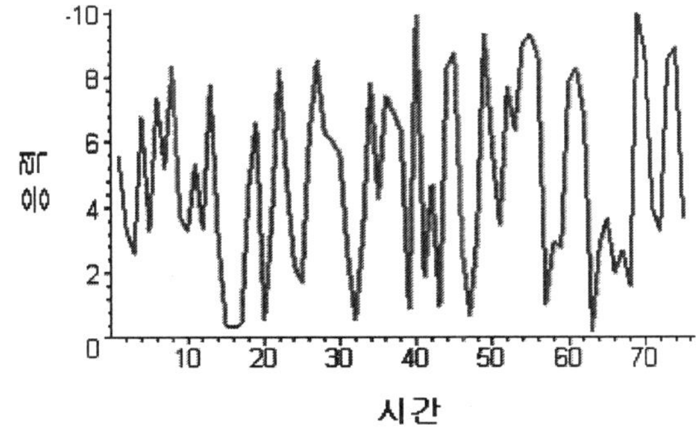

단품이나 구조물이 이렇게 주기적, 또는 불규칙하게 반복되는 기계적 혹은 열 하중을 받을 경우, 이러한 반복 하중에 의한 파손이 발생할 수 있는데 이 현상이 피로(Fatigue) 파괴이다. 이 피로 파괴는 일반적인 재료역학에 근거한 지식으로는 파손 예측이 불가능하며, 훨씬 작은 크기의 응력에 의해서도 파단에 이르게 된다. 따라서 고전적인 일반 역학보다는 실제 운용 조건에 맞는 환경을 보다 정확히 묘사한 피로 해석을 통하여 구조물의 성능을 보장하여야 한다.

피로 파괴의 메카니즘을 간단히 설명하면, 구조물 내에 존재하는 미세균열(Micro-Crack)이 하중을 반복적으로 받음으로써 균열이 점점 성장하고 진행한다. 이 균열이 특정 크기(임계 크기)를 넘어서도 계속 피로 하중을 받으면, 이로 인하여 급격한 균열 진전 현상이 진행되어 구조물의 파괴에 도달하는 것이다.

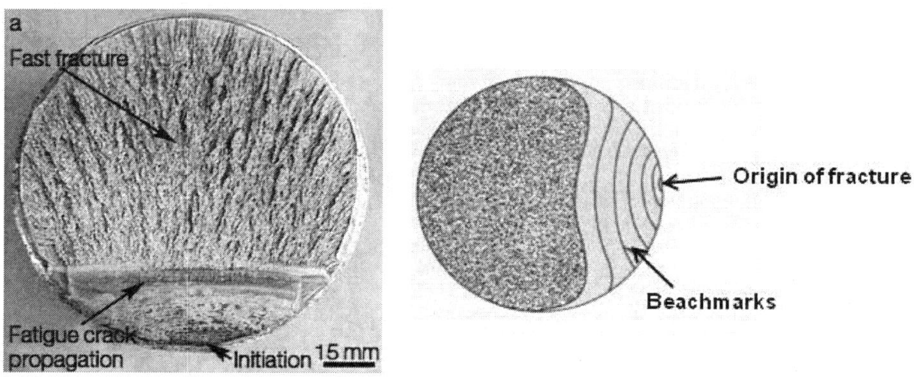

〈피로 하중에 의한 파단면〉

일반적인 선형 또는 비선형 구조해석에서는 이와 같은 피로 현상에 의한 구조물의 파괴를 예측해 내지는 못한다. 왜냐하면 선형 또는 비선형 구조해석에서는 사용자가 지정한 구속 및 하중의 환경에 영향을 받는 설계의 반응만을 특정해서 계산해 내는 것이 목적이기 때문이다.

즉 일반적인 선형, 비선형 해석은 구조물 내부에 실제로 존재하는 균열(혹은 미세균열)들이 하중에 의하여 그 크기가 성장하여 구조물의 강도를 저하시키고 이것이 악순환으로 작용하는 메카니즘을 반영하지 못하기 때문이다. 따라서 이 경우에는 계산된 응력이 실제적인 현상과 차이가 생길 수 있다. 이렇게 단순화시킨 이론적 해석의 한계를 극복하고 실제로 반복되는 하중에 의한 피로파괴 현상을 예측하는 것이 피로해석의 목적이다.

6.1.1 피로 해석의 개념

구조물이 피로하중을 받게 되면 각 응력 변동 사이클마다 물체가 조금씩 약해져서 여러 차례의 사이클을 거친 후에는 최종적으로 물체가 파손된다. 이와 같은 피로하중은 구조물 파괴의 주요 원인이 되며 이러한 물체의 예로는 회전기계, 볼트, 비행기 날개, 소비재 제품, 해상 플랫폼, 선박, 차축, 교량, 골격 등 동적인 하중을 받는 구조물 대부분이 포함된다.

피로에 의한 파손 단계는 다음과 같이 3단계 과정을 거치면서 발생한다. 아래 그래프에는 선형탄성파괴역학(LEFM, Linear Elastic Fracture Mechanics)에 근거하여 균열 발생부터 파단에 이르는 단계를 설명하는 균열성장곡선(Crack Growth Curve)의 형태를 나타내고 있다.

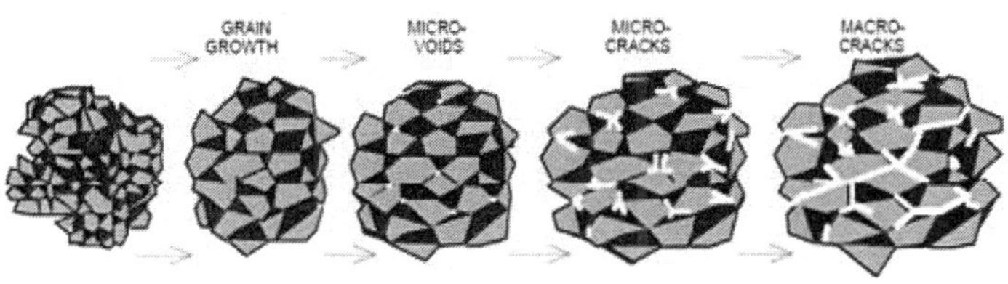

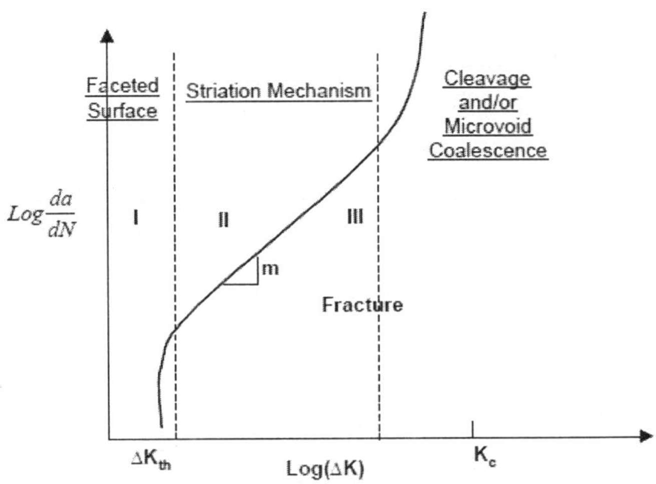

- 제 1단계 - 재료에 특정한 값 이하의 응력강도계수(△K, SIF, Stress Intensity Factor)에 해당하는 피로응력이 발생하면 재질 내부에 균열(또는 미세균열)이 발생한다. 예를 들어, 재질의 미세 구조가 불완전하거나 가공 또는 취급 시 생긴 표면의 긁힘 등이 원인이 될 수 있다.
- 제 2단계 - 이 구조물에 더욱 큰 값의 응력강도계수에 해당하는 피로응력이 발생하면 구조물 내부에 있던 균열은 점점 그 크기가 커지고 특정한 방향으로 점차 전파한다.
- 제 3단계 - 응력강도계수가 특정 임계값을 넘어서서 지속적으로 피로응력이 가해지면 그 구조물은 균열 전파속도가 빨라지며, 어느 순간에 갑작스럽게 피로파괴에 도달한다.

특히 이 장에서 설명하고 있는 피로 해석에 대하여 강조해야 할 사항이 있다. 즉, 이 Solidworks Simulation 프로그램의 해석을 통하여 얻은 결과에 전적으로 의존하여 설계하지는 말아야 한다는 것이다. 왜냐하면 다른 공학적인 현상도 어느 정도의 불확실성을 내포하고 있으나, 이 피로 현상에 대한 공학적인 예측은 그 불확실성이 매우 크기 때문이다.

이 사실을 설명하는 한 가지 실제적인 예로는 정적인 해석에서는 일반적인 구조물 설계 시에 안전계수를 3 정도로 사용하지만, 피로해석에서는 안전계수를 10 정도로 사용하는 경우가 대부분이라는 것이다. 즉 그만큼 불확실한 여러 요인들이 매우 많다는 것이다. 따라서 최종 설계를 확인하기 위해 현장 실물 시험은 필수 과정이다. 단지 이 프로그램은 공학적인 예측을 통하여 현장 테스트 시간을 줄여 빠른 시간 내에 제품을 출시하는데 그 목표를 두며, 현장 테스트를 하지 않아도 되는 것은 아님을 기억해 둘 필요가 있다.

구조물에 가해지는 피로하중에 의한 파괴 현상을 해석을 이해하기 위해서는 크게 3가지 공학적인 개념을 이해하여야 한다.

- S-N 곡선
- 피로 누적 손상 이론
- 피로 하중 이벤트

A) S-N 곡선(Stress-Life Curve)

재질의 S-N 곡선은 특정한 응력 비율에서의 교번(Alternating) 응력(S, Stress) 값이 작용할 때 구조물이 파괴가 일어나는 사이클 수(N, Number)를 나타낸다. 즉 특정 값의 응력 S, 크기로 피로하중이 반복적으로 작용할 때, N 번의 반복을 받은 후에 그 구조물은 피로파괴를 하게 된다는 곡선이다.

아래 그림에서 Y축은 교번응력 (S)을 나타내고 X축은 사이클 수 (N)를 나타내며 S-N 곡선은 응력 비율(Stress Ratio) 또는 평균 응력(Mean Stress)을 기반으로 사용한다. 또한 구조물 하나에 사용 조건이 다양할 경우가 있다면 재질 하나에 응력 비율이 다른 여러 개의 S-N 곡선을 지정할 수 있다. 재질 하나에 대해 여러 개의 S-N 곡선을 지정할 때에는 데이터 추출 과정에서 선형 보간법(Interpolation)이 사용된다.

재질에 대한 S-N 곡선을 작성하려면 교번응력, 평균응력(또는 응력 비율), 사이클 수 카운트를 통계적으로 다양화하기 위하여 동일한 조건에서 여러 개의 시편을 사용하여 여러 차례의 시험을 거쳐야 한다. S-N 곡선 작성을 위한 시험은 국제적인 시험 규격(ASTM, 미국재료시험학회, American Society for Testing and Materials)에 따라서 통제된 하중 환경 하에서 실시된다.

시험을 할 때에는 일반적으로 단축(Uni-Axial) 하중이 주로 사용되는데, 실제 하중 환경은 일반적으로 다중 축이므로 이들 다축 하중 상황으로 변환하는 수정이 필요하다. S-N 곡선에 사용하는 값 중에서 보통 N 값의 범위가 매우 커서 그래프로 나타내기가 복잡하므로 일반 숫자인 N 대신, N의 상용로그(밑수 10)를 이용하여 효율적으로 표시한다.

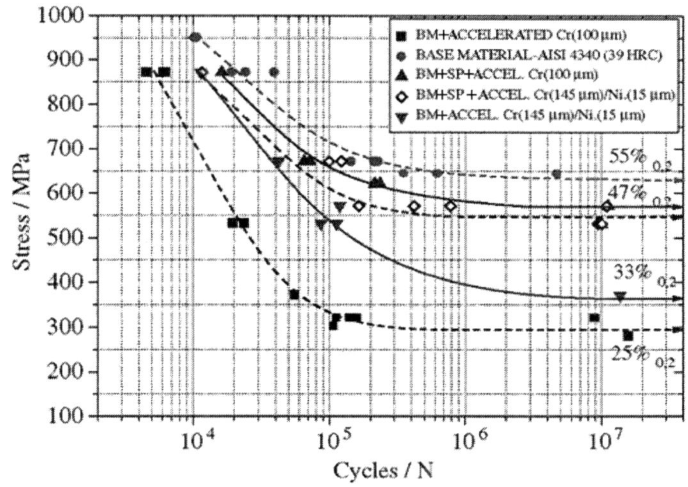

B) 피로 누적 손상 이론(Cumulative Damage Theory)

피로응력에 의한 파괴 해석을 위해서 필요한 이론적인 개념 중에서, 구조물의 파손 여부를 결정하기 위하여 넓게 사용되는 이론이 **"누적 손상 이론"**이다. 이 누적 손상 이론은 그 수식이 단순하면서도 예측 값이 비교적 사용에 적합하기 때문이다. 이 누적 손상 이론은 내구성 한계값(Durability Limit) 이상의 교번응력을 갖는 응력 사이클이 발생하고, 이에 의해서 측정 가능한 영구 손상이 발생한다고 가정한다. 또한, 다양한 크기의 응력에 의한 각각의 피로 사이클 수에 의한 손상이 누적되어, 총 손상이 결정되며, 이 총 손상에 의하여 피로 파괴가 발생한다고 가정하는 이론이다.

1) 선형 손상 규칙(Miner's Rule)

S-N 곡선이 교번응력 S1에서 N1 사이클을 취해 피로로 인한 파손을 유발할 경우를 가정하면 이론상으로, 각 사이클로 인해 구조물 수명의 1/N1을 소진하는 손상계수 D1이 나오게 된다.

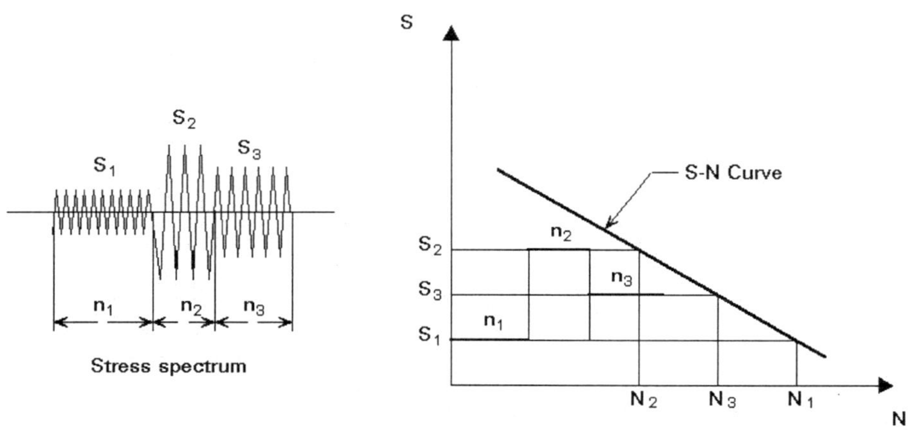

이 상태에서, 구조물이 S1 교번응력에서 N1 사이클을, S2 교번응력에서 N2 사이클을 받게 된다면 총 손상계수 D는 다음 방정식으로 계산된다. 여기에서, Ni은 Si을 받는 상태의 파손 유발 사이클 수이다.

$$\frac{n_1}{N_1}+\frac{n_2}{N_2}+\cdots+\frac{n_i}{N_i}+\cdots+\frac{n_k}{N_k}=1$$

이 규칙을 **"선형 손상 규칙"** 또는 **"Miner's Rule"**이라고 한다. 또한 피로 누적계수라고도 하는 이 손상계수는 구조물의 소진된 수명 비율을 나타낸다. 손상계수가 0.35이면 구조물의 수명이 35% 소진되었음을 의미한다. 피로로 인한 파손은 손상계수가 1.0이 되면 발생하는 것으로 이해한다.

이때 이 선형 손상 규칙은 작용하는 피로 응력의 순서 효과는 고려하지 않는다. 즉, 응력 사이클에 의해 발생한 손상은 피로 응력 기록에서 그 발생 위치와는 관련이 없는 것으로 취급하며, 손상누적 비율도 응력 레벨과 관련이 없는 것으로 가정한다.

2) 피로 수명

특정 교번응력 및 평균응력에서, 피로 수명은 피로로 인해 파손이 유발되는데 필요한 사이클 수이다. 즉 위의 경우에서 S1 교번응력에서 파손이 일어나는 사이클 수인 N1이 그 때의 피로 수명이다.

3) 피로 강도

특정 하중 사이클 수를 거친 후 피로로 인한 파손이 발생하는 응력이다.

C) 피로 하중 이벤트

피로 하중에 의한 파손 여부를 해석하기 위한 외력의 종류로는 **"피로 하중 이벤트"**라는 용어를 사용한다. 이 피로하중 이벤트는 외부에서 작용하는 하중을 공학적으로 표준화하여 사용을 체계적으로 규격화하기 위하여 도입된 개념이다.

이러한 피로 해석 이벤트에는 두 가지 유형이 있다. 즉 부동 폭 이벤트와 유동 폭 이벤트이다. 그리고 두 가지 이벤트의 속성은 다음과 같이 두 종류로 분류된다.

– 부동 폭 이벤트(Constant Amplitude Event)

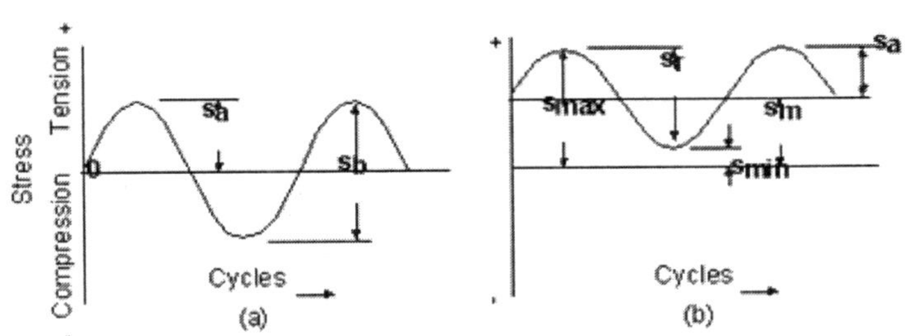

– 가변 진폭 이벤트(Variable Amplitude Event)

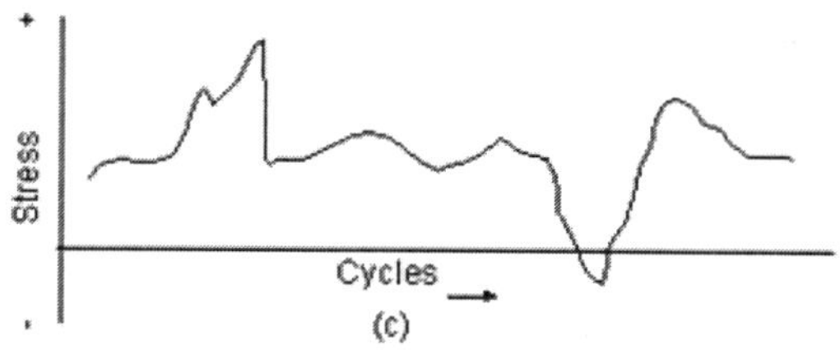

1) 부동 폭 이벤트

모든 부동 폭 피로 해석 이벤트는 사이클이 동일한 교번응력, 평균응력(또는, 응력 비율), 사이클 수를 알게 되면 해석이 가능하다. 피로 해석 이벤트를 해석하기 위해서는 그 이전에 미리 하나 이상의 정적 해석 스터디를 수행하여 그 결과를 가지고 있어야 해석이 가능하다. 그리고 각 이벤트에 대한 최악의 교번응력 레벨이 계산된다.

부동 폭 이벤트에서 교번응력은 다음과 같은 종류들이 있다.

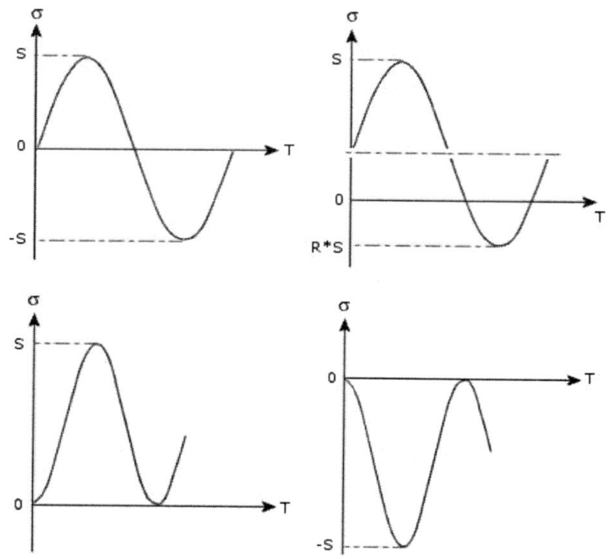

2) 가변 진폭 이벤트

가변 진폭 응력의 일반적인 형태는 다음과 같다. 즉 이런 응력은 수학적으로 쉽게 묘사하기 어려운 복잡한 형식을 띠고 있는 실제로 구조물에 가해지는 상황에 가까운 데이터이다.

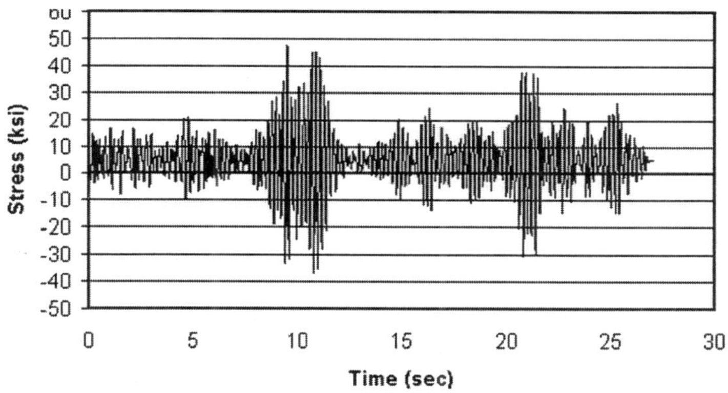

이에 대하여 설계하기 위해서는 다양한 방법을 이용하여 공학적으로 단순화하는 과정(예를 들어서 구간별로 블록화 시켜서 여러 블록으로 나누는 방법 등)을 거쳐서 설계에 사용하게 된다.

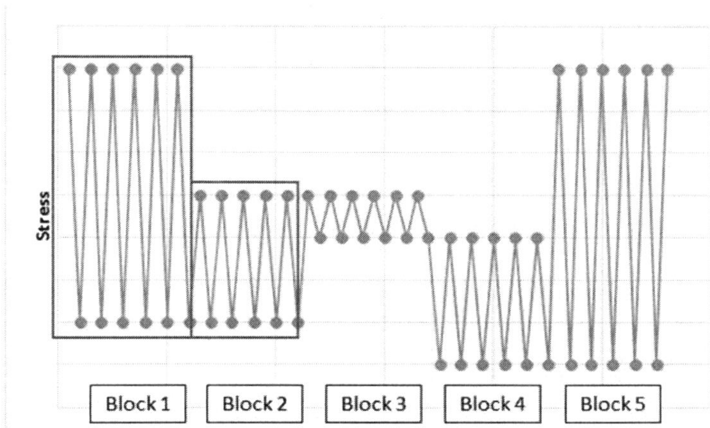

이렇게 블록으로 모델링한 후, Miner의 공식을 적용하기 위하여 **"Rainflow Counting Algorithm"**을 이용하기도 하는데, 이때에는 인장 응력의 숫자만 고려한다. 그 이유는 피로 하중에 의하여 균열이 진행하기 위해서는 압축응력이 아니라 인장응력이 영향을 미치기 때문이다. 즉 압축 응력인 경우에는 오히려 균열 닫힘 현상을 유발하여 균열 진전과는 상관이 없기 때문이다.

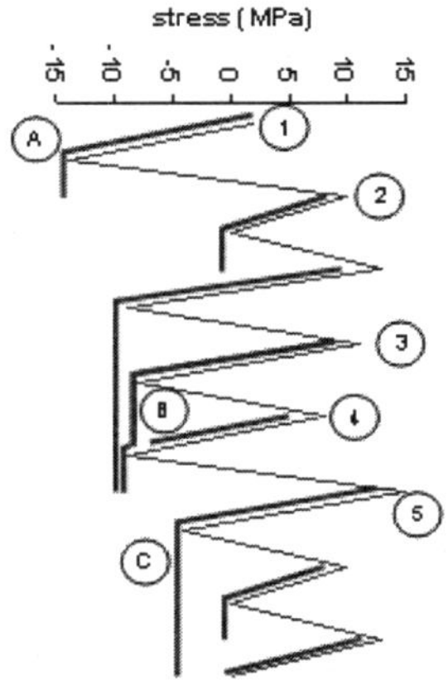

〈인장 응력의 Peak 숫자는 고려함〉

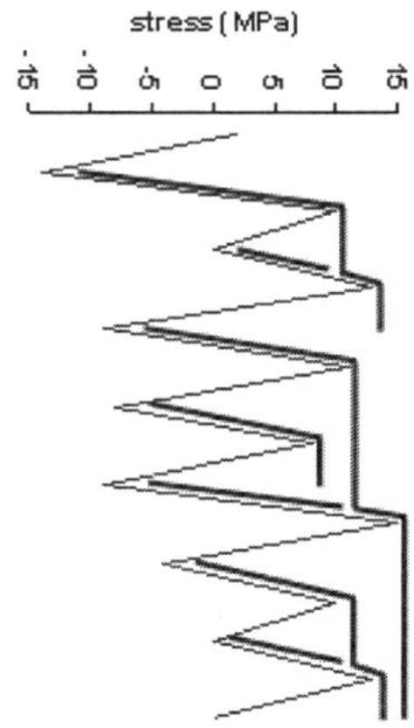

〈압축 응력의 Valley 숫자는 무시함〉

6.2 피로 해석의 입력/출력 데이터

6.2.1 피로 해석의 입력 데이터

피로 해석을 수행하기 위해서는 먼저 주어진 파트에 가해지는 외부 하중에 의해서 발생하는 정적인 해석을 먼저 진행한다. 그리고 이어서 피로해석을 진행한다.

A. 정적 해석(이미 파트에 설정된 조건을 이용하여 정적 해석)

1. 정적 해석 스터디 불러오기
2. 정적 해석 스터디용 메시 작성
3. 정적 해석 스터디 실행

B. 피로 해석

1. 피로 해석 스터디 작성
2. 피로 해석 스터디 속성 설정
   - 일정 폭 이벤트 상호 작용 설정
   - 교번응력 계산에 사용할 항목 설정

- 피로 강도 감소 계수 (Kf) 상자 설정

3. 하중 지정
   - 피로해석 이벤트 설정
4. 구조물의 재질 지정
   - 피로 해석 데이터 적용/편집을 선택
   - 원본 아래 옵션을 검토/설정
   - 파트 재질의 SN 곡선 보기
5. 피로 해석 스터디 실행

6.2.2 피로 해석의 출력 데이터

1. 피로 해석 플롯 정의
   - 수명
   - 손상
   - 하중계수(안전계수)
   - 이중축 표시
2. 피로 해석 결과 표시
   - 수명
   - 손상
   - 안전계수
   - 이중축 표시

6.3 피로 해석 예제 설정

본 해석 예제에서는 다음과 같은 기능을 익히도록 하고자 한다.

- 이미 정의된 정적 해석 스터디를 이용한다.
- 피로 해석용 스터디 사용 방법을 익힌다.

- 피로 해석 스터디를 위하여 속성을 설정한다.
- 반복응력 진폭이 일정한 피로 해석용 이벤트를 정의한다.
- 파트 재질의 S-N 곡선을 이해하고 구조물에 적용한다.
- 피로 해석을 수행한 결과를 분석한다.
- 구조물의 사용 가능한 수명과 현재 사용한 수명 결과를 확인한다.

위의 목적을 위하여 다음과 같이 해석 문제를 정리할 수 있다. 아래의 그림에서 왼쪽 그림에서와 같이 반복적인 운동에 의하여 링크 파트가 피로 하중을 받게 될 때 이 링크 파트의 피로 수명 등을 해석하는 것이 목적이다. 여기서 사용될 정적 해석 스터디의 하중은 하중 불러오기 부분에 설명된 대로 SolidWorks Motion에서 불러오기로 한다.

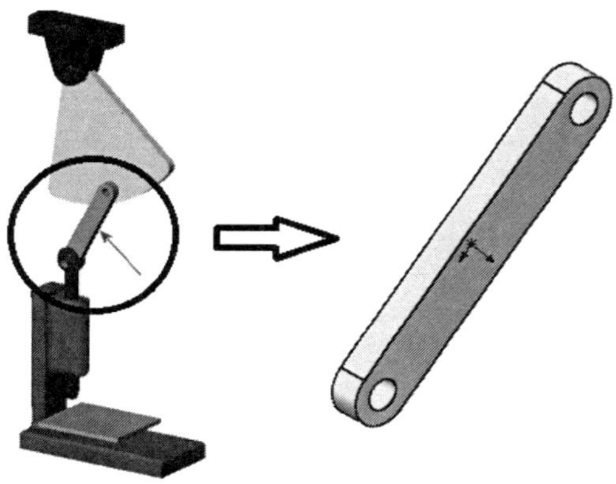

1. 파일의 위치 : "C: \ Program Files \ SolidWorks Corp \ SolidWorks \ Simulation \ Examples \ Fatigue \ link.sldprt"
2. 스터디 유형 : **"정적 해석"**
   "피로 해석"
3. 재질 : **"회주철**(Gray Cast Iron)(SN)"
4. 정적해석 옵션 : - 마찰 계수 : 0.05
   - 비호환 결합옵션 : 정확 (느림)
   - 분리가능 바디 하중 계산하기(C)

- Direct Sparse (D)
- 관성력 효과 사용(R)

4. 피로해석 옵션 : - 일정폭 이벤트 상호작용 : 임의의 상호작용
   - 교번응력 계산에 사용할 항목 : 상당 응력(von Mises)
   - 평균 응력 수정 : 없음
   - 피로 강도 감소 계수 (Kf) : 1.0
6. 하중 : SolidWorks Motion에서 불러온 하중이 있는 정적 스터디 (**"ALT-FRAME-101"**)
7. 메시 옵션 : 메시 파라미터 - 표준 메시 : 선택
   - 평균 요소 크기 : 기본 설정값
   - 허용공차 : 기본 설정값
   - 자동 전이 : 선택 해제

   고급 아래 : - 1차 요소 해석 메시 : 선택 해제
8. S-N 곡선 : **"ASME Austentic Steel 곡선"**에 기반
9. 피로 해석 이벤트 : - 싸이클 : 1,000
   - 하중 유형 : 0기반 (LR=0)
   - 해석 스터디 연관 = **"피로해석용-정적해석"**

6.4 피로 해석용 정적 해석 문제 해결 과정

6.4.1 파일 불러오기

1. 애드인이 되어 있다고 가정하고, 파일 열기(File-Open)를 선택하여 아래의 파일을 선택하고 **"열기"**를 클릭한다.
   "C: \ Program Files \ SolidWorks Corp \ SolidWorks \ Simulation \ Examples \ Fatigue \ link.sldprt"

2. 다음과 같이 해석용 형상이 나타난다.

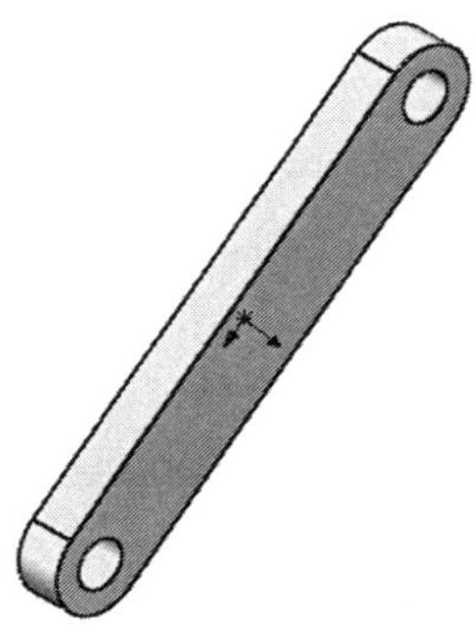

6.4.2 정적 해석 스터디 정의하기

1. 해석을 위하여 다음과 같이 스터디를 **"정적 해석"**으로 정의한다. 이때 만들어진 정적해석 스터디는 다음과 같다.

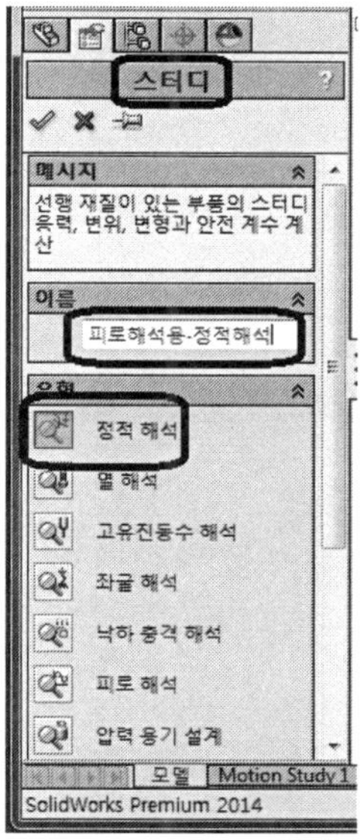

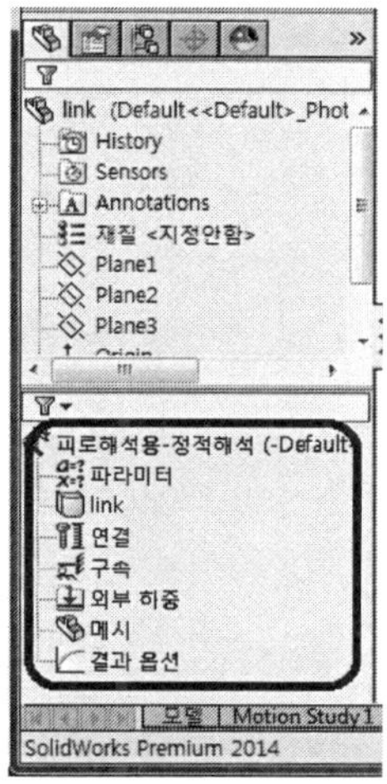

6.4.3 정적 해석 스터디 속성 정의하기

1. 다음과 같이 정적 해석 스터디의 **"속성"**을 정의한다.

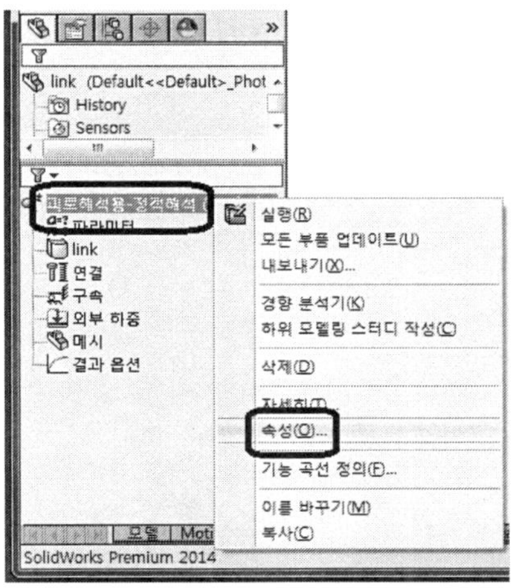

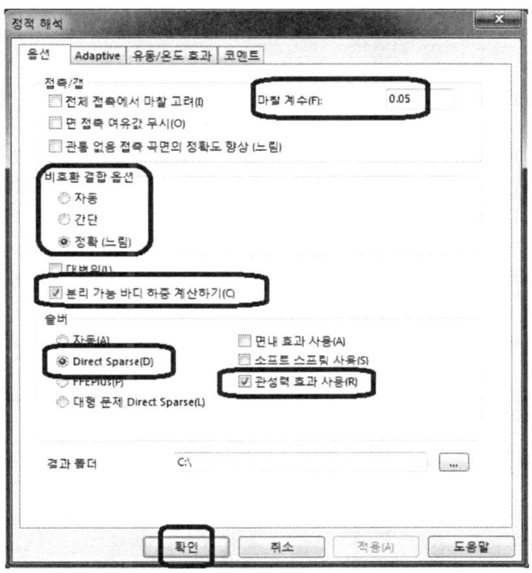

6.4.4 재질 부여하기

1. 재질 부여 과정을 시작한다. 적용할 재질은 회주철(Gray Cast Iron)(SN)이다. 여기서 SN의 단어의 의미는 피로해석에 필요한 데이터(응력-수명곡선, S-N 곡선)를 의미한다.

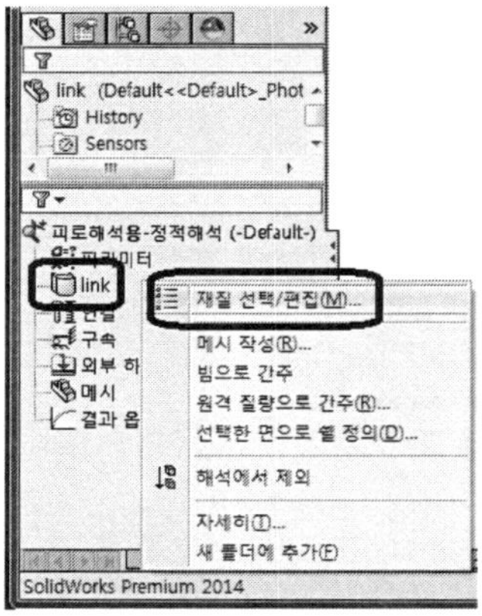

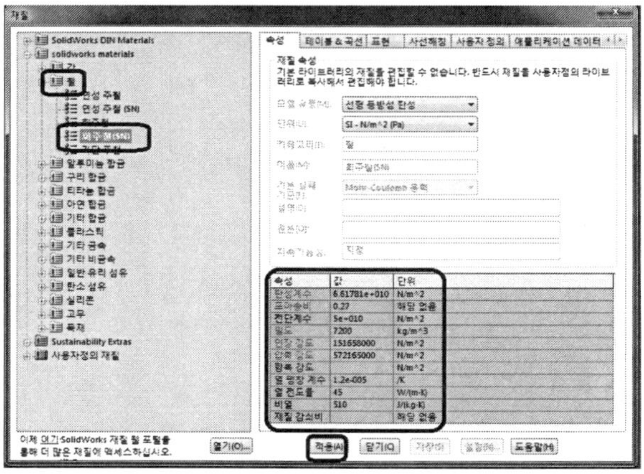

6.4.5 외부 하중 부여하기

1. 피로해석을 하기 전에 실행하는 정적하중에서는 외부하중을 SolidWorks Motion이라고 하는 프로그램에서 얻어진 외부하중을 사용하기로 한다. 이 하중은 본 예제의 **"ALT-FRAME-101"**이라는 스터디에 있으므로 복사하여 현재 사용하는 피로해석용 정적해석 스터디에 붙여넣기를 한다.

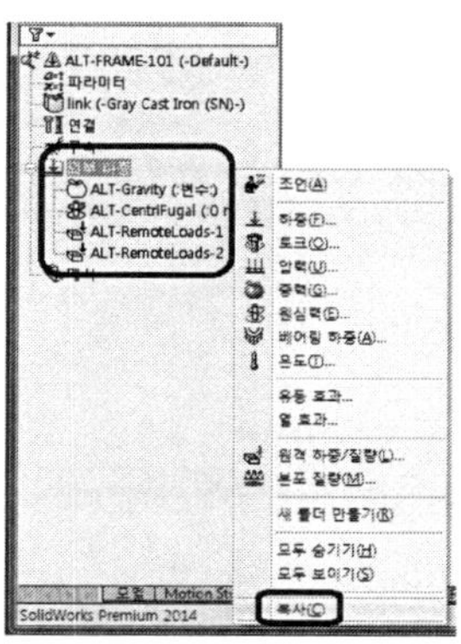

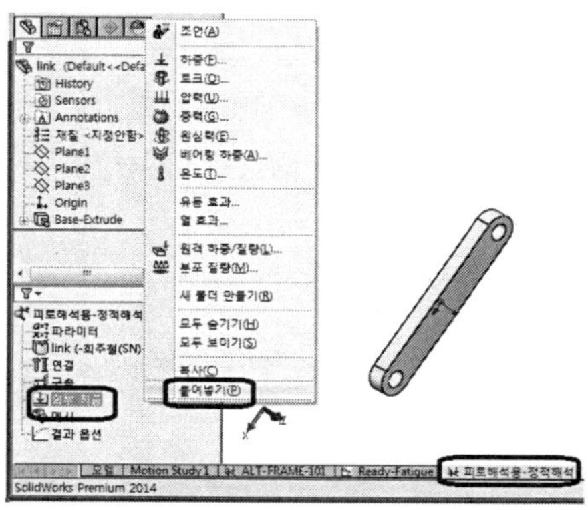

6.4.6 구속조건 부여하기

1. 마찬가지로 구속조건도 **"ALT-FRAME-101"**이라는 스터디에 있는 것과 동일하게 사용할 것이므로 복사한다. 현재 사용하는 피로해석용 정적해석 스터디에 붙여넣기를 한다.

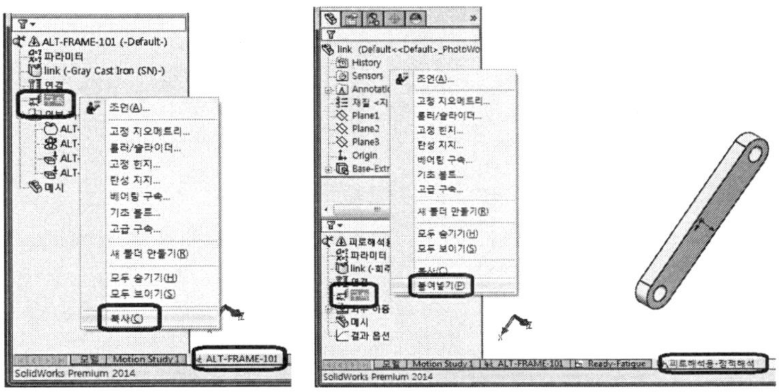

6.4.7 메시 생성하기

1. 다음과 같이 매니저 창에서 **"메시"** 메뉴의 세부 메뉴에서 **"메시 작성(R)"**을 선택하고 다음과 같이 메시 생성 조건 설정 창을 설정한다. 이 메시 생성 명령어에 의하여 다음과 같이 자동으로 매시 생성 작업이 진행된다.

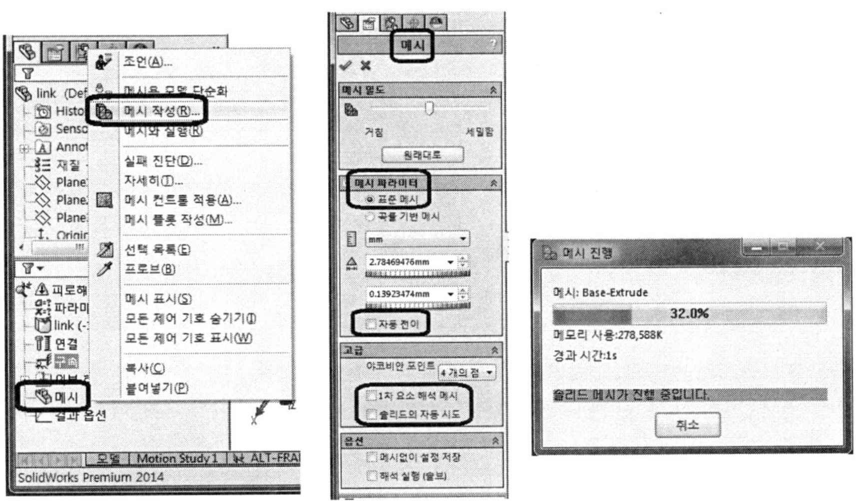

6.4.8 피로해석용 정적 해석 실행하기

1. 계산을 시작하기 위하여 스터디 이름을 클릭하여 **"실행(R)"** 메뉴를 선택한다. 이 계산 실행 명령에 의하여 프로그램은 계산 작업을 진행한다.

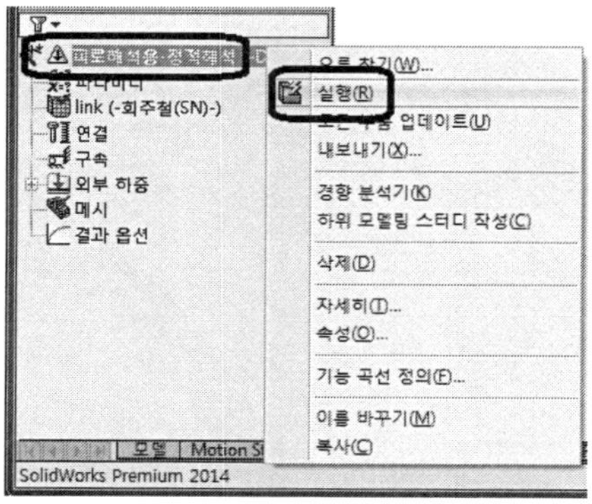

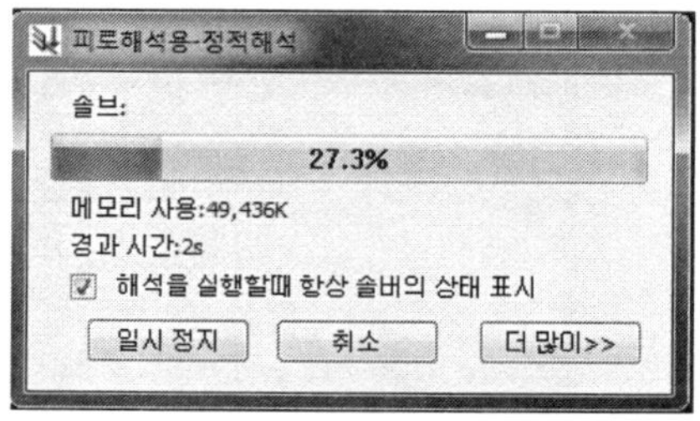

2. 이 계산 작업이 완료되면 **"결과"**라는 폴더가 표시되며, 그래픽 영역에는 대표적인 응력 분포가 나타난다. 이로써 피로해석을 위한 초기 단계의 정적 해석 과정은 완료되었다.

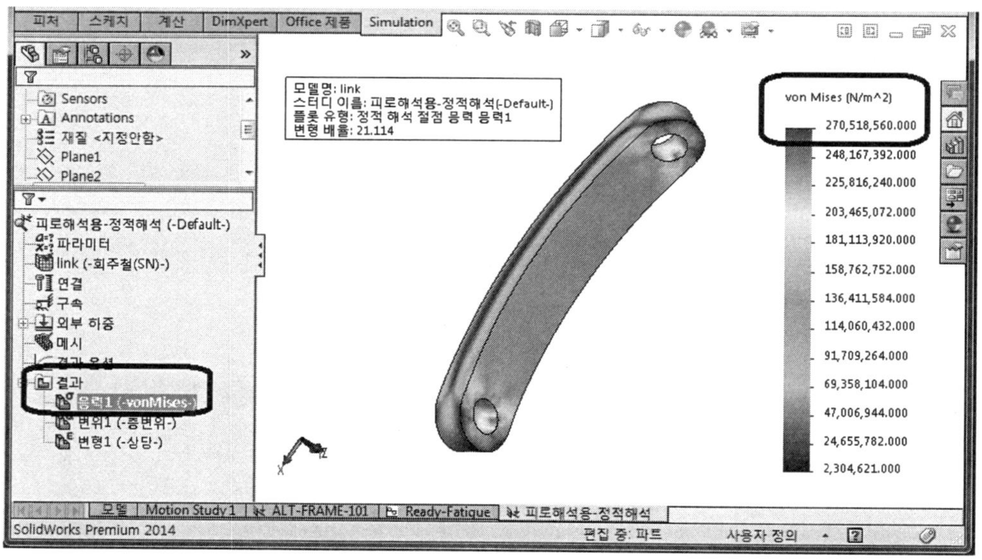

6.5 피로 해석 문제 해결 과정

6.5.1 피로 해석 스터디 정의하기

1. 해석을 위하여 추가로 다음과 같이 스터디를 **"피로 해석"**으로 정의한다. 이때 만들어진 피로해석 스터디는 다음과 같다.

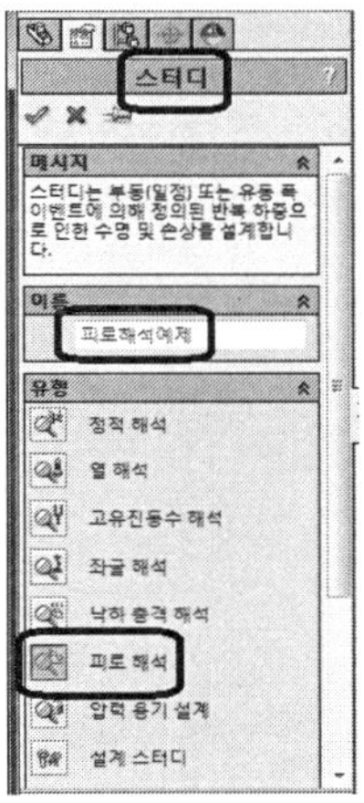

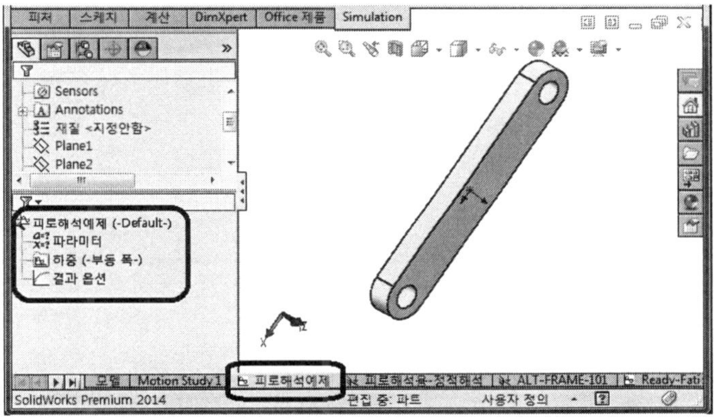

6.5.2 피로 해석 스터디 속성 설정하기

1. 이어서 피로 해석을 실행하기 위한 여러 가지 조건들을 설정하기 위하여 다음과 같이 **"속성(O)"**을 선택한다.

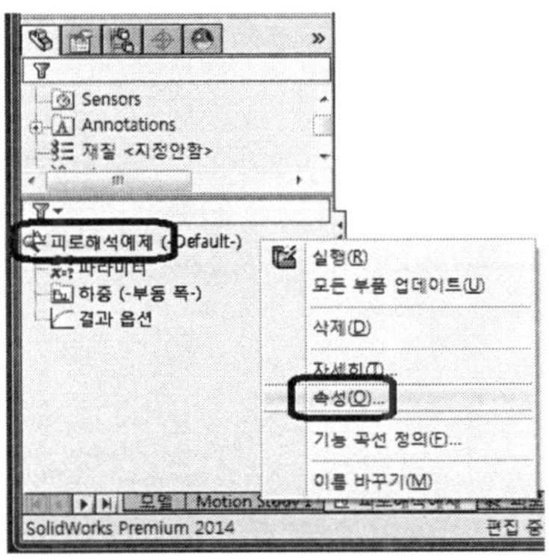

2. 다음과 같이 **"옵션"** 탭에서 **"임의의 상호 작용"**, **"상당 응력(von-Mises)"**, 피로 강도 감소 계수 (Kf) = **"1.0"**를 입력한다.

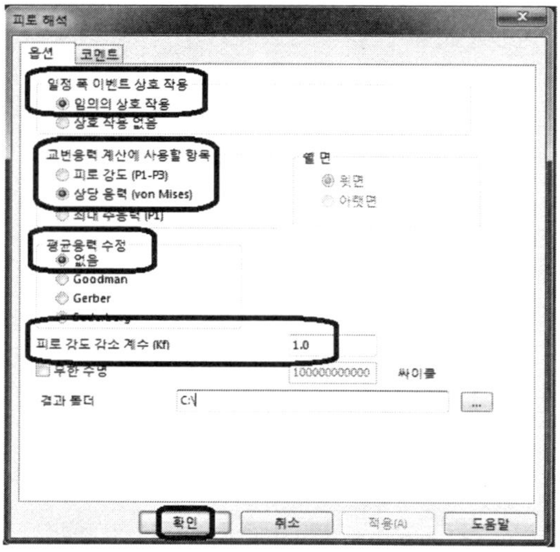

6.5.3 피로 해석 이벤트 설정하기

1. 이 구조물에 가해지는 하중을 일반적으로 이벤트라고 부른다. 다음과 같이 매니저 창의 **"하중"** 메뉴를 선택하고 **"이벤트 추가(A)"**를 선택한다. 그리고 다음과 같은 조건을 입력한다.
   - 사이클 수 = 1000
   - 하중유형 = 0기반 (LR=0)
   - 해석 스터디 연관 = **"피로해석용-정적해석"**

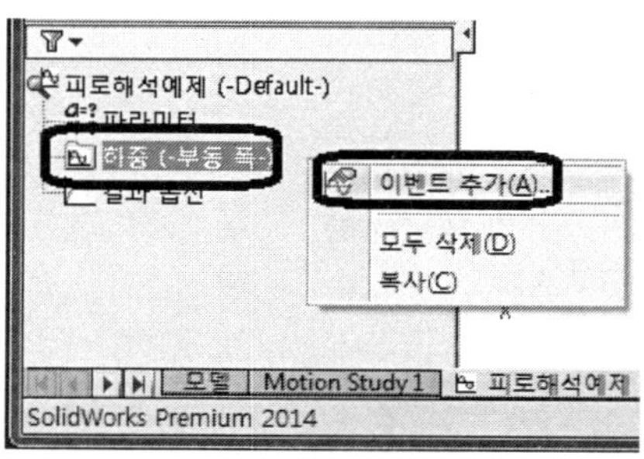

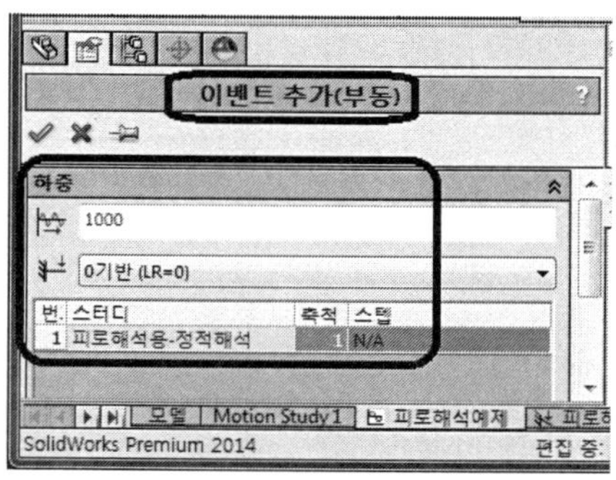

2. 위와 같은 피로 하중에 대한 정보인 이벤트 설정 결과 **"하중"** 폴더 속에 **"이벤트-1"** 이라고 외부 피로 하중이 정의되었음을 알 수 있다. 그리고 조금 전에는 보이지 않았던 구조물의 물체에 대한 정보인 파트 이름, **"link"**가 재질 정보를 가지고 동시에 추가되어 나타난다.

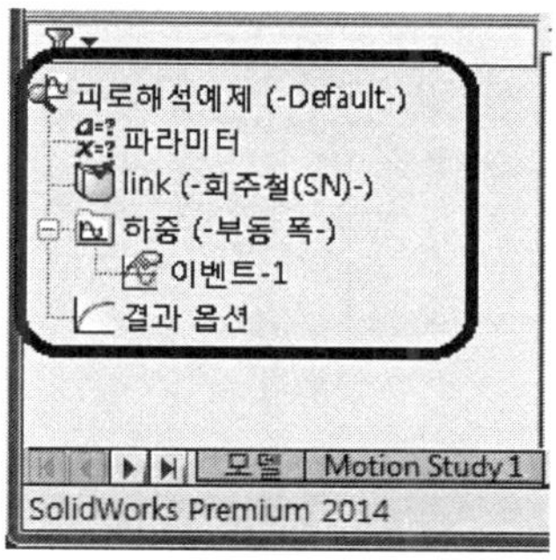

6.5.4 재질의 S-N 곡선 확인하기

1. 이 구조물에 정의된 회주철(SN)은 그 명칭에서 알 수 있듯이 그 데이터에 S-N 데이터를 가지고 있다. 이를 확인해 보기로 한다. 재질의 명칭을 우측 클릭하고 **"피로해석 데이터 적용/편집"** 메뉴를 선택한다.

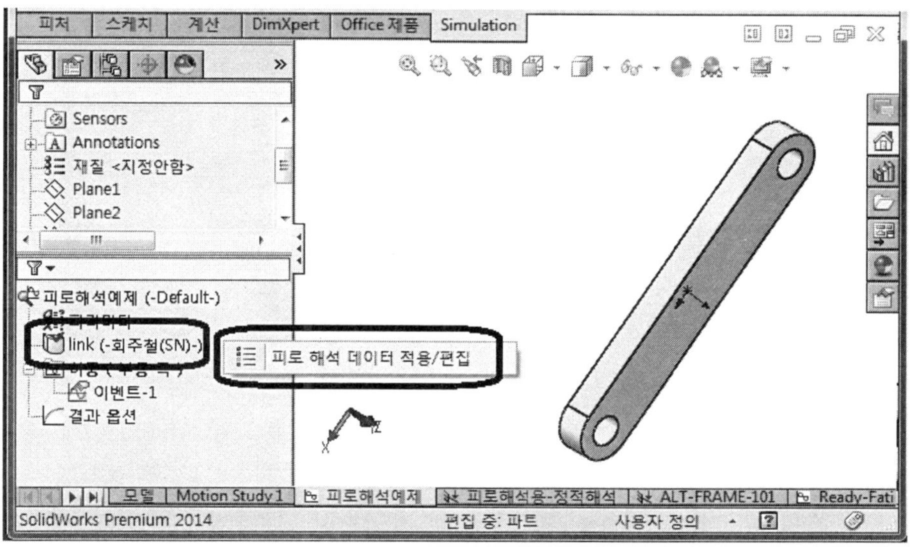

2. 그 결과 다음과 같이 회주철(SN)에 대한 S-N 곡선 정보가 나타난다.

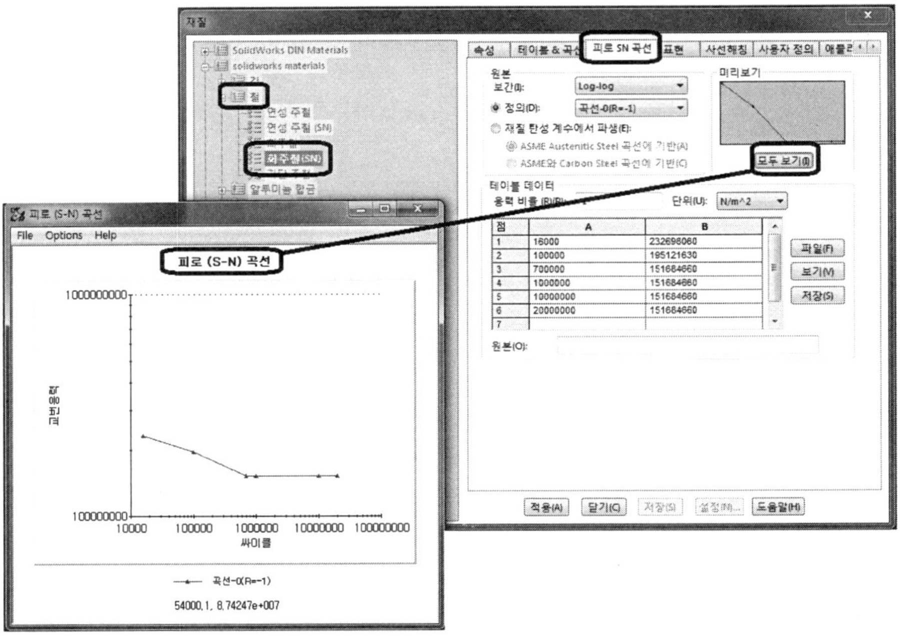

6.5.5 피로 해석 실행하기

1. 입력이 완료되었으므로 다음과 같이 피로 해석을 진행한다.

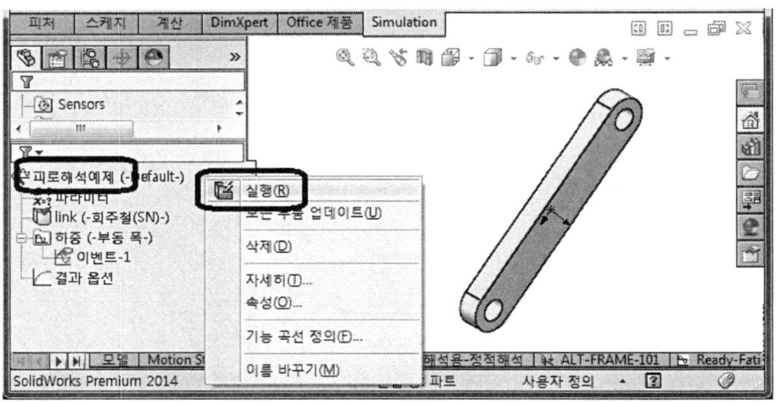

2. 위의 피로 해석 실행 명령에 의하여 다음과 같이 피로 해석의 진행 상황이 나타난다.

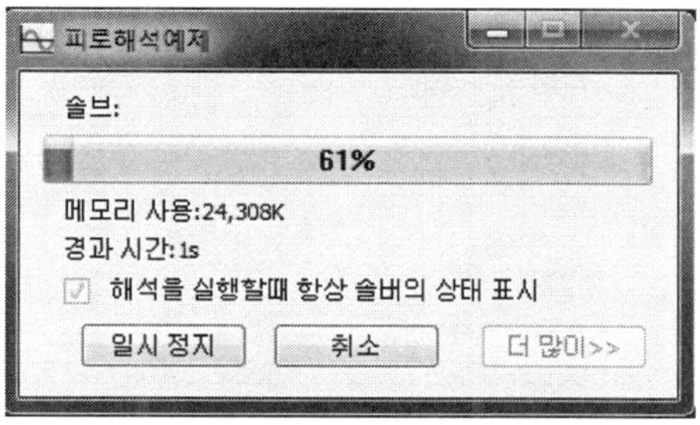

3. 피로 해석이 완료되면 아래와 같이 **"결과"** 폴더가 만들어지고 기본적으로, 손상 예측과, 수명 예측 결과가 정리되어 있다.

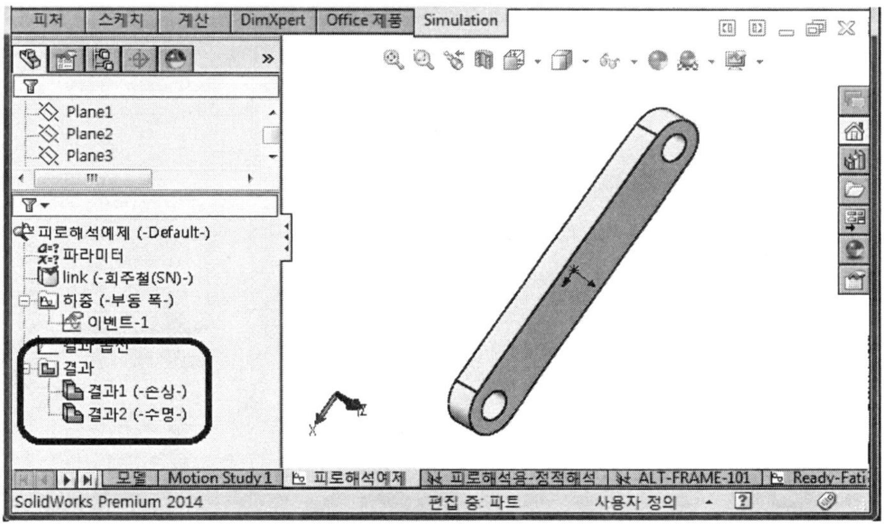

6.6 피로 해석 결과 분석하기

6.6.1 피로 해석 플롯으로 수명 확인하기

1. 다음과 같이 **"결과"** 폴더를 선택하고, **"피로 해석 플롯 정의"**를 선택한다. 플롯 종류는 **"수명"**, **"손상"**, **"하중계수"**, **"이중축 표시"**의 4가지를 제공한다. 우선 처음에 있는 **"수명"**을 선택하기로 한다.

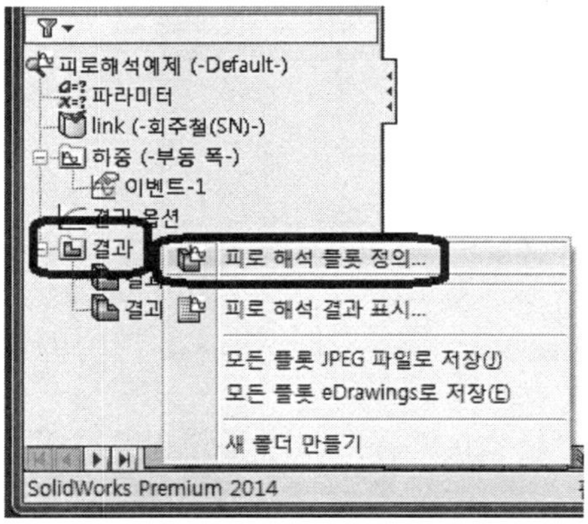

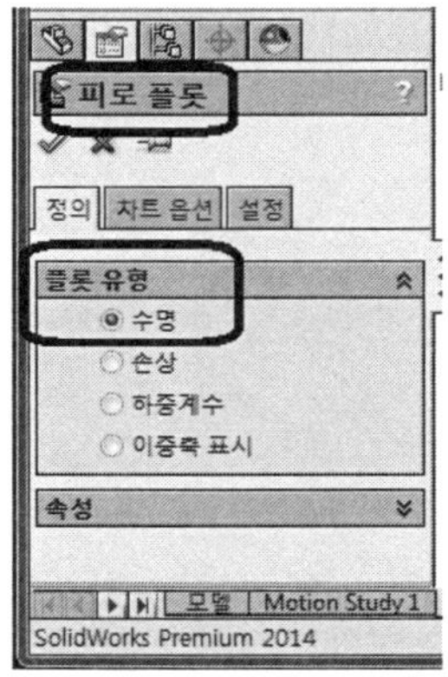

2. 다음과 같이 구조물전체에 대하여 **"수명"**이 화면에 도시된다. 이 수명 플롯이 나타내는 의미는 두 개의 홀에서 약 17,250 사이클 후에 피로로 인한 파손이 발생할 것을 보여 주는 결과이다.

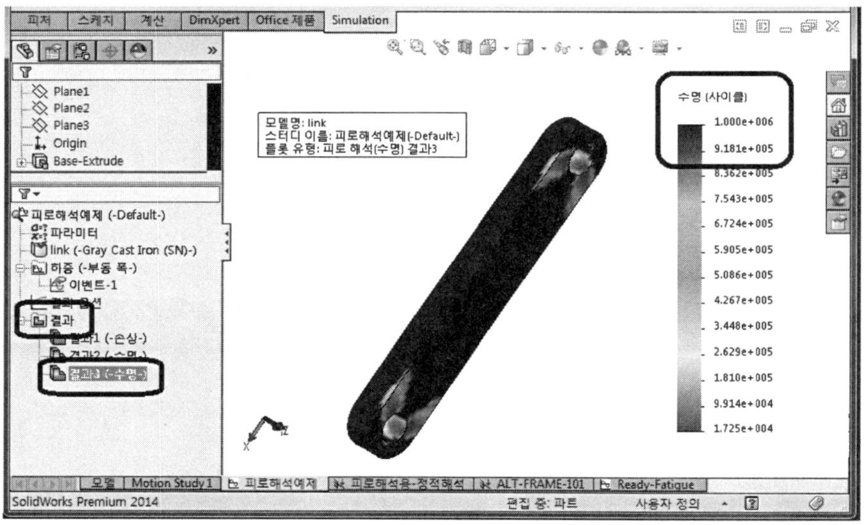

6.6.2 피로 해석 플롯으로 손상 확인하기

1. 결과 화면에서 두 번째인 **"손상"**을 선택하면 다음의 결과를 보여준다. 아래의 손상계수 결과는 지정한 피로 하중의 이벤트에 의해 구조물 수명의 5.799% 가 소진될 것을 보여 주는 것이다.

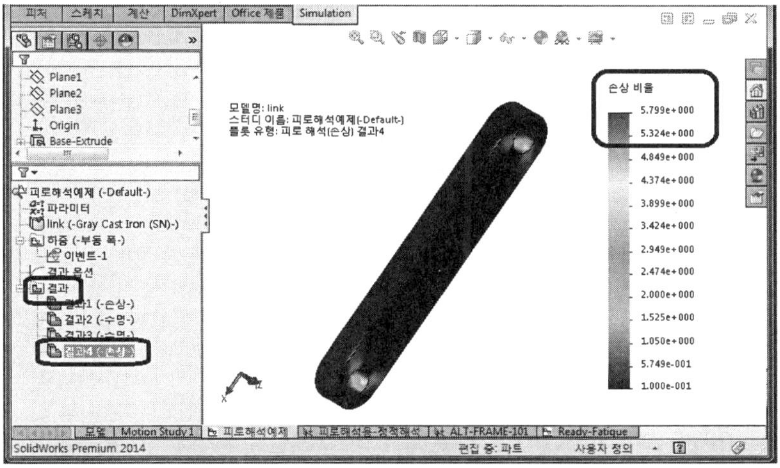

6.6.3 피로 해석 플롯으로 하중계수 확인하기

1. 설정 화면에서 세 번째인 **"하중계수"**를 선택하면 다음과 같이 최소 하중 계수가 2.057인 분포가 나타난다.

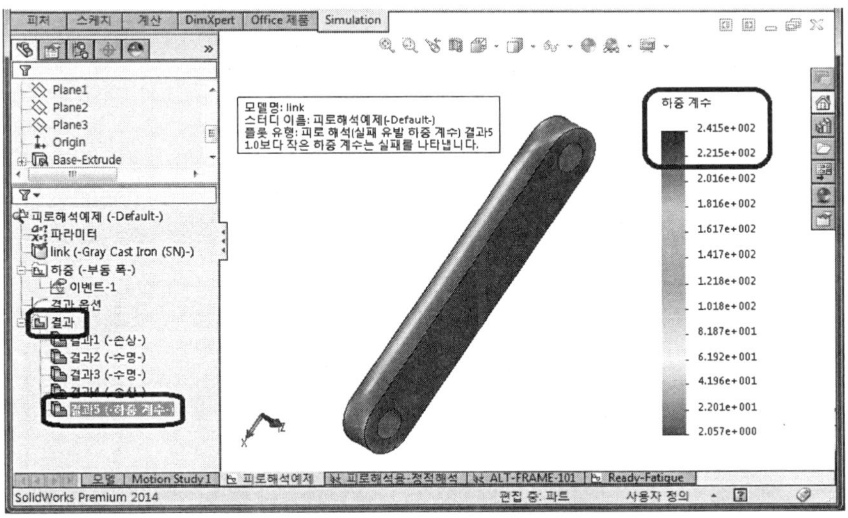

6.6.4 피로 해석 플롯으로 이중축 표시 확인하기

1. 설정 화면에서 마지막인 **"이중축 표시"**를 선택하면 다음의 결과를 보여준다.

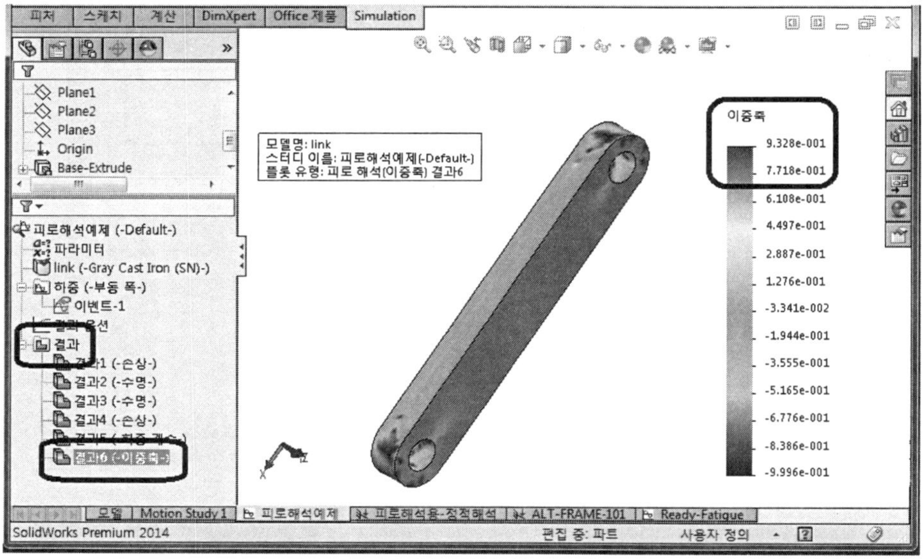

6.6.5 피로 해석 결과 표시 확인하기

1. 이어서 피로 해석의 결과를 그림이 아닌 숫자 데이터로 확인하는 경우에는 다음과 같이 **"결과"** 폴더에서, **"피로 해석 결과 표시"**를 선택한다. 마찬가지로 이 메뉴에서도 위의 선택에 의하여 다음과 같이 결과 표시 종류는 4가지를 제공한다.

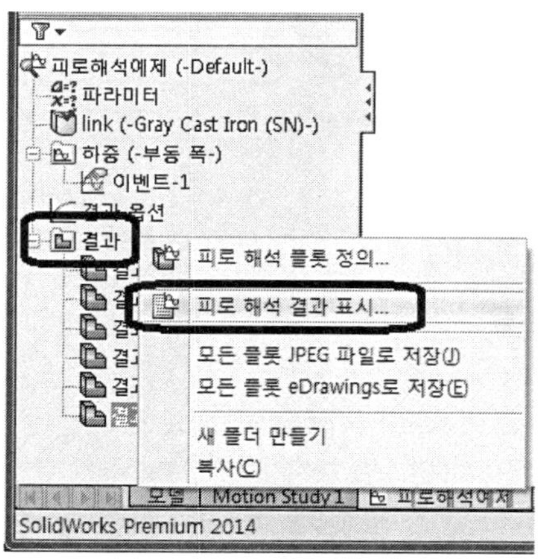

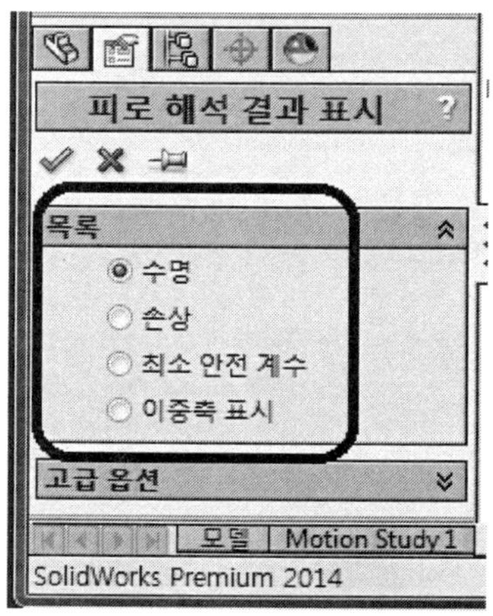

2. 위의 4가지 결과 표시 종류별로 나타나는 해석 결과는 다음과 같다.

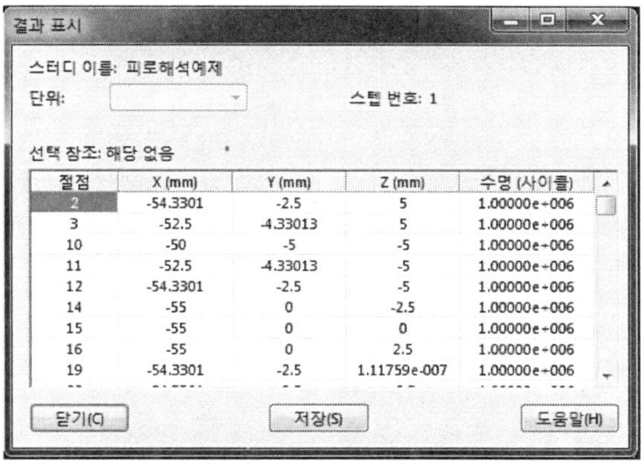
결과 표시

스터디 이름: 피로해석예제

단위:　　　　스텝 번호: 1

선택 참조: 해당 없음

절점	X (mm)	Y (mm)	Z (mm)	수명 (사이클)
2	-54.3301	-2.5	5	1.00000e+006
3	-52.5	-4.33013	5	1.00000e+006
10	-50	-5	-5	1.00000e+006
11	-52.5	-4.33013	-5	1.00000e+006
12	-54.3301	-2.5	-5	1.00000e+006
14	-55	0	-2.5	1.00000e+006
15	-55	0	0	1.00000e+006
16	-55	0	2.5	1.00000e+006
19	-54.3301	-2.5	1.11759e-007	1.00000e+006

닫기(C)　저장(S)　도움말(H)

A. **"수명"** 결과 표시

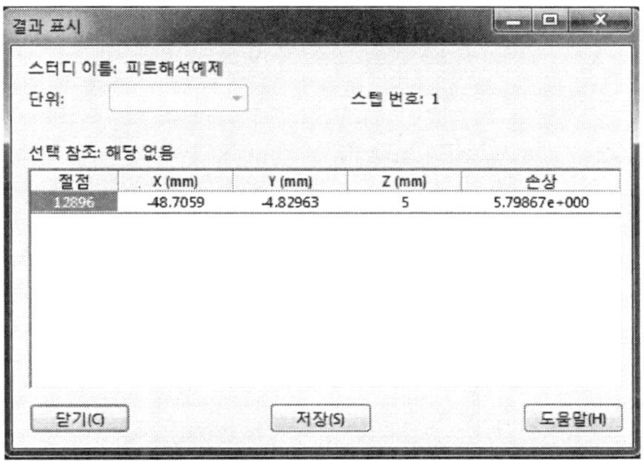
결과 표시

스터디 이름: 피로해석예제

단위:　　　　스텝 번호: 1

선택 참조: 해당 없음

절점	X (mm)	Y (mm)	Z (mm)	손상
12896	-48.7059	-4.82963	5	5.79867e+000

닫기(C)　저장(S)　도움말(H)

B. **"손상"** 결과 표시

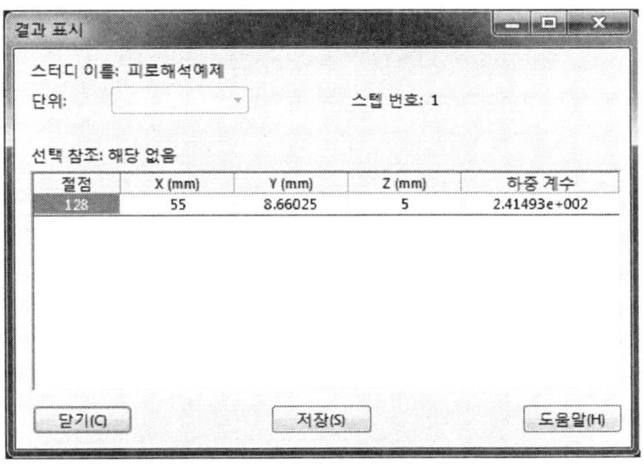
결과 표시

스터디 이름: 피로해석예제

단위:　　　　스텝 번호: 1

선택 참조: 해당 없음

절점	X (mm)	Y (mm)	Z (mm)	하중 계수
128	55	8.66025	5	2.41493e+002

닫기(C)　저장(S)　도움말(H)

C. **"최소 안전 계수"** 결과 표시

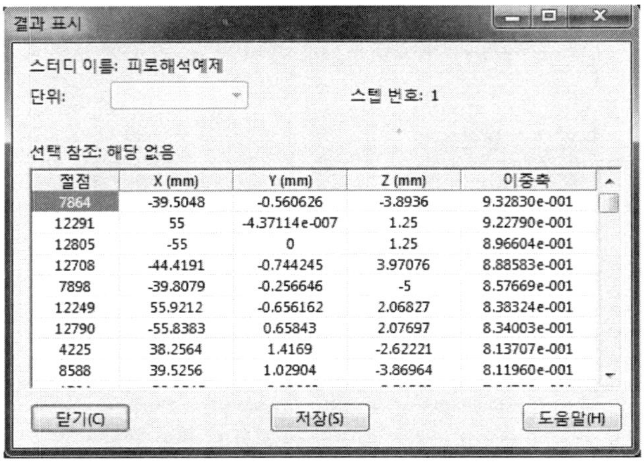

절점	X (mm)	Y (mm)	Z (mm)	이중축
7864	-39.5048	-0.560626	-3.8936	9.32830e-001
12291	55	-4.37114e-007	1.25	9.22790e-001
12805	-55	0	1.25	8.96604e-001
12708	-44.4191	-0.744245	3.97076	8.88583e-001
7898	-39.8079	-0.256646	-5	8.57669e-001
12249	55.9212	-0.656162	2.06827	8.38324e-001
12790	-55.8383	0.65843	2.07697	8.34003e-001
4225	38.2564	1.4169	-2.62221	8.13707e-001
8588	39.5256	1.02904	-3.86964	8.11960e-001

D. **“이중축 표시”** 결과 표시

제 7 장 설계 스터디

7.1 설계 스터디란?

7.1.1 설계 스터디의 용도

사용자가 원하는 성능 요구조건(ROC, Requirement of Customers)을 충족하는 시스템을 개발(Development)하기 위해서는 요구 성능 분석, 설계, 시제작 (Prototyping), 시험/평가, 대량 생산 등의 개발 절차를 거치게 된다. 이 개발 절차는 다음 그림과 같이 다양한 작업이 연속적으로 진행되어야 하는 종합적인 과정이다.

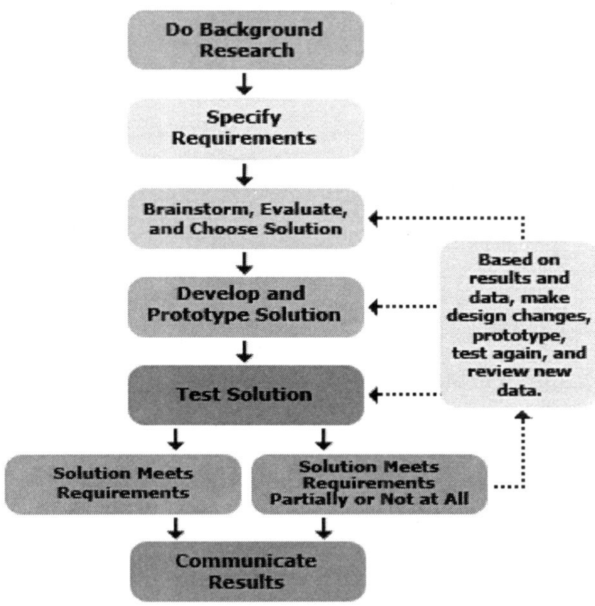

특히 이 과정에서 초기 단계인 제품설계 단계는 개념 설계 (Conceptual Design) 단계로 시작하여 형상 설계(Configuration Design) 단계, 기본 설계(Initial Design), 그리고 상세 설계(Detail Design)의 단계를 거치는 경우가 대부분이다.

〈Conceptual Design〉

〈Configuration Design〉

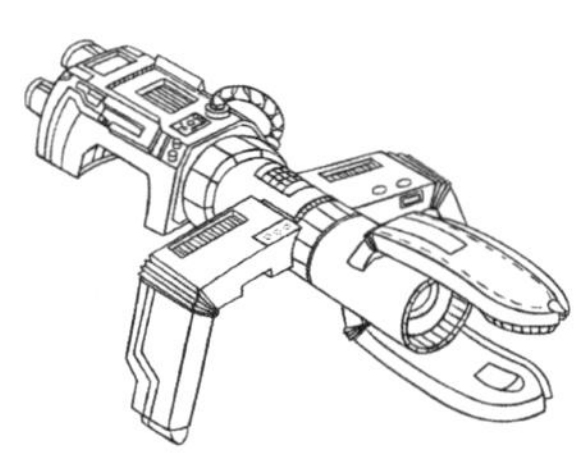

〈Initial Design〉

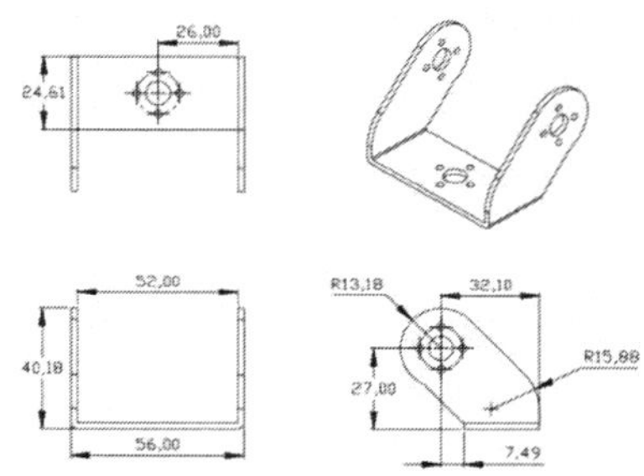

〈Detail Design〉

이와 같은 형상 설계와 같은 개발 초기에 단계에서는 다양한 제품 후보군에 대하여 그 적합성 여부를 판단하기 위하여 제품의 성능에 가장 영향을 미치는 형상 설계의 과정을 거치게 된다. 즉 공학적인 설계를 진행하는 과정에서 설계자는 설계 대상의 구조물에 대하여 두께와 같은 기하학적인 변수, 스포크(Spoke) 수 같은 형상 변수, 다양한 재질 등 다양한 설계인자(Design Parameter)를 변경시켜서 최상의 성능을 찾아내려고 노력한다. 즉 주어진 설계 초안의 구조물에 대하여 다양하게 인자를 바꾸어 가면서 원하는 성능에 대하여 평가를 하고, 그 중에서 최상의 결과를 나타내는 후보를 최종 설계로 결정하게 되는 것이다.

이런 경우에 일반적인 방법은 각각의 경우를 매번 스터디를 정의하여 그 관심이 있는 경우의 수 만큼 반복적인 단순 해석 작업을 진행하여 그 결과를 분석하여야 한다. 그런데 이 때 그 다양한 경우의 수를 모두 한 개씩 해석을 진행하기에는 너무 단순 작업의 반복이 생기게 된다. 따라서 어느 특정한 패턴으로 그 다양한 경우들을 모두 하나로 묶어서 관리하고 해석할 수 있다면 편리할 것이다. 이 프로그램에서 제공하는 **"설계 스터디"** 기능이 바로 그런 경우에 사용되는 기능이다.

7.1.2 설계 스터디의 개념

이 기능은 일종의 배치(Batch) 파일을 이용한 프로그램 작업과 유사한 개념이다. 사용자가 설계 스터디에 따라 스터디를 실행할 경우에, 각각의 스터디 조건에 따라 하나씩 스터디를 실행하게 된다. 이때 매번 활성화된(Active) 스터디의 결과를 분석한 결과, 기하학적인 치수가 변한다든가, 유한요소의 크기가 변하거나, 메시 조절 옵션이 변한 경우에는 SolidWorks Simulation 프로그램은 자동적으로 메시를 재 생성하여 해석을 진행한다.

설계 스터디 개념을 이용하면 다음과 같은 여러 가지 상황을 활용할 수 있다.

- 사용자가 스터디를 최적화하거나 평가한다.
- 여러 개의 변수를 정의할 수 있다.
- 여러 개의 구속조건을 정의할 수 있다.

- 여러 개의 설계 목적(Goal) 함수를 정의할 수 있다.
- 서로 다른 재질을 변수로 사용할 수도 있다.

사용자가 정의된 설계 스터디에 따라 스터디를 실행할 때, 사용자는 설계 스터디를 실행할 수도 있고, 링크된 설계 인자(Linked parameters)의 현재 값에 근거하여 그 스터디를 실행할 수도 있다.

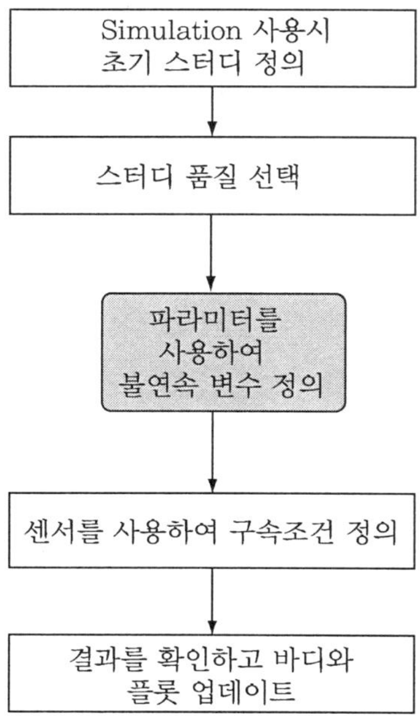

1) 초기 시뮬레이션 스터디 정의

설계 스터디의 시뮬레이션 해석을 사용할 때 적어도 하나의 초기 스터디를 미리 작성하여 계산이 이루어져야 한다. 이 초기 스터디는 최적화 해석, 설계 스터디 또는 평가 해석 과정의 기본 정보가 된다.

2) 초기 스터디 결과 평가

설계 스터디에 시뮬레이션 스터디를 사용할 경우 초기 스터디의 결과를 분석하면 설계 스터디 문제를 정의하는 데 도움이 된다. 초기 스터디의 해석 결과를 통해서 사용자는 현재 센서 값에 대한 정보를 얻을 수 있게 된다.

3) 설계 스터디 속성 설정

이 단계에서 해석 스터디의 품질을 선택하게 되는데, 이 설계 스터디의 품질 설정에 따라서 계산 속도와 결과의 정확도가 결정된다.

4) 변수 정의

문제 해결의 경우에 따라서 연속 변수와 불연속 변수를 정의하여 사용한다. 연속 변수는 최소값과 최대값 사이의 값(정수, 유리수, 무리수)을 설정하는 경우이다. 예를 들면 2와 5사이의 실수 값은 연속 변수가 된다. 불연속 변수만 설정된 최적화를 수행할 경우에는 미리 정의된 특정한 값의 시나리오 목록 중에서 최적의 시나리오가 선택된다. 예를 들어, 2, 5, 3.7, 9.2, 6 등의 숫자는 불연속 값이다.

5) 구속조건 정의

설계가 만족해야 하는 조건을 지정하는 것이 구속 조건 정의이다. 구속 조건은 구속된 설계 변수나 물성치, 기하학적인 치수, 해석이 완료된 후에 얻어진 데이터 등을 센서로 이용할 수가 있다.

설계 스터디 속에 들어 있는 여러 개의 인자들에 대한 해석을 연속적으로 진행할 때, 그 직전에 해석한 결과의 파일 위에다가 그 후에 해석한 결과를 덮어쓰기를 하여 컴퓨터 용량을 효율적으로 사용한다. 따라서 해석이 완료되면 가장 마지막 조건에 대한 해석 결과가 모두 기록되어 있으며 그 이전 조건에 대한 해석 결과는 주요 항목에 대한 결과만을 요약하여 기록하고 있다.

7.1.3 설계 스터디와 일반 스터디의 관계

일반적으로 공학적인 해석에 사용되는 스터디들은 그 고유한 해석 목적에 따라서 사용된다. 정적 해석은 정적인 외부 하중에 의한 구조물의 변위, 응력 등의 거동을 이해할 수 있다. 그에 비하여 이 설계 시나리오는 독자적인 역할을 하는 것이 아니고 다른 다양한 해석용 스터디와 연계되어서 사용되는 것이 일반적이다.

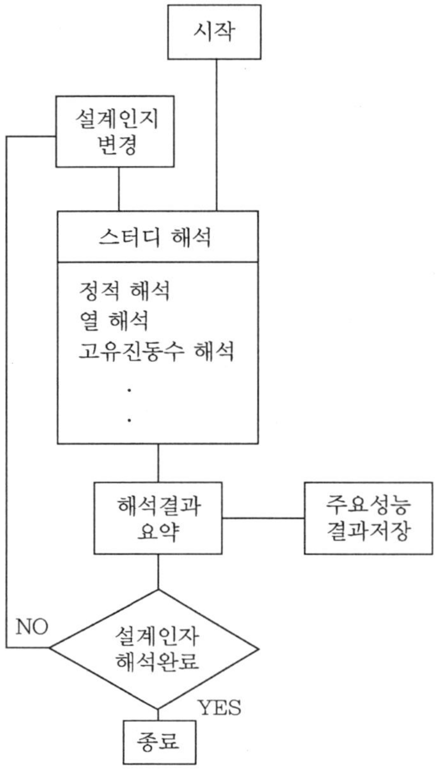

7.2 설계 스터디의 입력/출력 데이터

7.2.1 설계 스터디의 입력 데이터

A. 참조할 스터디 작성

- 설계 스터디의 참조로 사용하려는 모든 스터디를 작성하고 실행
- 정적 해석, 고유진동수 해석, 좌굴 해석, 열전달 해석 스터디 등을 사용

B. 설계 스터디 작성

1. 설계 변수 지정
   - 변수 조건 : 범위 값 입력

2. 구속 조건 지정
   - 센서 : 미리 해석을 실행한 특정 스터디의 결과를 선택(응력, 변위, 고유진동수 등)
   - 한계(Limit) : 조건의 법위 값 선택

7.2.2 설계 스터디의 출력 데이터

1. 결과 요약정보를 목록으로 표시
2. 결과 요약정보 기본 그래프
3. 설계 기록 그래프
4. 특정 스터디의 상세 결과

7.3 설계 스터디 예제 설정

본 해석 예제에서는 다음과 같은 기능을 익히도록 하고자 한다.

- 설계 스터디의 개념을 익힌다.
- 설계조건으로 이용할 고유 진동수 해석을 먼저 실행한다.
- 설계변수로 모델의 치수를 지정하는 방법을 익힌다.
- 모델 치수에 따라 여러 개의 시나리오를 정의한다.
- 설계 스터디를 정의하고 이를 실행해 본다.
- 설계 스터디의 해석결과를 분석한다.
- 각 설계 인자의 변화에 따른 고유진동수의 변화 경향을 이해한다.

위의 목적을 위하여 다음과 같이 해석 문제를 정리할 수 있다. 본 해석 예제에서는 풀리(Pulley)에 대하여 스포크(Spoke) 수를 변경한 여러 개의 설계를 기반으로 다양하게 변화시키면서, 그 해석 결과를 바탕으로 고유진동수를 동시에 계산한다. 이 여러 가지 설계 인자들(여기서는 스포그의 수)이 달라짐에 따라 공학적인 특성(여기서는 고유 진동수)이 어떻게 변하는 지를 일목요연하게 해석하여 비교 분석하고자 한다.

1. 파일의 위치 : "C: \ Program Files \ SolidWorks Corp \ SolidWorks \ Simulation \ Examples \ Design Scenarios \ pulley.sldprt"
2. 스터디 유형 : – **"고유진동수 해석"**
   – **"설계 시나리오"** 스터디
3. 재질 : **"Alloy Steel"**
4. 구속 조건 : 풀리 중앙 홀 안쪽 : **"고정 지오메트리"**
5. 하중 : 외부에서 가해지는 하중은 없음
6. 메시 분할 : – 메시 파라미터 : 표준 메시
   – 평균 요소 크기 : 기본 설정값
   – 허용공차 : 기본 설정값
   – 자동 전이 : 선택 해제
   – 고급 아래 :
   – 야코비안 포인트 : 4개의 점
   – 1차 요소 해석 메시 : 선택 해제
   – 솔리드의 자동 시도 : 선택 해제

7.4 설계 스터디용 고유 진동수 해석의 설정 과정

7.4.1 파일 불러오기

1. 애드인이 되어 있다고 가정하고, 파일 열기(File-Open)를 선택하여 아래의 파일을 선택하고 **"열기"**를 클릭한다.
   "C: \ Program Files \ SolidWorks Corp \ SolidWorks \ Simulation \ Examples \ Design Scenarios \ pulley.sldprt"

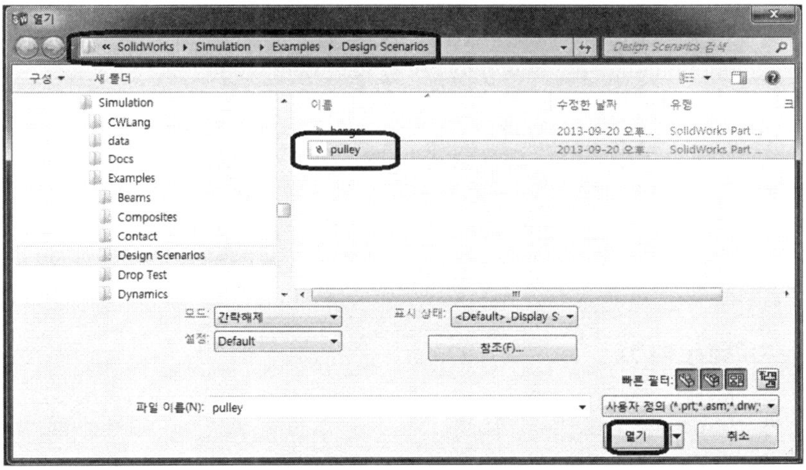

2. 다음과 같이 해석용 형상이 나타난다.

7.4.2 고유 진동수 해석용 스터디 정의하기

1. 설계 스터디에 사용할 고유 진동수 해석을 하기 위하여 스터디를 정의한다. 다음과 같이 스터디를 **"고유진동수 해석"**을 선택한다. 그 결과 다음과 같이 스터디 정의가 완료되었으며, 이 결과는 매니저 창에서 확인할 수 있다.

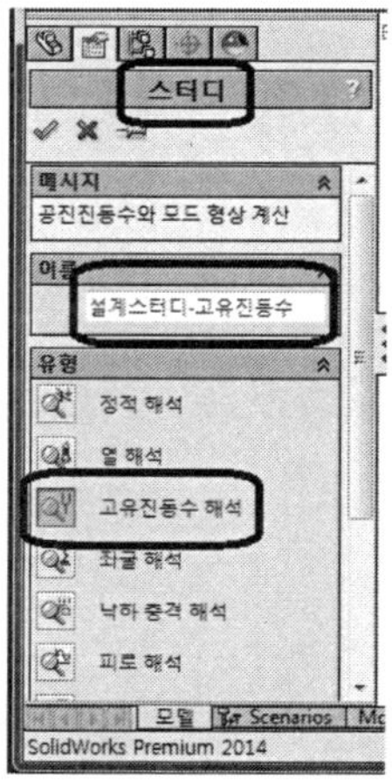

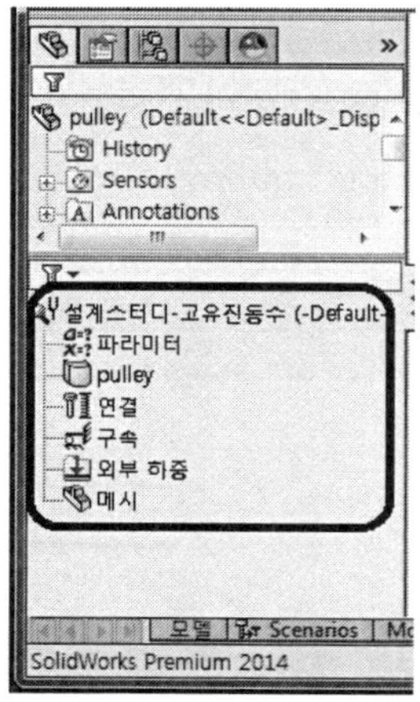

7.4.3 재질 부여하기

1. 아래와 같이 파트 이름을 선택하고, 마우스 우측 버튼으로 **"재질 선택/편집(M)"** 메뉴를 선택한다.

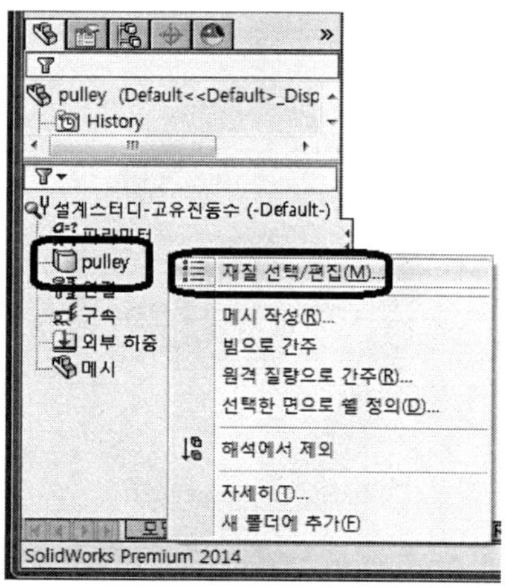

2. 이 파트의 재질은 Alloy Steel이므로 다음과 같이 **"강"** 폴더를 열고 해당 재질을 선택한 후 **"적용(A)"** 버튼을 선택한 후 **"닫기(C)"** 버튼을 누른다.

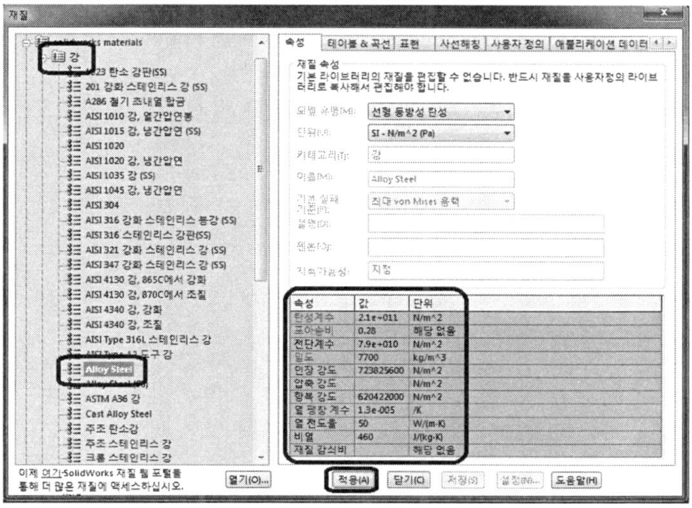

7.4.4 구속 조건 부여하기

1. 이 다음과 같이 **"구속"** 메뉴에서 **"고정 지오메트리"**를 선택한다. Pulley의 홀 안쪽의 조건을 **"고정 지오메트리"**로 하고 **"체크(V)"** 버튼을 클릭한다.

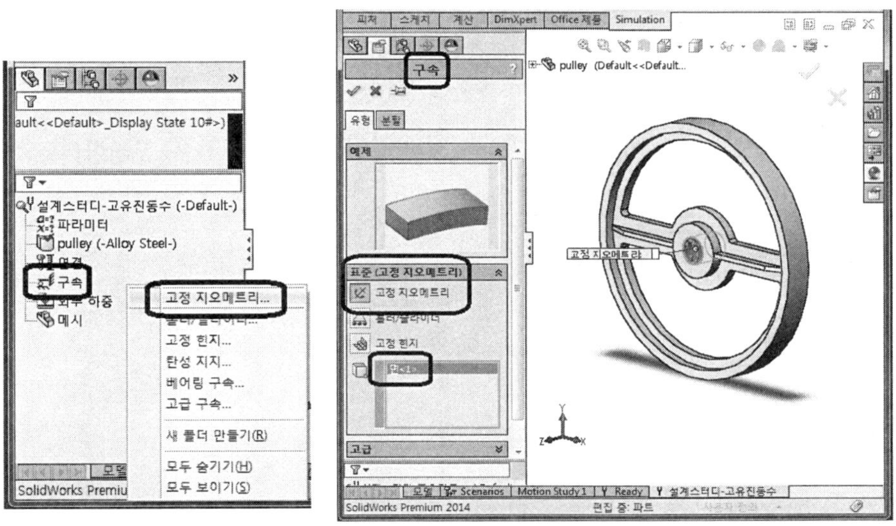

7.4.5 하중 부여하기

1. 본 해석은 고유 진동수 해석이므로 외부의 하중이 불필요하다.

7.4.6 메시 작성하기

1. 다음과 같이 **"메시"** 메뉴의 세부 메뉴에서 **"메시 작성(R)"**을 선택한다. 여기서는 **"표준메시"**를 사용하며, 나머지는 초기에 자동으로 설정된 기본 설정값을 사용하기로 한다. 그 결과 자동으로 매시 생성 작업이 진행된다.

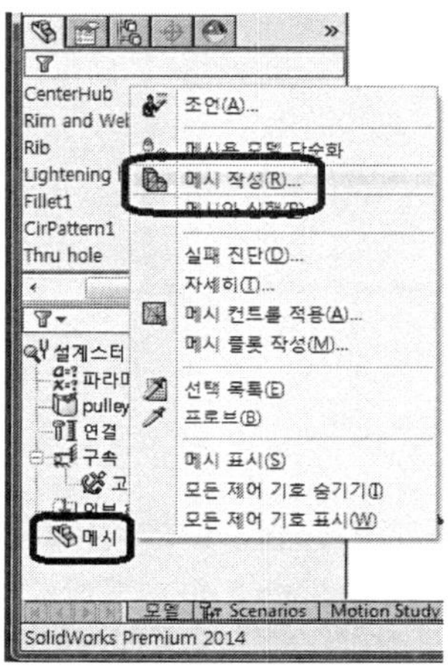

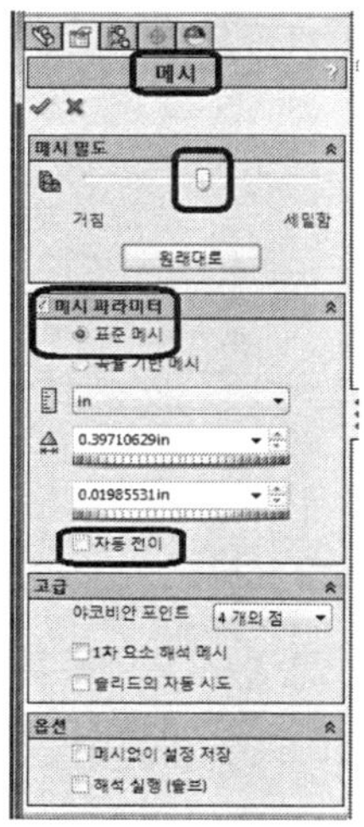

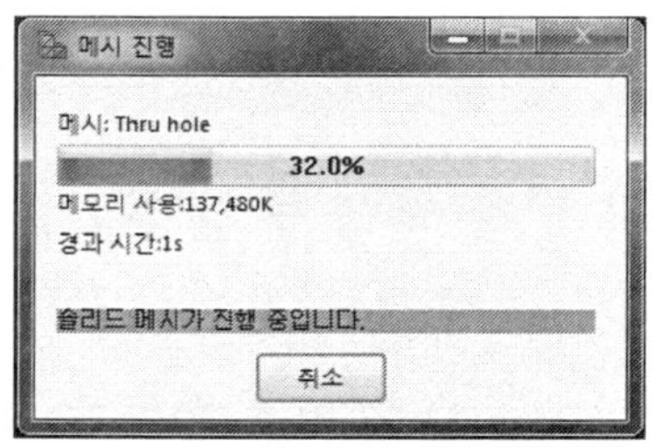

7.4.7 설계 스터디용 고유진동수 해석 실행하기

1. 다음과 같이 스터디 이름을 클릭하여 **"실행(R)"** 메뉴로 계산을 실행한다.

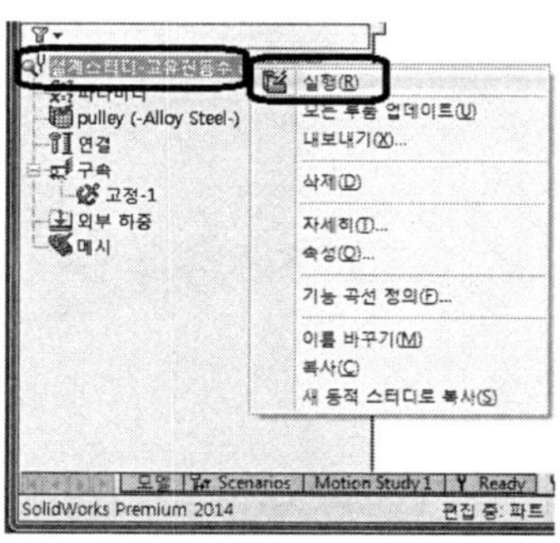

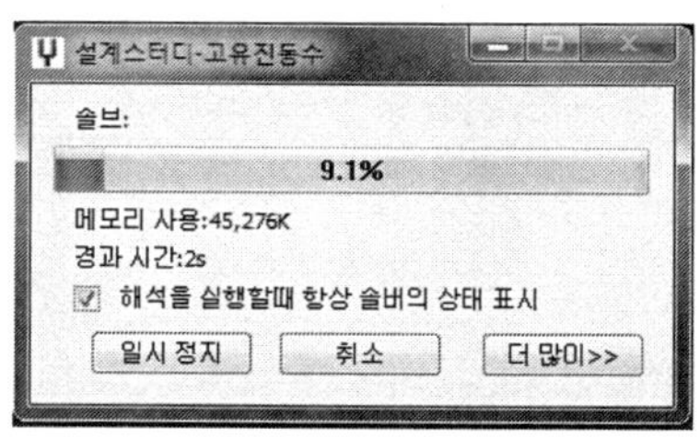

2. 이 계산 작업이 완료되면 다음과 같이 **"결과"**라는 폴더가 생성되며 우측 그림 영역에는 대표적인 첫 번째 모드에서의 변위가 표시된다.

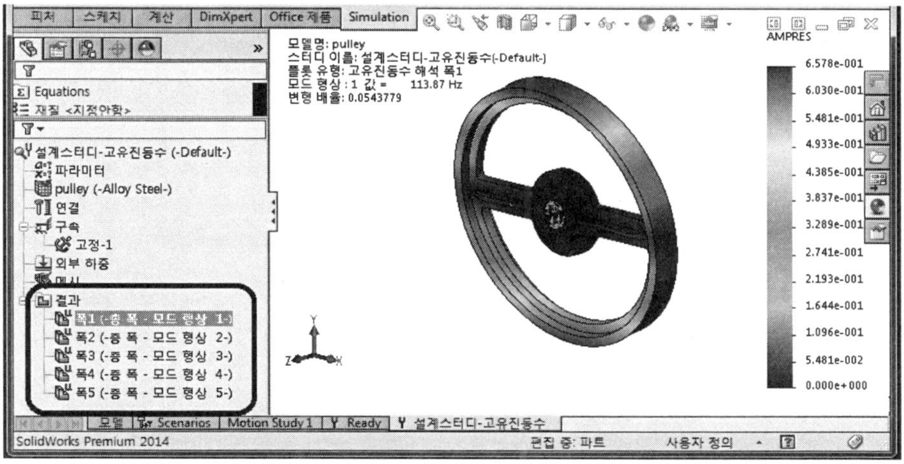

3. 이 계산 완료 후의 변위와 같이, 관심이 있는 특정한 공학적인 정보를 확인하기 위하여 다음과 같이 **"결과"** 폴더를 우측 마우스 클릭한다. 여기서는 **"고유 진동수"**를 확인해 보기로 한다.

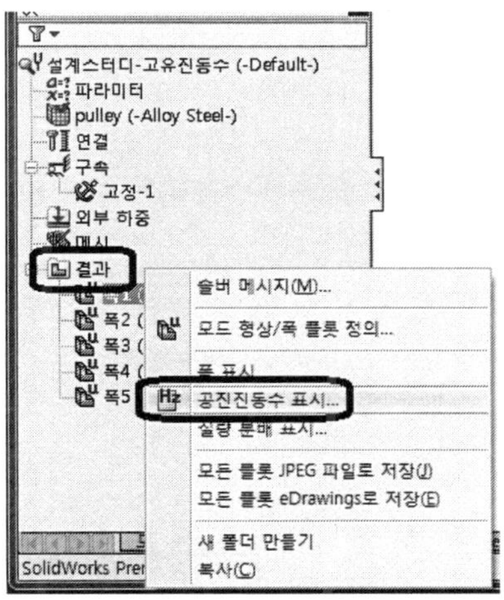

4. 그 결과 다음과 같이 처음의 5개 고유진동수를 확인할 수 있다. 가장 첫 번째인 기본 고유 진동수는 약 113.87 Hz임을 알 수 있다.

모드 수	진동수 해석(라디안	고유진동수 해석(Hz	주기(초)
1	715.47	113.87	0.0087819
2	2150.2	342.21	0.0029222
3	2161	343.93	0.0029076
4	2576.4	410.04	0.0024388
5	3467.4	551.85	0.0018121

7.5 설계 스터디 해석 과정

7.5.1 설계 스터디 정의하기

1. 이미 정의되어 있는 스터디 중에서 임의 것을 선택(예, **"설계스터디-고유진동수"** 스터디)한 후, 그 스터디 탭을 오른쪽 클릭하고 **"새 설계 스터디 작성"**을 선택한다.

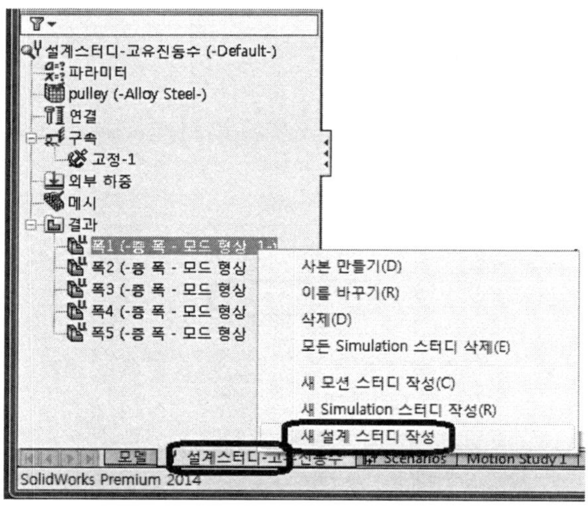

2. 다음과 같이 새로운 **"설계 스터디"**가 나타난다.

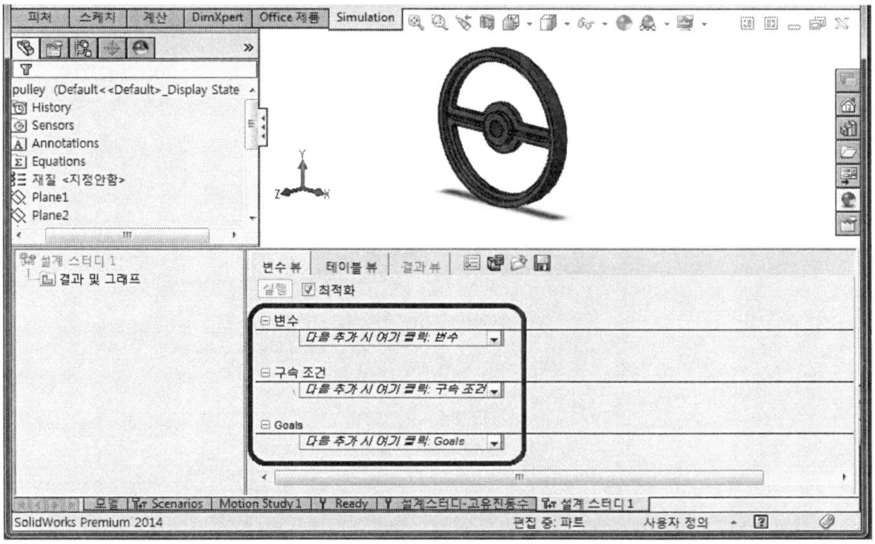

3. 설계용 스터디의 탭을 선택한 후, 마우스 우측 클릭하여 **"이름바꾸기"**를 선택한다.

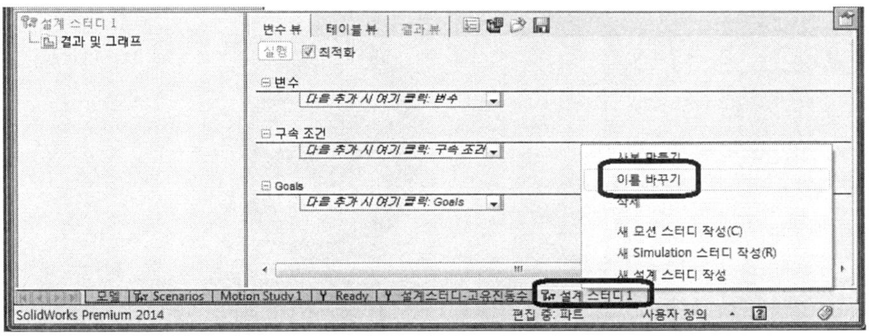

4. 스터디들을 구분하기 위하여 **"설계스터디예제"**라는 이름으로 변경하기로 한다.

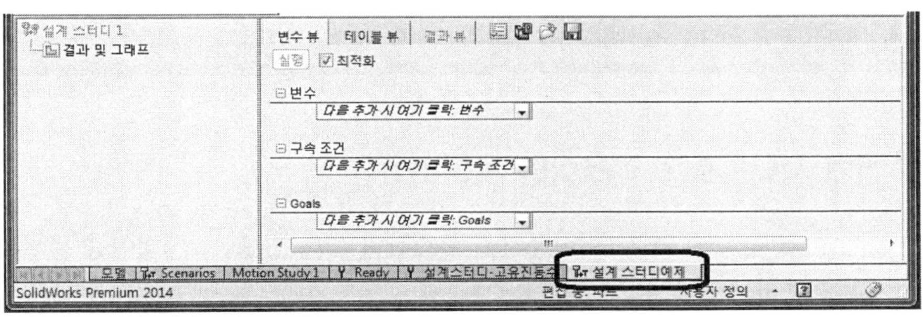

7.5.2 설계 스터디 옵션 설정하기

1. 이미 정의되어 있는 설계 스터디의 옵션을 설정하기 위하여, **“설계 스터디 옵션”** 아이콘을 선택한다.

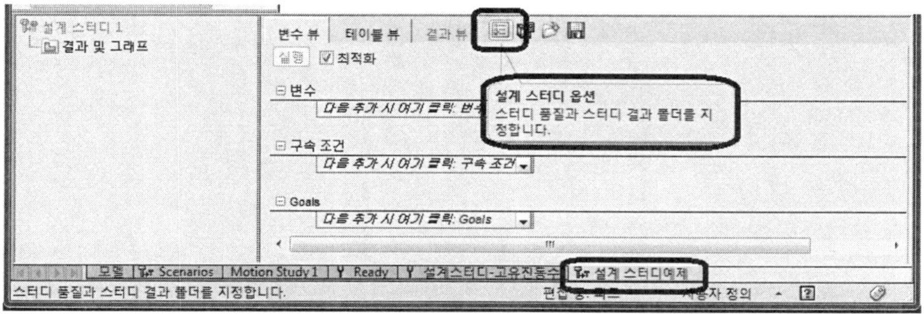

2. 다음과 같이 설계 스터디 품질을 **“고품질(느림)”**으로 선택한다.

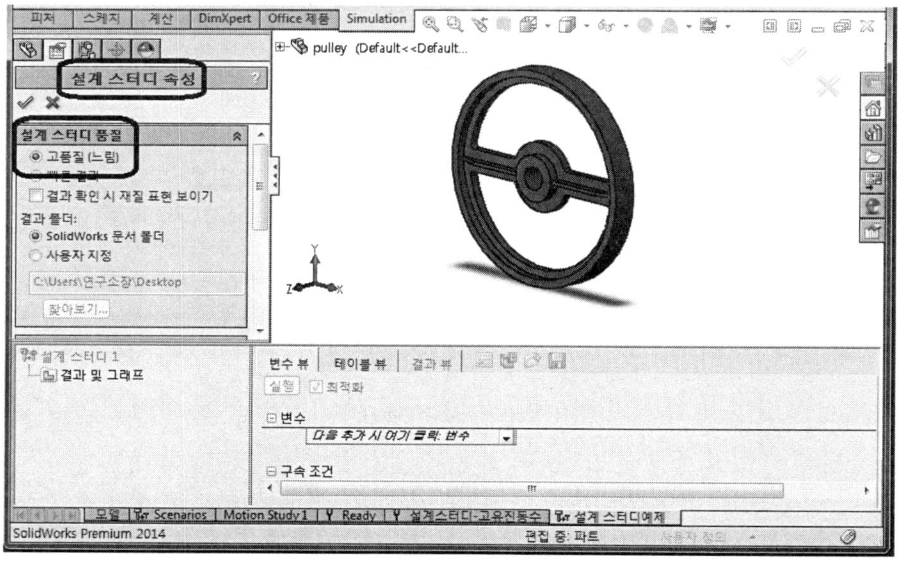

7.5.3 설계 시나리오용 파라미터 부여하기

1. 변경될 수 있는 모델의 치수를 정의하기 위하여 최적화 탭에서 **“테이블 뷰”**의 **“변수”** 항목에서, **“파라미터 추가”** 메뉴를 선택한다.

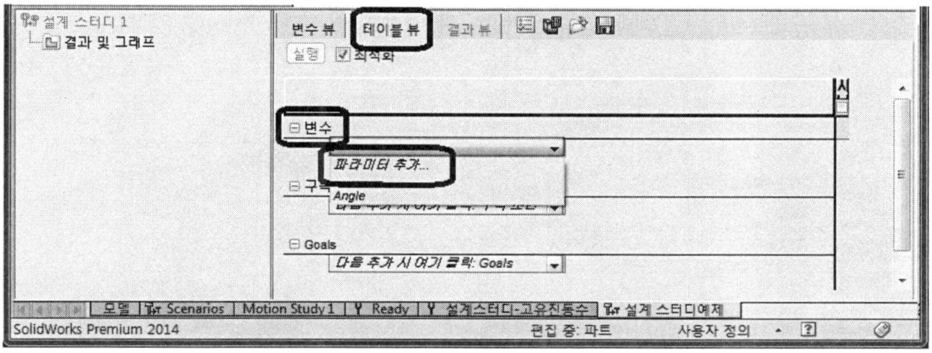

2. 다음과 같이 기존에 설정되어 있는 파라미터를 나타내고, 추가할 파라미터를 입력할 **"파라미터 추가"**의 입력창이 활성화된다. 기존에 설정되어 있는 **"Angle"**라는 파라미터는 **"삭제"**하기로 한다.

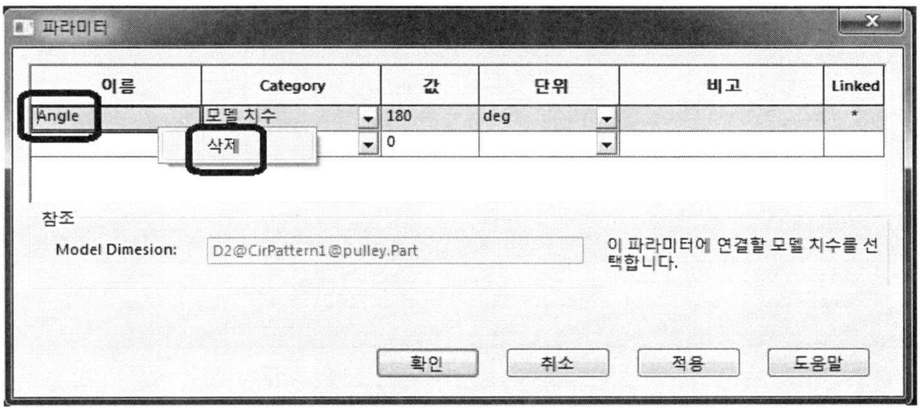

3. 여기서는 다른 이름으로 다음과 같이 설정하기로 한다. 그리고 그림 영역에서 그림과 같이 **"180"**으로 표시되는 치수를 클릭한다.
   - 이름 = **"각도변수(인자)"**
   - Category = **"모델 치수"**
   - Model Dimension : **"D2@CirPattern1@Pulley.Part"**

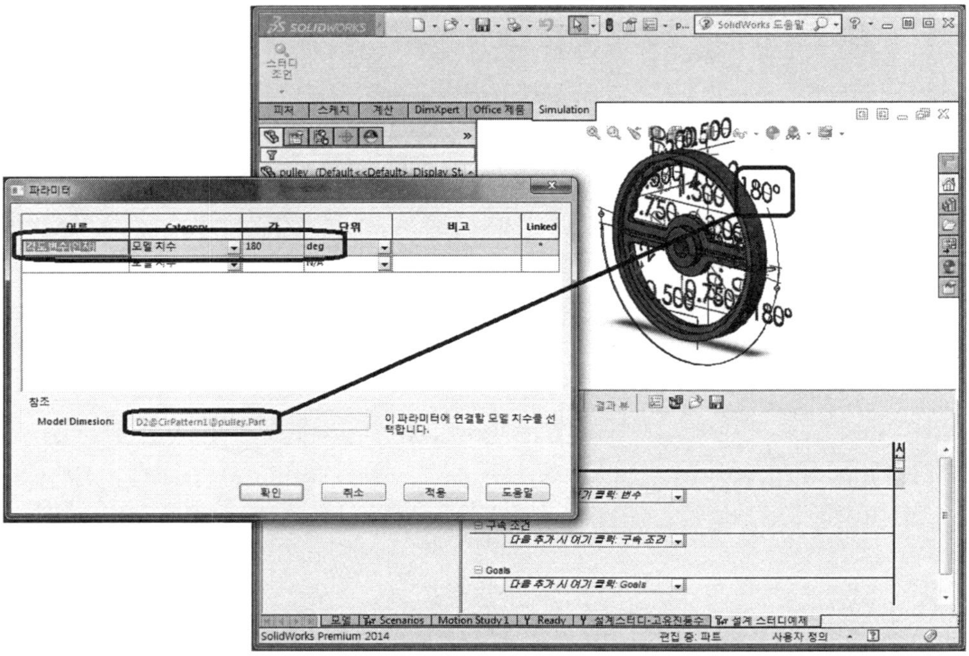

5. 위에서 확인을 클릭하면 다음과 같이 한 개의 설계 파라미터가 추가되었다.

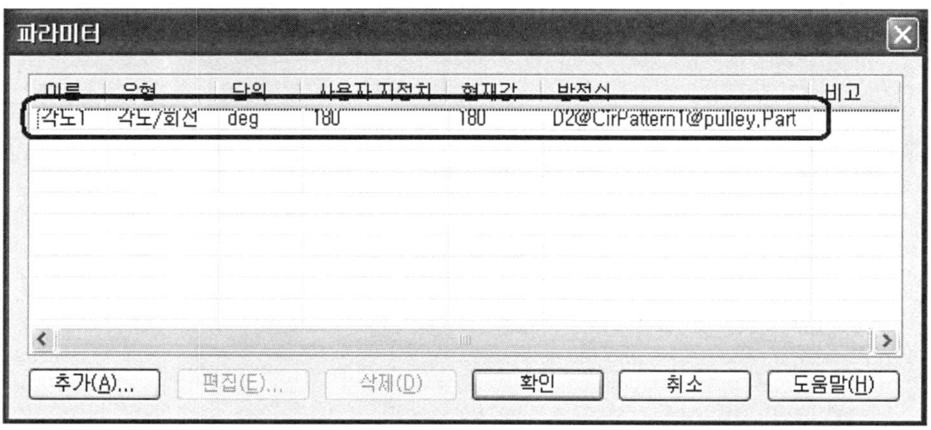

6. 위에서 **"확인"**을 클릭하면 다음과 같이 **"테이블 뷰"**가 완성되었다.

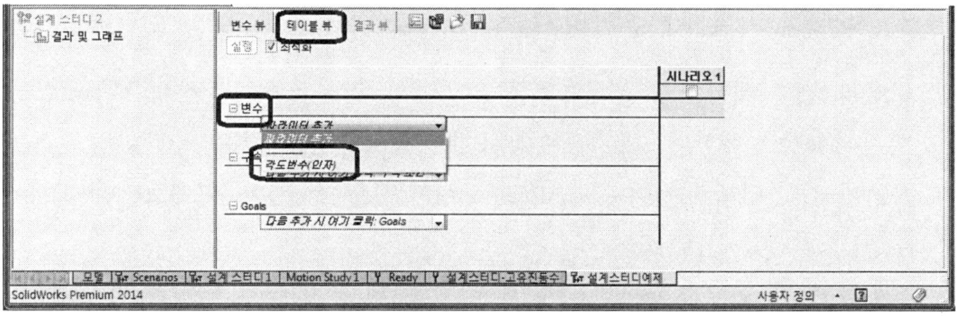

7.5.4 설계 시나리오용 변수 값 범위 부여하기

1. 여기에 정의된 변수인 각도가 변함에 따라서 Pulley의 스포크 수가 달라진다. 각도를 다음과 같이 정의하여 스포크 숫자가 각각 2, 3, 4, 5, 6인 5가지 경우를 설계해 보도록 한다.
   - 시나리오 1 = 180℃
   - 시나리오 2 = 120℃
   - 시나리오 3 = 90℃
   - 시나리오 4 = 72℃
   - 시나리오 5 = 60℃
2. 이들 값을 다음과 같이 입력한다. 처음에는 입력 칸이 2개이지만 해당 칸을 다 입력하고 엔터 키를 누르면 다음 셀이 추가로 나타난다. 이들 입력이 모두 완료되면 다음과 같다.

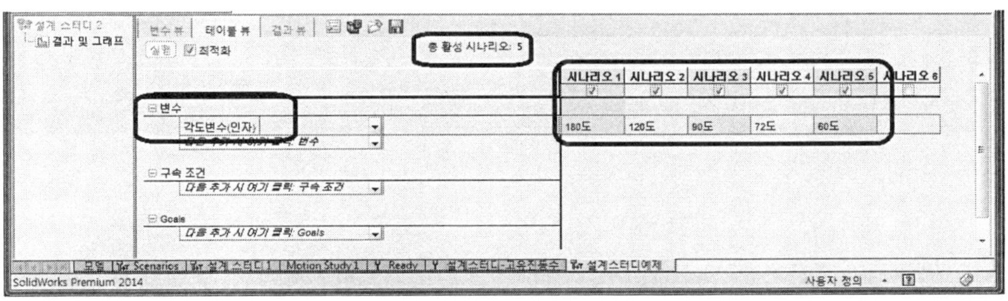

7.5.5 구속조건의 센서 추가하기

1. 다음과 같이 **"테이블 뷰"**, **"구속조건"** 항목에서, **"Frequency 1"**부터 **"Frequency 5"**까지 메뉴를 선택한다. 이 과정은 앞서 해석한 고유진동수 해석 스터디의 결과를 활용하기 위한 연계 과정이다. 그리고 **"모니터 전용"** 센서와, **"설계스터디-고유진동수"**의 스터디를 선택한다.

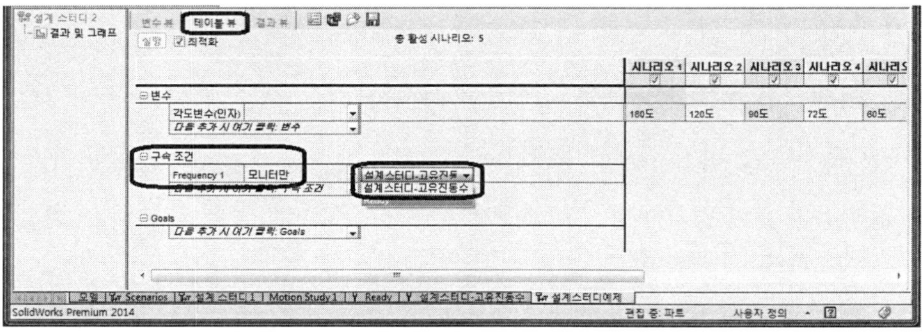

2. 이 과정으로 5개의 고유진동수 모두를 설정하면 다음과 같다. 이 때 **"최적화"**를 하는 것이 아니므로 화면에서 **"최적화"** 선택을 해제한다.

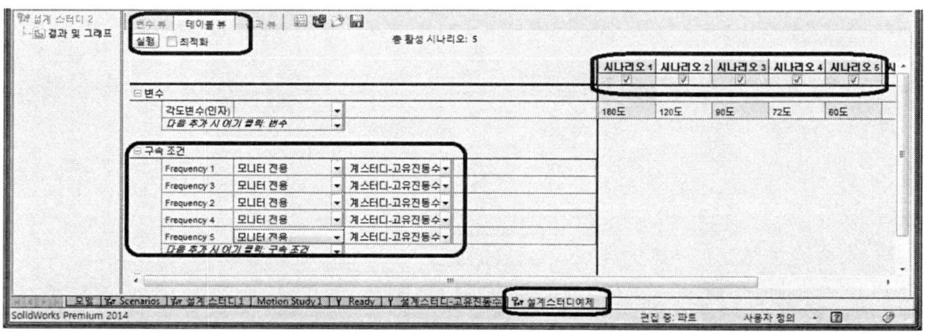

3. 설계 시나리오를 진행할 준비가 되었다는 신호로 **"실행"** 버튼이 진하게 표시된다. (이때 만일 **"최적화"**를 하기 위해서는 그 다음의 **"Goals"** 항목도 입력해 주어야 한다.)

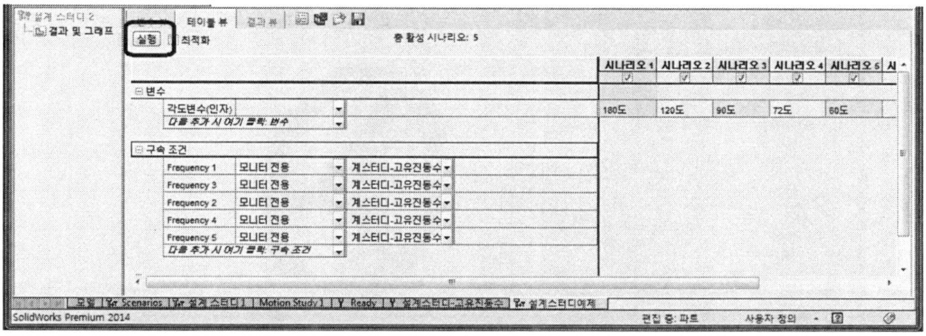

7.5.6 설계 시나리오 실행하기

1. 이제 모든 전처리 작업은 완전히 준비되었다. 현재 준비한 **"설계스터디예제"** 스터디 탭에서 **"실행"** 버튼을 클릭한다.

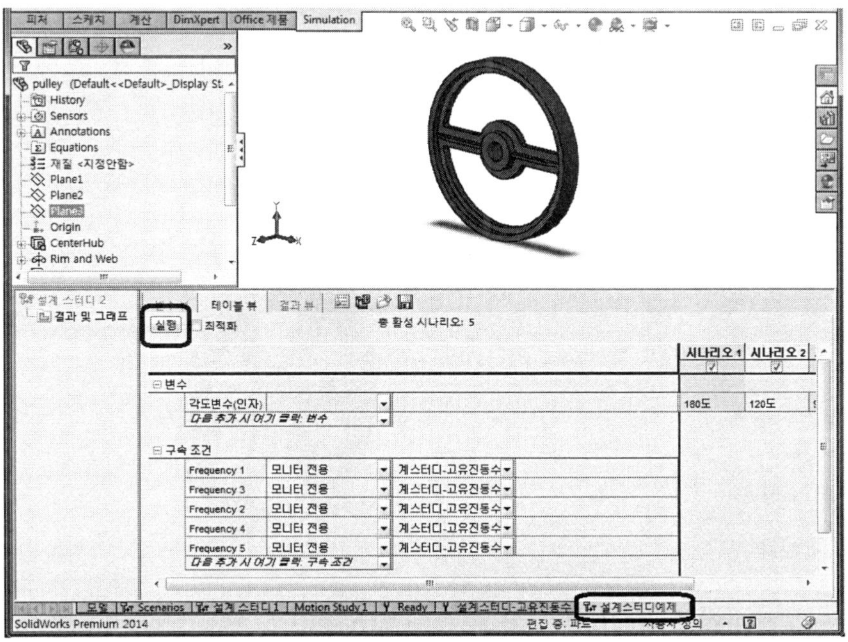

2. 위 명령에 의하여 5개의 시나리오에 대하여 각각 해석하는 과정이 단계별로 화면에 나타난다.

3. 해석이 완료되면 다음과 같은 결과를 보여준다. 이 그림이 최종적으로 최적화된 수치를 반영한 형상이며, 각 반복 계산 과정이나, 최종 결과 값들은 그림 아래 부분에 자세히 나열되어 있다.

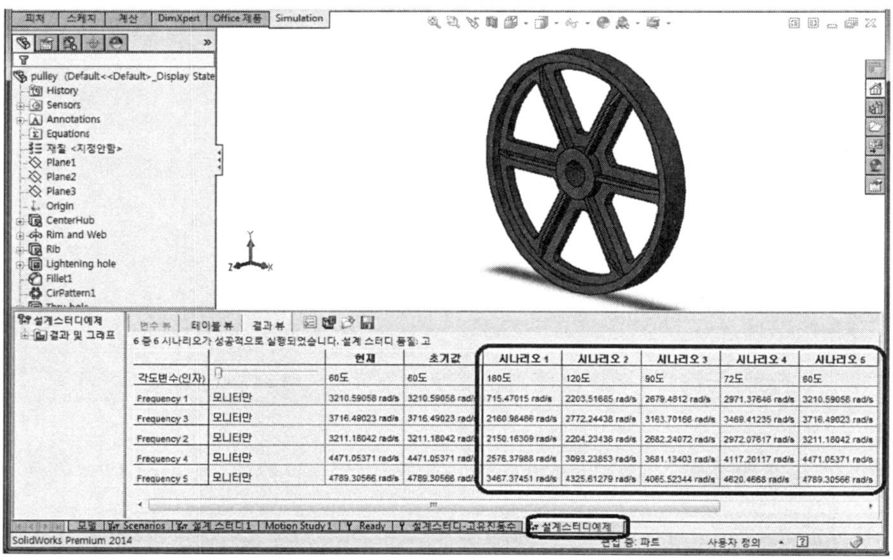

7.6 설계 스터디 결과 분석하기

7.6.1 특정 스터디 분석하기

1. 결과 중에서 원하는 시나리오를 더블 클릭하면 그 당시의 형상이 표시된다. 아래 그림은 3개의 스포크를 갖는 시나리오 2번의 경우이다.

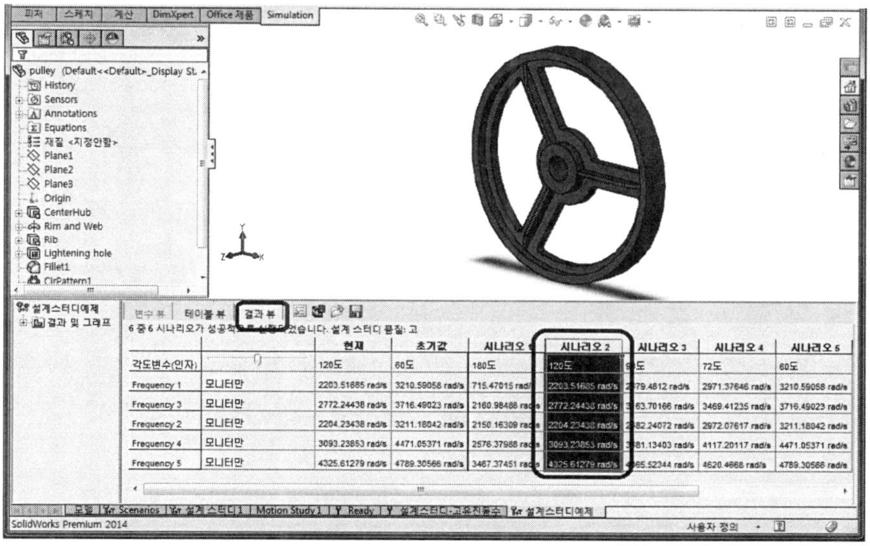

7.6.2 설계 기록 그래프 정의하기

1. 시나리오 별로 공학적인 변수가 어떻게 변하는지를 알기 위하여 다음과 같이 **"결과 및 그래프"**에서 **"설계 기록 그래프 정의"**를 선택한다.

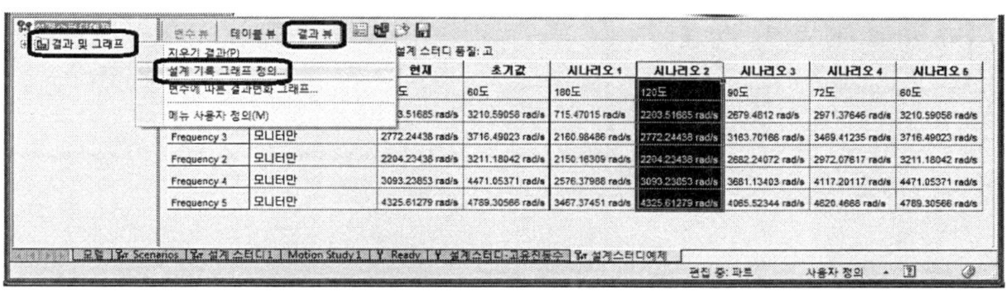

2. 그래프에서 x-축은 설계 **"시나리오 번호"**를, y-축은 **"설계변수"**인 **"각도변수(인자)"**를 선택한다. 그 결과 각 시나리오별로 해당되는 변수인 각도가 어떻게 설정되어 있는지를 확인할 수 있다.

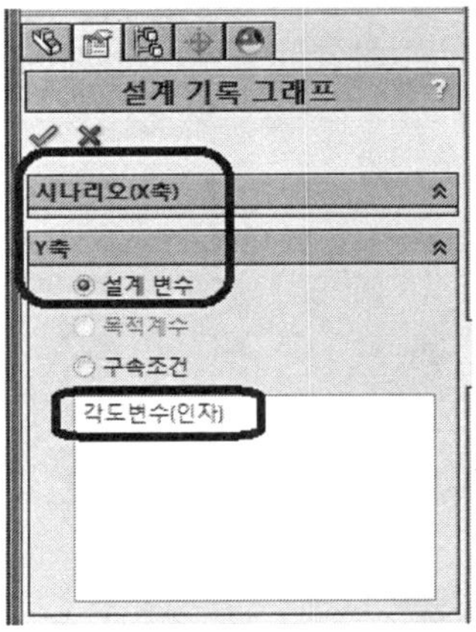

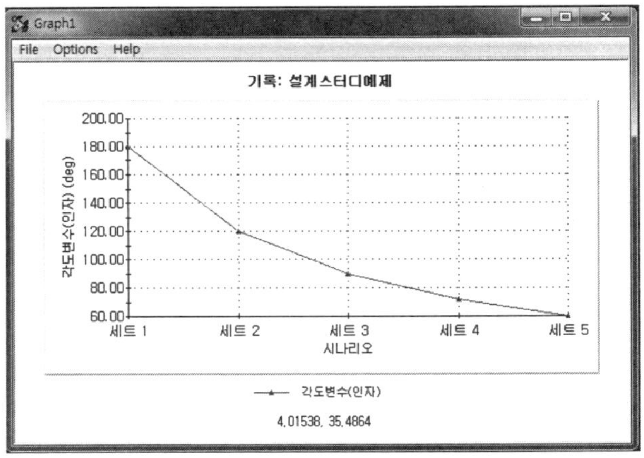

3. 이번에는 동일한 메뉴에 x-축은 **"설계 시나리오 번호"**를, y-축은 **"구속조건"**인 **"Frequency 1"**부터 **"Frequency 5"**를 선택하면 다음과 같이 설계 시나리오의 요약 정보가 그래프로 표시된다.

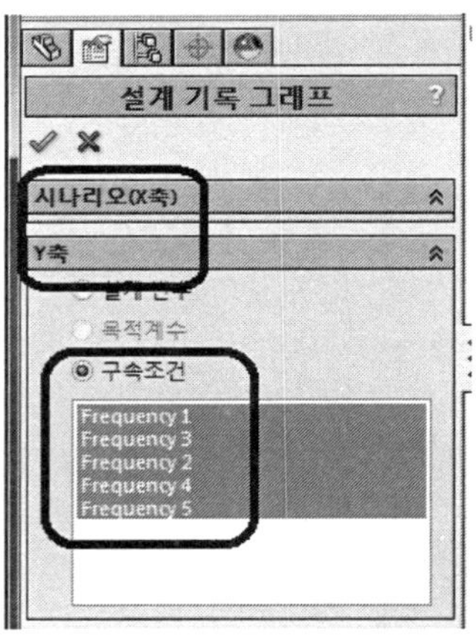

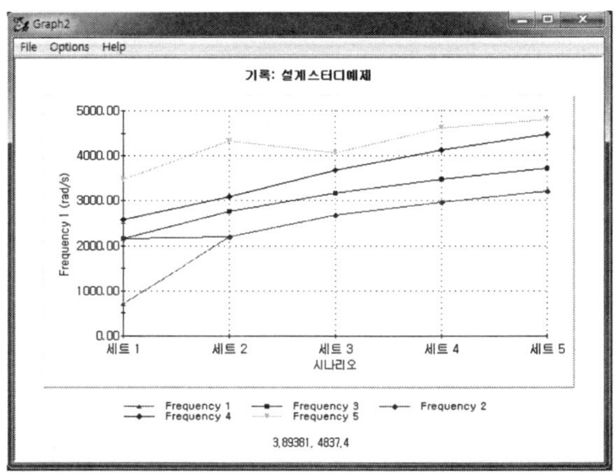

7.6.3 특정 시나리오에서의 변형 모드 분석하기

1. 특정 시나리오의 특정 고유 진동 모드를 알고 싶은 경우에는, 해당 시나리오와 해당 고유 진동수 번호를 더블 클릭하면 변위 모드가 화면에 나타난다. 다음은 3개의 스포크를 갖는 Pulley가 진동할 때 5번째의 벼형 모드를 나타내고 있다.

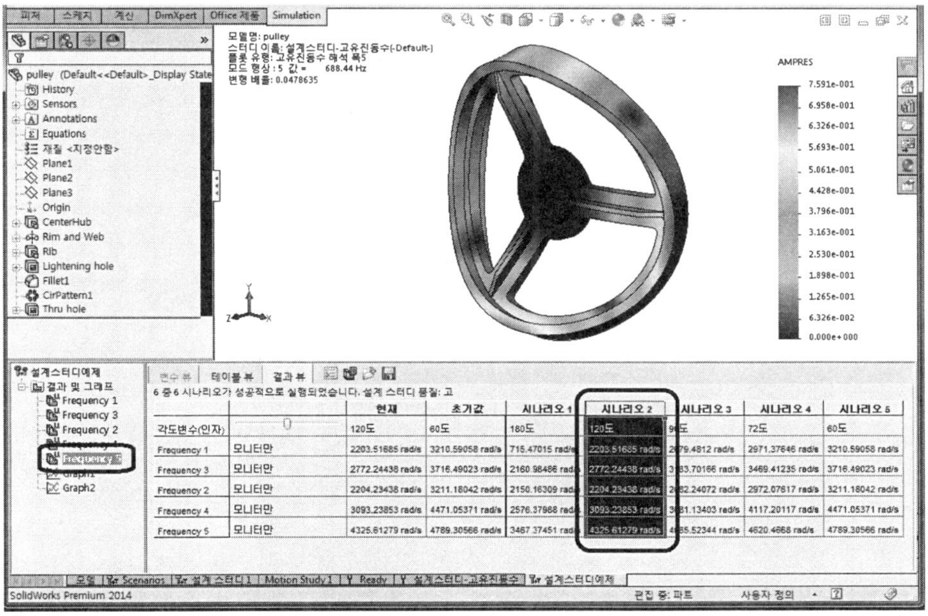

PART **3**

응용 예제 실습하기

제 1 장 비선형 정적 해석

1.1 비선형 정적 해석이란

1.1.1 비선형 정적 해석의 용도

사용자가 원하는 성능의 구조물을 제작하여 사용하기 위해서는 기계적이거나, 열적인 작업을 통하여 가공을 하여야 한다. 즉 원자재로부터 가공을 거친 후 만들어진 파트를 사용하게 된다.

〈가공〉

〈완성된 부품〉

원자재가 위와 같은 과정을 거쳐서 실제로 사용되는 단계를 그래프로 나타내면 다음과 같다. 위에 설명한 원자재와 부품의 각 단계는 그 재료의 관점에서는 각기 다른 상황에 놓이게 된다. 즉 그래프에서 보면 **"원자재의 상태"**는 원점에 해당하는 무응력-무변형률(Zero Stress-Zero Strain) 상태이다.

기계적인 가공을 통하여 원하는 형상과 치수로 가공하기 위해서는 원자재로부터 그 재료의 특성을 파악하여 절삭, 판금 등의 가공 과정을 거쳐야 한다. 이 **"원자재를 가공하는 과정"**은 그래프 상에서 항복점인 B 지점을 지나서 파괴지점(Fracture Point)에 해당하는 **"F 지점"**에 해당한다. 즉 선형 탄성 거동을 하는 지점을 지나서 소성 영역인 비선형 구간을 지나고 파단 지점인 것이다. 물론 이 지점을 지나는 응력 상태는 원자재의 일부분인 절삭되어 떨어져 나가는 부위에 해당되는 상태이다.

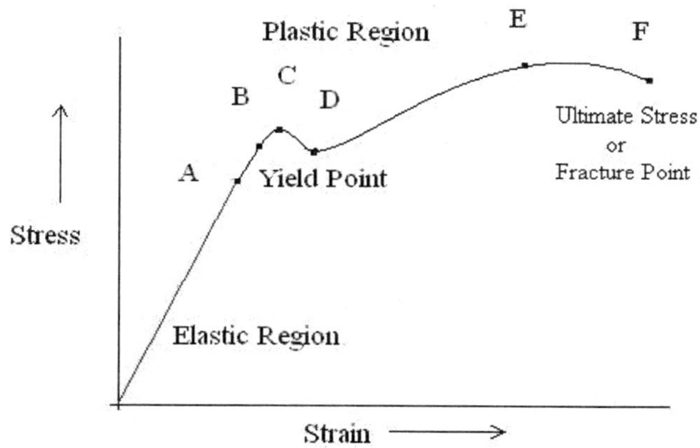

그리고 원자재가 가공이 완성되어 실제 부품으로 **"사용되는 상황"**에서는 그 부품은 **"원점에서부터 A 지점까지"** 선형 탄성 범위 이내에서 사용될 것이다. 이때에도 물론 설계상의 요구조건인 안전계수의 설정 값 범위 내에서 사용되어야 한다. 이러한 상황은 일반적으로 기계공학 분야에서는 선형 탄성에 근거한 재료역학, 또는 기계재료 관련 저서들이 설명하고 있으므로 더 자세한 설명은 생략하기로 한다.

위에서 설명한 바와 같이 재료가 가공을 위하여 비선형 구간의 끝인 파단 점에서 거동하면 이해하기가 쉬우나, 가공이 완료된 부품이 실제 구조물로 사용되는 도중에는 선형 탄성 구간과 비선형 소성 구간 범위 내에서 사용되는 경우가 발생할 수가 있다. 선형 탐성 구간을 넘어서서 **"항복점인 B 지점과 파단 지점인 F 지점사이의 원하지 않는 구간인 비선형 구간"**에 응력 상태에 놓이게 되면 더욱 고급의 이론식에 근거하여 그 비선형 거동을 예측하여야 한다. 이 과정이 비선형 정적 해석의 취지이다. 이때 비선형 정적 해석에서는 관성 및 감쇠력과 같은 동적 효과는 고려하지 않기로 한다.

1.1.2 비선형 정적 해석의 개념

실제 적용에서 발견되는 구조물 비선형의 주된 요인은 다음과 같은 3가지가 있다.

- 재질 비선형(Material Non-linearity)
  - 작용 응력의 크기가 증가하면서 재질의 특성이 비선형성을 나타냄
- 형상 비선형(Geometric Non-linearity)
  - 구조물의 대변형(Large Deformation), 대회전(Large Rotation), 또는 대변위(Large Displacement)의 거동으로 인하여 하중의 작용방향과 분포, 크기가 달라짐
- 접촉 비선형Contact Non-linearity)
  - 조립 부품 사이의 접촉에 의한 비선형이나 미끄러짐 등 경계조건의 변화로 인해 생기는 접촉

위의 3가지 형태의 비선형 방식 중에서 실제 환경에서 자주 만나게 되는 **"재질의 비선형"** 거동은 적용 응력의 크기 증가에 따른 비선형 구간이다. 이 상황은 사용자가 운용 도중에 원하지 않았던 상황이 발생된 것이며, 이를 신속하게 파악하고 설계 변경을 하여야 하는 최우선의 경우이다.

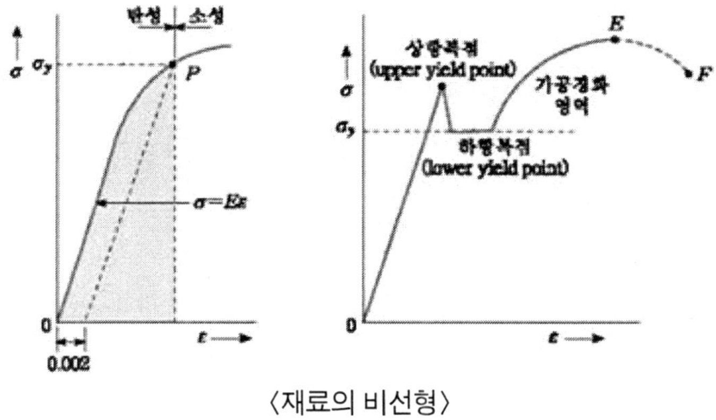

〈재료의 비선형〉

이어서 형상 비선형은 구조물의 거동이 좌굴(Buckling) 등과 같은 현상에 의하여 대변형(Large Deformation), 또는 대변위(Large Displacement)의 현상이 나타나는 경우에 볼 수 있다. 이어서 접촉 비선형은 조립 부품 사이의 접촉, 미끄러짐 등이 발생하는 상황에서 고려하게 되는 경우이다.

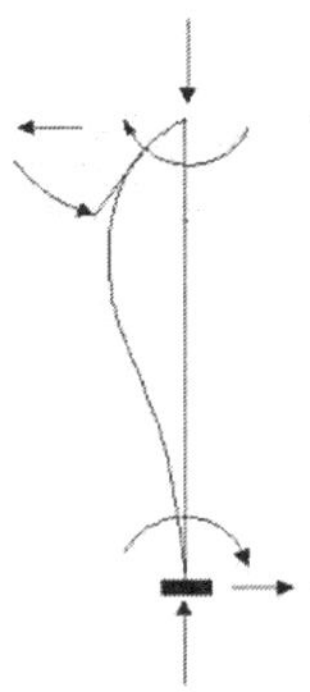

〈형상 비선형〉

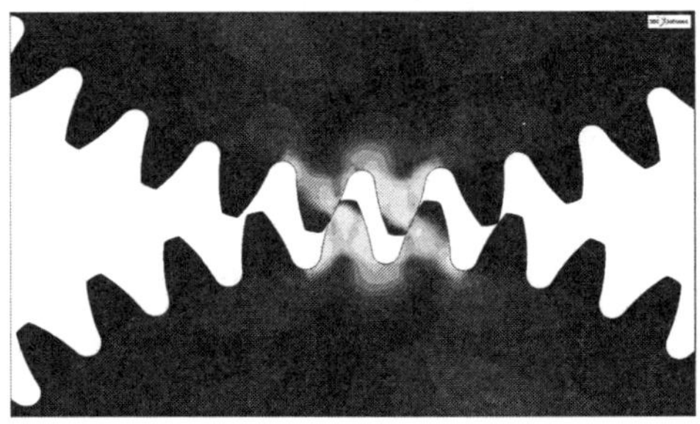

〈접촉 비선형〉

1.1.3 비선형 정적 해석의 수치적인 기법

비선형 해석은 비선형 구간을 작은 구간으로 나누어 각 구간별로 한 단계씩 누적하여 계산을 진행해 나가면서 전체적인 거동을 예측하는 과정을 반복하게 된다. 따라서 비선형 해석에 사용되는 프로그램은 광범위한 비선형 문제를 다루기 위해 여러 가지 대체 알고리즘을 지원하는 요건을 갖추어야 한다. 이러한 기술을 통해 공학적인 문제 해결의 융통성을 높이고, 해석자는 더욱 신뢰성 있고 효율적으로 특정 문제를 해결할 수 있게 되기 때문이다.

유한요소법을 사용하여 비선형 문제를 해결하기 위해서는 다음과 같이 3가지 관점에서 수치적으로 최종 해에 도달할 때까지 제어할 수 있는 알고리즘을 적용하여야 한다.

- 증가 제어 기술(Incremental Control Technique)
  - 하중-변위(또는 응력-변형률) 곡선의 평형 경로를 따라서 변형 과정이 진행되도록 수치적인 계산 과정을 제어하는 기술

- 반복 기법(Iterative Technique)
  - 경로를 따라 평형 상태를 벗어나는 과정에서 다시 경로 상으로 돌아오도록 제어하는 수치 기법
- 수렴 기법(Convergence Criteria)
  - 비선형 연립방정식의 해를 구하는 과정에서 수치적 계산을 종료하는 기준

A. 증가 제어 기술

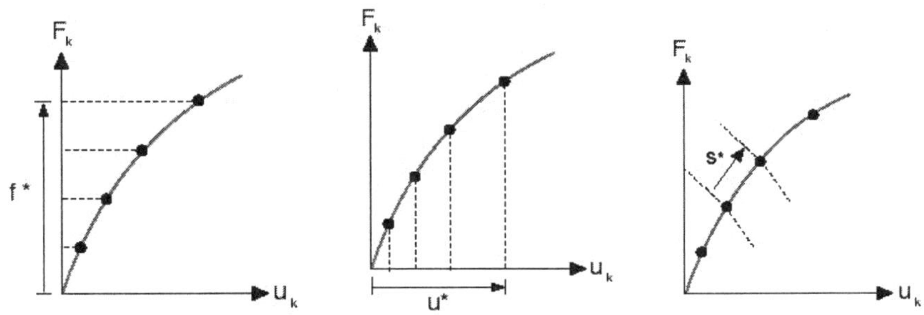

a) 힘 제어　　b) 변위 제어　　c) 원호 길이 제어

B. 반복 기법

1) 뉴턴-랩슨(Newton-Raphson (NR)) 방법

이 방법은 특정 지점에서 계산된 접선 강성행렬(Tangent Stiffness Matrix)을 그 특정 스텝 내에서는 다시 반복에서 조합, 분해된다. 이 방법은 수렴률은 매우 좋은 편이나 접선강성을 각 반복 구간에서 계산하여야 하므로 큰 모델에서는 많은 계산시간이 소모될 수 있다.

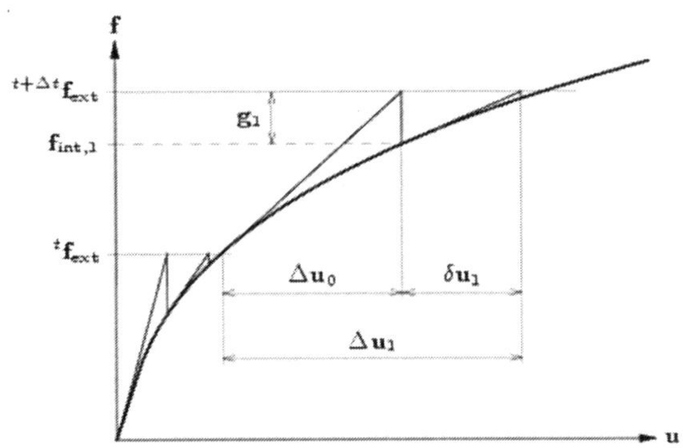

〈Newton-Raphson (NR)) method〉

2) 수정된 뉴턴-랩슨(Modified Newton-Raphson (MNR)) 방법

이 방법에서는 접선 강성행렬을 각 스텝의 시작 단계에서 지정한 초기 시점에서 계산하고, 아래 그림에서와 같이 전체 반복 과정에서 동일한 접선강성행렬을 사용하므로 추가적으로 접선 강성행렬을 계산하지 않아도 되며, 따라서 계산 효율이 증가한다.

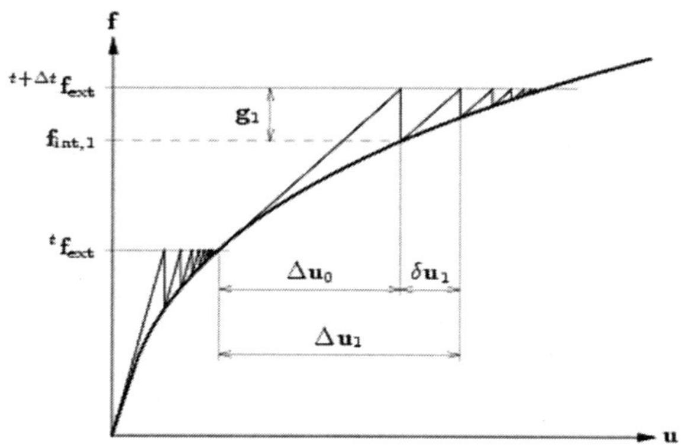

〈Modified Newton-Raphson (MNR)) method〉

C. 수렴 기법(Convergence Criteria)

비선형 해석은 반복법을 이용하고 있기 때문에 수렴조건을 이용하여 해의 수렴여부를 판단하게 되며, 이때 수렴조건의 선택은 해석조건에 따라 달라질 수 있다. 강제변위를 사용하는 경우에는 변위 (Displacement) 조건을 사용하는 것은 적절하지 않으며, 구조물이 자유롭게 변형될 수 있는 구조인 경우 하중(Load) 조건은 부적절할 수 있다. 만일 비선형 해석 과정에서 적절한 수렴조건을 선택하기가 어렵다면, 각 수렴조건을 사용하여 각각의 결과를 비교해 보는 것이 좋다.

그리고 수렴을 판단하는 허용공차를 너무 크게 설정하면 결과가 부정확해지고, 너무 적게 설정하면 불필요하게 계산 비용이 증가하게 되므로 주의하여야 한다.

1) 변위 수렴

이 조건은 반복 과정 중 변위 증가에 기초하며, 사용자가 지정한 어느 일정 크기 이내로 수렴하면 종료하는 방법이다.

2) 하중 수렴

이 조건은 반복 과정 중 불균형 (잔여) 하중에 기초하며, 이 조건은 잔여 하중 벡터의 놈(Norm)이 사용자가 지정한 어느 일정 크기 이내의 부가 하중의 허용공차 내로 수렴하면 종료하는 방법이다.

3) 에너지 수렴

이 조건에서 각 반복 중 내부 에너지의 증가(증가 변위를 통해 잔여 하중에 의해 발생)가 초기 에너지 증가와 매번 비교된다. 이 때 이 증가분이 사용자가 지정한 어느 일정 크기 이내의 부가 하중의 허용공차 내로 수렴하면 종료하는 방법이다.

D. 실제 응력-변형률 곡선 적용 기법

대부분의 해석에서는 실제로 그 응력-변형률 곡선의 비선형이 심하므로 항복점을 지난 이후의 소성 구간을 묘사할 때 탄성 구간의 기울기보다 작은 탄젠트 기울기라는 개념을 도입하여 또 다른 탄성 거동으로 묘사하여 단순화하여 사용한다. 이렇게 단순화하면 실제 상황과는 오차가 생길 수 있지만, 해석 과정을 단순화하여 근사적인 해를 구하는 효율적인 방법이므로 설계 초기에는 자주 쓰이는 방법이다.

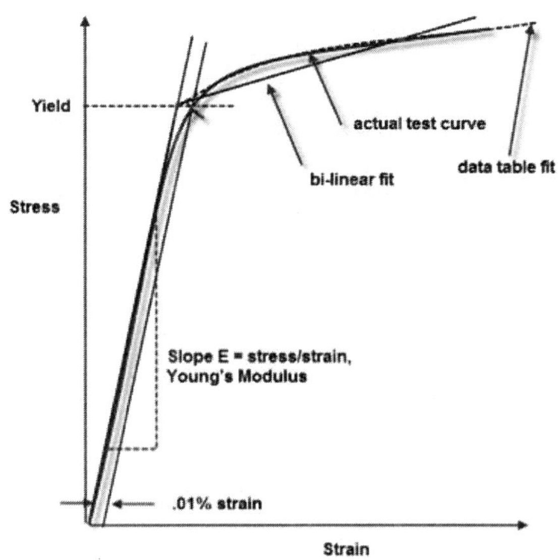

1.2 비선형 정적 해석의 입력/출력 데이터

1.2.1 비선형 정적 해석의 입력 데이터

해석을 수행하기 위해서 입력해 주어야 할 데이터의 종류는 다음과 같다.

1. 비선형 정적 해석 스터디 작성
   - 유형 : **"비선형 해석"** 선택
   - 옵션 : **"정적 해석"** 설정
2. 스터디 속성 설정
   - 시간 간격 옵션
   - 형상 비선형 옵션
   - 솔버 옵션
   - 고급 옵션 : 제어 방식 선택 – 하중 제어, 변위제어, 원호 제어
수치 해법 – 반복 테크닉 선택, 적분 방식 선택
3. 구조물의 재질 지정
   - 사용자 정의 재질 – 가소성(可塑性) 재질
4. 구속조건 정의
5. 하중 지정
6. 결과 옵션 설정
   - 결과 저장 옵션 : 모든 솔루션 스텝, 지정 솔루션 스텝
   - 응답 플롯 설정
7. 구조물의 메시 생성 작업

1.2.2 비선형 정적 해석의 출력 데이터

해석을 수행한 후 얻을 수 있는 출력(Output) 결과는 다음과 같다.

1. 요소 응력 및 절점 응력
   - 수직응력 : X–방향, Y–방향, Z–방향

  - 전단 응력 : XY-면, YZ-면, ZX-면

2. 변위 요소
  - 변위 : X-방향, Y-방향, Z-방향
  - 합성 변위 (Resultant Displacement)

3. 반력 요소
  - 반력 : X-방향, Y-방향, Z-방향
  - 합성 반력 (Resultant Reaction)

4. 변형률 요소
  - 수직 변형률 : X-방향, Y-방향, Z-방향
  - 전단 변형률 : X-방향, Y-방향, Z-방향
  - 등가 변형률
  - 변형 에너지 밀도
  - 총 변형 에너지
  - 주 변형률

1.3 비선형 정적 해석의 예제 설정

본 해석 예제에서는 다음과 같은 기능을 익히도록 하고자 한다.

- 비선형 해석의 스터디를 익힌다.
- 비선형 탄소성 재질을 정의하고 해석을 진행한다.
- 재질에 항복응력 이상 외력이 가해질 때의 거동을 확인한다.
- 비교를 위하여 선형 조건도 해석하여 해석 방식의 차이를 이해한다.
- 항복 응력 이상의 조건에서 선형 해석의 위험성을 확인한다.

위의 목적을 위하여 다음과 같이 해석 문제를 정리할 수 있다. 이 예제에서는 C형 클램프의 선형 거동과 비선형(Nonlinear) 거동을 동시에 해석한다. 아래에 C형 클램프의 형상과 구속조건, 하중 조건, 재질의 탄소성 거동 특성 곡선이 나타나 있다.

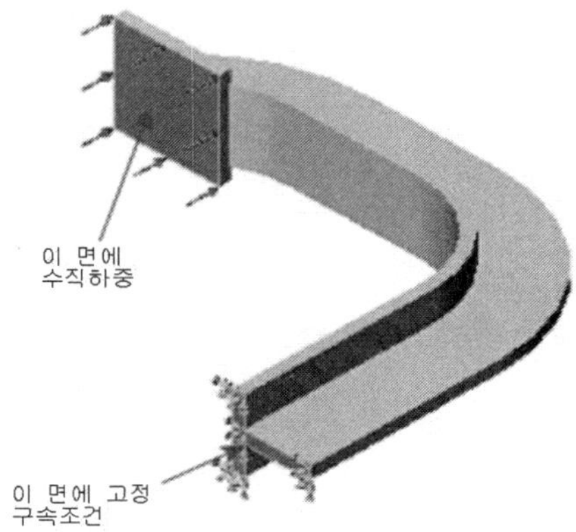

〈C형 클램프의 형상, 하중, 구속조건〉

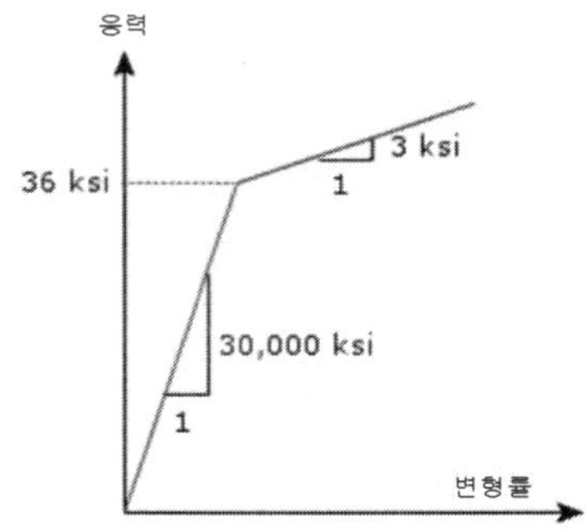

〈재질의 탄소성 특성 곡선〉

이때 가해지는 하중은 0 N부터 시작하여 1초 후에는 1,000 N까지 증가한 후 그 크기가 일정하게 유지되는 조건을 사용하기로 한다.

이 해석 예제에서는 비선형 문제 중에서 상대적으로 간단한 형태인 탄소성(Elasto-Plastic) 문제를 선택하여 비선형의 개념과 해석 방법을 익히도록 하였다. 이 결과는 선형(Linear) 거동의 결과와 마지막에 간략히 비교하기로 한다.

1. 파일의 위치 : "C: \ Program Files \ SolidWorks Corp \ SolidWorks \ Simulation \ Examples \ Nonlinear \ nl_clamp.sldprt"
2. 스터디 유형 : **"비선형 해석"**
3. 스터디 속성 : **"비선형 해석- 정적 해석"** 대화 상자의 **"솔루션"** 탭
   - 시간 간격 옵션 : 종료 시간 : 1
   - 시간 증분 : 자동 (자동 시간 간격)
   - 초기 시간 증분 : 0.01
   - 최소 : 1.e-8
   - 최대 : 1.0
   - 형상 비선형 옵션 : 대변위 공식 사용

- 솔버 : **"Direct Sparse"**
- **"고급"** 탭
- 제어 방식 : 하중
- 반복 테크닉 : NR (Newton–Raphson)

4. 재질 : 가소성–von Mises 재질 (탄–소성(Elasto–Plastic) 재질)
   - 탄성계수 : 30e6 psi
   - XY 포아송비 : 0.28
   - 항복 강도 : 36,000 psi
   - 탄젠트 계수 : 3,000 psi
   - 가공경화지수 : 0 (등방성 경화 설정값)
   - 질량 밀도 : 임의의 값 (예: 0.04)
     (이 값은 계산 결과와는 무관한 임의의 값임)
5. 구속 조건 : C형 클램프의 한쪽면에 **"고정 지오메트리"**
6. 하중 : C형 클램프 나머지 한쪽 면에 집중하중
   - 하중 크기는 시간에 따라 0부터 최대 1,000 N로 증가

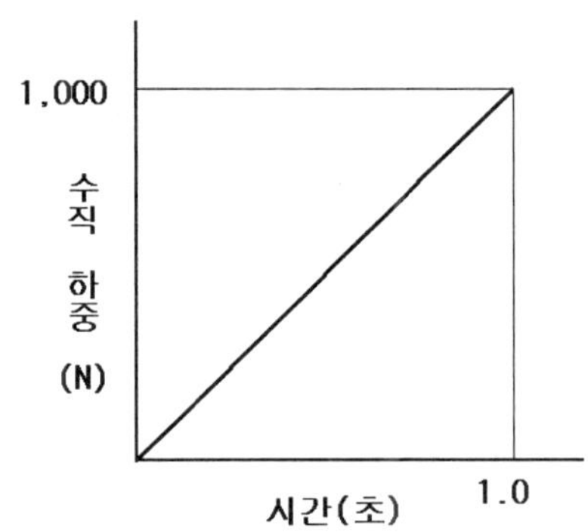

〈시간에 따라 증가하는 하중-시간 곡선〉

7. 결과 옵션 :
   - 결과 저장 : 지정 솔루션 스텝
   - 솔루션 스텝 – Set 1 상자

- 시작 : 1
- 끝 : 100
- 증분 : 1
- 응답 플롯 : "〈Ready-Large Deformation〉-Nonlinear"

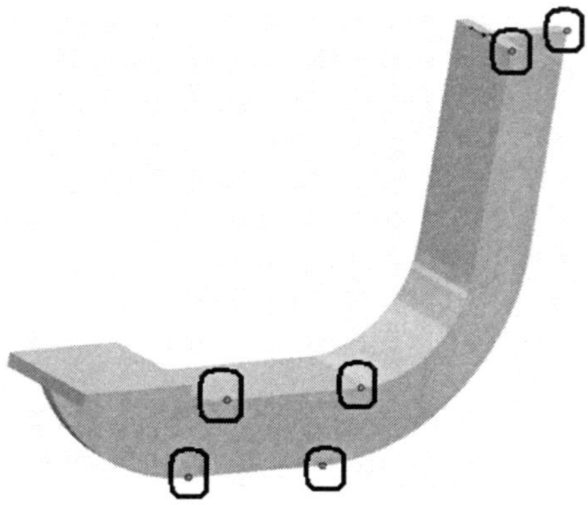

〈해석 결과를 확인하는 6곳의 응답 지점〉

8. 메시 분할 : - 메시 파라미터 : 표준 메시
   - 평균 요소 크기 : 기본 설정값
   - 허용공차 : 기본 설정값
   - 자동 전이 : 선택 해제
   - 고급 아래 :
   - 야코비안 포인트 : 4개의 점
   - 1차 요소 해석 메시 : 선택 해제
   - 솔리드의 자동 시도 : 선택
   - 시도수 : 3

1.4 비선형 정적 해석 문제 해결과정

1.4.1 파일 불러오기

1. 애드인이 되어 있다고 가정하고, 파일 열기(File–Open)를 선택하여 아래의 파일을 선택하고 **"열기"**를 클릭한다.
   "C: \ Program Files \ SolidWorks Corp \ SolidWorks \ Simulation \ Examples \ Nonlinear \ nl_clamp.sldprt"

2. 해석을 위한 구조물의 형상이 다음과 같이 나타난다.

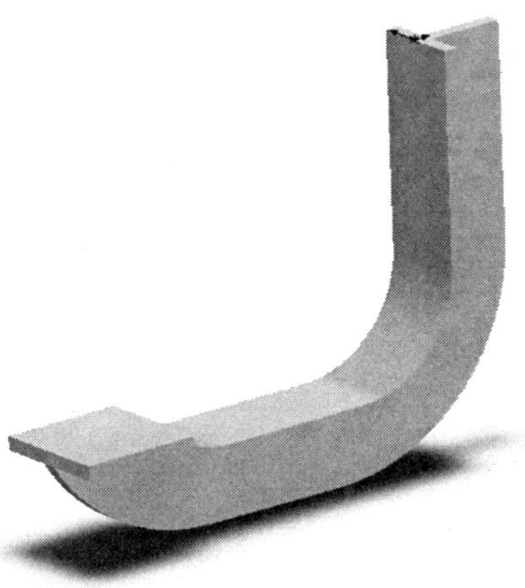

1.4.2 스터디 정의하기

1. 해석을 위하여 다음과 같이 스터디를 **"비선형 해석"**으로, 아래 **"옵션"**에서는 **"정적 해석"**을 동시에 선택한다. 그 결과 스터디 정의가 완료되었다.

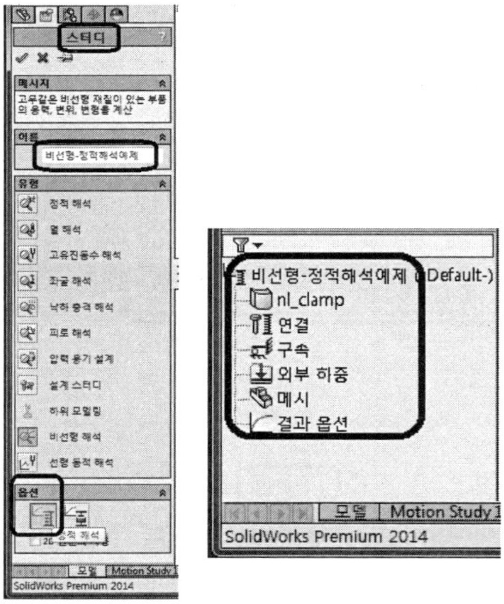

1.4.3 스터디 속성 설정하기

1. **"비선형 정적 해석"**으로 설정된 스터디의 해석용 **"속성"**을 정의해 주기 위하여 다음과 같이 설정을 시작한다.

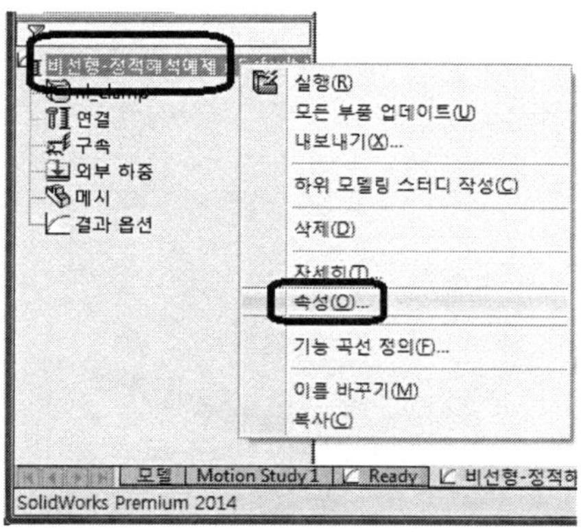

2. 먼저 **"솔루션"** 탭에서 앞서 설정한 조건들을 입력한다. 그리고 아래 부분의 **"고급 옵션"**을 선택한다.

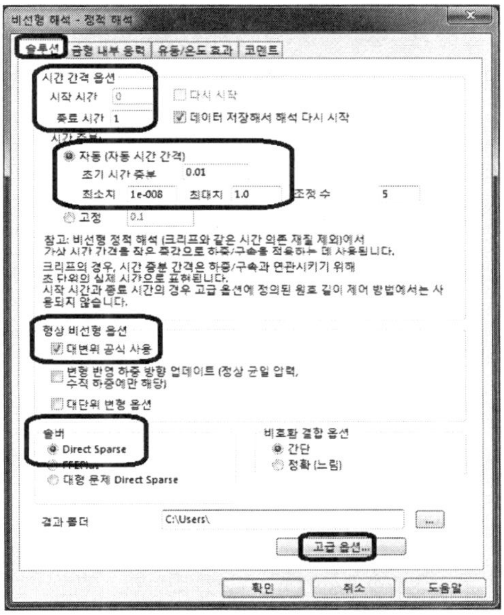

3. **"고급 옵션"** 선택에 따라서 다음의 화면이 나타날 때, 다음과 같이 **"하중"** 제어 방식과 "NR (Newton-Raphson)" 반복 계산 테크닉을 선택한다.

1.4.4 재질 부여하기

1. **"파트"** 이름을 선택하고, 마우스 우측 버튼으로 **"재질 선택/편집(M)"** 메뉴를 선택한다. 이 파트의 재질은 사용자가 입력하는 탄소성(Elasto-Plastic)재질이다. 따라서 이어서 **"새 카테고리"**에서 **"새 재질(M)"**을 선택한다.

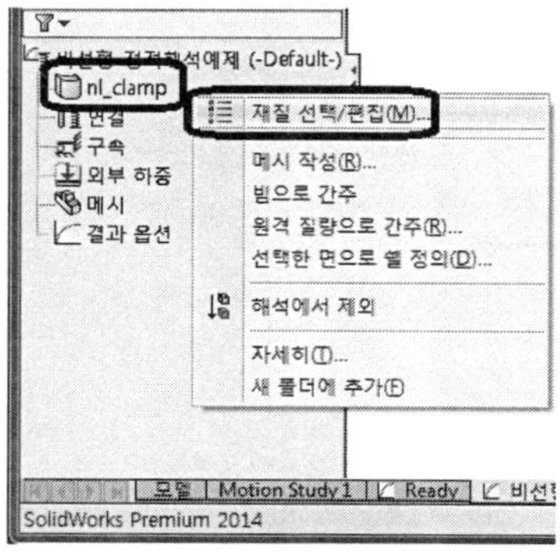

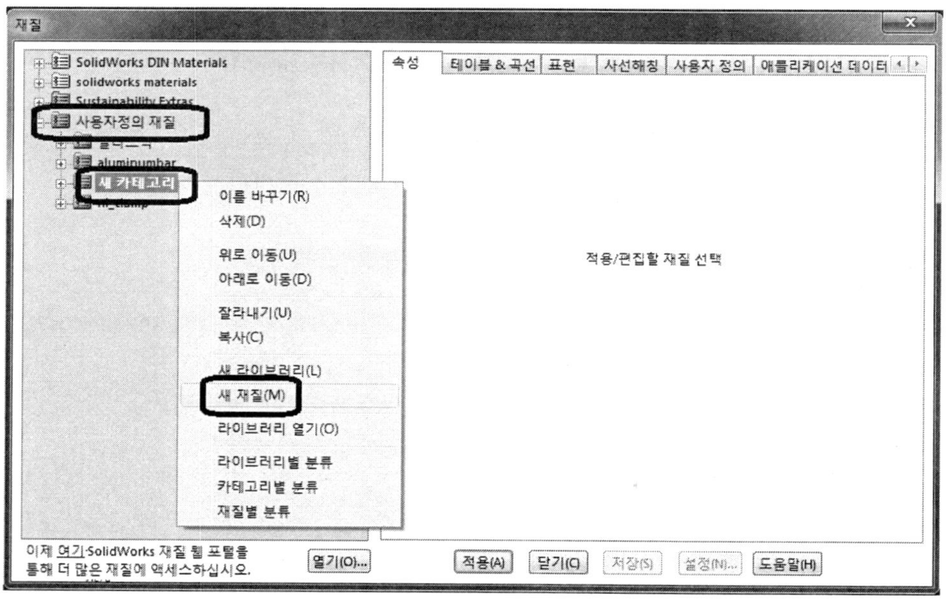

2. 이 입력 창에서 앞에서 사용하기로 한 재료의 특성값들을 입력한다.

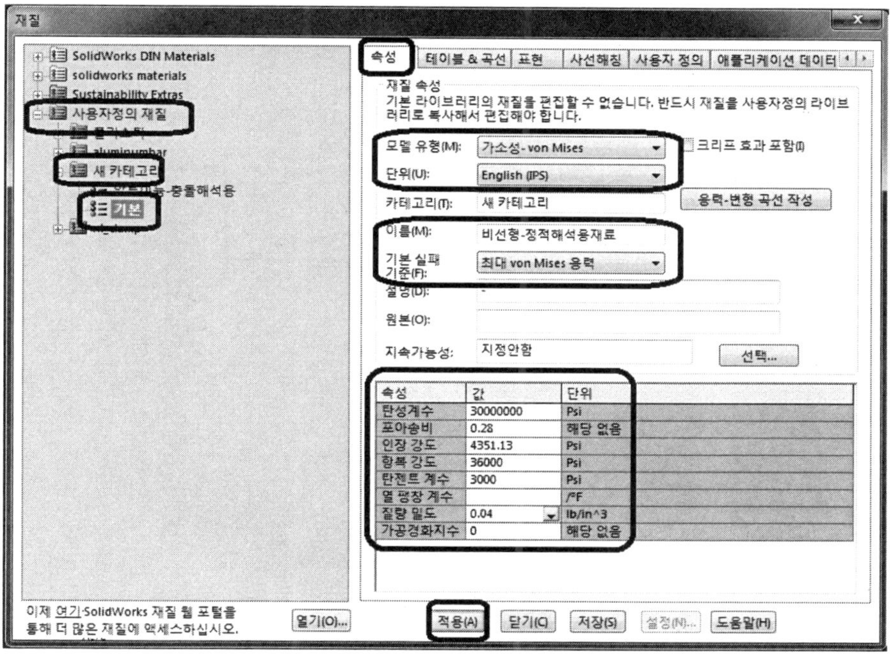

1.4.5 구속 조건 부여하기

1. 이 파트는 다음과 같이 **"구속"** 메뉴에서 **"고정 지오메트리"**를 선택한다.

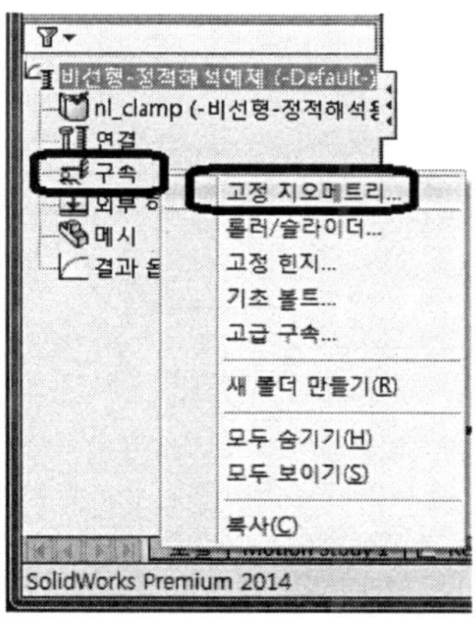

2. 다음과 같이 구속조건 설정 창에서 베어링의 바닥면 2곳을 선택하고 **"고정 지오메트리"** 조건을 부여하고 위의 **"체크(V)"** 버튼을 클릭한다.

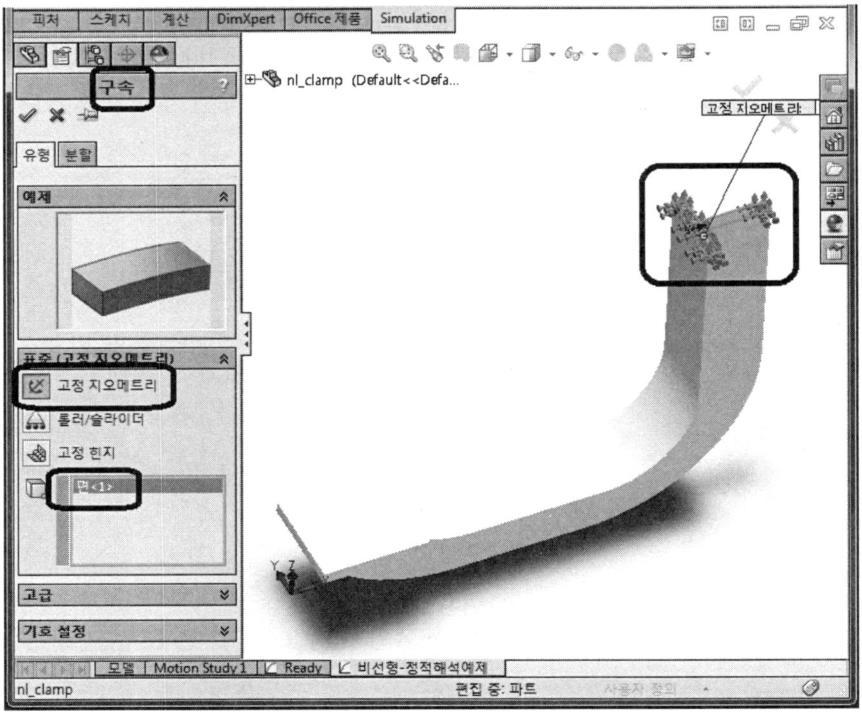

1.4.6 하중 부여하기

1. 해석 시에 적용될 집중하중을 부여하기 위하여 마우스로 **"하중(F)"** 메뉴를 선택한다.

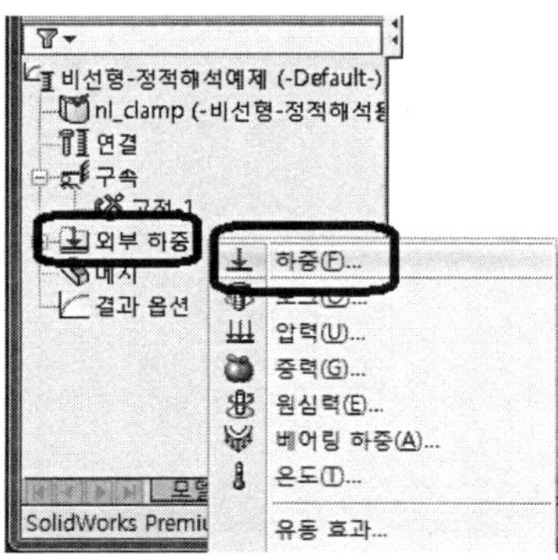

2. 다음의 화면에서 집중하중 값과 작용면을 설정한다. 값을 입력하고 아래 부분의 **"시간 변화량"**에서 **"보기"** 버튼을 선택한다.

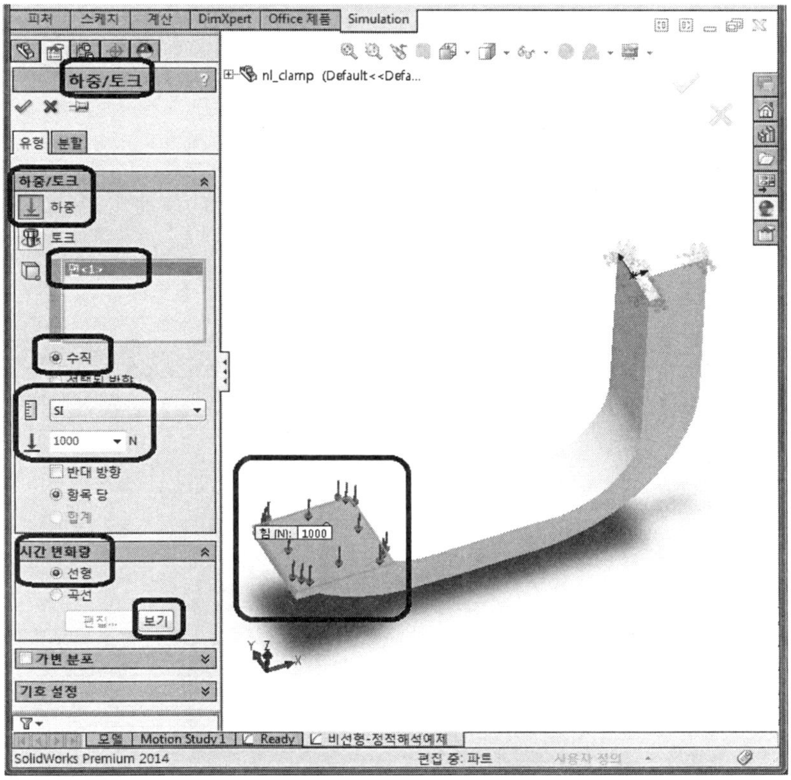

3. 이때 **"시간 변화량"**, **"보기"**를 선택하면 다음과 같이 하중이 0초부터 1초가 될 때까지 선형으로 점점 증가하는 그래프를 확인할 수 있다.

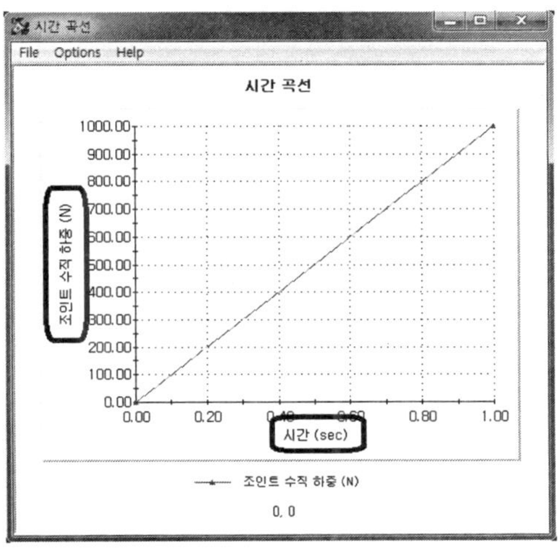

1.4.7 결과 옵션 설정하기

1. 결과 옵션에서, 모든 솔루션 스텝에 대해 해석 결과를 저장할 위치를 지정하고 모든 절점에 대해 결과를 저장할 솔루션 스텝을 지정하기로 한다. **"결과 옵션"** 아이콘을 오른쪽 클릭하고 **"정의/편집(D)"**을 선택한 후, 다음의 화면에서 앞서 정의한대로 결과 옵션을 입력한다.

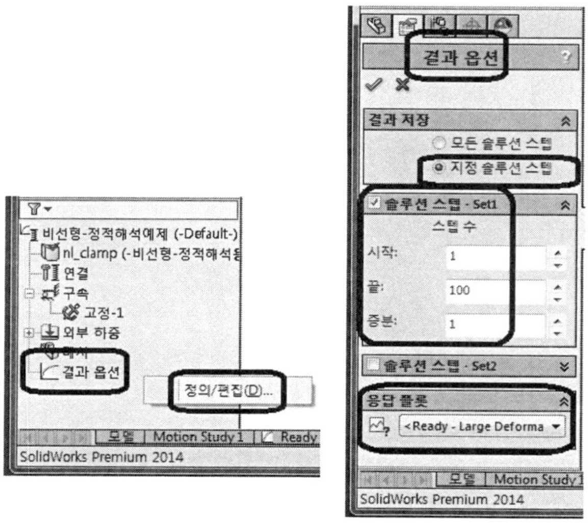

1.4.8 메시 생성하기

1. 다음과 같이 매니저 창에서 **"메시"** 메뉴를 선택하고 이어서 나오는 세부 메뉴에서 **"메시 작성(R)"**을 선택한다. 이어서 설정 메뉴에서는 앞에서 설정한 값들을 입력하고 **"체크(V)"** 버튼을 클릭하여 메시 생성을 진행한다.
   - 메시 파라미터 : 표준 메시
   - 평균 요소 크기 : 기본 설정값
   - 허용공차 : 기본 설정값
   - 자동 전이 : 선택 해제
   - 고급 아래 :
     - 야코비안 포인트 : 4개의 점

- 1차 요소 해석 메시 : 선택 해제
- 솔리드의 자동 시도 : 선택
- 시도수 : 3

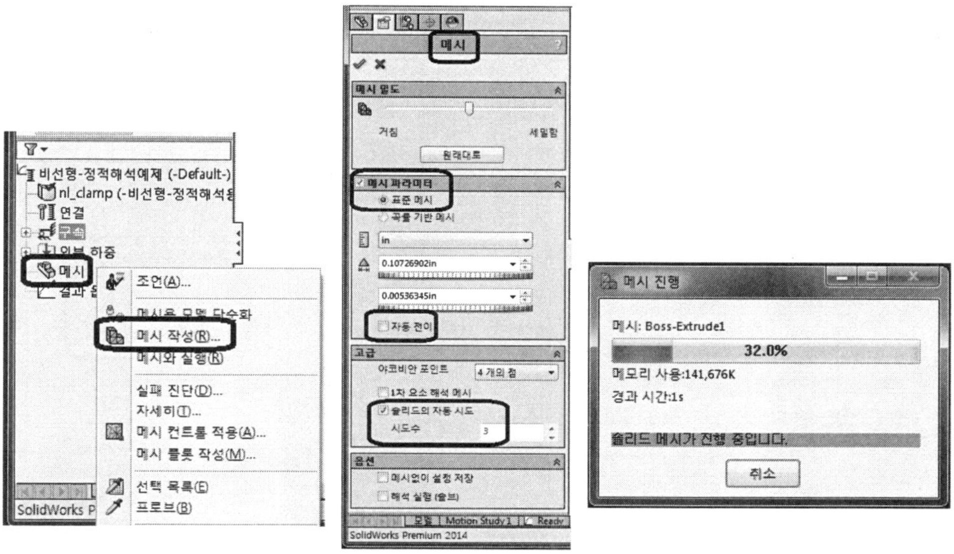

1.4.9 C형 클램프의 비선형 해석 실행하기

1. 다음과 같이 스터디 이름을 클릭하여 **"실행(R)"** 메뉴를 실행하면 프로그램을 계산 작업을 진행한다.

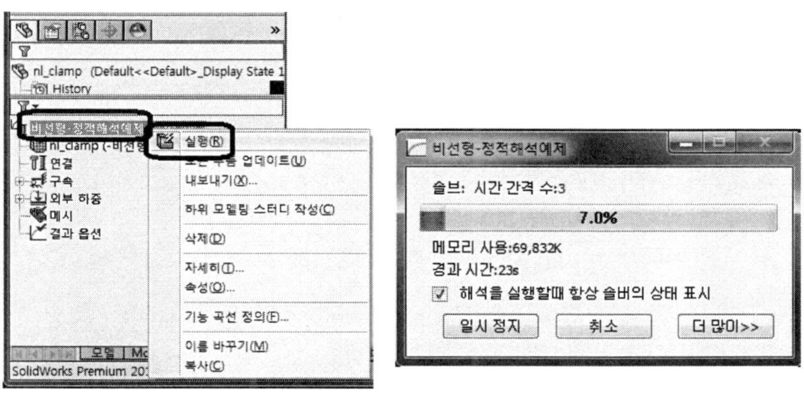

2. 이 계산 작업이 완료되면 매니저 영역에 해석 결과를 담을 수 있는 **"결과"**라는 폴더가 표시되며, 그래픽 영역에는 대표적인 해석 결과가 나타난다. 아래의 von Mises 등가 응력을 기준으로 해석 결과를 살펴보면, 외부 하중에 의하여 발생한 응력은 그 재료의 항복응력에 도달하면 그 부분은 재료의 항복이 발생하고, 그 이상의 응력은 인접 부위가 담당르하며 최대 응력 값은 항상 재료의 항복 응력 값이 된다. 이러한 해석 결과가 실제로 발생하는 것이며, 나중에 해석 결과를 비교할 선형 탄성 해석의 오류를 바로 잡아줄 내용이다.

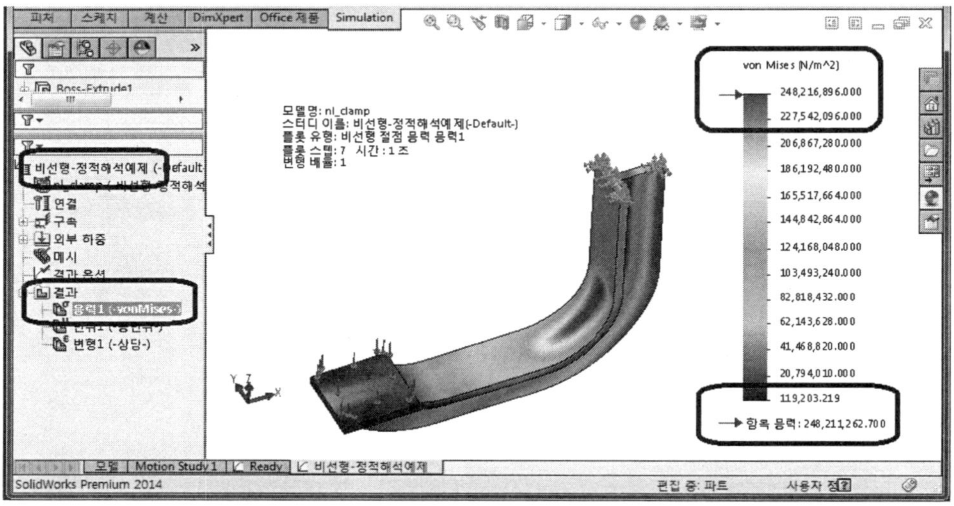

1.5 비선형 정적 해석 결과 분석하기

1.5.1 응력 분포 확인하기

1. 일정 시간 스텝에서의 von Mises 응력을 도시해 보기로 한다. **"결과"**에서 **"응력 플롯 정의"** 메뉴를 선택한다. 다음에서 **"von Mises 응력"**, **"N/m^2"** 단위로 설정한다. 그리고 **"플롯 스텝"**은 **"7"**을 선택하기로 한다.

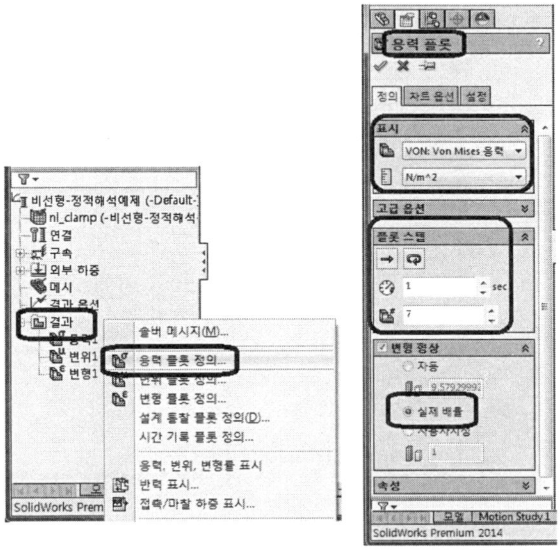

2. 그 결과 플롯 스텝이 7번째인 순간의 von Mises 응력 분포를 확인할 수 있다.

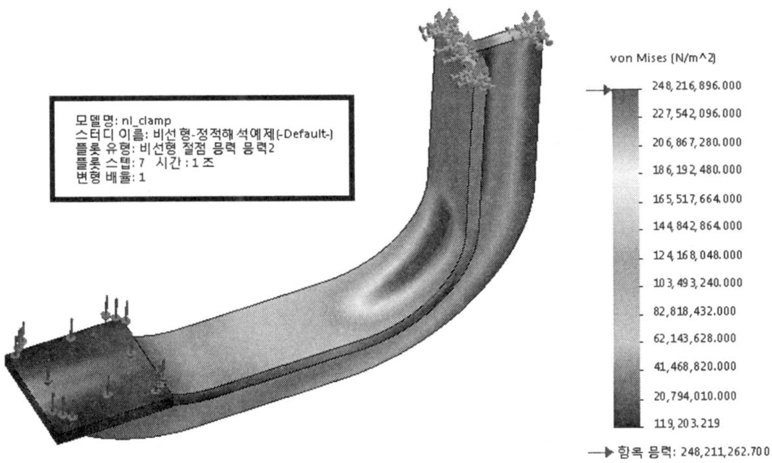

1.5.2 선택 지점의 시간별 응력 진행 확인하기

1. 비선형 해석을 시작하기 전에 지정했던 구조물의 6개의 지점에서, 시간이 지남에 따라 응력 값이 어떻게 변하는 가를 확인해 보도록 하자. 다음과 같이 **"결과"**에서 **"시간 기록 플롯 정의"** 메뉴를 선택하고 사용자가 지정했던 지점들을 모두 선택한다.

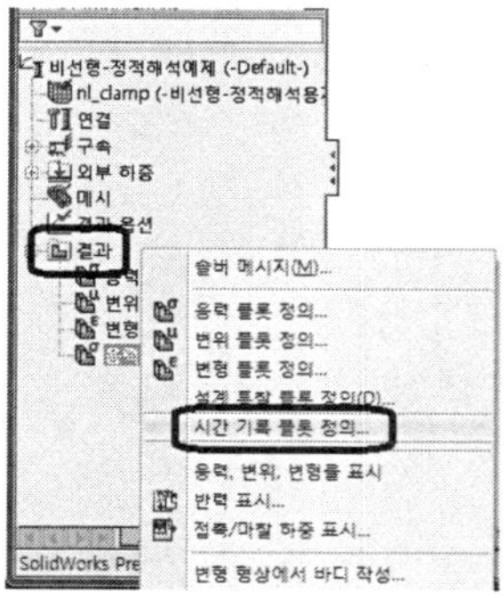

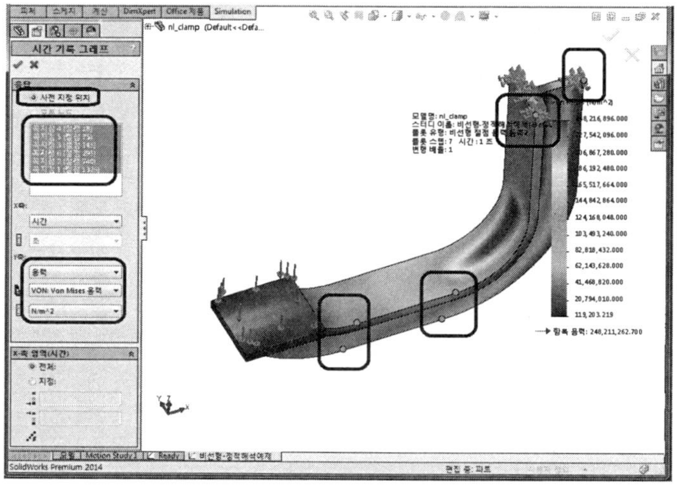

2. 그 결과 다음과 같이 사용자가 지정한 6개 지점에서, 하중이 가해지기 시작하는 순간부터 하중이 최대인 1,000 N에 도달할 때인 1초가 될 때까지의 응력 값의 변화가 그래프 형태로 표시된다.

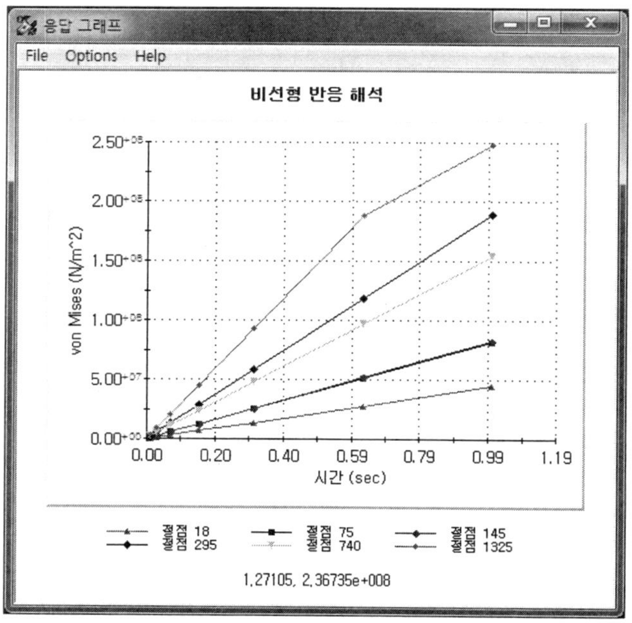

1.6 선형/비선형 정적 해석 결과 비교하기

1.6.1 선형 정적 해석 실행하기

1. 결과를 비교하기 위하여 **"선형정적해석-비교용"** 스터디를 추가한다.

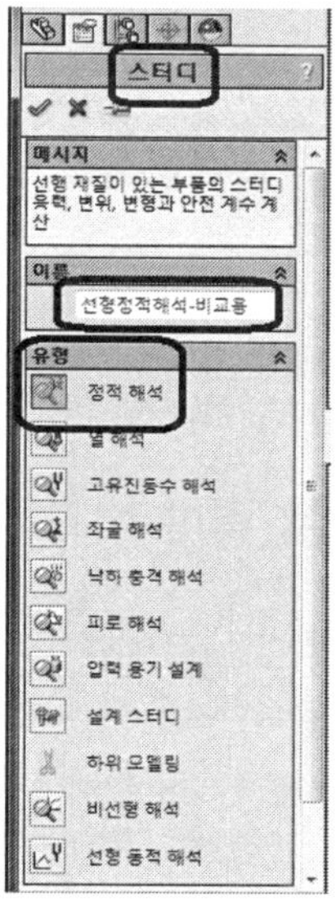

2. 이어서 이 비선형 해석에서 수행한 조건과 동일해야 하므로 앞서의 비선형 해석에서 사용한 재질, 구속조건, 하중조건, 메시 등을 모두 복사해 넣는다.

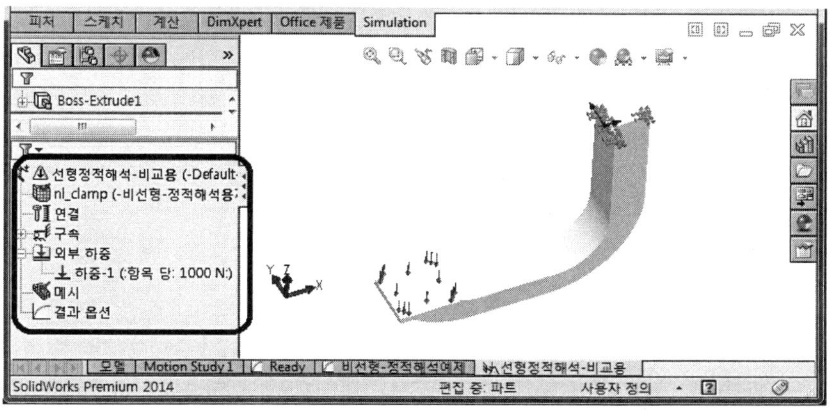

3. 새로 추가로 정의된 선형 정적 해석을 실행하여 다음과 같이 **"결과"**를 얻는다.

1.6.2 선형 해석과 비선형 해석 결과 비교하기

1. 앞서의 비선형 해석 결과와 비교하기 위하여 동일한 단위로 von Mises 응력을 표시하기로 한다. 아래 그림에서 볼 수 있듯이 이미 이 상태는 외력에 의해서 구조물에 항복이 발생한 상황이다. 그런데 그 항복점 이상으로 응력이 발생한다고 묘사하고 있다. 즉 이 경우에는 선형 정적 해석이 비현실적인 해석이 된다는 것이다. 따라서 하중, 재질 등의 조건에 따라서 선형해석, 또는 비선형 해석을 적절히 선택하여야 현실과 맞는 해석이 될 것이다.

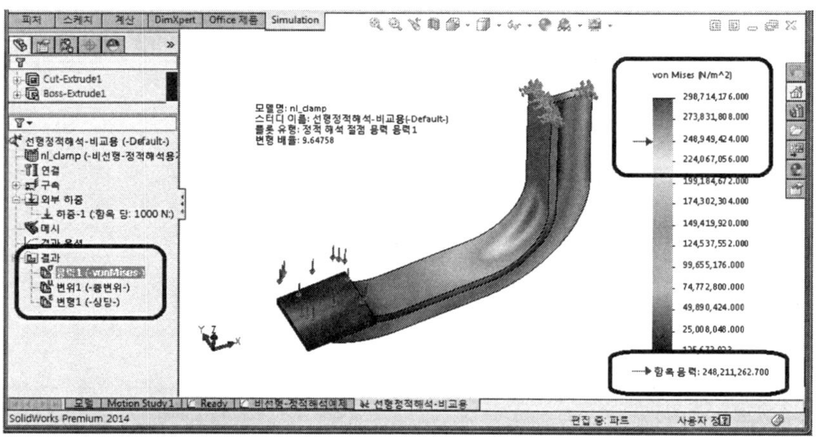

2. 앞의 선형 비선형 의미를 조금 더 설명하면 다음과 같다.

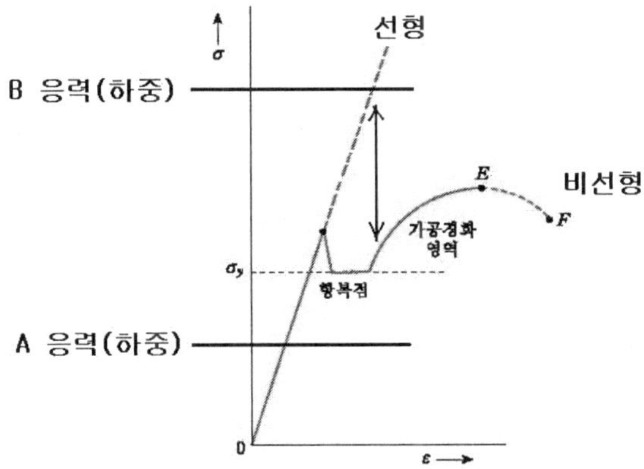

위의 그림에서, A 응력 상태로 외부 하중이 가해지는 경우에는, 선형 정적 해석을 하든지, 비선형 해석을 하든지 그 해석에서는 동일한 결과를 얻게 된다. 그러나 값이 더 큰 B 응력 상태라면 선형 해석과, 비선형 해석은 전혀 다른, 엉뚱한 결과를 나타낸다. 그런데 위의 그림에서 비선형 특성을 보이는 곡선이 실제 재료들의 거동 곡선이므로, 이렇게 큰 외부 하중이 가해질 경우에는 필수적으로 비선형 해석을 하여야 실제적인 현상에 맞는 해석이 된다는 것을 알 수 있다.

3. 바로 앞의 선형 해석과 비선형 해석의 실제적인 차이를 확인하기 위하여 다음과 같이 4가지 조건에 대하여 사용자들께서 직접 해석을 해 보기 바란다. 즉 하중이 선형 거동 범위 내에 있을 경우의 선형, 비선형 해석을 실행하고, 이어서 항복이 일어난 큰 하중 상태에서의 선형 해석, 비선형 해석을 통하여 최대 von Mises 등가응력의 값을 통하여 그 차이를 확인하기 바란다.

최대 von Mises 등가응력	선형해석(N/m^2)	비선형 해석(N/m^2)
250 N (A 하중상태)		
1,000 N (B 하중상태)		

제 2 장 선형 동적 해석

2.1 선형 동적 해석이란

2.1.1 선형 동적 해석의 용도

선형 동적 해석은 동적인(Dynamic) 하중을 받는 환경에서도 구조물이나 기계 시스템이 정상적으로 작동하도록 설계하기 위한 것이다. 기계 구조물은 정적인(Static) 하중을 받을 경우보다 동적인 하중을 받으면 그에 따른 거동이 확연히 다르게 나타난다. 그 중에서도 가장 중요한 현상이 반복하중에 의한 피로현상과, 진동수의 간섭과 합성으로 인한 공진 등이 발생한다. 그 결과 구조물의 변위나 변형이 커지게 되고 이에 상응하여 내부에 응력과 변형률이 크게 발생하여 최종적으로는 구조물의 파괴를 앞당기게 되어 설계 시에 문제가 되기도 한다. 따라서 이러한 공학적인 진동 특성을 고려하고 기계 시스템의 특성을 조정할 설계인자(Design Parameter)를 찾고, 설계 변경을 진행하기 위하여 동적인 해석을 수행하게 된다.

2.1.2 선형 동적 해석의 개념

선형 정적 스터디에서는 하중이 일정하거나 그 전체 값에 이를 때까지 매우 천천히 가해지는 것으로 가정한다. 이러한 가정으로 인해, 각 모델 입자의 속도 및 가속도가 0이 된다. 결과적으로 정적 스터디는 관성력 및 제동력을 무시하고 해석하게 된다. 그러나 많은 경우 실제 구조물들은 외부 하중이 서서히 부가되지 않거나, 시간에 따라서 변화하거나 또는 고유진동수와 함께 변화한다. 그러한 경우에 대하여 구조물의 거동을 규명하기 위하여 동적 해석을 하게 된다.

이러한 선형 동적 해석은 고유진동수 해석과 직접적으로 연관된다. 즉 동적 해석은 고유진동수 해석에 외부의 하중이 추가되는 형태의 해석 과정이 되는 것이다. 이 외부의 하중은 조화(Harmonic) 하중, 주기적(Periodic) 하중 또는 비주기적 하중이 될 수 있다.

2.1.3 구조물 고유진동의 개념

외부에서 하중이 가해지지 않고 순수하게 구조물 자체만의 진동을 하는 경우에는 다음과 같은 운동 방정식을 갖는다. 여기서는 물리적으로 이해하기가 쉬운 단진자(Pendulum) 운동으로 고려하고, 구조물 내부에 존재하는 감쇠(Damping, q) 특성을 고려한 방정식으로 고려하기로 하자.

$$\frac{d^2\theta}{dt^2} = -q\frac{d\theta}{dt} - \frac{g}{l}\theta$$

이 방정식에서 감쇠가 없는 경우, 즉 q=0인 경우에는 그 진동 현상이 일정한 주파수로 일정한 진폭으로 지속된다. 그러나 그 감쇠의 크기가 점점 커지면 주파수에는 변함이 없이 그 진폭이 줄어들면서 일정 값으로 수렴하는 특성을 갖는다.

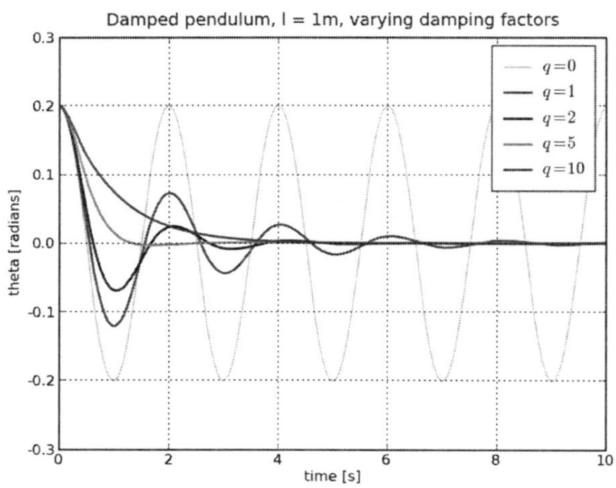

2.1.4 외부에서 가해지는 동적 하중의 형태

외부에서 구조물에 가해지는 전형적인 기계적인 동적 하중의 종류와 형태 중에서 몇 가지를 아래에 나타내었다.

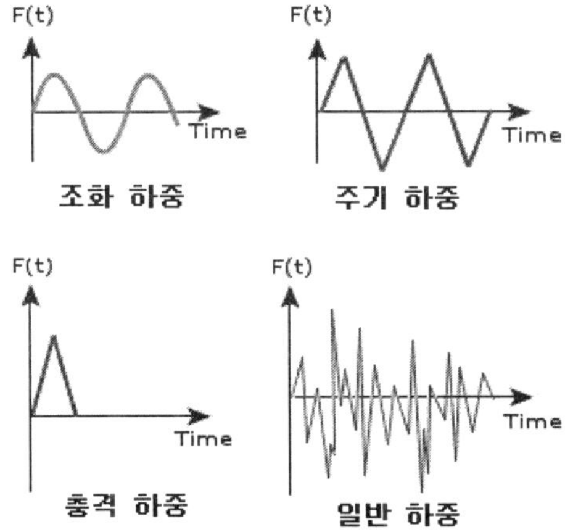

2.1.5 선형 동적 해석의 이론 방정식

위에서 설명한 구조물의 고유 진동 특성에 대하여 외부에서 하중이 가해지면 이 두 가지가 합성되어 기계적인 거동이 결정된다. 이 조건을 반영한 운동 방정식은 다음과 같다. 여기서 제일 오른쪽의 외부 하중 F에 대한 항이 추가되었다.

$$\frac{d^2\theta}{dt^2} = -q\frac{d\theta}{dt} - \frac{g}{l}\theta + F_D \sin(\Omega_D t)$$

이 방정식에서 감쇠의 특성을 나타내는 q와, 외부 하중의 크기 F의 비율에 따른 각각의 경우를 다음 그림에 나타내었다. 이 두 가지 현상이 합성되면서 바로 다음에 설명할 공진(Resonance) 등과 같은 다양한 공학적인 현상이 나타난다.

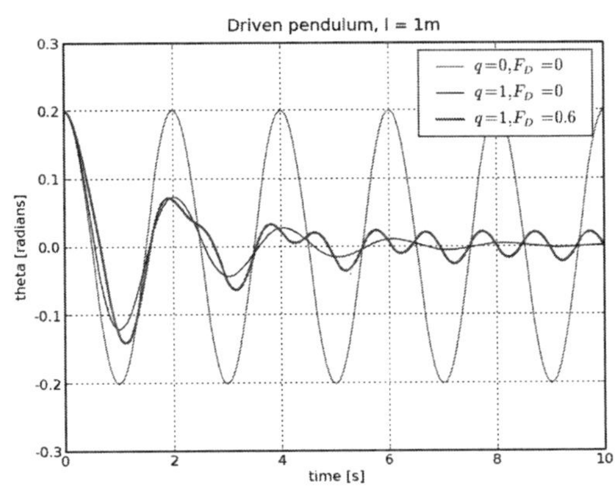

2.1.6 공진(Resonance)의 개념

다음 그림은 구조물의 공진 현상을 나타내는 그림이다. 먼저 구조물에 외부에서 진동이 가해지는 경우에, 우연히 그 진동수가 그 구조물의 고유진동수와 거의 같은 값인 경우에는, 그 구조물은 진동의 진폭이 점점 증가하여 마침내 파괴에 도달하는 상황이 된다.

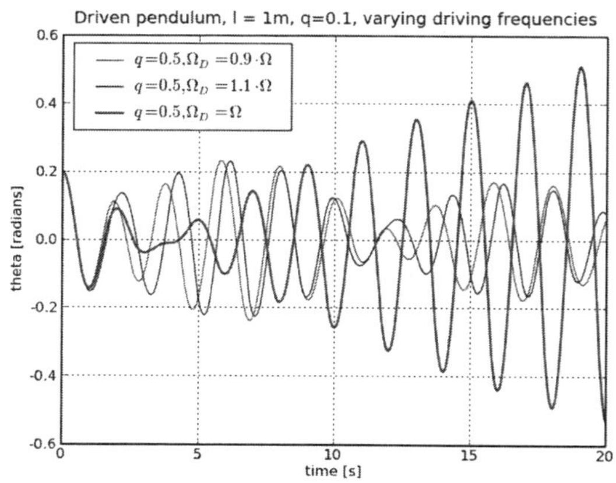

그런데 이렇게 변위가 무한대로 가면서 구조물이 최종 파단에 이르는 것은 구조물의 내부에 재료적인 감쇠(Damping)가 없는 경우이고, 실제로는 대부분의 재료는 감쇠 특성을 가지고 있다. 따라서 그 감쇠 계수의 크기에 따라서 공진에 의한 변위는 제한적이 된다. 다음의 그림에서는 고유진동수와 이러한 감쇠 계수에 따른 공진의 변위 특성을 나타내었다.

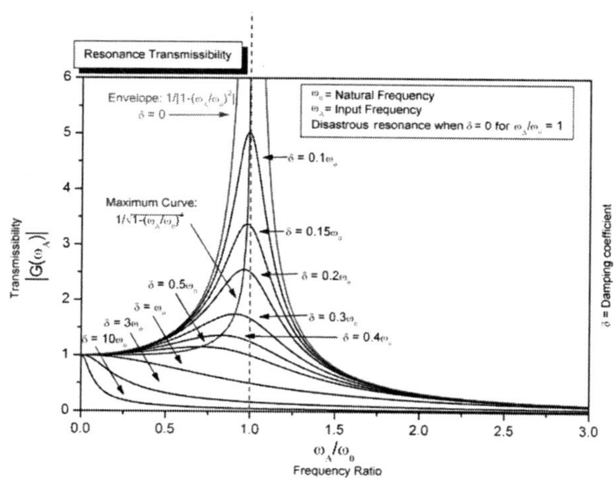

우리 주위 실생활에서 이러한 공진을 가장 잘 나타낸 경우가 놀이터에 있는 그네(Swing)를 예로 들 수 있다. 어린 아이가 타고 있는 그네는 단진자(Pendulum)라고도 볼 수 있으며, 그 그네는 그 자체의 고유 진동수, 즉 공진주파수를 가지고 있으며 밀어 주는 하중의 진동수에 따라서 더 진폭이 커지거나 줄어들 수 있다.

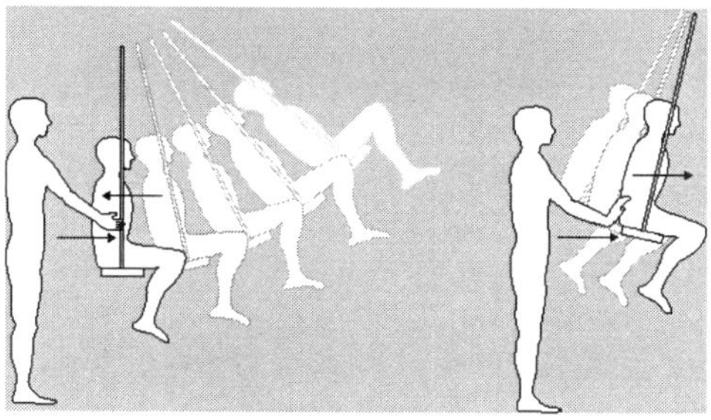

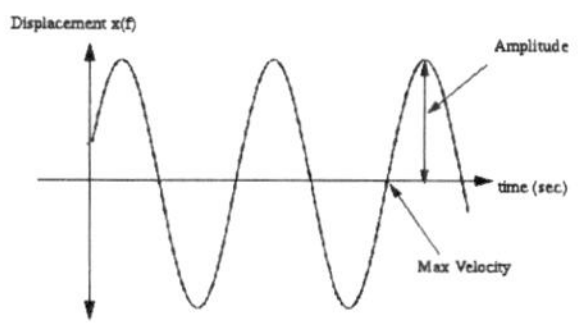

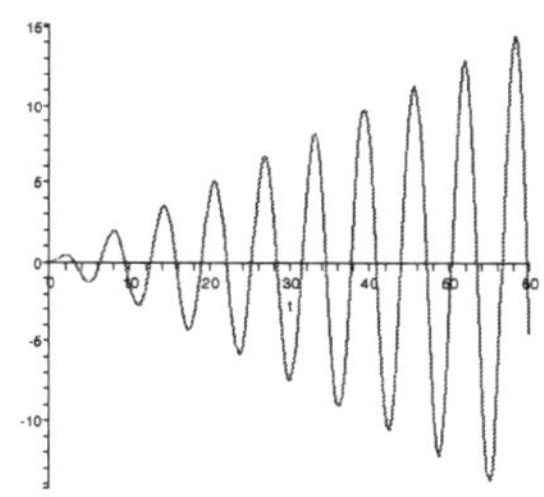

기계적인 공진은 구조물의 진동이 시스템의 고유 진동주파수와 일치할 때 더 많은 에너지를 흡수하려는 기계 시스템 고유의 경향이다. 이 공진은 구조물을 적절히 설계하지 않으면 큰 흔들림(Swing Motion)을 유발하고 심지어는 재앙 수준의 파괴를 유발하기도 한다. 따라서 구조물을 설계할 때 기계적인 고유 진동수와 외부에서 가해지는 진동수가 일치하지 않도록 주의하여야 한다. 실제 구조물에서 이러한 현상이 드문 이유는 재질 자체에서 존재하는 감쇠(Damping) 특성 때문에 진폭이 줄어들기도 하고, 구조물을 설계할 때 설계자가 그 현상을 미리 예측하여 이에 대응하는 설계를 추가하였기 때문이다.

또한 이러한 기계적인 하중에 의한 공진과 유사하게 사람이 들을 수 있는 가청 영역의 주파수 근처에 관련된 음향에 의한 공진(Acoustic Resonance)도 있다. 이 음향에 의한 공진도 기계 구조물에 커다란 재앙을 유발할 수 있는 요인이 된다. 이를 보여주는 한 가지 예로서 와인 잔 근처에서 그 고유진동수에 가까운 음파를 부여하여 와인 잔을 파괴시키는 현상을 들 수 있다.

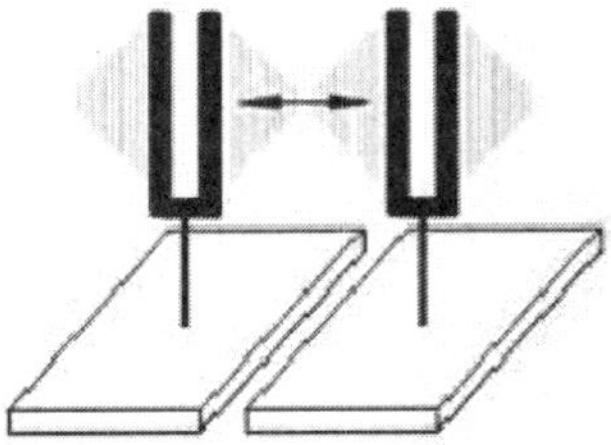

2.1.7 맥놀이(Beat) 현상

이와 유사한 경우로 맥놀이(Beat)라는 주파수의 합성 현상이 있다. 이 맥놀이 현상은 비슷한 주파수를 가진 두개의 조화(Harmonic) 신호가 만나서 합성되고 그 결과가 또 다른 제 3의 조화 신호 형태를 나타내는 것이다. 보통 이 현상의 실제 예로서 에밀레종을 들기도 한다. 에밀레종에서 진동이 다른 두 개의 주파수를 가진 소리가 나오고 이 두 주파수가 서로 간섭을 일으켜서 맥놀이 현상을 보이며, 따라서 이렇게 형성된 주파수의 소리를 먼 곳까지 전달할 수 있는 것으로 보고되고 있다.

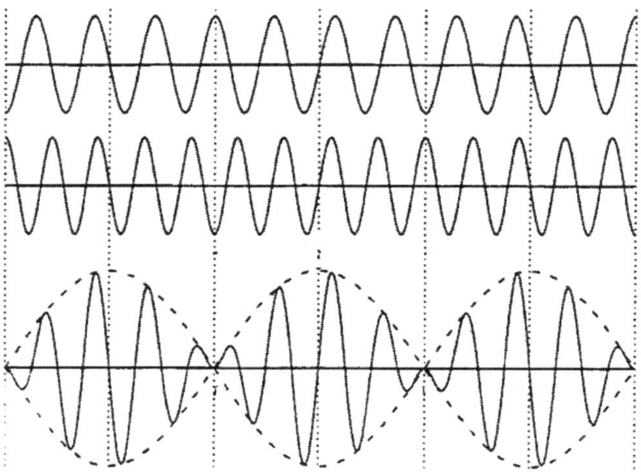

2.1.8 플러터(Flutter)와 공진(Resonance)의 차이

지금까지 설명에서와 같이 외부에서 가해지는 하중의 형태가 기계적인 하중인 경우에 공진(Resonance)이 발생하는데 비하여, 외부에서 가해지는 하중 형태가 공기역학적인 하중(Aerodynamic Loading)에 의해서 발생하는 경우에는 이러한 현상을 공력탄성학적 플러터(Aeroelastic Flutter, 공탄성 플러터)라고 구분하여 부른다. 실제로 설계 현장에서는 이 공진과 공탄성 플러터라는 용어를 혼용하여 쓰기도 하지만 공학적으로는 이 두 가지 현상을 구분할 필요가 있다.

이 공탄성 플러터는 구조물과 이 구조물을 지나는 바람(Wind) 사이의 복잡한 상호 작용에 의해서 발생하는 것에서도 볼 수 있이며, 이것은 진동의 비선형 이론으로 설명되는 자기 유지 진동(Self-Sustaining Vibration)의 일종이다. 그 구체적인 사례로서는 1940년, 미국에서 발생한 Tacoma Narrows Bridge의 파괴가 있다. 당시에 Tacoma Narrows Bridge는 해협을 통과하는 시속 40마일(40 mph, 64 km/h)의 바람과 구조물 고유 진동수와의 공탄성 플러터 현상으로 붕괴되는 사고가 발생한 바 있다.

2.2 선형 동적 해석의 입력/출력 데이터

2.2.1 선형 동적 해석의 입력 데이터

해석을 수행하기 위해서 입력해 주어야 할 데이터의 종류는 다음과 같다.

1. 스터디 유형에서 **"선형 동적 해석"** 스터디를 선택
   - **"옵션"**에서 **"모달 시간 기록"** 선택
2. 스터디 **"속성"** 설정
   - **"동적 옵션"** 탭 설정 : 시작 시간, 종료 시간, 시간 증분
3. 구조물의 재질 지정
   - 프로그램 내장 데이터 이용
   - 사용자가 직접 입력
4. 구속조건 정의
5. 하중 설정
6. 감쇠 조건 설정
7. 결과 옵션 설정
   - 결과 저장 옵션 : 모든 솔루션 스텝, 지정 솔루션 스텝
   - 수량 설정 : 변위와 속도, 응력과 반작용
   - 솔루션 스텝 : 시작, 끝, 증분
   - 그래프 위치
   - 모드 선택
8. 구조물의 메시 생성 작업

2.2.1 선형 동적 해석의 출력 데이터

해석을 수행한 후 얻을 수 있는 출력(Output) 결과는 다음과 같다.

1. 변위 요소
   - 변위 : X-방향, Y-방향, Z-방향
   - 합성 변위 (Resultant Displacement)
2. 요소 응력 및 절점 응력
   - 수직응력 : X-방향, Y-방향, Z-방향
   - 전단 응력 : XY-면, YZ-면, ZX-면
   - 주응력(Principal Stress)

- von Mises 등가 응력 등

3. 속도 요소
   - 축 방향 속도 : X-방향, Y-방향, Z-방향
   - VRES : 합성 속도
4. 가속도 성분
   - 축 방향 가속도 : X-방향, Y-방향, Z-방향
   - ARES : 합성 가속도

2.3 선형 동적 해석 예제 설정

본 해석 예제에서는 다음과 같은 기능을 익히도록 하고자 한다.

- 선형 동적 해석 스터디를 익힌다.
  (이 스터디는 고유진동수 해석 스터디에 외부 하중이 추가되는 경우이다)
- 충격 하중을 정의하는 방법을 배운다.
- 감쇠 속성 설정 방법을 익힌다.
- 결과 옵션 설정 방법을 익힌다.
- 시간 기록 스터디의 속성을 설정하는 방법을 익힌다.
- 시간 기록 스터디의 결과를 보는 방법을 익힌다.
- 덩크 슛과 유사한 형태의 충격 하중을 받는 농구 링이 어떻게 반응하는지 시간 기록 하중을 해석한다.

위의 목적을 위하여 다음과 같이 해석 문제를 정리할 수 있다. 해석하고자 하는 물체의 형상은 다음과 같은 basketball_rim 파트이다.

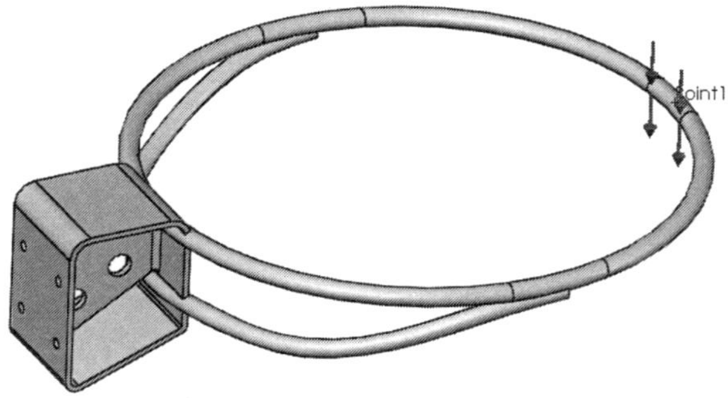

1. 파일의 위치 : "C: \ Program Files \ SolidWorks Corp \ SolidWorks \ Simulation \ Examples \ Dynamics \ basketball_rim.sldprt"
2. 스터디 유형 : **"선형 동적 해석"**
3. 재질 : SolidWorks Materials 폴더속의 Alloy Steel
4. 구속 조건 : 왼쪽 수직면의 4개의 볼트 면에 **"고정 지오메트리"**
5. 하중 : 농구 링의 정면 중간 파트 면에 1,000 N 하중
   (충격 시작 0.5초 동안 작용 후, 하중 분리)

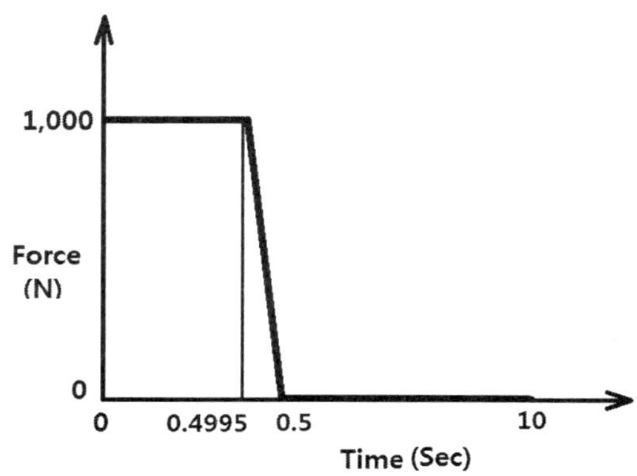

6. 동적 옵션 : 시작 시간 : 0 (초)
   종료 시간 : 1.0 (초)
   시간 증분 : 0.0005 (초)
7. 동적 모드의 감쇠 비 : 0.05

8. 결과 옵션 :
   결과 저장 – 지정 솔루션 스텝
   수량 상자 – 기본 설정값
   솔루션 스텝 – Set 1 상자
   – 시작 : 1
   – 끝 : 2,000
   – 증분 : 10
   그래프위치 – 센서목록 : **"〈Sample_TimeHistory〉–선형동적해석"**
9. 메시 분할 : – 메시 파라미터 : 평균 요소 크기 : 0.8 inch
   – 메시 옵션 : 기본적으로 설정되어 있는 값(Default)

2.4 선형 동적 해석 문제 해결 과정

2.4.1 파일 불러오기

1. 애드인이 되어 있다고 가정하고, 파일 열기(File–Open)를 선택하여 아래의 파일을 선택하고 **"열기"**를 클릭한다.
   "C: \ Program Files \ SolidWorks Corp \ SolidWorks \ Simulation \ Examples \ Dynamics \ basketball_rim.sldprt"

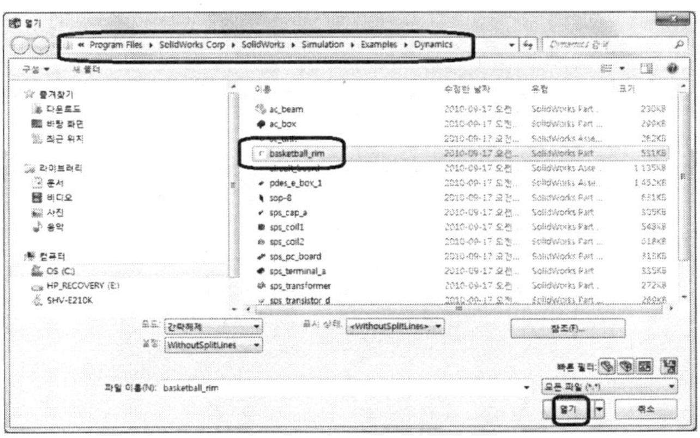

2. 다음과 같이 해석용 형상이 나타난다.

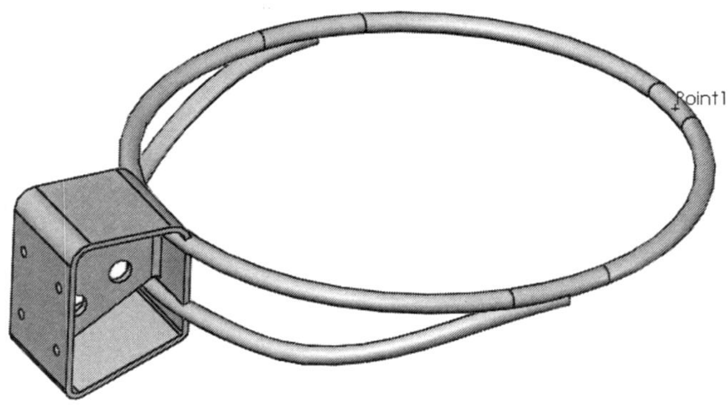

2.4.2 스터디 정의하기

1. 해석을 위하여 다음과 같이 스터디를 **"선형 동적 해석"**을 선택하고, 하위 옵션으로 **"모달 시간 기록"**을 선택한다. 그 결과 스터디 정의가 완료되었으며, 이 결과는 다음 그림과 같이 매니저 창에서 확인할 수 있다.

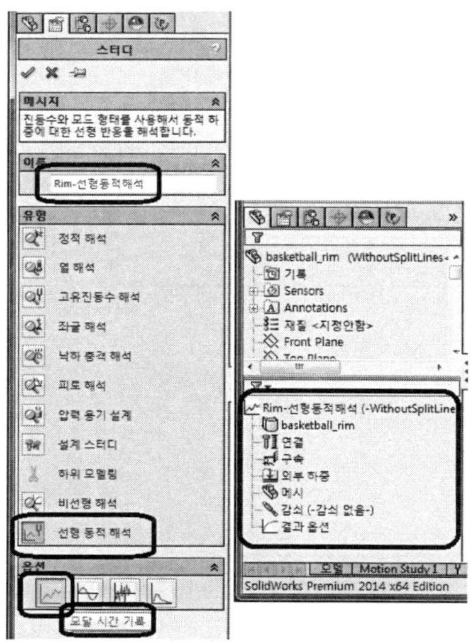

2.4.3 재질 부여하기

1. 재질을 지정해 주기 위해서 파트를 선택하고, 마우스 우측 버튼으로 **"재질 선택/편집(M)"** 메뉴를 선택한다.

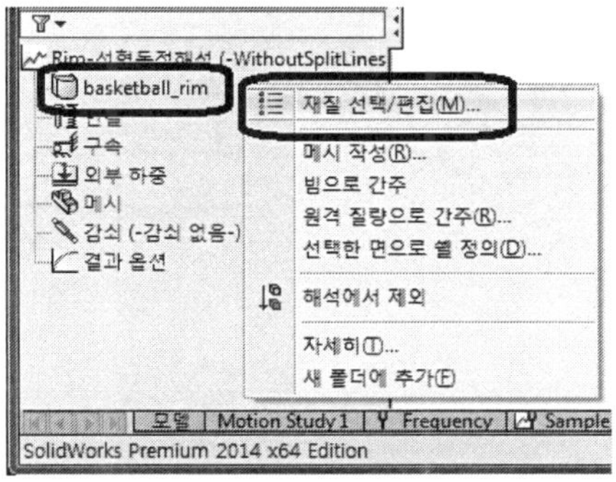

2. 이 파트의 재질은 Alloy Steel이므로 다음과 같이 해당 재질을 선택한 후 **"적용(A)"** 버튼을 선택한 후 **"닫기(C)"** 버튼을 누른다.

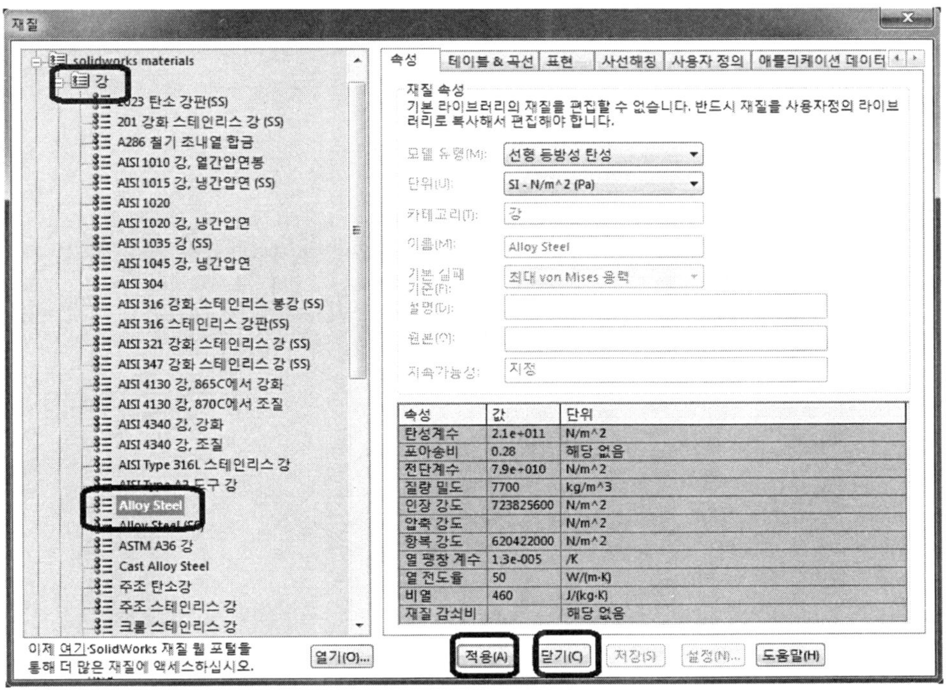

2.4.4 구속 조건 부여하기

1. 이 파트의 옆면 고정 부위에 4개의 볼트 체결용 홀이 있다. 이 부분을 고정하기 위하여 다음과 같이 **"구속"** 메뉴에서 **"고정 지오메트리"**를 선택한다.

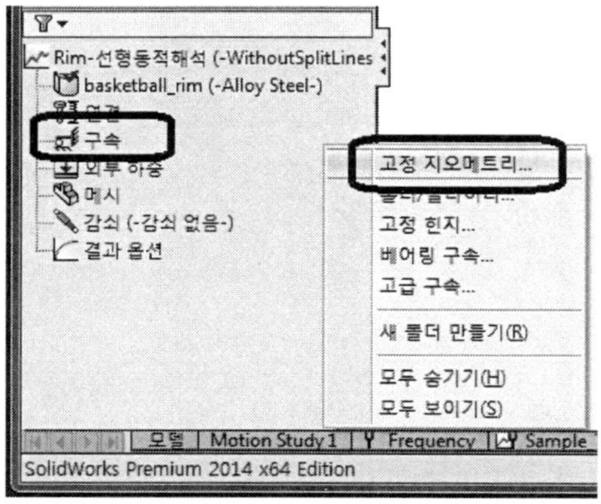

2. 다음과 같이 구속조건 설정 창이 나타난다. 왼쪽의 고정면 4곳의 홀을 선택하고 **"고정 지오메트리"** 조건을 부여하고 위의 **"체크(V)"** 버튼을 클릭한다.

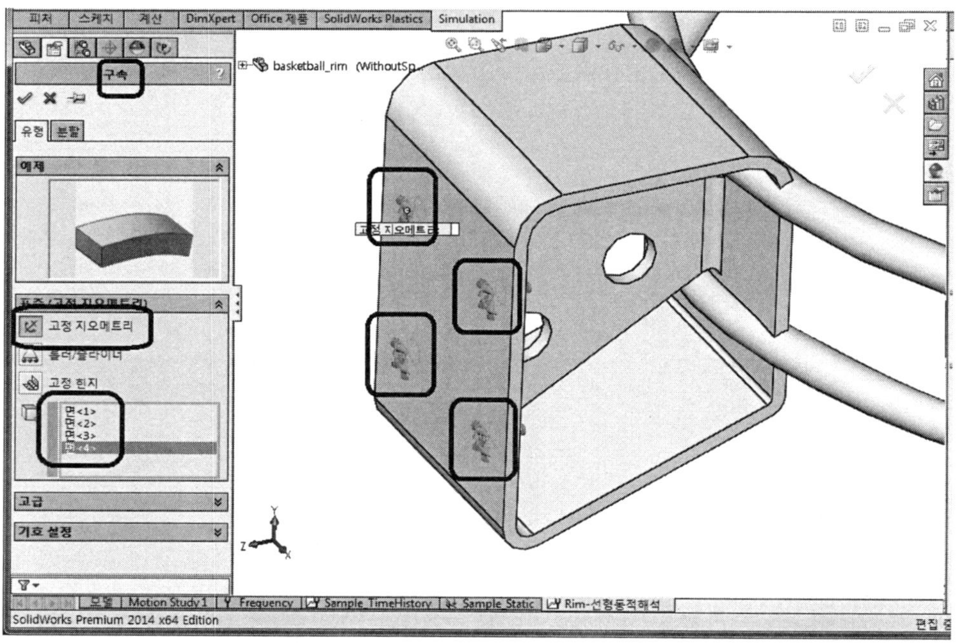

2.4.5 하중 부여하기

1. 외부에서 작용하는 순간적인 작동하중을 적용하기 위하여 **"외부 하중"** 메뉴에서 **"하중(F)"**을 선택한다.

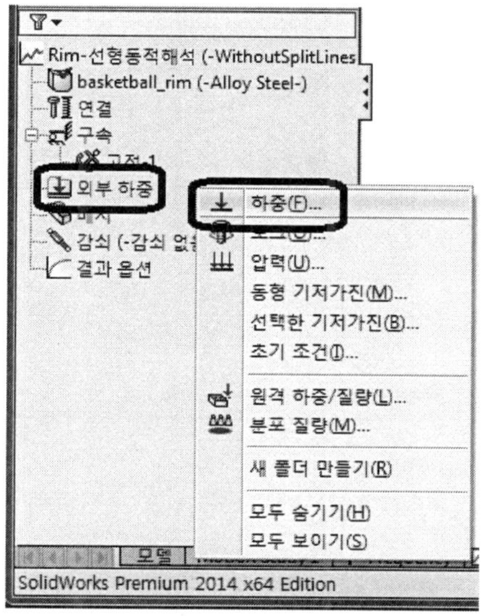

2. 다음과 같이 설정 창이 나타난다. 그림에 나온 것같이 다음의 조건을 입력한다. 이 하중은 앞에서 도시한 바와 같이 계단함수(Step Function) 형태를 띤 하중 형태이다.
   - 하중/토크 = 하중
   - 작용면 = 면〈1〉 (링의 가운데 면)
   - 하중 작용 선택된 방향 = Top Plane
   - 하중 크기 = 면에 수직방향 = 1,000 N (반대 방향)
   - 시간 변화량 = 곡선 ==〉 편집

점	X	Y
1	0	1
2	0.4995	1
3	0.5	0
4	10	0

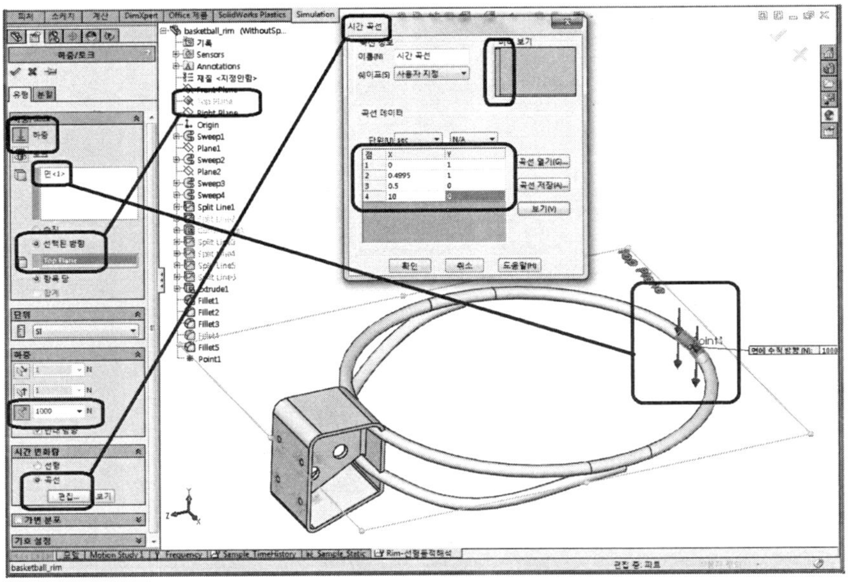

2.4.6 동적 옵션 부여하기

1. 동작 옵션을 적용하기 위하여 이미 정의된 스터디의 이름을 우측 마우스 클릭하여 **"속성(O)"**을 선택하고, **"동적옵션"** 탭에서 초기에 설정한 값들을 입력한다.
   - 시작시간 : 0 초
   - 종료시간 : 1.0 초
   - 시간 증분 : 0.0005 초

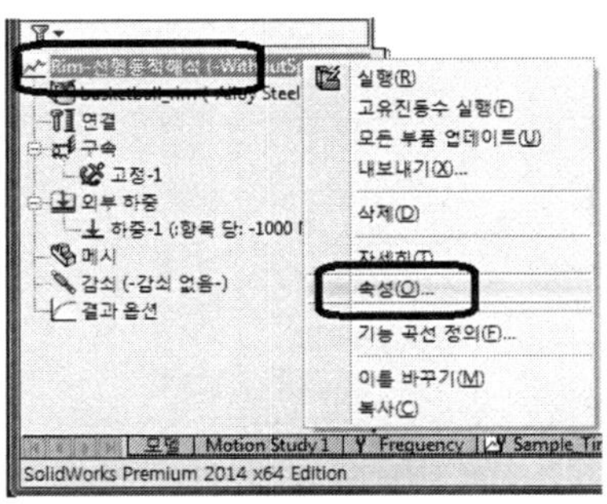

2.4.7 모드 감쇠 속성 설정하기

1. **"감쇠"** 메뉴에서 **"편집/정의(E)"**를 선택한 후, **"모드 감쇠"**를 선택하고, 감쇠비 값을 0.05로 설정한다.

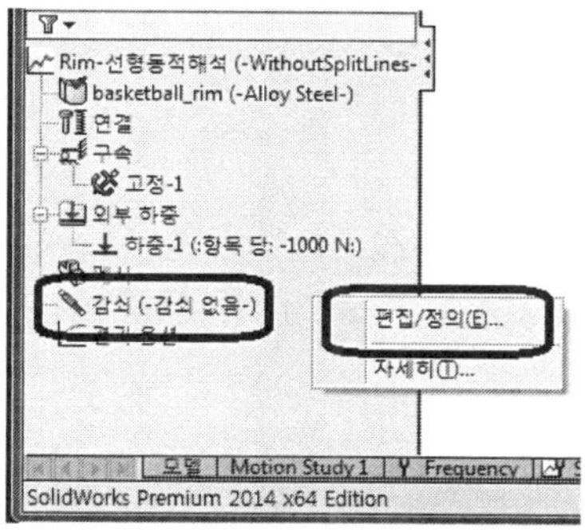

2.4.8 결과 옵션 설정하기

1. **"결과 옵션"**에서 **"편집/정의(E)"**를 선택한 후, 해석 초기에 문제 설정에서 정의한 수치와 기타 설정을 입력한다.

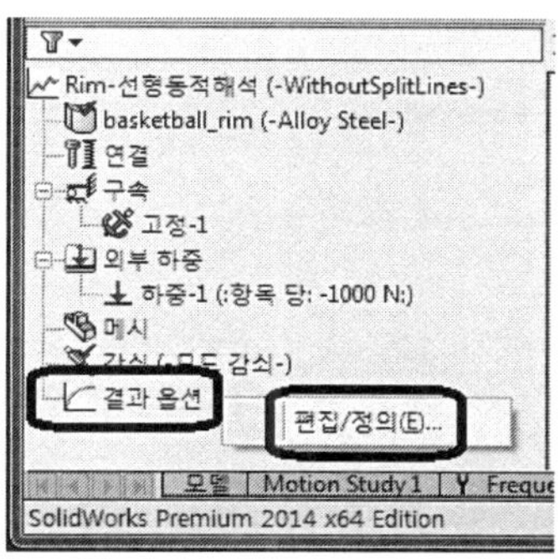

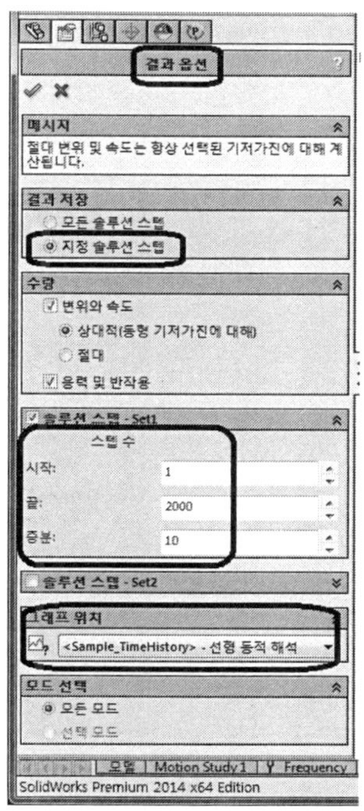

2.4.9 메시 작성하기

1. 선형 동적 해석을 위하여 요소 분할 작업인 메시 작성을 시작한다.

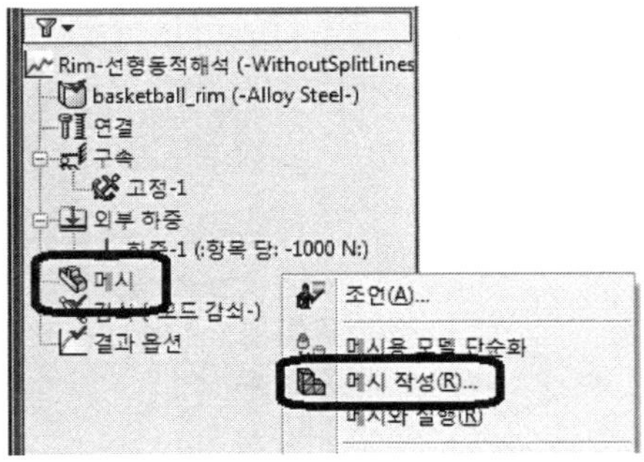

2. 다음과 같이 설정 창이 나타난다. 해당 되는 값을 입력한다. 여기에서는 사용자가 메시 크기를 지정하기로 한다.
   - 메시 파라미터 = 표준 메시
   - 평균 요소 크기 : 0.8 inch

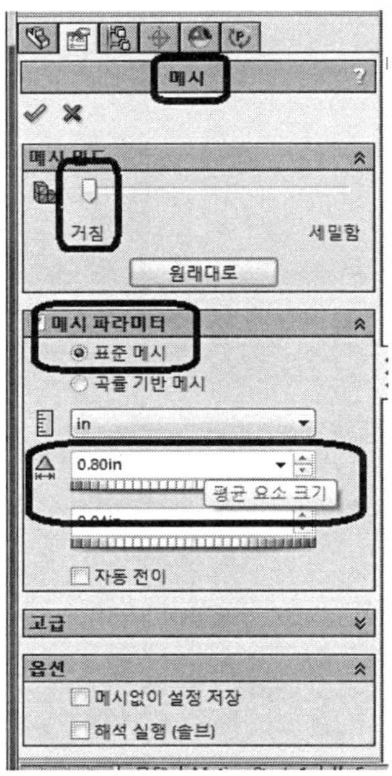

3. 그 결과 메시가 생성된 모양이 다음과 같이 나타난다.

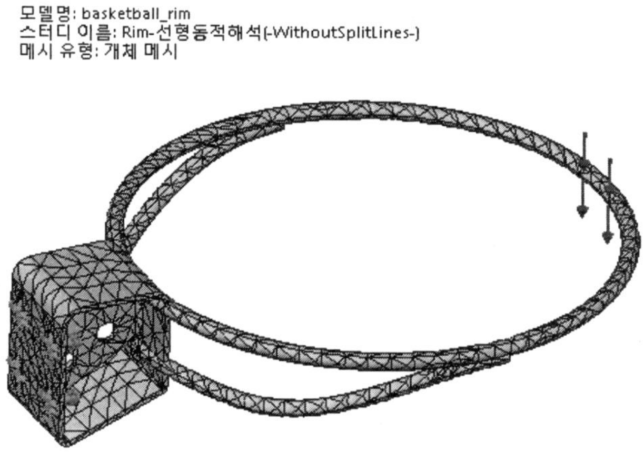

2.4.10 해석 실행하기

1. 선형 동적 해석을 위한 모든 준비가 완료되었다. 수치 계산을 시작하기로 한다. **"실행(R)"** 명령어에 의하여 선형 동적 해석이 진행되고 있다.

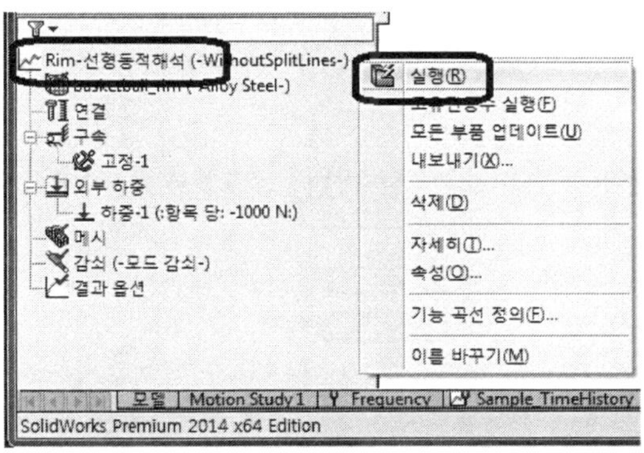

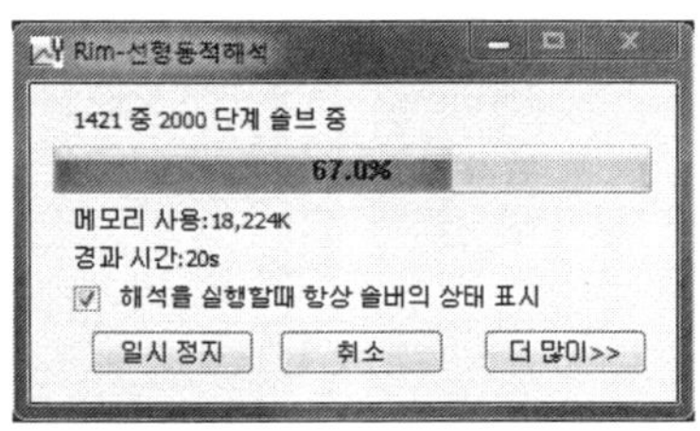

2. 해석이 완료된 후 다음과 같이 그 결과들이 폴더에 나타난다.

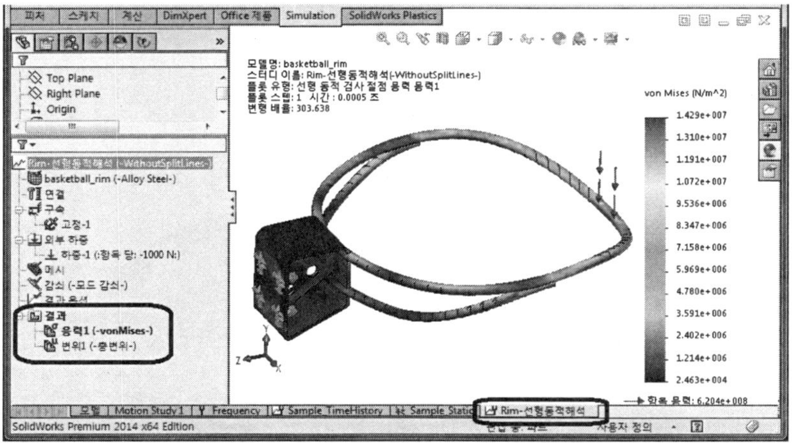

2.5 선형 동적 해석 결과 분석하기

2.5.1 수직 변위, 속도, 가속도의 그래프 작성하기

1. 그림의 상하 방향, 즉 좌표 기준으로는 Y-방향으로의 변위 거동을 보기 위해 왼쪽 **"결과"** 폴더에서 **"응답 그래프 정의"**를 선택한 후, **"시간 기록 그래프"** 창에서 **"변위"**와 **"UY: Y 변위"** 항으로 설정한다.

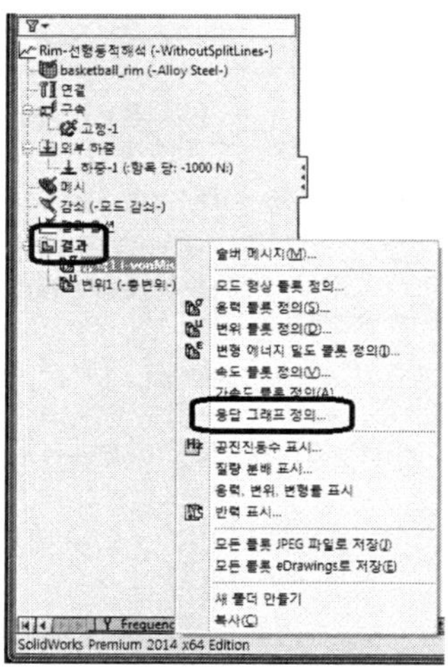

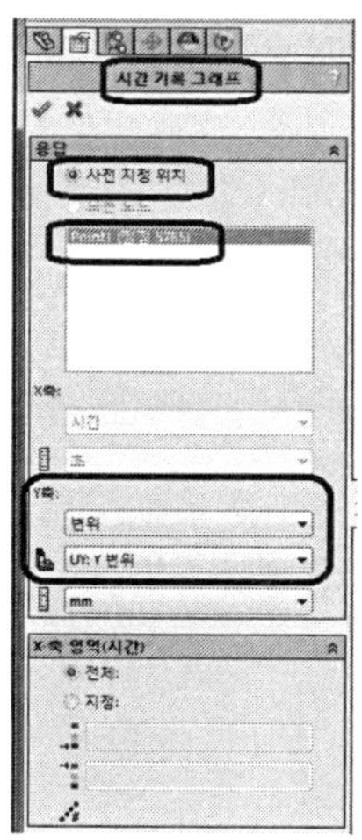

2. 그 결과 선택한 지점에서 Y-방향으로의 변위량인 UY 값이 시간의 함수로 나타난다. 이것은 링이 상하 방향으로 진동하고 있기 때문이다.

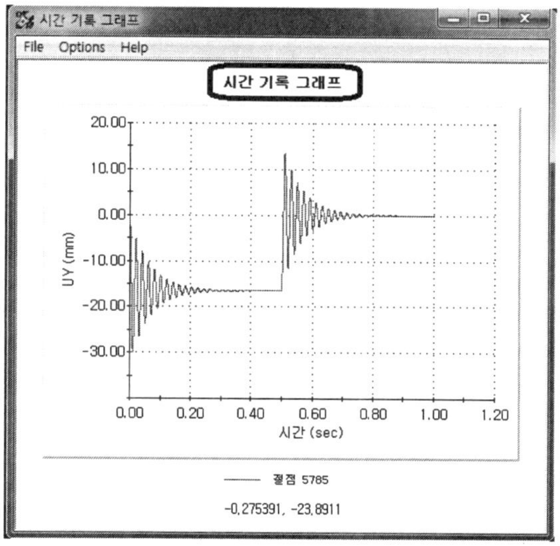

이 응답 그래프르를 보면, 덩크 슛 중에 발생하는 농구대에서의 진동이 명확히 나타난다. 즉, 0~0.4995초까지 하중이 가해진 후 빠른 시간(0.005초) 사이에 하중에 제거된다. 하중이 가해지는 순간에 변위가 발생하고 그 이동된 변위를 기준으로 상하로 진동이 발생한다. 그 후 0.5초가 된 후에 하중이 제거되면, Rim은 다시 원래의 위치로 튕겨 올라가게 되고, 그 원래 지점을 기준으로 다시 진동하는 모습을 보이게 된다. 이와 같이 충격하중 형태로 가해지는 경우에는 최대 UY 변위는 대략 30 mm이다.

참고로 이와 동일한 상황에서 단순히 하중이 정적인 하중 상태로 해석할 경우에 나타나는 최대 변위 값, UY를 각자 계산해 보기 바란다. 정적인 조건으로 해석을 하면 그 때의 상하 변위값은 당연히 더 적은 값을 나타낼 것이다.

참고 : 정적인 해석 시의 상하 방향 최대 변위 = mm

3. 동일한 림의 끝 지점에서 상하 방향의 **"속도"**와 **"가속도"**를 나타내면 다음과 같다. 최대 순간 속도는 대략 4,000 mm/sec.이고, 최대 순간 가속도는 대략 1,000,000 mm/sec^{2}이다.

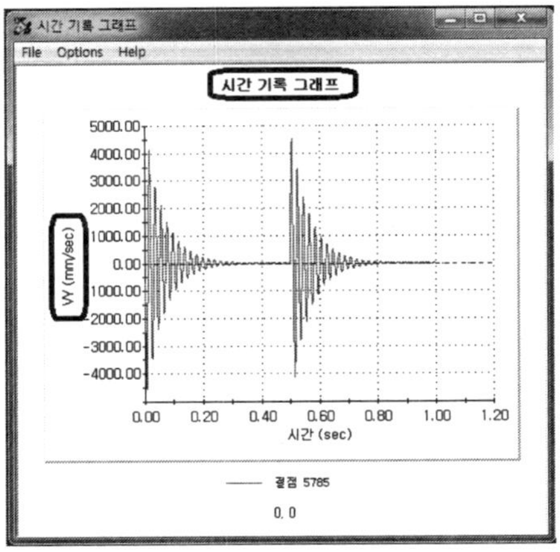

〈림 끝 부분의 속도 그래프〉

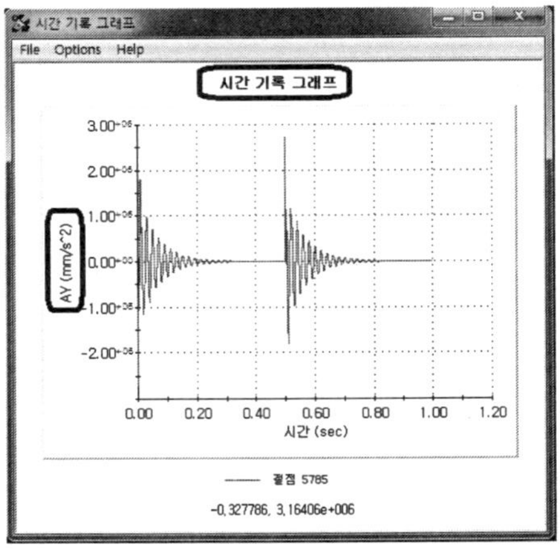

〈림 끝 부분의 가속도 그래프〉

2.5.2 수직 변위, 속도, 가속도의 플롯 작성하기

1. 위에서 확인한 Y-방향으로의 거동 중에서 변위, 속도, 가속도 해석결과를 그래프가 아닌 전체적인 그림으로 확인하기 위하여 플롯 기능을 사용하기로 한다. 왼쪽 **"결과"** 폴더에서 플롯을 보고자 하는 성분을 선택한다.
   - 변위 플롯 정의(D)
   - 속도 플롯 정의(V)
   - 가속도 플롯 정의(A)

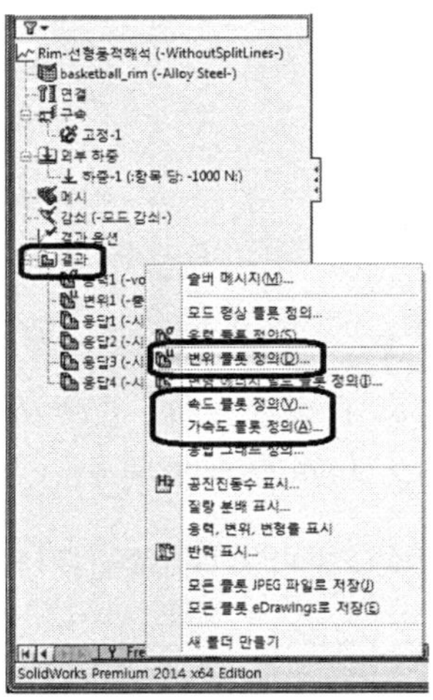

2. 그 결과로 0.0005초 후인 1번째 스텝에서 나타나는 각각의 플롯을 나타내면 다음과 같다.

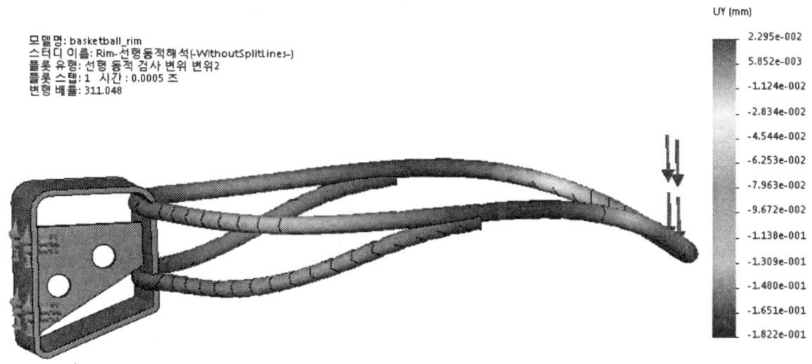

〈링의 상하 방향 변위 플롯〉

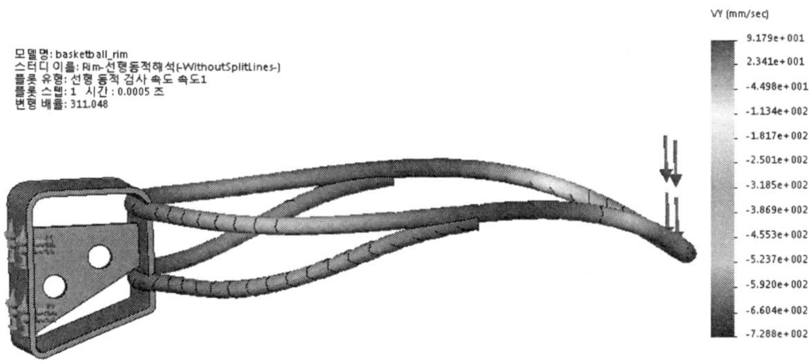

〈링의 상하 방향 속도 플롯〉

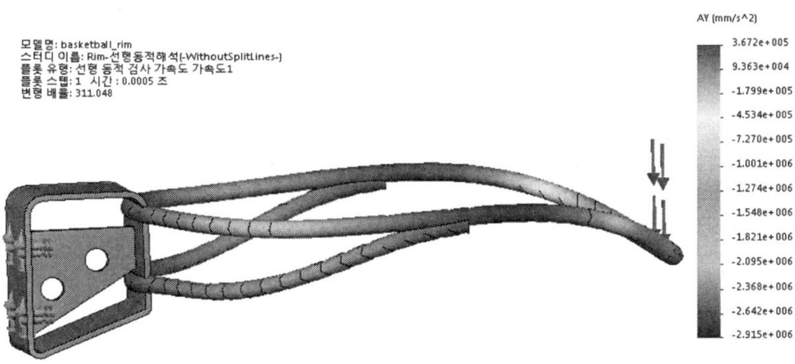

〈링의 상하 방향 가속도 플롯〉

2.5.3 특정 순간에서의 플롯 작성하기

1. 위에서 확인한 변위와 속도 등의 결과 이외에 전체 구조물에 발생하는 응력 결과도 확인할 수 있다. 주 메뉴인 **"Simulation"**에서 **"결과 표시 플롯(P)"**의 **"응력(S)"** 메뉴를 선택한다.

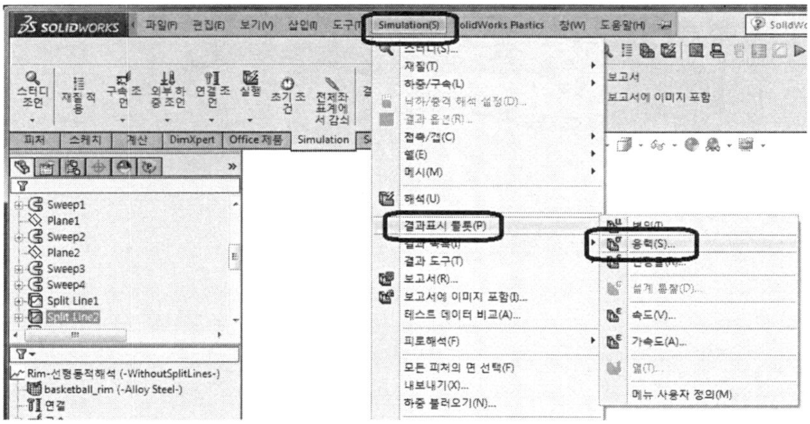

2. 그 결과 사용자가 원하는 특정 시간의 응력 분포 그림을 확인할 수 있다. 아래의 그림은 0.0005초인 순간의 응력분포 결과이다.

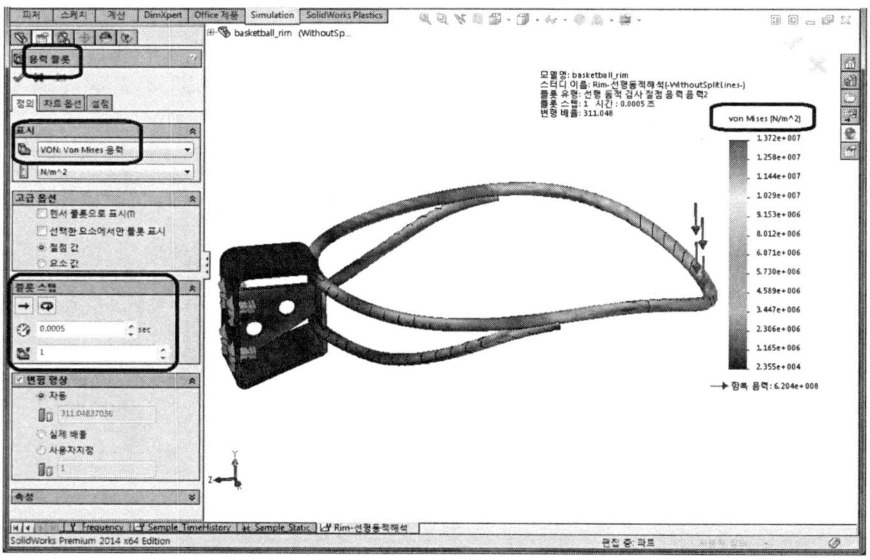

제 3 장 항온기 해석

3.1 항온기 해석이란

3.1.1 항온기(Thermo-Stat, 恒溫器) 해석의 용도

물체에 에너지가 계속 공급되거나 빠져나가면 그 물체의 거동은 사용자의 예상을 벗어나는 상황이 되므로, 사용자는 자신이 설정해 놓은 범위에서 유지되기를 원하게 된다. 항온기는 온도라는 물리량을 항상 일정한 범위에서 오래도록 유지할 수 있도록 만들어진 자동온도 조절장치이다. 이 장치는 사용자가 사용하는 장치의 온도가 원하는 일정한 범위 내에서 작동하도록 하며 전기담요 등에 있는 자동 스위치가 그 예이다.

다양한 방식으로 사용자가 원하는 범위의 온도를 유지하는 장치들이 많이 있는데, 이와 같이 특정한 온도 사이를 유지하기 위하여 사용되던 가장 기초적인 방식이 바이메탈(Bi-Metal)이다.

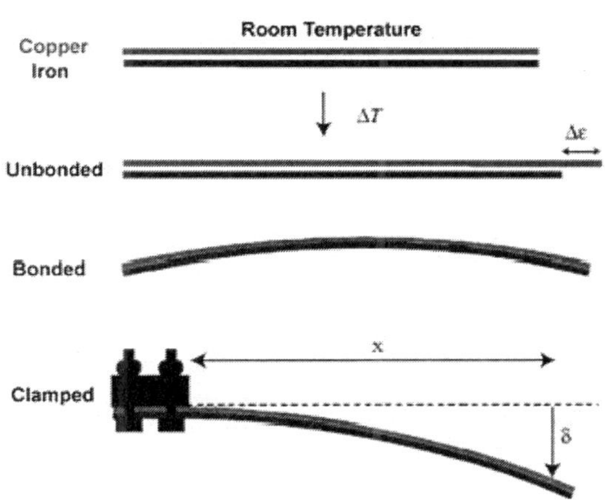

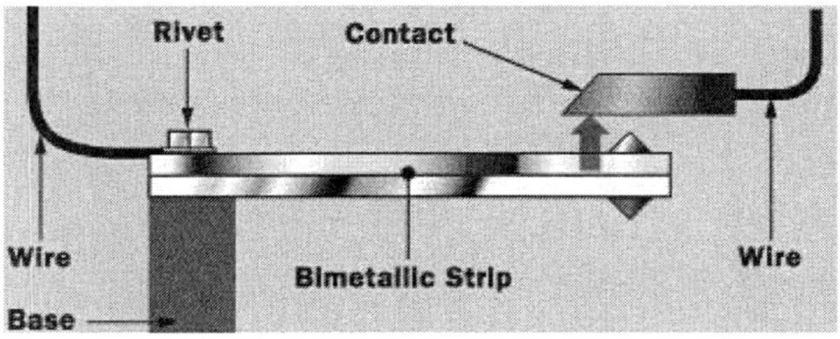

이 바이메탈은 선팽창계수가 서로 다른 2 종류의 합금판을 서로 맞붙인 것이며, 온도 변화에 따라 팽창의 양이 다라서 바이메탈이 활 모양으로 변형이 생기므로 이 특성을 이용해서 스위치를 개폐시키는 장치이다. 이러한 바이메탈에 사용되는 합금은 팽창계수가 작은 쪽은 철과 니켈의 합금, 큰 쪽은 구리와 아연, 니켈-망가니즈-철, 니켈-몰리브데넘-철 등과 같은 합금 등이 사용된다.

아래 그림에는 또 다른 항온기의 예제로서, 이번 해석 예제에서 사용할 대표적인 항온기 중의 하나인 커피포트의 한 예를 보여준 것이다.

3.1.2 항온기 해석의 개념

구조물에 에너지가 작용하면 하한으로 설정한 값에 도달하면 자동으로 에너지를 공급하게 되며, 온도가 점점 상승하여 상한값으로 설정한 값에 도달하면 자동으로 에너지 공급을 차단하여 더 이상의 온도 상승을 막도록 설정되어 있다.

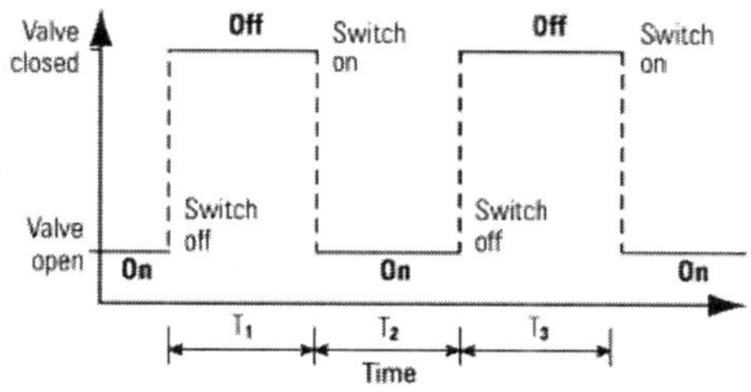

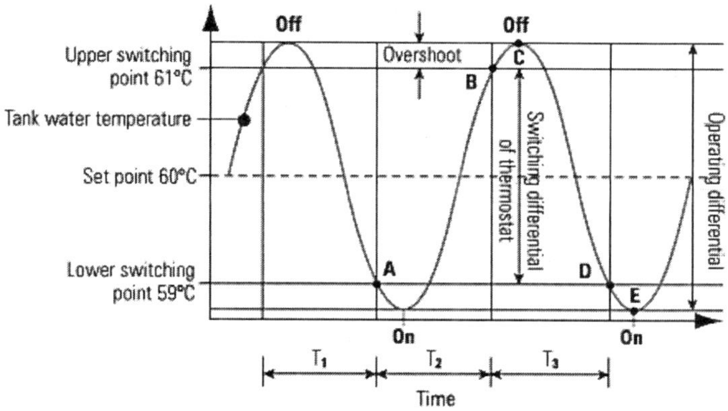

3.2 항온기 해석의 입력/출력 데이터

3.2.1 항온기 해석의 입력 데이터

1. 열 해석 스터디를 작성
   - 비정상 해석
   - 옵션 설정(총 시간, 시간 증분)
2. 구조물의 재질 지정
   - 프로그램 내장 데이터 이용
   - 사용자가 직접 입력
     - ▸ 비정상 상태의 열전달 해석 스터디에는 밀도 및 비열도 지정

3. 열 하중/구속조건을 지정
   - 온도
   - 대류
   - 열 유속
   - 열량
   - 복사
4. 구조물의 메시 생성 작업

3.2.2 항온기 해석의 출력 데이터

- 열 온도 플롯
- 열량/열 에너지 목록
- 온도 분포 단면 클리핑

3.3 항온기 해석의 예제 설정

본 해석 예제에서는 다음과 같은 기능을 익히도록 하고자 한다.

- 항온기의 개념을 이해한다.
- 어셈블리 부품에 초기 조건을 지정하는 방법을 익힌다.
- 열전도 해석 스터디에 온도제어에서 열량을 적용하는 방식을 익힌다.
- 열량이 방출되는 대류 조건을 부여하는 방식을 이해한다.
- 항온기를 설정할 위치를 선택하고, 원하는 온도 범위 설정법을 익힌다.
- 해석 결과에서 얻어진 온도 변화 결과 그래프 보는 방법을 익힌다.
- 일정한 가상의 단면에서 온도 분포를 확인하는 방법을 익힌다.

위의 목적을 위하여 다음과 같이 해석 문제를 정리할 수 있다.
아래의 그림은 커피포트 바닥 부분에 열이 가해지는 상황이다. 이 커피포트는 지정된 온도 범위에서 커피 온도를 유지하는 보온 기능이 있다. 처음에 커피 포트와 Top 부품의 온도는 상온(72°F)이며, 커피의 초기 온도는 195°F 이다. 또한 커피 용기의 Glass 면과 커피의 윗면을 통해 대기로 열이 발산된다.

1. 파일 위치 : **"C: \ Program Files \ SolidWorks Corp \ SolidWorks \ Simulation \ Examples \ Thermal \ CoffeeJar.sldasm"**
2. 스터디 유형 : – **"열 해석"**
3. 과도기(비정상상태) 열 해석 :
   - 총 시간 = 3,600초
   - 증가 시간 = 60초
4. 커피 포트 재질 : **"Other Non–metals"** 폴더의 **"Glass"**
5. 윗면 뷰 재질 : **"Plastics"** 폴더의 **"Nylon 6/10"**
6. 커피 자체의 재질
   - 질량 밀도(DENS) = 1,000 Kg/m^3
   - 열 전도율(KX) = 40 W/(m.K)
   - 비열(C) = 4,200 J/(Kg.K)
7. 초기 온도 설정
   - 커피 포트 = 72°F
   - 윗면 뷰 = 72°F
   - 커피 자체 = 195°F
8. 하중조건 : 바닥면에서 가열 = 2,000 Watts

9. 항온기 센서 위치 : 커피 액체 상단의 한 가운데 지점
   - **"꼭지점-1"**
   - 하한 = 190°F
   - 상한 = 200°F

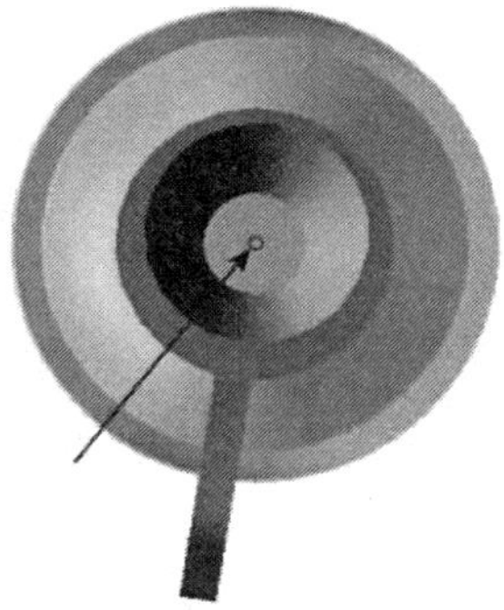

10. 구속조건(1) : 커피 포트 Glass 면으로 열 방출 (대류)
    - 열 전달 계수 = 6.1e-5 (BTU/(sec.in^2.°F))
    - 벌크 환경(참조)온도 = 72°F

11. 구속조건(2) : 커피 액체의 윗 방향으로 열 방출 (대류)
    - 열 전달 계수 = 8.5e-6 (BTU/(sec.in^2.°F))
    - 벌크 환경(참조)온도 = 72°F

12. 메시 분할
   - 메시 파라미터 : 표준 메시
   - 평균 요소 크기 : 기본 설정값
   - 허용공차 : 기본 설정값
   - 자동 전이 : 선택 해제
   - 고급 아래 :
   - 야코비안 포인트 : 4개의 점
   - 1차 요소 해석 메시 : 선택 해제
   - 솔리드의 자동 시도 : 선택
   - 시도 수 : 3

3.4 항온기 해석 문제 해결 과정

3.4.1 파일 불러오기

1. 파일 열기(File-Open)를 선택하여 "C: \ Program Files \ SolidWorks Corp \ SolidWorks \ Simulation \ Examples \ Thermal \ CoffeeJar.sldasm" 파일을 선택하고 "**열기(O)**"를 클릭한다.

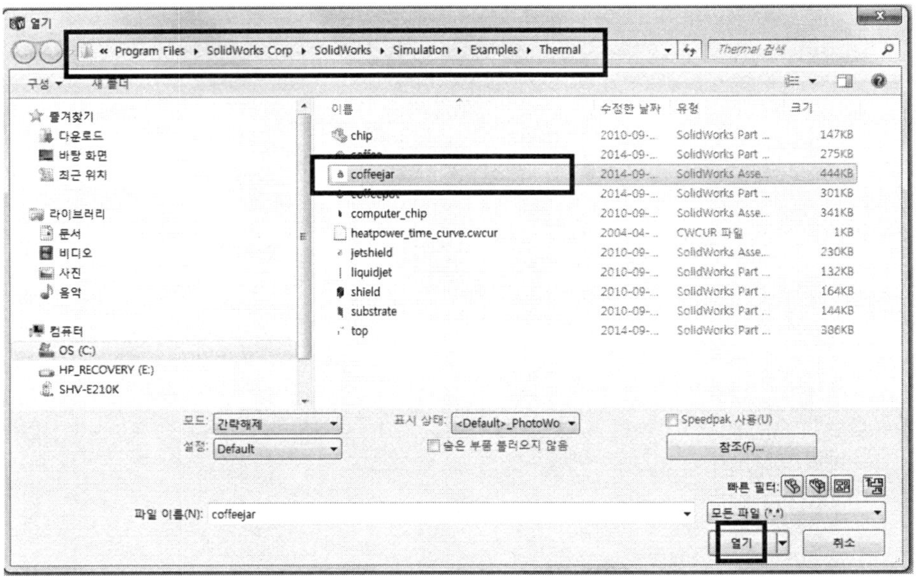

2. 다음과 같이 해석용 형상이 나타난다.

3.4.2 스터디 정의하기

1. 해석 스터디의 명칭을 부여하고, 아래의 **"열 해석"** 메뉴를 선택한다.

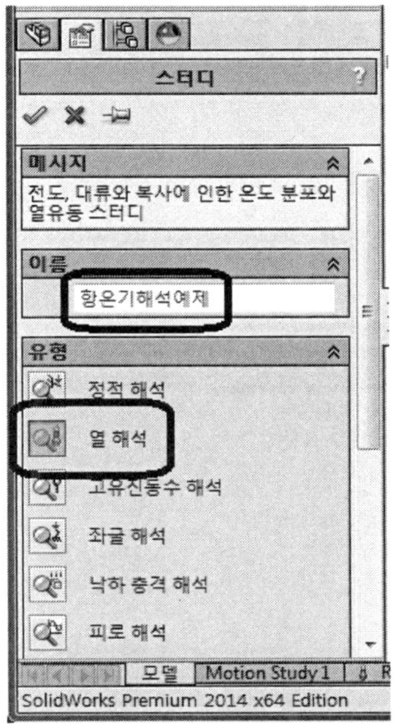

2. 위의 결과로 다음과 같이 해석용 스터디가 정의되었다.

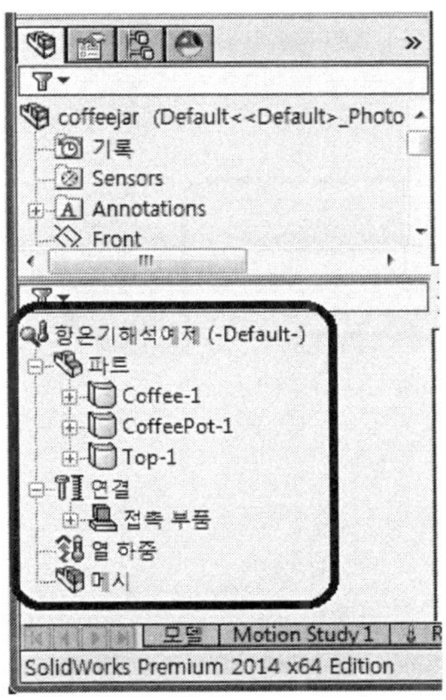

3.4.3 비정상상태 해석용 속성 설정하기

1. 본 해석 예제는 시간에 따라 온도가 변하는 비정상상태(Non-Steady-State)에 대한 해석이므로 이를 설정하기 위하여 속성을 변경한다. 스터디 이름을 선택하고, 마우스 우측 버튼으로 **"속성(O)"** 메뉴를 선택한다.

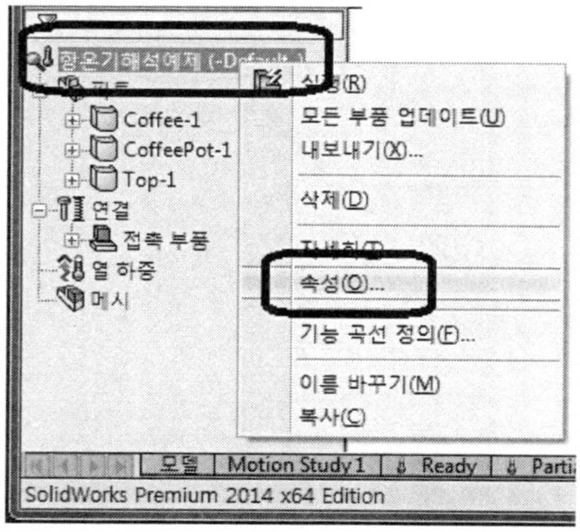

2. 다음과 같은 속성 설정 화면에서 총 해석 시간과 해석시간의 증가분 등, 비정상상태 해석 조건을 입력한다.

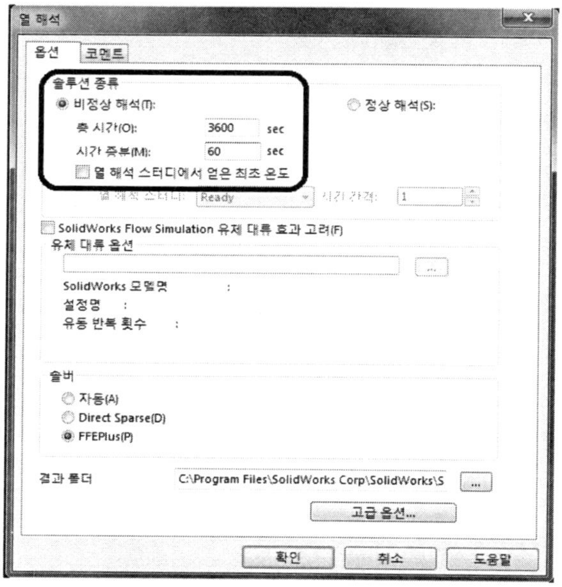

3.4.4 재질 부여하기

1. 항온기 해석 예제인 커피 포트는 3개의 파트로 구성되어 있으므로 각각에 대하여 재질을 부여한다. 먼저 **"커피"** 액체 자체에 대하여 재질을 지정해 주기로 한다. 파트를 선택하고, 마우스 우측 버튼으로 **"재질 선택/편집(M)"** 메뉴를 선택한다.

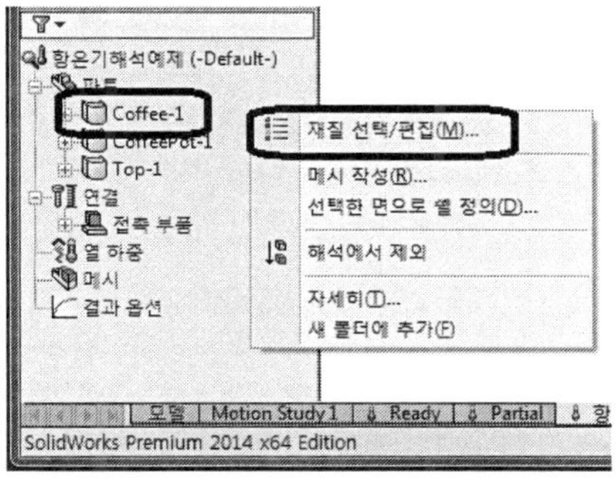

2. 다음과 같이 **"사용자 정의 재질"** 항목에 앞에서 설정한 커피 액체 재질에 해당되는 값을 입력한다.

   – 질량 밀도(DENS) = 1,000 Kg/m3

   – 열 전도율(KX) = 40 W/(m.K)

   – 비열(C) = 4,200 J/(Kg.K)

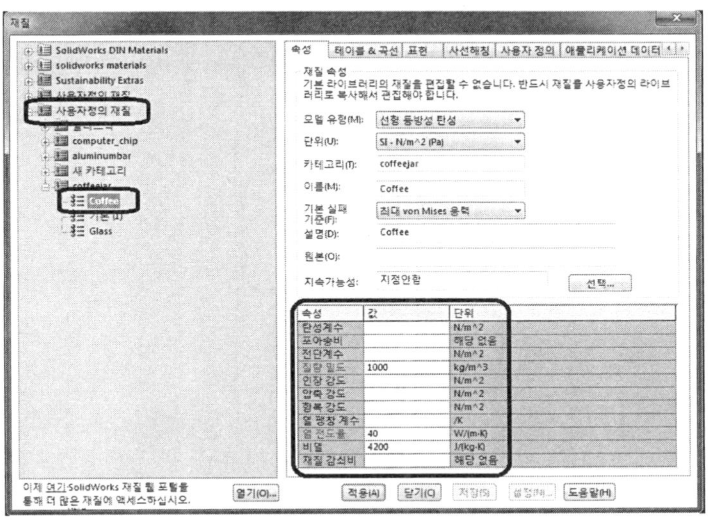

3. 이어서 나머지 커피포트와 뚜껑 부위에 대해서도 앞에서 설정한 재질을 각각 부여한다.

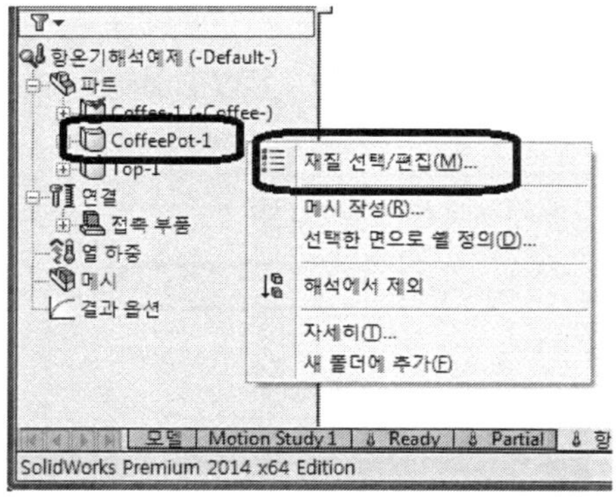

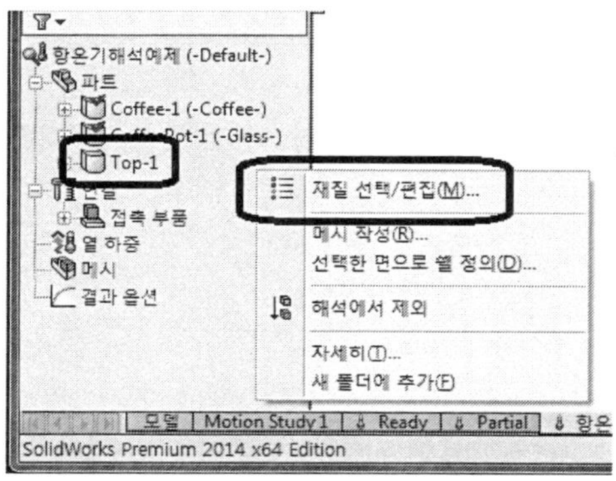

4. 그 결과 다음과 같이 3개의 파트에 각각 해당되는 재질이 부여되었다.

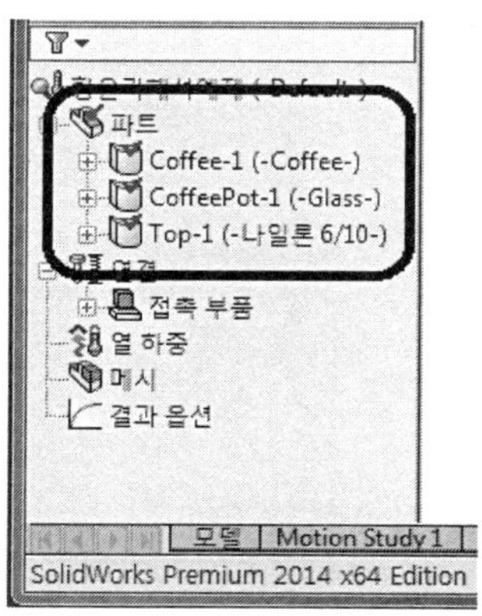

3.4.5 초기 온도 설정하기

1. 해석은 시간이 진행되는 동안에 대하여 진행되므로 해석 초기의 온도 시작 조건을 부여하기 위하여 다음과 같이 **"열하중"** 메뉴에서 **"온도(T)"**를 선택한다.

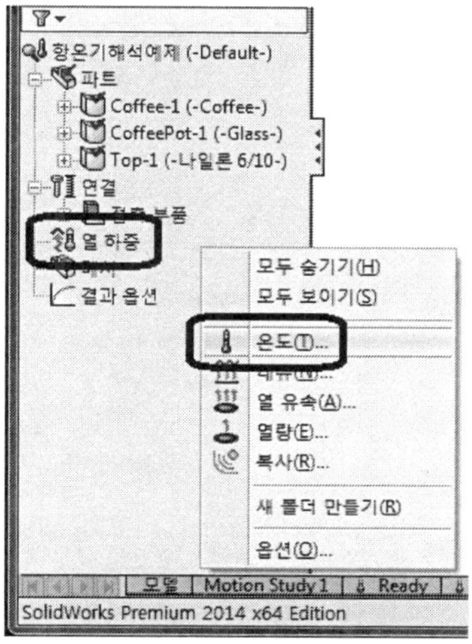

2. 이어서 다음과 같은 설정 창에서 주변의 초기 온도에 해당하는 2개의 파트(CoffeePot, Top)를 선택하고 해당 온도에 **"화씨 72도(72°F)"**를 입력한다.

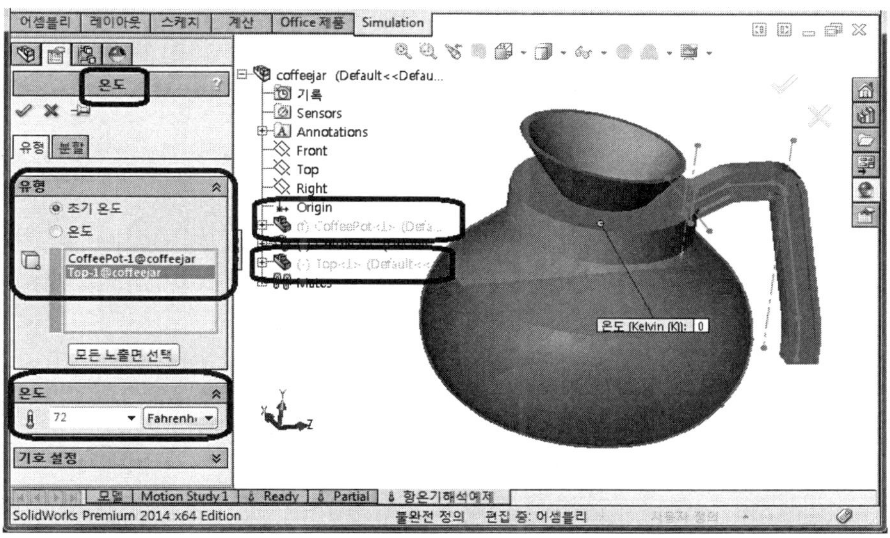

3. 이어서 커피 액체 자체에 대한 온도 조건을 부여하기 위하여 다음과 같이 **"열 하중"** 을 추가한다.

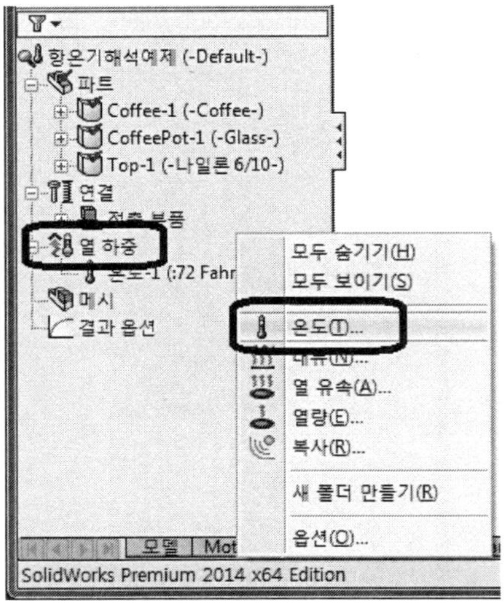

4. 다음과 같은 설정 창에서 커피 액체에 해당하는 파트를 선택하고 해당 온도 화씨 195도(195°F)를 입력한다.

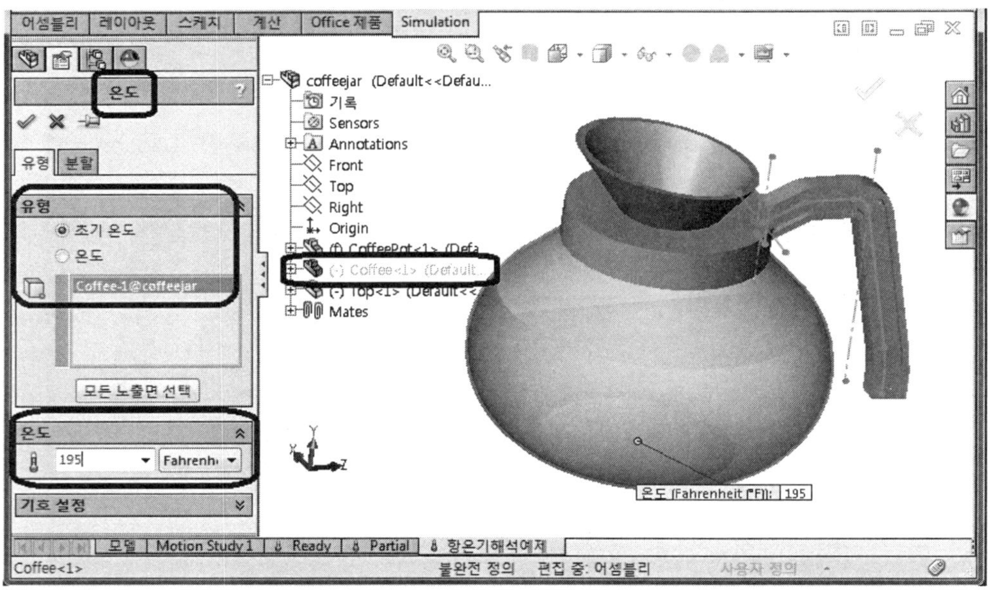

3.4.5 하중조건 부여하기 : 가열 열량과 상한, 하한 온도 설정

1. 본 해석 예제에서는 외부에서 가해지는 열량이 하중 조건이 된다. 이 가열 조건을 부여하기 위하여 다음과 같이 **"열하중"** 메뉴에서 **"열량(E)"**을 선택한다.

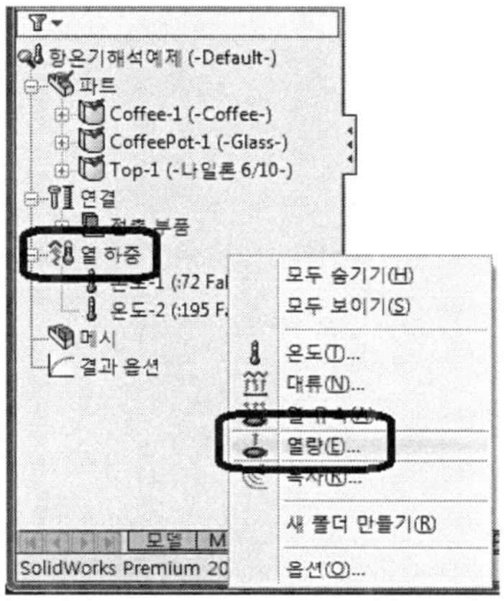

2. 다음과 같은 설정 창에서 **"2,000 W"**의 가열 조건과 온도 센서 부위에 대한 상한 200°F, 하한온도 190°F 설정 값을 각각 입력한다.

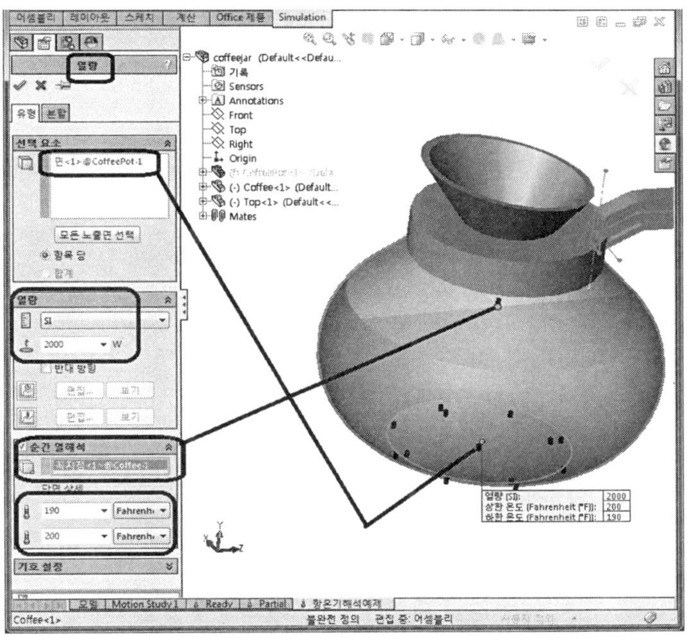

3.4.6 구속조건(1) 부여하기 : Glass 면을 통한 대류 조건

1. Glass 표면을 통하여 외부로 나가는 대류 조건을 부여하기 위하여 **"열하중"** 메뉴에서 **"대류(N)"**를 선택한다.

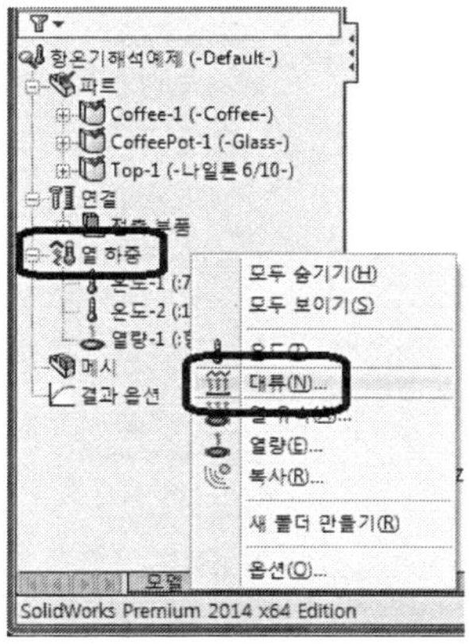

2. 이어서 설정 창에서 다음과 같이 주변 온도 72°F로 열이 빠져 나가는 Glass의 2개 면에 대하여 대류 조건 값을 각각 설정한다.

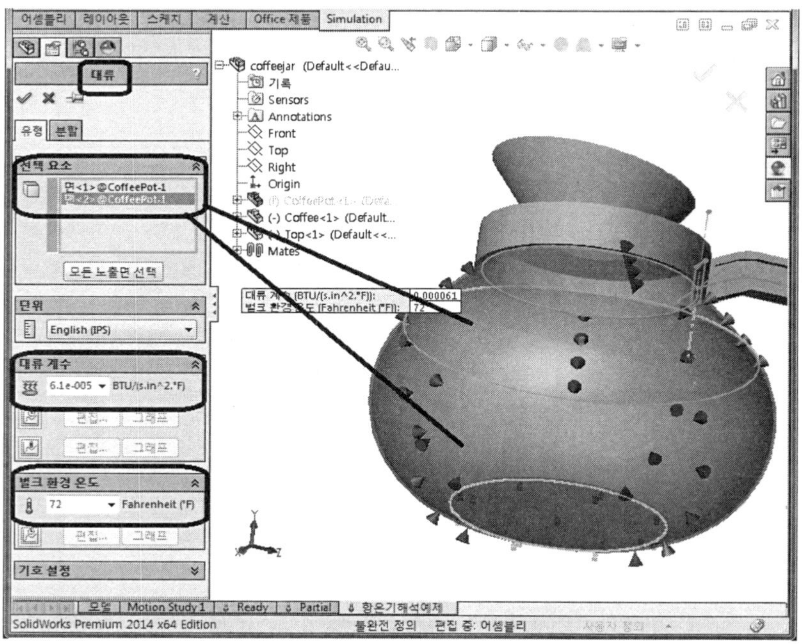

3.4.7 구속조건(2) 부여하기 : 커피 액체 표면을 통한 대류 조건

1. 이어서 거피 액체 표면을 통하여 외부로 나가는 대류 조건을 부여하기 위하여 **"열하중"** 메뉴에서 **"대류(N)"**를 선택한다.

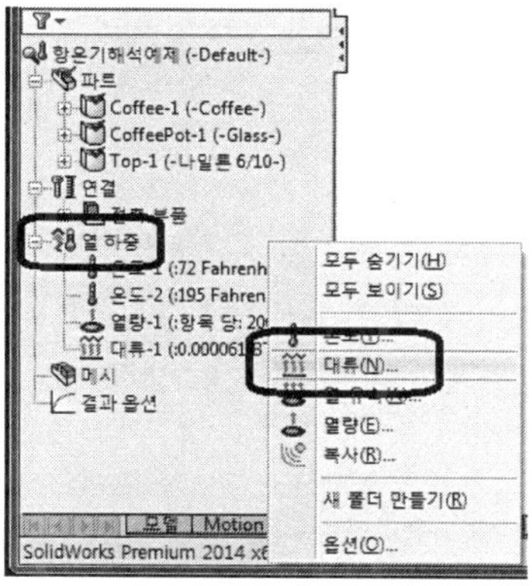

2. 이어서 설정 창에서 마찬가지로 주변 온도 72°F로 열이 빠져 나가도록 커피 액체 윗면에 대하여 대류 조건 값을 설정한다. 이때 액체의 위 표면을 선택하기 위하여 Glass 파트를 잠시 **"숨기기 기능"**을 이용하였다.

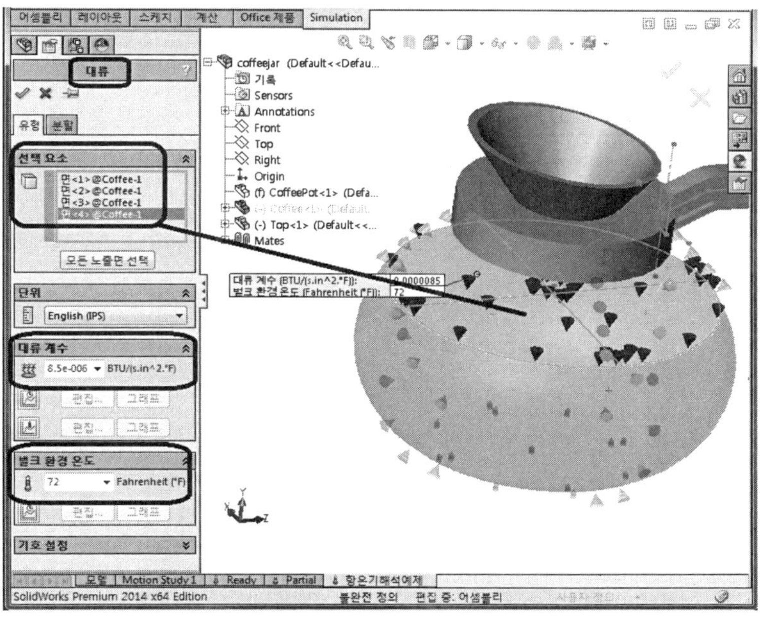

3.4.7 메시 생성하기

1. 요소 분할을 위하여 **"메시"** 메뉴의 세부 메뉴에서 **"메시 작성(R)"**을 선택한다.

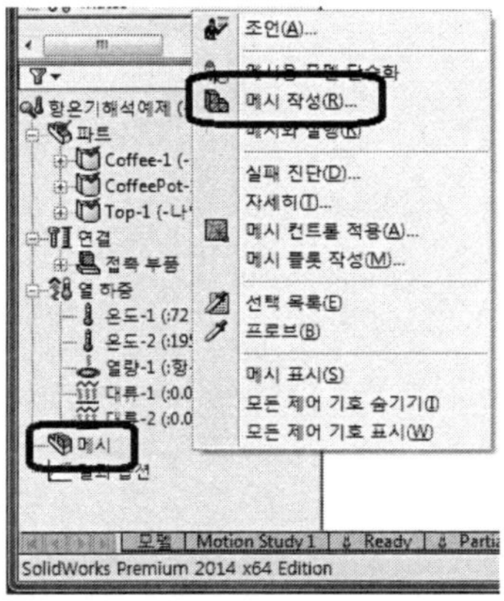

2. **"메시 파라미터"**에서는 프로그램이 제안하는 **"표준 메시"**의 평균 요소 크기와 허용 공차의 설정 값을 사용하기로 한다. **"고급 기능"**에서 **"솔리드의 자동 시도"**를 3회 시도로 설정한다.

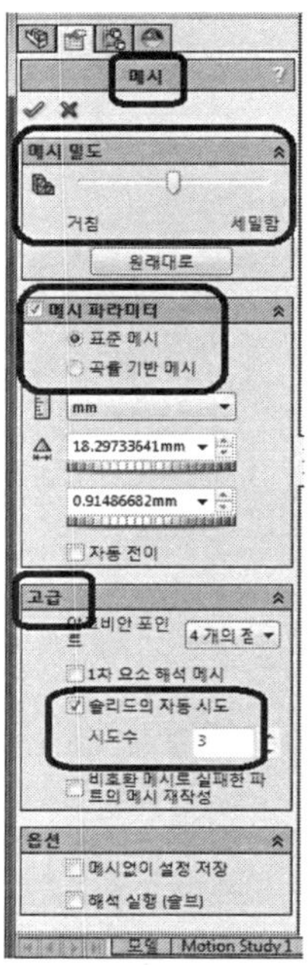

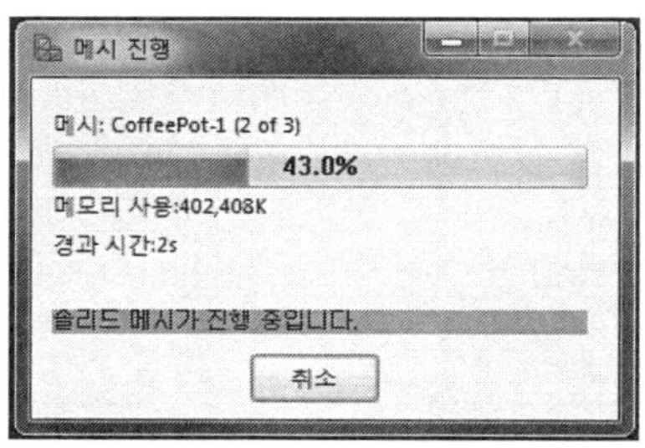

3.4.8 항온기 해석 실행하기

1. 다음과 같이 스터디 이름을 클릭하여 **"실행(R)"** 메뉴를 선택하면 계산이 진행된다.

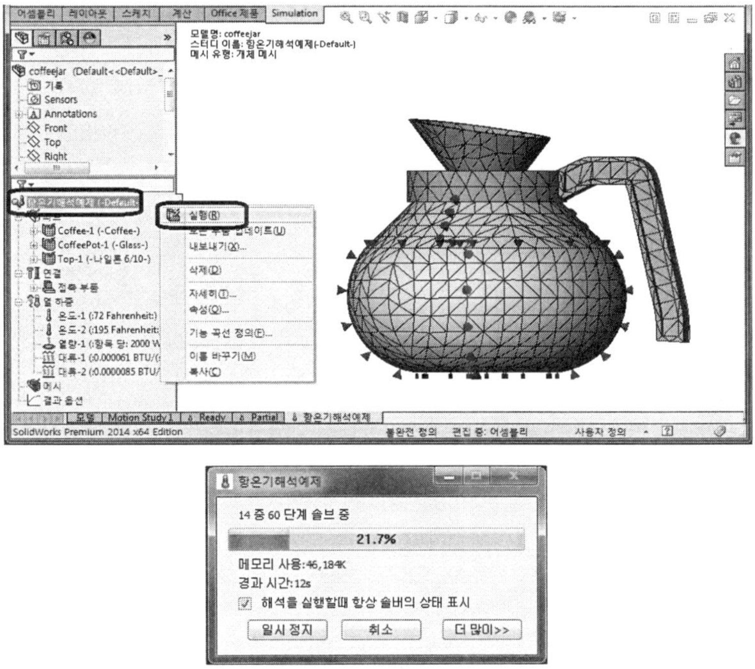

2. 이 계산 작업이 완료되면 다음과 같이 결과가 나타난다.

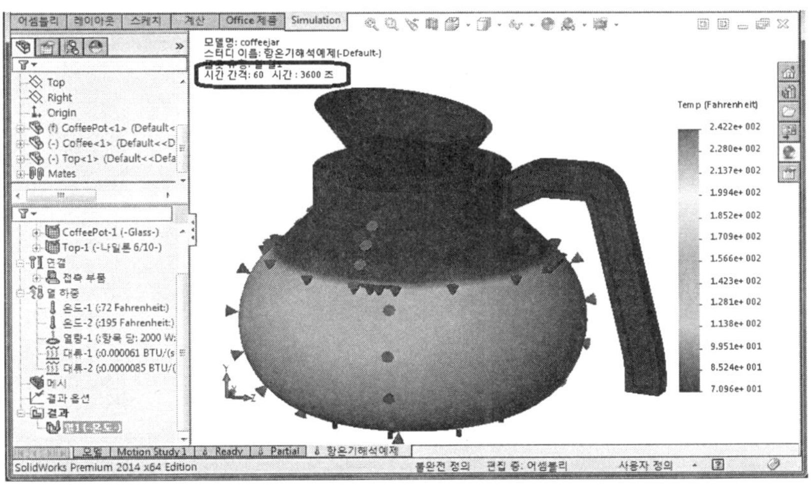

3.5 항온기 해석 결과 분석하기

3.5.1 특정 시간에서의 온도 분포

1. 특정한 시간에서 전체적인 온도 분포는 다음과 같이 **"결과"** 폴더에서 **"열온도 플롯 정의"**를 선택한다. 특정한 시간, 예를 들면 2,400초 이후의 온도를 보고 싶은 경우에는 60초 간격으로 스텝이 40인 순간이 그 시간이 된다.

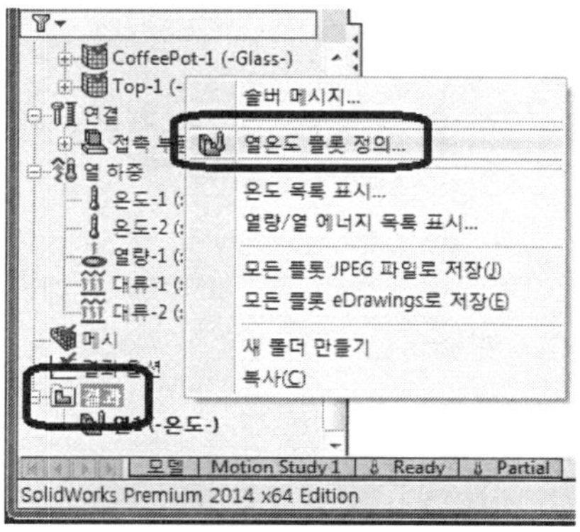

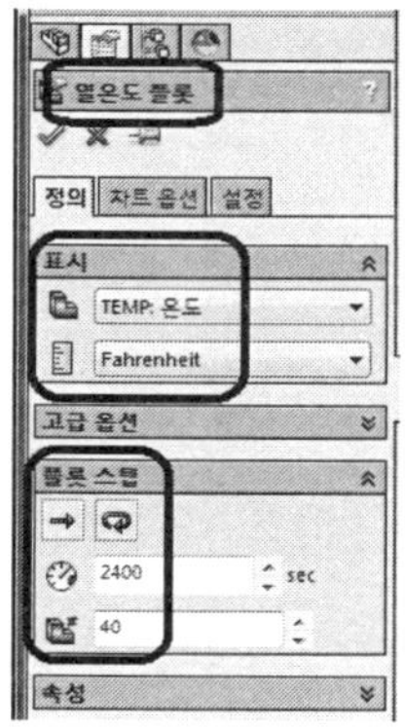

2. 그 결과 다음과 같이 온도 분포가 나타난다. 이 2,400초가 되는 순간에는 항온기의 특정 위치에서 온도가 최대 화씨 395도까지 올라감을 알 수 있다.

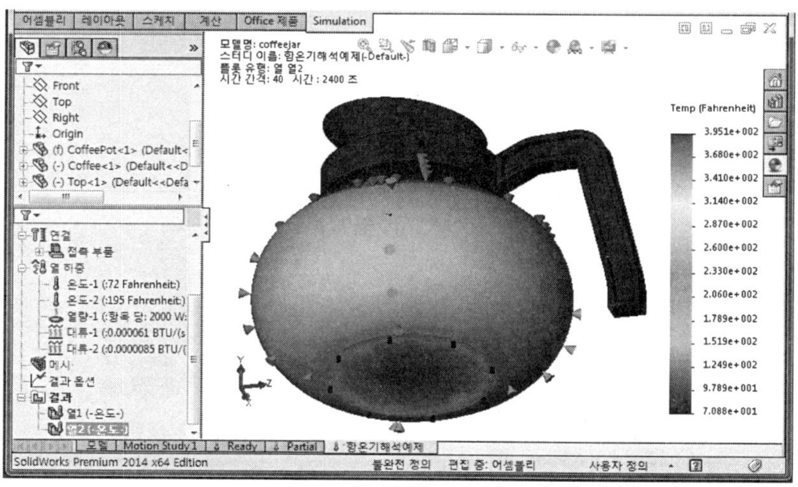

3.5.2 특정 시간에서 온도 분포의 단면 보기

1. 만일 사용자가 특정한 시간에서 전체적인 온도 분포를 확인한 이후에 그 결과를 가상적인 단면을 통하여 확인하기 위해서는 다음과 같이 해당 그림에서 **"단면 클리핑"** 을 선택한다. 이제는 3,600초가 지난 해석의 마지막 순간의 온도 분포에 대하여 보기로 한다.

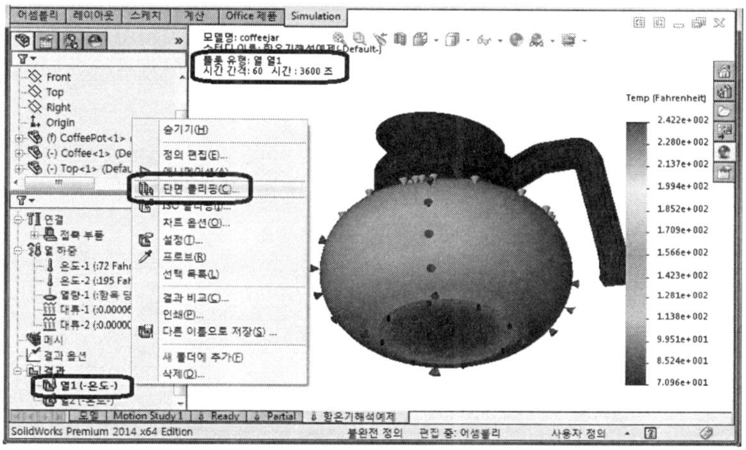

2. 다음과 같은 설정 창에서 사용자가 원하는 방향이나 각도를 설정하면 해당되는 단면에서의 온도 분포를 확인할 수 있다.

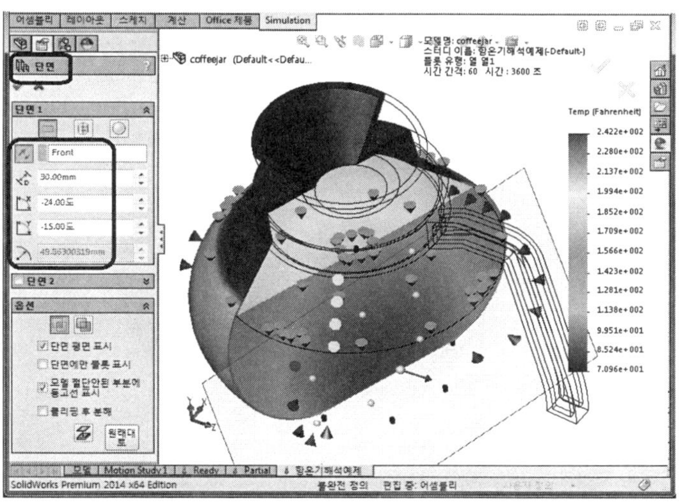

3.5.3 특정 지점에서의 온도 변화

1. 만일 사용자가 특정한 지점에서 시간의 변화에 따른 온도 변화를 확인하기 위해서는 다음과 같이 전체적인 온도 분포를 확인한 이후에 다음과 같이 해당 그림에서 **"프로브(R)"**를 선택한다.

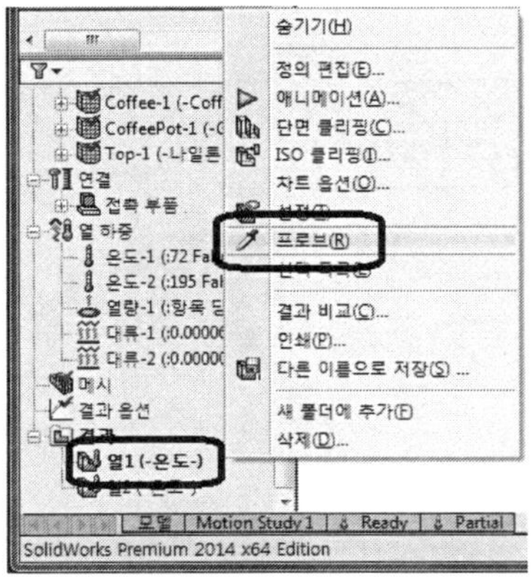

2. 다음과 같은 설정 창에서 상한 및 하한온도 센서를 설정했던 액체 커피의 위 표면 지점을 선택하고 아래 부분의 **"응답"** 메뉴를 선택한다.

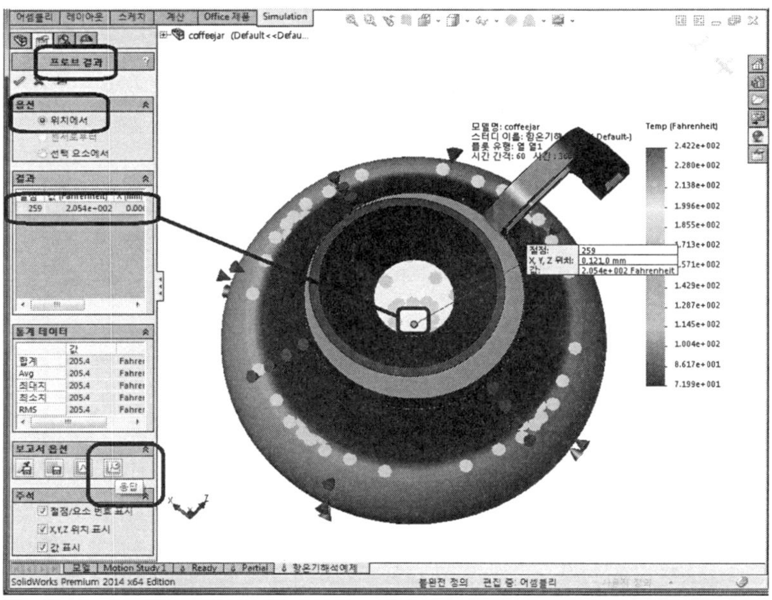

3. 그 결과를 보면 초기에 지정한 지점에서의 상한온도, 하한온도는 화씨로 190~200도(190°F ~ 200°F) 사이로 되어 있지만, 커피가 아래 부분의 가열에 의하여 온도가 상승하고 그 열이 위 방향으로 전도되는 시차 때문에 상한온도, 하한온도 방향으로 약 화씨 6도 정도의 Overshoot가 발생하고 있음을 알 수 있다. 이 현상은 본 해석 예제의 기본적인 이론을 설명하는 부분에서 항온기의 특성을 나타내는 그래프에서도 확인한 바가 있다.

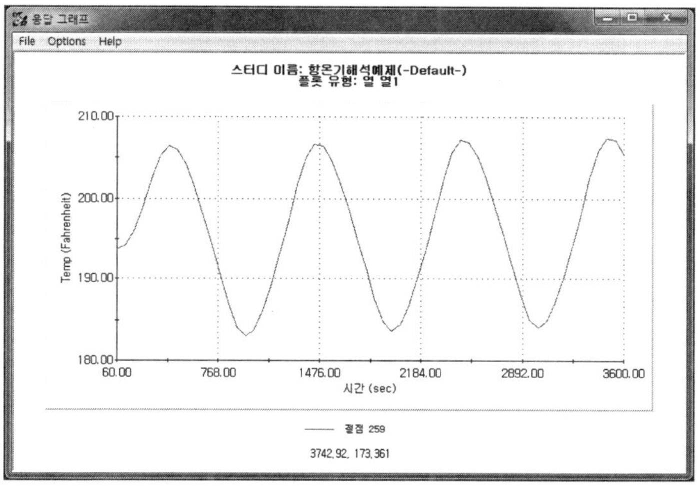

4. 사용자가 이 결과 그래프를 스프레드 시트 파일 형식이나, Bitmap, JPEG, PNG 등의 파일형식으로 저장하고자 할 경우에는 다음과 같이 **"File"** 메뉴에서 **"Save As"** 명령에를 사용하면 가능하다.

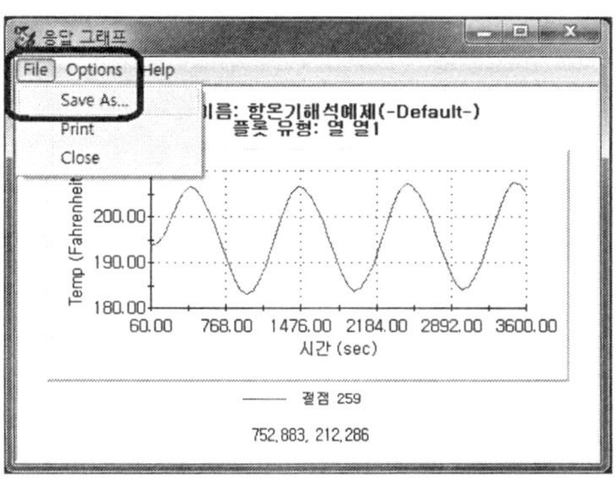

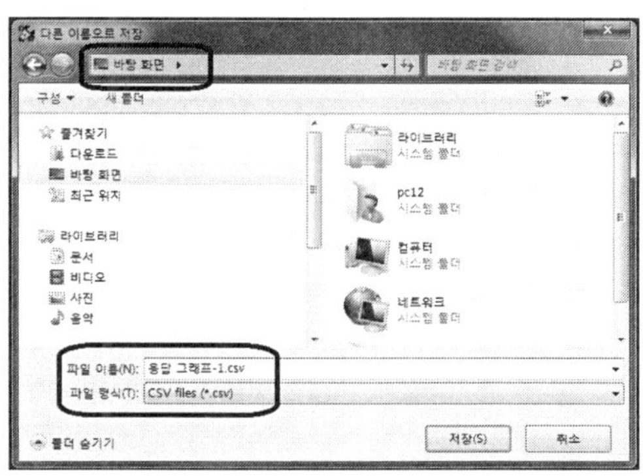

제 4 장 브라켓 최적화 해석

4.1 최적화 해석이란

4.1.1 최적화 해석의 용도

공학적인 설계는 사용자가 원하는 성능(ROC)을 만족하기 위하여 조절 가능한 설계변수(또는 설계 인자)들을 결정하는 과정이다. 그런데 이 설계를 바탕으로 제품을 개발하고 생산하기 위해서는 경제적(비용) 효율 극대화라는 또 하나의 관문을 통과하여야 한다. 여기서 공학적인 측면, 특히 구조적인 측면에서 효율의 극대화라는 의미는 그 제품의 기능에 필요한 기하학적인 치수(Dimension)를 최소한으로 유지하면서도 성능을 발휘하도록 하는 과정을 의미한다.

이 공학적인 측면에서 설계의 효율 최대화를 외팔보(내다지보, Cantilever Beam)의 경우를 예를 들어서 살펴보기로 한다. 아래 그림에서는 동일한 외팔보에 3가지의 서로 다른 형태의 외부하중이 가해지는 상황을 요약한 것이다.

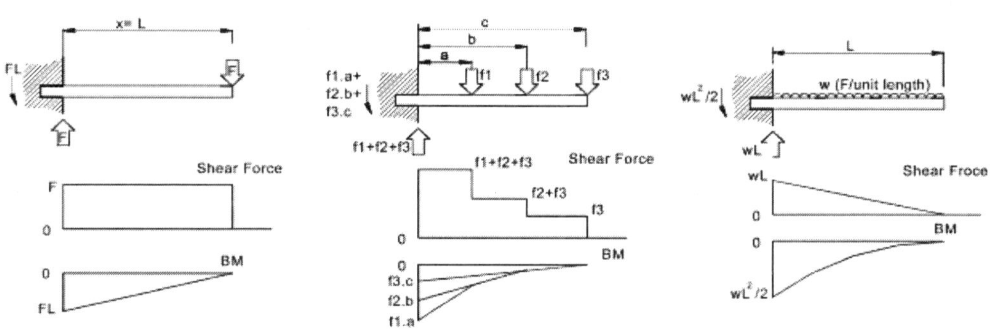

즉, 끝단에 집중하중, 3 지점에 집중하중, 그리고 균일 분포하중인 경우 등이다. 이러한 하중 조건에서 외팔보에 발생하는 전단력(Shear Force)과 굽힘 모멘트(Bending Moment)의 분포를 다이아그램으로 나타내면 다음과 같다. 그리고 굽힘 모멘트에 의한 응력의 분포는 그 굽힘 모멘트의 분포와 동일한 양상을 나타내게 된다.

위의 경우에서 만일 외팔보의 길이 방향으로 유효 두께를 일정하게 설정하면 길이 방향 각 지점에서 발생하는 응력의 크기는 고정지지 부분에서 가장 크게 발생하고 끝단 지점에서는 그 응력의 크기가 0이 된다. 따라서 자유 끝단 부분에서는 발생하는 응력 관점에서 보면 불필요하게 치수가 크게 설정되어 있는 과대 설계(Over Design)가 되는 것이다. 이를 개선하기 위한 방법은 발생 응력의 크기가 작은 끝단 부분의 기하학적인 유효 치수를 줄이면 길이 방향을 따라서 발생 응력의 크기가 균일하게 분포하는 설계가 될 수 있다.

아래의 2개의 형상 설계는 위의 외팔보 해석에서 얻은 결과를 바탕으로 길이 방향으로 유효 단면을 변화시킨 최적 설계의 예를 보여 주고 있다.

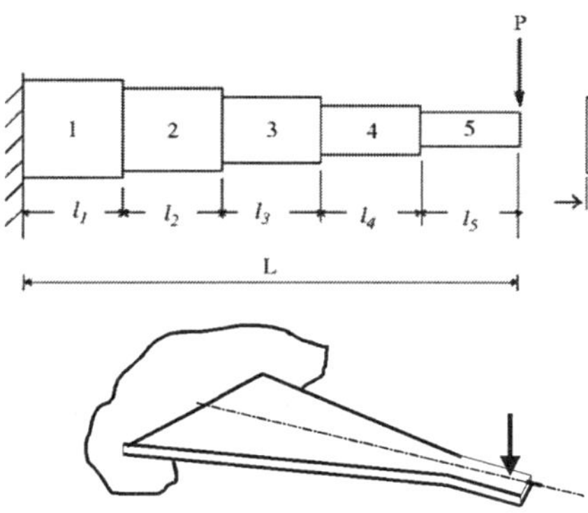

이와 같은 최적화의 개념은 그 최적화 대상이 단순히 공학 분야의 구조물의 가하학적인 치수 뿐만 아니라, 경영, 문화, 예술 등 모든 사회 분야에서 공통적으로 사용되는 개념이다. 즉 최적화는 주어진 가용 자원(Resource) 범위 내에서 최상의 성능을 얻기 위한 이론적인 해법이다.

참고로 다음 그림과 같이 2가지 타입의 교량(Bridge) 설계에 있어서 응력 분포를 고려하여 최적의 형상에 해당하는 설계를 사용자들께서 각각 판단해 보기 바란다.

〈A 타입 교량 구조물, 단속적인 보 타입〉

〈B 타입 교량 구조물, 연속체 보 타입〉

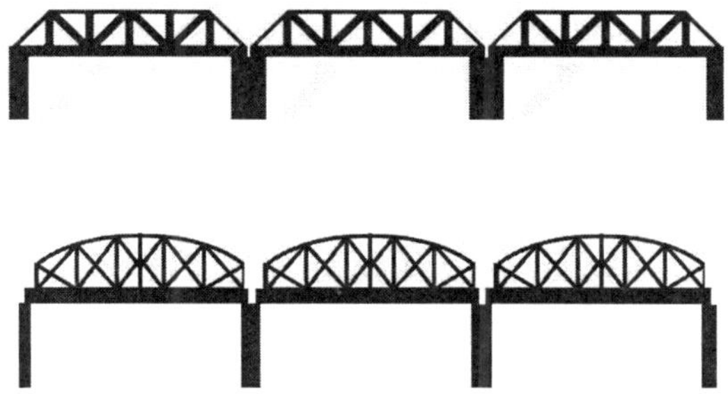

〈실제 교량 구조물 A 유형, 단속적인 보 타입〉

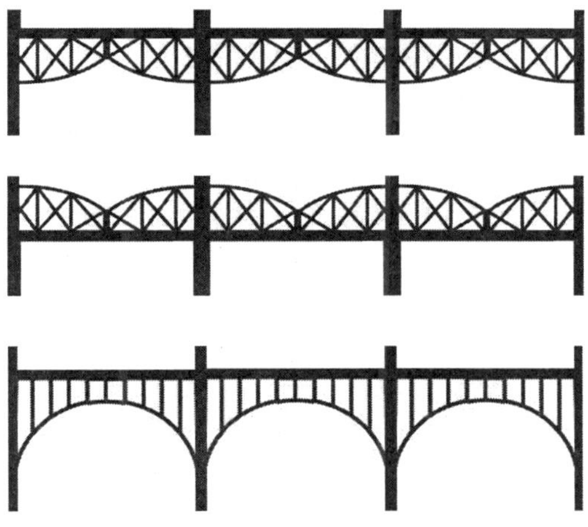

〈실제 교량 구조물 A 유형, 연속체 보 타입〉

사용자가 만일 설계 변경을 할 경우에는 다시 그 경우에 대하여 해석을 다시 하고 그 결과를 반복하여 검토하여야 한다. 이 변수들을 어떻게 조합하여 해석해 보고 그 결과를 체계적으로 기록하고 결과들을 검토하는지 하는 문제는 매우 거추장스러운 일이 되고 만다. 따라서 이런 경우에는 알고리즘을 이용하여 그 과정을 반복하게 한 개념인 최적설계(Optimization)를 이용하게 된다. 이러한 개념의 최적설계를 실제 공학적인 설계에 응용하면서 사용자들이 CAE라는 방법을 통하여 이에 해당하는 적절한 최적화 알고리즘을 사용하게 되었으며, 빠르게, 그리고 저렴하게 다양한 개발을 진행할 수가 있게 되었다.

다양한 분야에 대한 최적설계 중에서도 특히 구조 최적설계의 종류는 설계자가 변화시킬 수 있는 구조물의 구성요소, 즉 설계변수나 설계인자에 따라서 치수(Dimension) 최적설계, 형상(Shape) 최적설계, 배치(Layout) 최적설계 그리고 위상(Phase) 최적설계의 4가지로 다시 세분화되어 나뉠 수 있다. 일반적으로 기계공학 분야에서 주로 사용되는 최적화 분야는 치수와 형상의 최적설계 분야가 대부분이다.

4.1.2 최적화 해석의 개념

최적화(Optimization)에 대한 수학적인 의미는, 어떤 구속조건(Constraints)이 있을 수도 있는 상황에서, 함수의 최대값(Maxima) 또는 최소값(Minima)을 찾는 문제이다. 이때 최대값을 찾는 것인가 혹은 최소값을 찾는 지에 대한 결정은 사용자가 원하는 최적값(Optimum)의 특성에 따라서 결정된다. 예를 들면 구조물의 중량을 최적화 하는 경우에는 대부분 중량을 최소화하는 최적화 문제가 되며, 구조물의 강성을 최적화하는 경우에는 강성을 최대화 시키는 문제가 된다.

최적화이론과 그 해법은 수학의 한 분야로서 유럽과 미국에서 여러 분야의 학자들에 의해 많이 연구돼 왔으며 제2차 세계대전 이후에는 산업 군사 행정 등의 여러 조직에 적극적으로 활용되기 시작하여 생활에 많은 변화를 가져왔다. 여기에서 이야기하고 있는 최적화라는 단어와 개념은 전혀 새로운 것이 아니며, 이미 우리들의 실생활에도 적용되고 있는 경험적인 지식에 속한다.

예를 들어 사용자가 원하는 특정 제품에 대하여 고려하는 사항들은 구매사유, 구매 가격, 브랜드의 가치, 사용 예정기간, 애프터서비스 편의성 등의 여러 조건을 비교한 후 구매하게 된다. 이미 이러한 과정에 최적화기법이 그대로 적용되고 있는 것이다. 이러한 내용을 수학적인 개념과 지식으로 체계화 시키고 컴퓨터의 알고리즘을 사용하여 편리하게 사용하게 되었다는 점이 좀 더 부각되는 것 뿐이다.

4.1.3 최적화 해석의 알고리즘

공학 분야의 설계자들이 주어진 조건에 대하여 해석 대상의 거동을 유한요소법의 도움으로 예측을 하게 되는데, 그 해석결과가 설계자가 원하는 결과가 아니거나 부족한 경우에는 초기에 설정한 조건들을 변경하여 다시 해석을 하는 과정을 반복하여야 한다. 이 과정에서 그 변경해야 할 조건들의 조합이 많아지면 수동으로 일일이 그 과정을 반복할 수가 없어진다. 따라서 이러한 반복 해석 및 설계 과정을 알고리즘으로 자동화할 필요가 있는데 이것이 공학적인 의미의 최적설계이다.

최적설계(Optimal Design)는 위에서 설명한 바와 같이 무수한 종류의 설계인자와 형상에 관계된 치수를 고려하여 전처리 작업을 하고 해석을 실행하며 후처리 과정을 통하여 결과를 검토하는 그 과정을 컴퓨터 프로그램 상에서 자동화한 것이다. 그 과정을 아래에 그림으로 도시하였다.

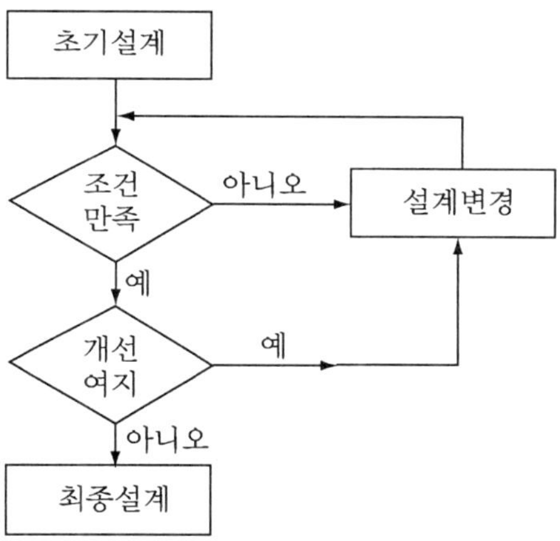

최적설계를 위해서는 몇 가지 저건을 사용자가 설정해 주어야 한다. 먼저, 목적함수를 정의하고, 설계변수를 정의하여야 한다. 그리고 그렇게 설계변수를 바꾸는 과정에서도 꼭 지켜야 할 거동의 구속조건을 정의하여야 한다. 이렇게 주어진 조건 내에서 초기에 설계된 결과는 수많은 제품 개발 사이클 단계를 거쳐서 반복적으로 그 성능이 개선된 후에 최종적으로 대량 생산이라는 과정으로 넘어가게 된다.

위에서 설명한 최적 설계의 기본 개념과 본 저서에서 사용하고 있는 SolidWorks Simulation 프로그램을 이용한 최적 설계의 진행하는 단계별 흐름을 아래의 그림에 나타내었다.

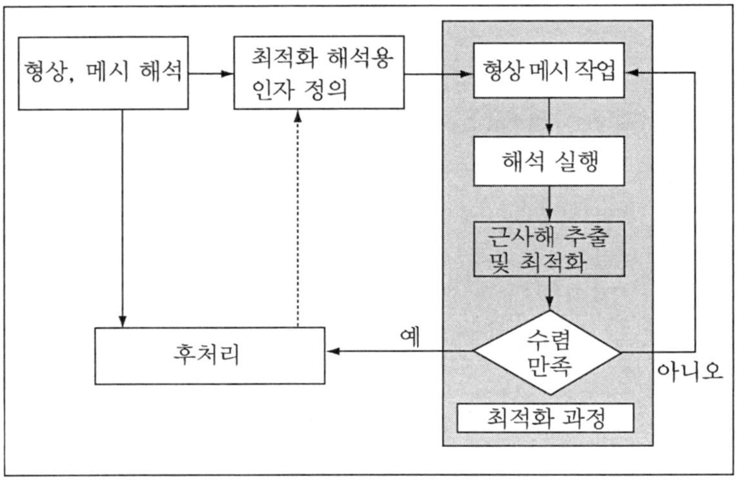

〈최적화를 반영한 SolidWorks Simulation 스터디의 흐름도〉

본 최적화 알고리즘은 Box-Behnken (박스-벤켄) 설계 방법을 이용한다. 이 개념은 통계학에서 George E. P. Box와 Donald Behnken이 1960년에 제시한 방법이다. 이 방법은 최적의 솔루션을 찾기 위하여 최초 시나리오, 최적 시나리오 및 여러 시나리오에 대하여 통계적인 변수 취급 방법으로 모든 반복을 계산한다. 보다 자세한 내용은 https://onlinecourses.science.psu.edu/stat503/node/60 등 관련 자료를 참고하기 바란다.

4.1.4 1-D 문제의 최적화 해석 기법 개념

설계 변수가 1개인 1차원(1-D) 최적 설계는 원하는 성능의 최대값 또는 최소값을 찾는 과정에서 최대한 빠른 시간에 가장 최소값 또는 최대값을 찾도록 하는 알고리즘을 사용하게 된다. 이 목적을 위하여 사용되는 1-D 탐색 알고리즘은 수없이 많으나 그 알고리즘의 공통적인 개념은 다음 그림과 같다. 즉 설계변수가 주어진 범위 내에서 가장 최소, 또는 최대인 값을 찾는 과정이다.

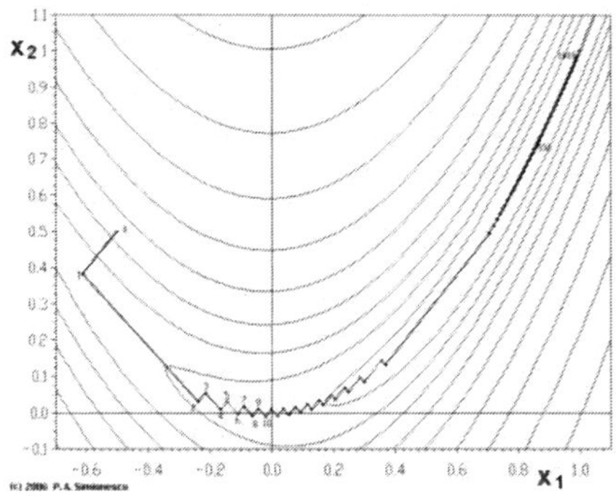

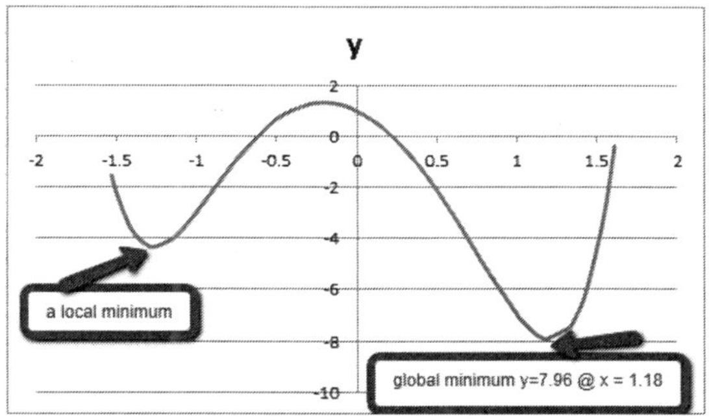

4.1.5 2-D 문제의 최적화 해석 기법 개념

2차원인 경우에는 설계 변수가 2개인 경우이면 그림으로 도시한 경우에서와 같이 지도의 등고선에서 가장 최대값 또는 최소값을 찾는 과정에서 최대한 빠른 시간에 그 값을 찾도록 하는 과정이다. 그 이외에도 변수가 3개 이상인 다차원(Multi-Dimensional) 최적화 문제인 경우에도 2-D 경우와 같은 개념으로 이론적인 알고리즘을 적용하여 설계를 진행하게 된다.

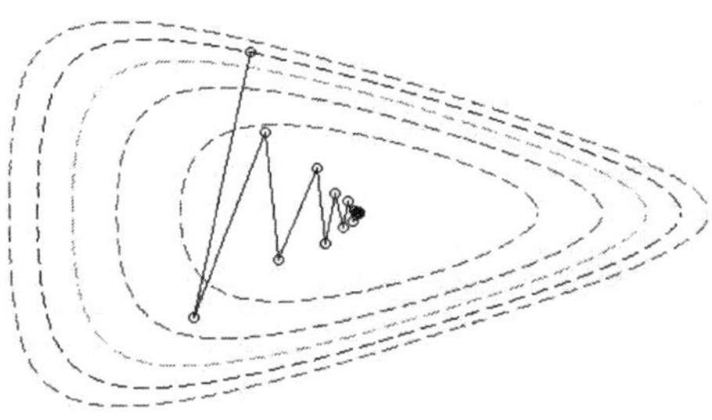

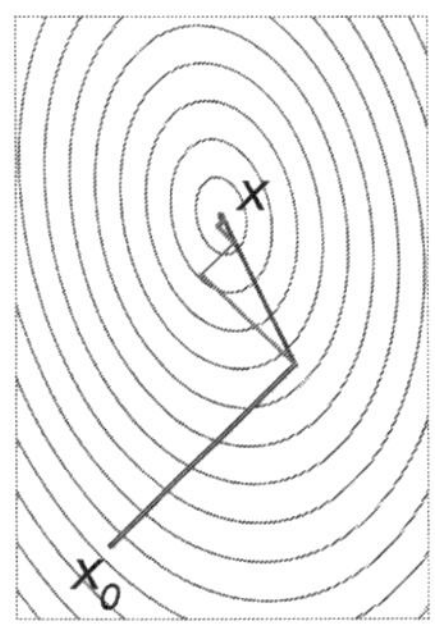

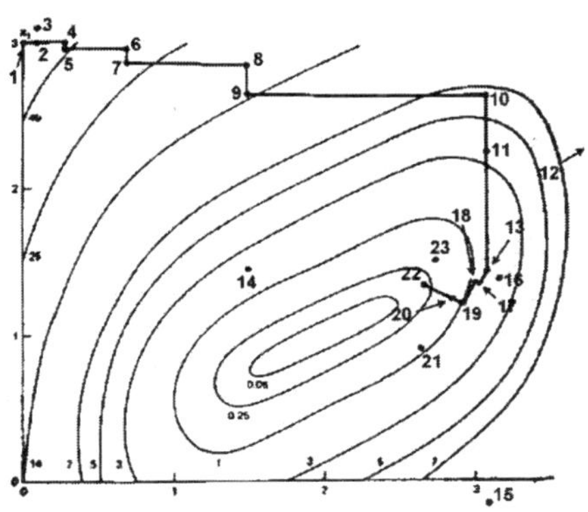

4.2 최적화 해석의 입력/출력 데이터

4.2.1 최적화 해석의 입력 데이터

A. 참조할 스터디 작성

- 최적화 해석 스터디의 참조로 사용하려는 모든 스터디를 작성하고 실행
- 정적 해석, 고유진동수 해석, 좌굴 해석, 열전달 해석 스터디 등을 사용

B. 최적화 스터디 작성

1. Goals 지정
   - 최적화 해석 스터디당 한 개의 목적계수만 지정
   - 설계 목적 : 최대화, 최소화, 일치화
   - 센서 : 진동수(Frequency), 변위(URES), 응력(Stress), 부피(Volume)
2. 설계 변수 지정
   - 변수 조건 :
     - 범위 – 상한치, 하한치 설정
     - 범위(스텝) – 상한치, 하한치, 스텝 설정
     - 불연속 값
3. 구속 조건 지정
   - 센서 : 구속 조건을 적용하기 위해 미리 선택한 특정 스터디의 결과
     - 응력, 변위, 고유진동수 등
   - 한계(Limit) :
     - 크거나
     - 작거나
     - 두 값 사이이거나

4.2.2 최적화 해석의 출력 데이터

1. 설계 사이클 결과
   - 최적화된 최종 설계를 플롯
   - 초기 설계를 플롯

- 중간 단계의 사이클을 플롯

2. 설계 기록 그래프
   - 목적계수, 설계 변수, 또는 설계 구속조건과 설계 사이클의 관계 그래프
3. 변수에 따른 결과 변화 그래프

4.3 형상 최적화 예제 설정

본 해석 예제에서는 다음과 같은 기능을 익히도록 하고자 한다.

- 설계 요구조건에 사용할 선형 정적 해석을 먼저 실행한다.
- 설계 요구조건에 사용할 고유 진동수 해석을 먼저 실행한다.
- 미리 해석한 스터디를 연동한 최적화 설계 스터디의 작성법을 익힌다.
- 설계변수, 구속 조건, Goal(목적) 등을 정의하는 방법을 익힌다.
- 최적화 해석 결과 보기를 익힌다.
- 설계 변수에 따른 결과 변화의 그래프를 플롯한다.

본 해석 예제는 다음 그림과 같이 외팔보 형태의 브래킷(Cantilever bracket)에 대하여, 사용자가 원하는 정적 조건과 진동 특성조건을 만족시키면서도, 전체 구조물의 부피를 최소화하는 형상 치수를 찾는 해석 예제이다.

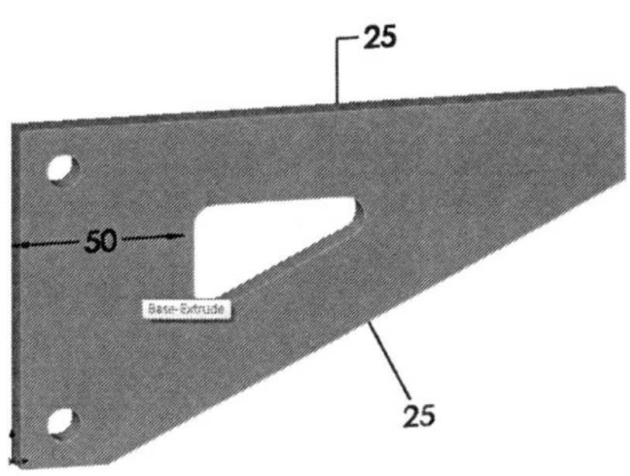

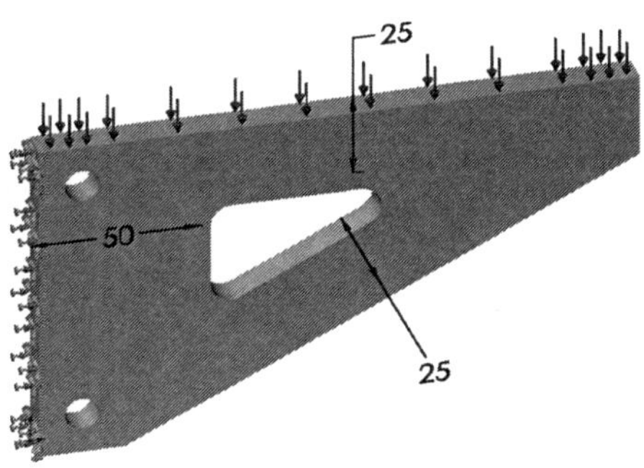

1. 파일의 위치 : **"C: \ Program Files \ SolidWorks Corp \ SolidWorks \ Simulation \ Examples \ Optimization \ cantilever_bracket.sldprt"**
2. 스터디 유형
   - **"정적 해석"**
   - **"고유진동수 해석"**
   - **"최적화 해석"**
3. 재질 : **"Alloy Steel"**
4. 구속 조건 : 왼쪽 수직면이 **"고정 지오메트리"**
5. 하중 : 윗면에 5e6 N/m^2 (Pa)
6. 메시 분할
   - 메시 파라미터 : 표준 메시
   - 평균 요소 크기 : 기본 설정값
   - 허용공차 : 기본 설정값
   - 자동 전이 : 선택 해제
   - 고급 아래 : - 야코비안 포인트 : 4개의 점
     - 1차 요소 해석 메시 : 선택 해제
     - 솔리드의 자동 시도 : 선택 해제
7. 설계 스터디 옵션 :
   - 설계 스터디 품질 : **"고품질 (느림)"** 선택
8. 최적 설계 조건 :
   - 목적계수(목적함수) : 부피(Volume)를 최소화
   - 설계변수 : 10 mm ≤ D11 ≤ 25 mm
     10 mm ≤ D12 ≤ 25 mm
     20 mm ≤ D13 ≤ 50 mm
   - 구속조건 : 0 N/m^2 ≤ Von Mises 응력 ≤ 3e8 N/m^2
     0 mm ≤ URES ≤ 0.21 mm
     260 Hz ≤ 1차 고유진동수 ≤ 400 Hz

4.4 형상 최적화용 정적 해석의 문제 해결 과정

4.4.1 파일 불러오기

1. 애드인이 되어 있다고 가정하고, 파일 열기(File–Open)를 선택하여 아래의 파일을 선택하고 **"열기"**를 클릭한다.
   "C: \ Program Files \ SolidWorks Corp \ SolidWorks \ Simulation \ Examples \ Optimization \ cantilever_bracket.sldprt"

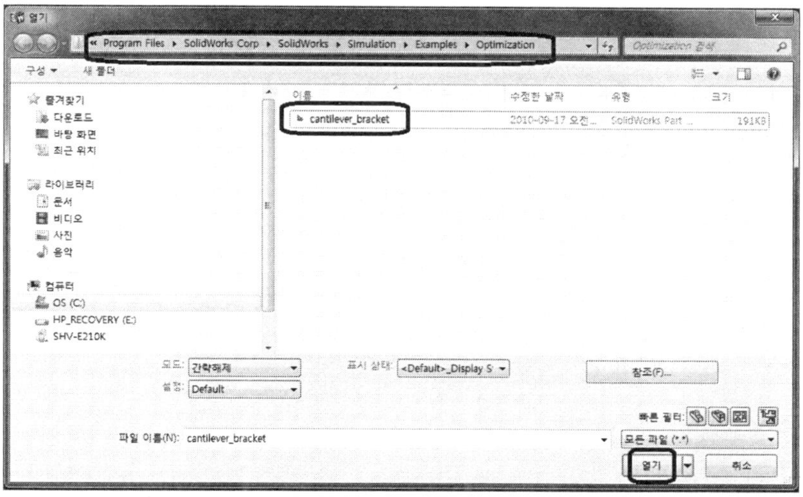

2. 다음과 같이 해석용 모델의 형상이 나타난다.

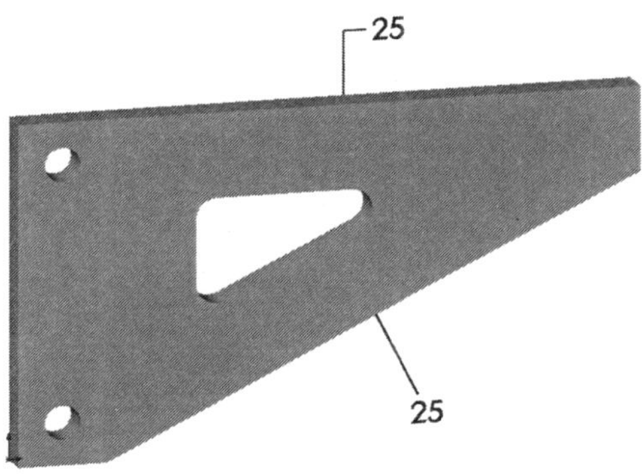

4.4.2 정적 해석용 스터디 정의하기

1. 최적 설계 스터디에서 요구 구속조건으로 사용할 정적 해석과 고유 진동수 해석을 먼저 진행한다. 먼저 정적 해석을 위하여 다음과 같이 **"정적 해석"** 스터디를 시작한다. 그 결과 다음과 같이 스터디 정의가 완료되었으며, 이 결과는 매니저 창에서 확인할 수 있다.

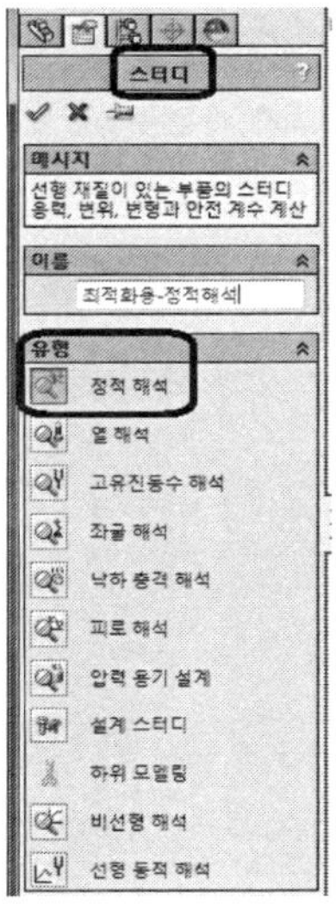

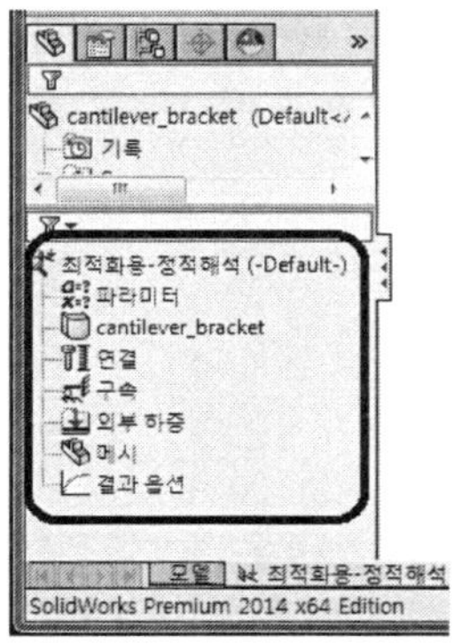

4.4.3 재질 부여하기

1. 아래와 같이 파트 이름을 선택하고, 마우스 우측 버튼으로 **"재질 선택/편집(M)"** 메뉴를 선택한다.

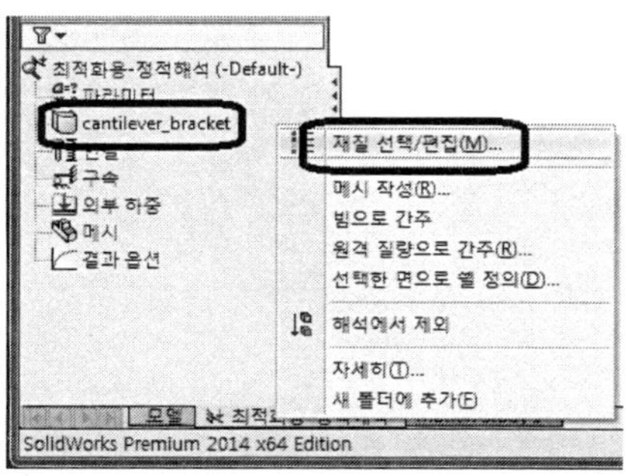

2. 이 파트의 재질은 Alloy Steel이므로 다음과 같이 Steel폴더를 열고 해당 재질을 선택한 후 **"적용(A)"** 버튼을 선택한 후 **"닫기(C)"** 버튼을 누른다.

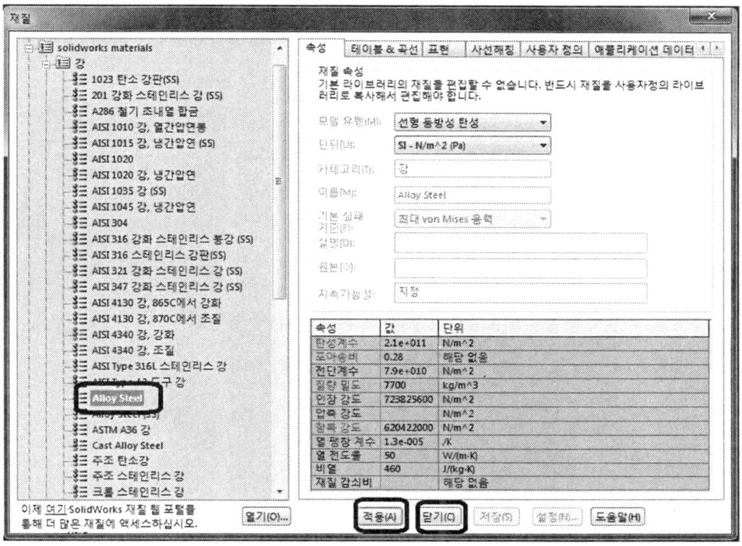

4.4.4 구속 조건 부여하기

1. 이 Bracket은 왼쪽의 수직 면에 고정지지되어 있다. 따라서 이를 위해서 다음과 같이 **"구속"** 메뉴에서 **"고정 지오메트리"**를 선택한다. 이어서 왼쪽 수직면을 선택하고, 그곳의 조건을 **"고정 지오메트리"**로 조건을 부여하고 위의 **"체크(V)"** 버튼을 클릭한다.

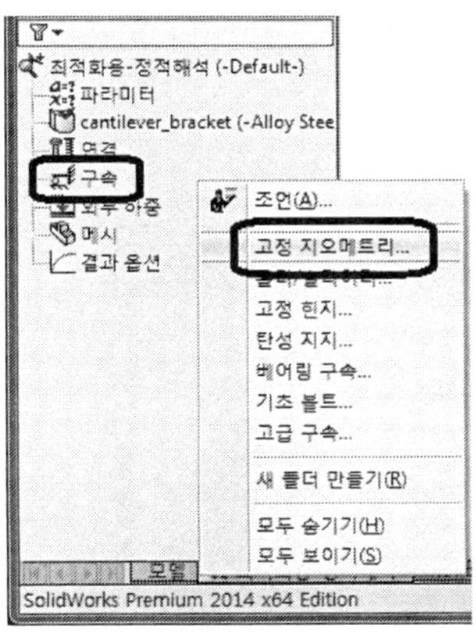

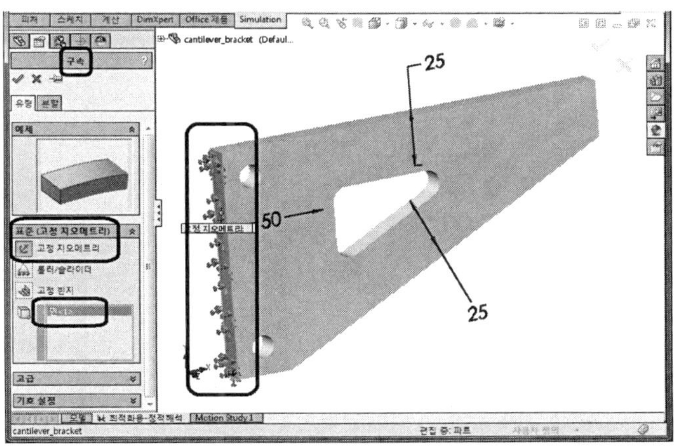

4.4.5 하중 부여하기

1. 다음 그림과 같이 압력을 부여하기 위해서 외력이 분포하중이므로 **"압력(U)"** 메뉴를 선택한다. 이어서 설정 창에서 윗면을 선택하고 압력 크기를 **"5e6 N/m^2"**로 입력한다.

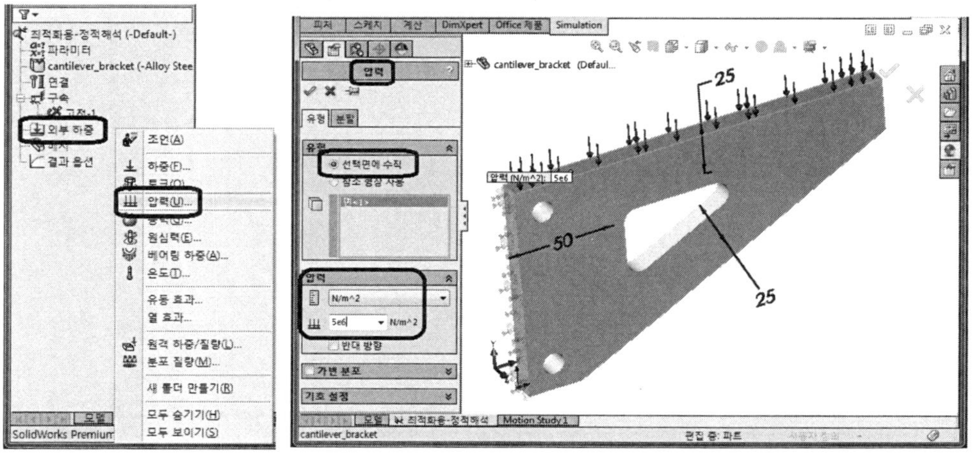

4.4.6 메시 작성하기

1. 다음과 같이 **"메시"** 메뉴의 세부 메뉴에서 **"메시 작성(R)"**을 선택한다. **"표준메시"**를 사용하며, 나머지는 자동으로 설정된 기본 설정값을 사용한다.

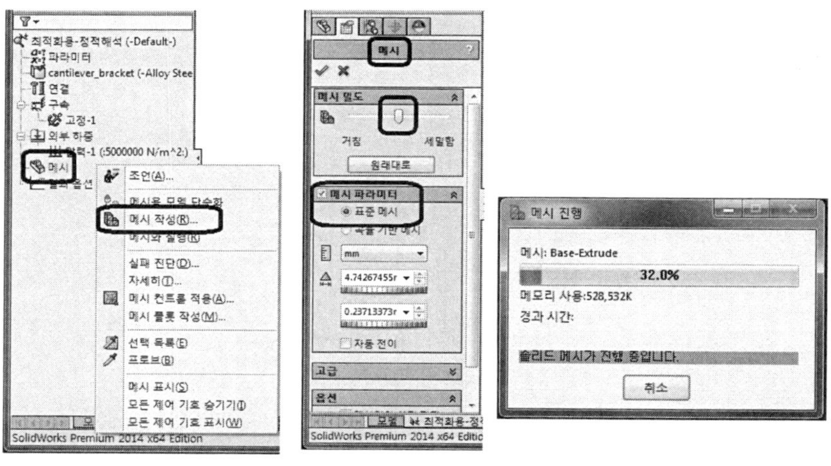

4.4.7 최적화용 선형 정적 해석 실행하기

1. 해석 조건의 입력이 완료된 후에, 다음과 같이 스터디 이름을 클릭하여 **"실행(R)"** 메뉴를 선택한다.

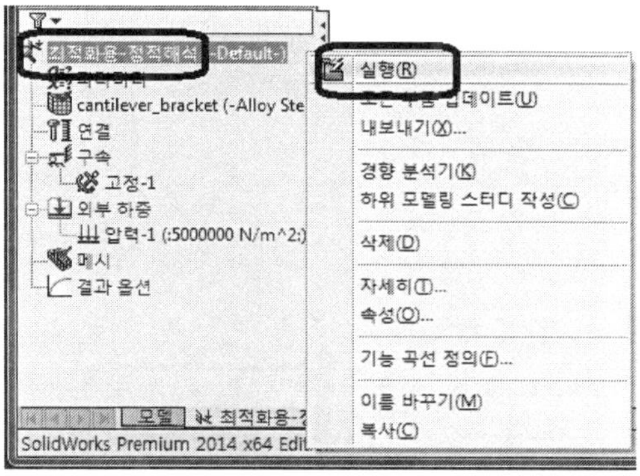

2. 이 계산 작업이 완료되면 다음과 같이 **"결과"**라는 폴더가 생성되며, 초기의 결과 표시로는 우측 그림 영역에 대표적인 응력 분포가 표시된다. 이 경우에는 최대 von-Mises 응력의 크기가 1.229e8 N/m^2 정도의 값을 나타낸다.

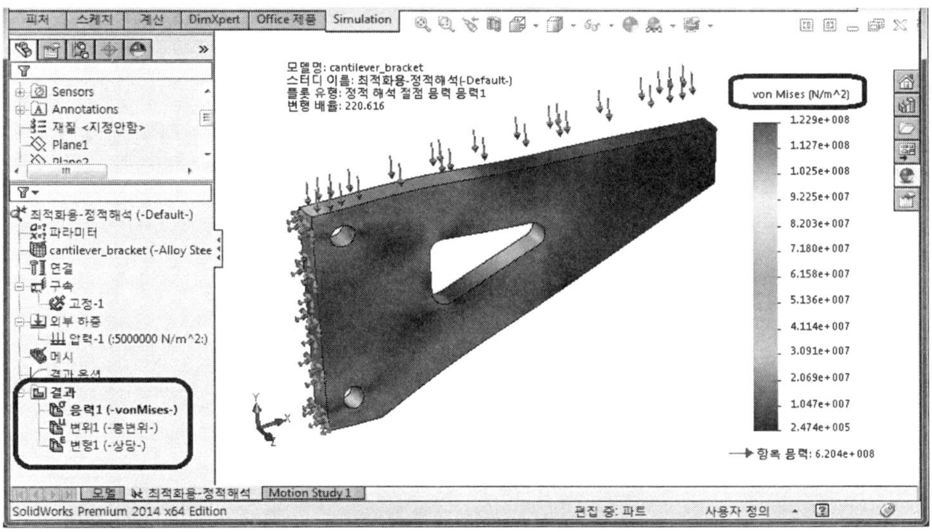

4.5 형상 최적화용 고유진동수 해석의 문제 해결 과정

4.5.1 고유 진동수 해석용 스터디 정의하기

1. 고유 진동수 해석을 위하여 스터디를 **"고유 진동수 해석"**으로 정의한다.

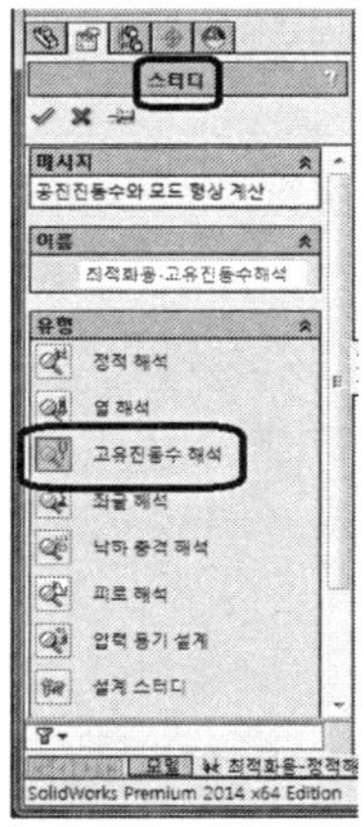

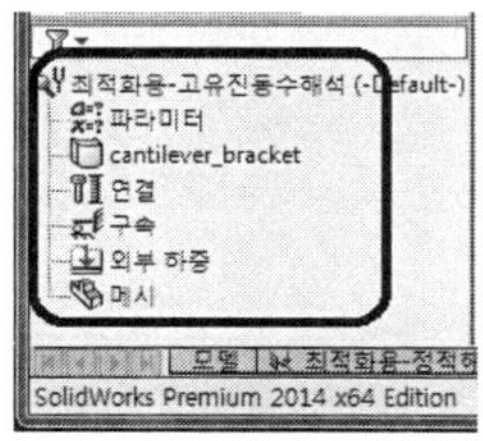

4.5.2 재질, 구속조건, 메시조건 복사하기

1. 이 고유 진동수 해석은 재질, 구속조건, 메시 조건들은 앞의 스터디에서 복사하여 사용하기로 한다. 다음과 같은 방식으로 3가지를 복사한다. 여기서 주의할 사항은 고유진동수 해석에서는 외부하중이 불필요하다는 것이다.

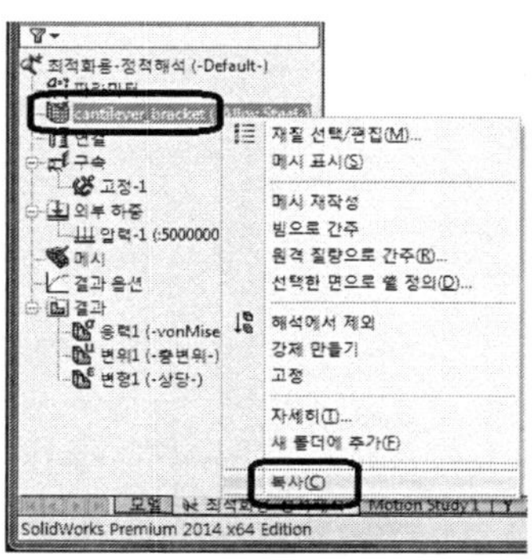

〈재질 복사〉

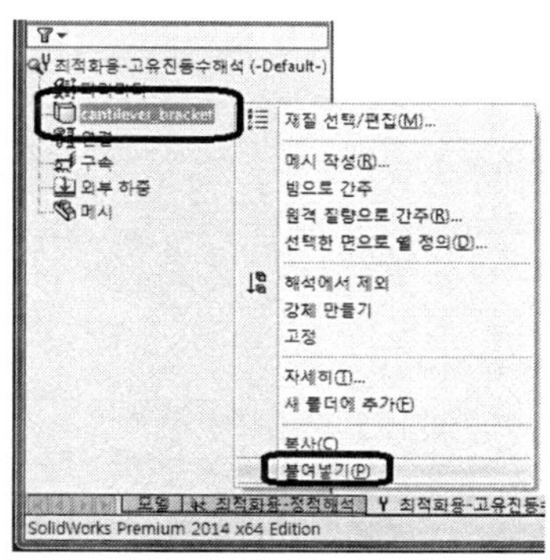

〈재질 데이터 붙여넣기〉

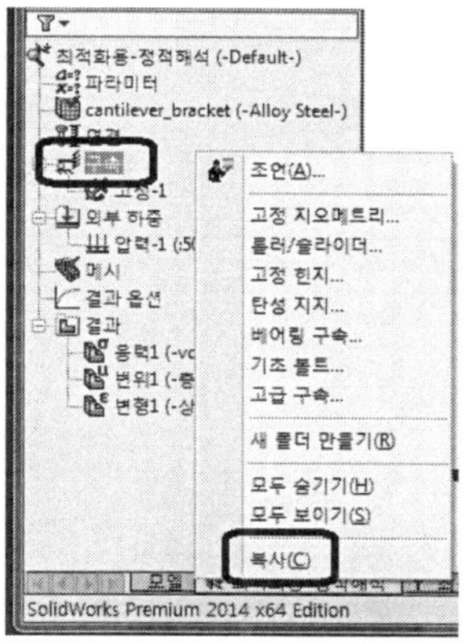

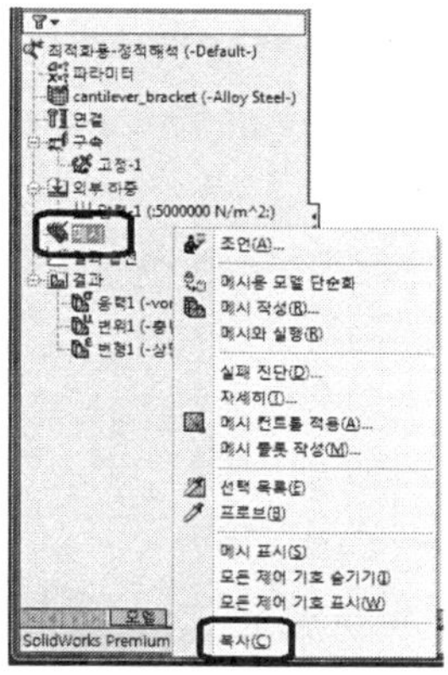

〈구족조건 복사〉 〈메시 복사〉

2. 그 결과 다음과 같이 해석을 위한 준비가 완료되었다.

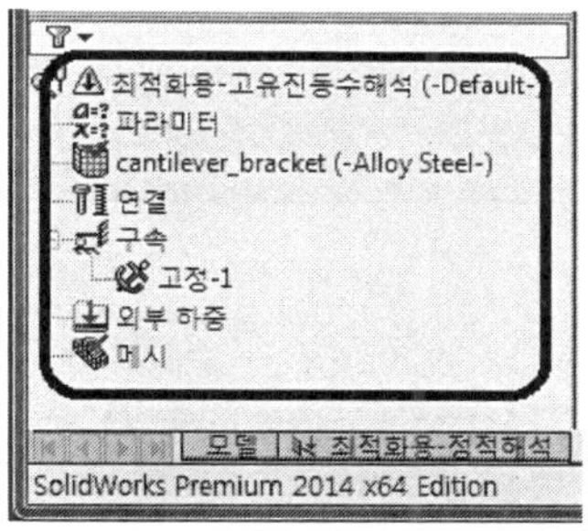

4.5.3 최적화용 고유 진동수 해석 실행하기

1. 다음과 같이 스터디 이름을 클릭하여 **"실행(R)"** 메뉴를 선택한다.

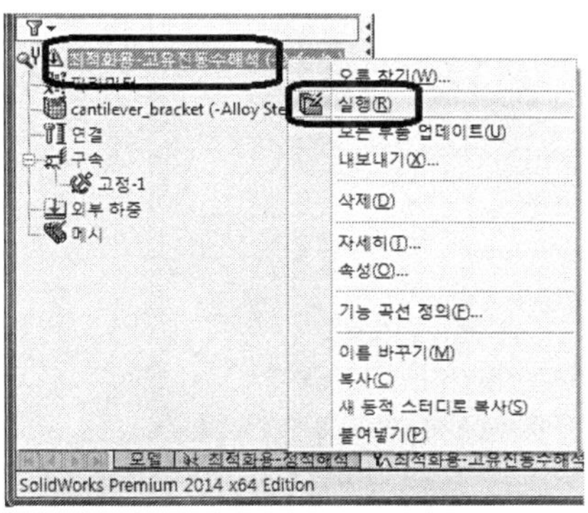

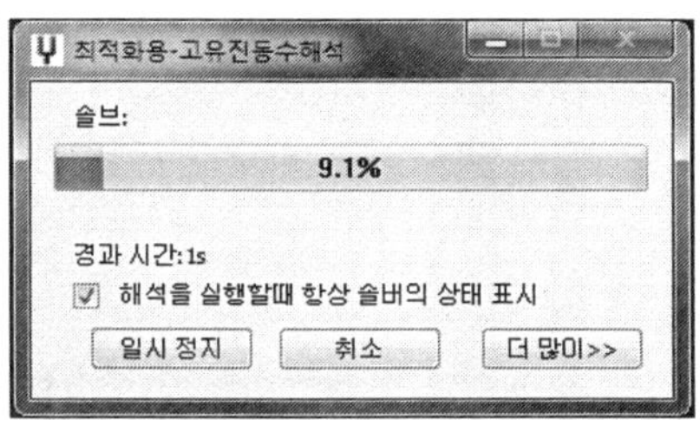

2. 이 계산 작업이 완료되면 다음과 같이 **"결과"**라는 폴더가 생성되며 우측 그림 영역에는 대표적인 진폭(Amplitude)의 분포가 표시된다.

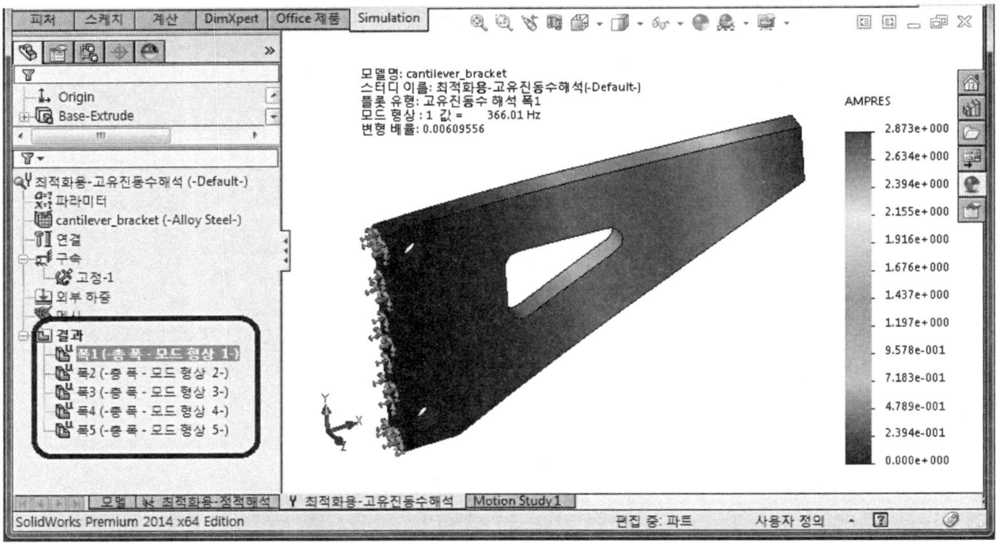

3. 참고로 이 고유 진동수 해석 결과 얻어진 진동 모드에 대한 결과를 확인해 보도록 한다. 주 메뉴에서 **"결과 목록(I)"** 폴더에서를 선택하고 이어서 **"모드(M)"** 메뉴를 선택하면 다음과 같이 고유진동수를 나타내 준다. 이 결과로부터 첫 번째 고유진동수는 366 Hz 임을 확인할 수 있다.

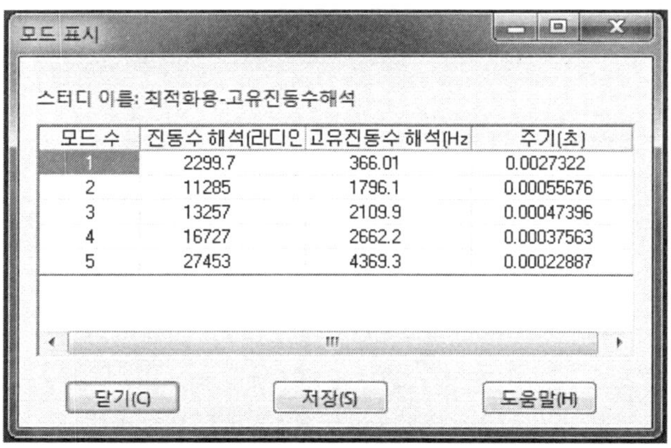

모드 수	진동수 해석(라디안	고유진동수 해석(Hz	주기(초)
1	2299.7	366.01	0.0027322
2	11285	1796.1	0.00055676
3	13257	2109.9	0.00047396
4	16727	2662.2	0.00037563
5	27453	4369.3	0.00022887

4.6 형상 최적화 문제 해결 과정

4.6.1 최적화 설계용 스터디 정의하기

1. 이미 정의되어 있는 스터디 중에서 임의 것, 예를 들면 **"최적화용–정적해석"**의 스터디 탭을 오른쪽 클릭하고 **"새 설계 스터디 작성"**을 선택한다.

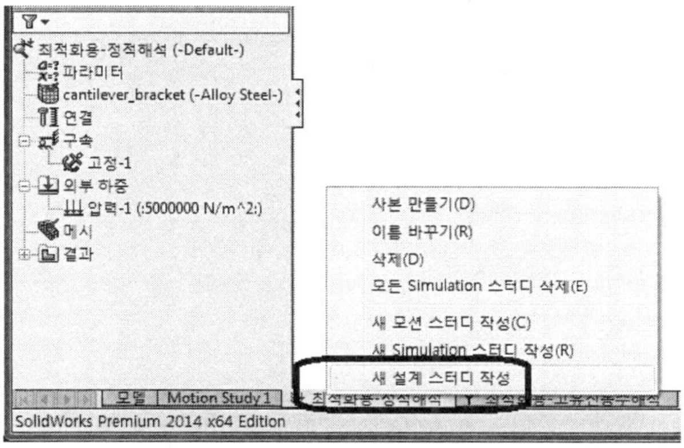

2. 다음과 같이 새로운 **"설계 스터디"**가 나타난다.

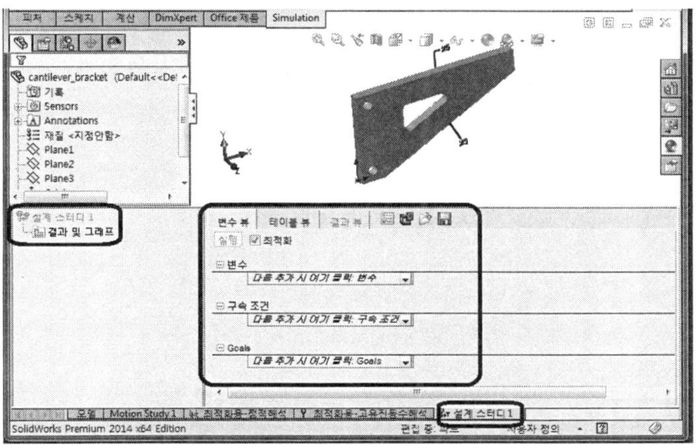

3. 이때 필요하면 새로 정의된 설계 스터디의 탭을 선택한 후, 마우스 우측 클릭하여 **"이름바꾸기"**를 선택한다.

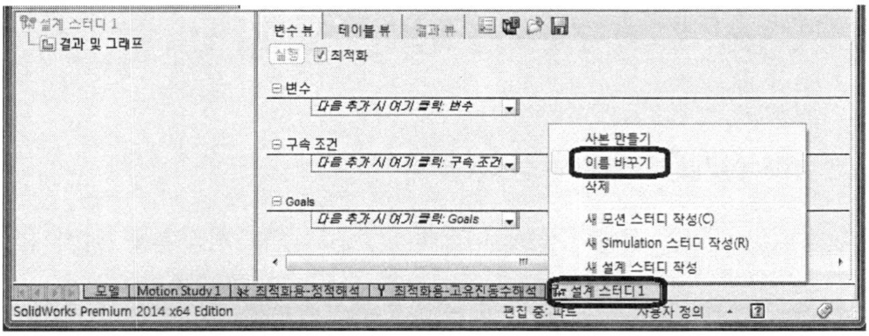

4. 새로 정의한 스터디 이름을 **"부피최소화설계"**라는 이름으로 변경하기로 한다.

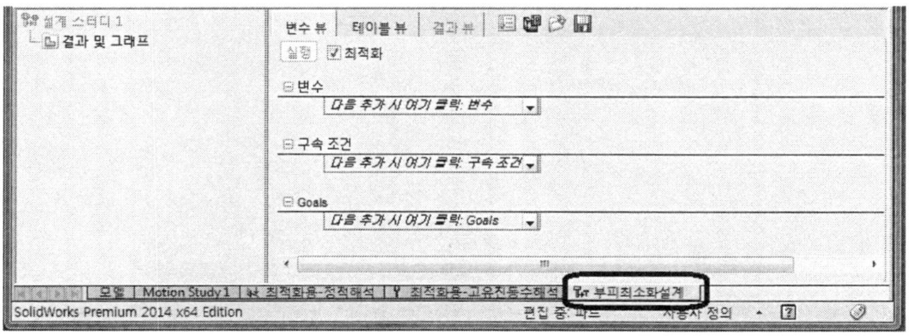

4.6.2 설계 스터디 옵션 설정하기

1. 설계 스터디의 옵션을 설정하기 위하여, **"설계 스터디 옵션"**을 선택한다.

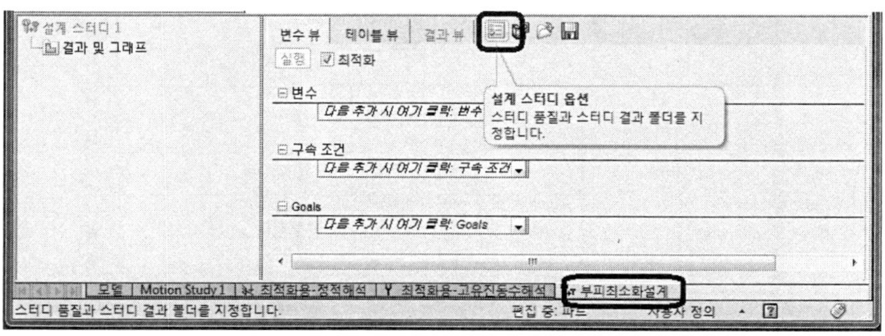

2. 다음과 같이 설계 스터디 품질을 **"고품질(느림)"**으로 선택한다. 이 설정으로 시간이 좀 더 소요되더라도 좀 더 정확한 수치 데이터를 얻기 위함이다.

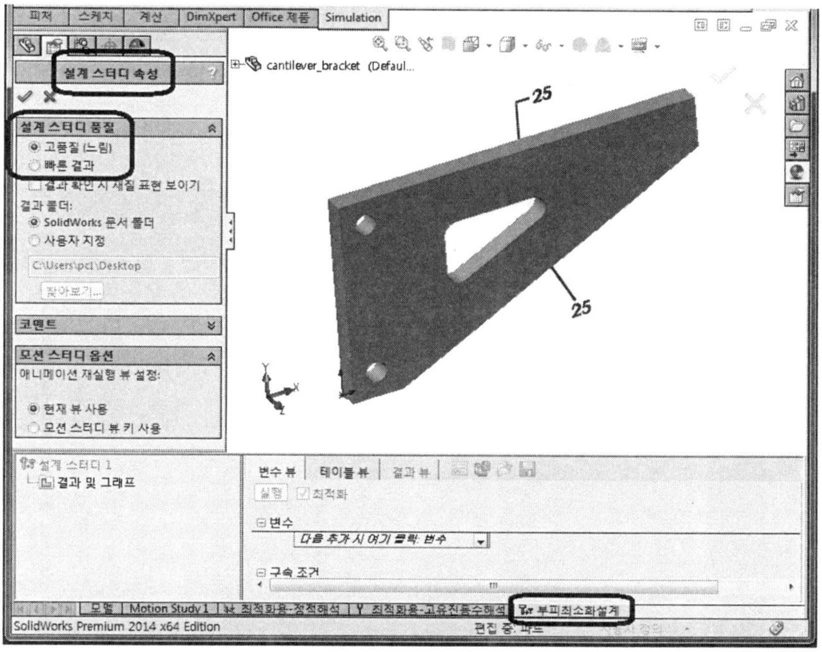

4.6.3 최적화 설계용 파라미터 부여하기

1. 변경될 수 있는 모델의 치수를 정의하기 위하여 최적화 탭에서 **"변수 뷰"**의 **"변수"** 항목에서, **"파라미터 추가"** 메뉴를 선택한다. 엄밀한 의미에서 공학에서 사용하는 단어인 변수(Variable)와 파라미터(Parameter)는 그 의미가 다르지만, 넓은 의미에서는 유사하므로 여기에서는 혼용하여 사용하고 있다. 이 기능을 선택하면 다음과 같이 이미 선택되어 있는 변수들이 나타나므로 이들을 선택하여 삭제하기로 한다.

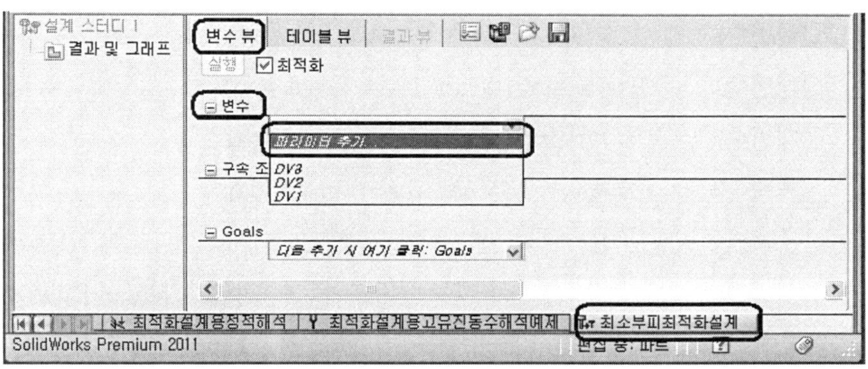

2. 이미 설정되어 있는 변수들을 선택하여 우측 마우스 클릭하면 **"삭제"** 기능이 활성화 된다. 이를 선택하여 삭제하면 경고 메시지가 나타나므로 내용을 확인하고 **"확인"**을 선택한다. 나머지 기존 설정 변수들도 삭제한다.

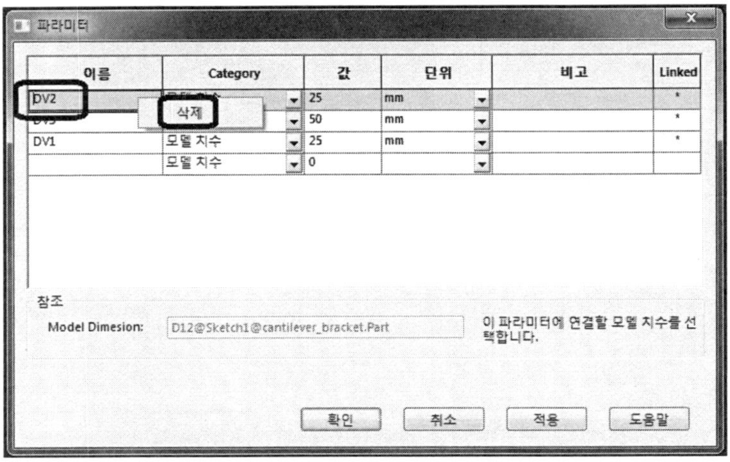

3. 새로 설정할 변수들은 다음과 같이 3가지로 명명하기로 한다.
   - **"설계변수1"**
   - **"설계변수2"**
   - **"설계변수3"**

   "설계변수1" = **"D11@sketch1@cantilever_brack.part"**

   "설계변수2" = **"D12@sketch1@cantilever_brack.part"**

   "설계변수3" = **"D13@sketch1@cantilever_brack.part"**

먼저 처음 설계변수 명칭인 **"설계변수1"**을 입력하고 그림 영역에서 그림과 같이 **"D11@sketch1"**으로 표시되는 치수를 클릭한다. 그 결과 피처 매니저에 있는 정보가 **"Model Dimension"**이라는 입력 창에 자동으로 **"D11@sketch1@cantilever_brack.part"**이 설정된다.

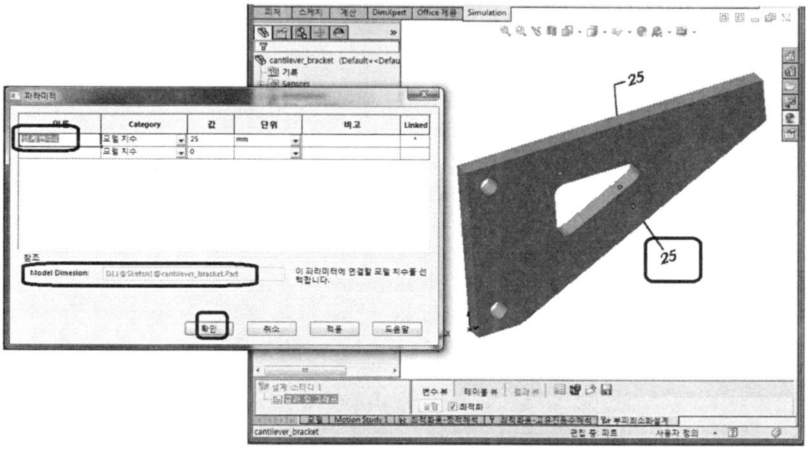

4. 그 결과 다음과 같이 한 개의 설계 파라미터가 생성되었다.

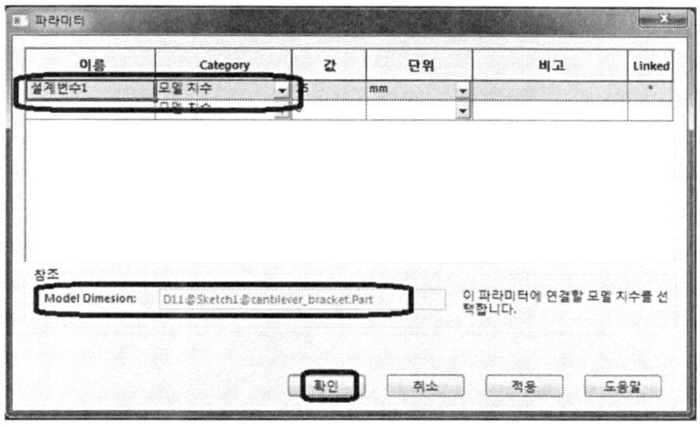

5. 마찬가지 방법으로 **"설계변수2"**, **"설계변수3"**을 설정하고 확인하면 다음과 같이 **"변수"**에 3개의 변수가 설정되었다.

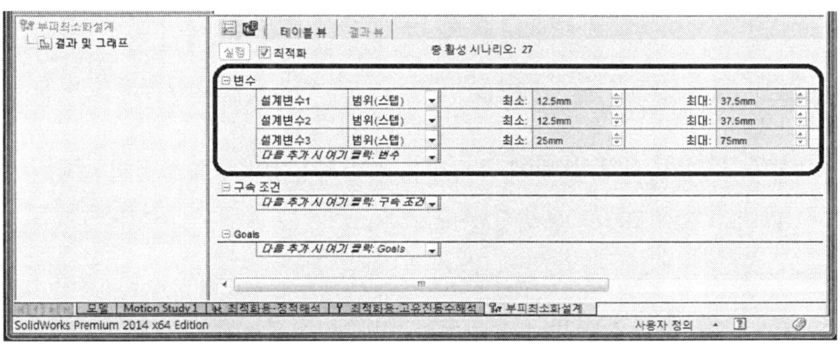

4.6.4 위에서 설정된 설계변수 값 범위 부여하기

1. 본 최적화 설계를 시작할 때에, 다음과 같이 각 변수의 범위가 설정되었었다.

   10 mm ≤ D11 ≤ 25 mm

   10 mm ≤ D12 ≤ 25 mm

   20 mm ≤ D13 ≤ 50 mm

   이들 값을 다음과 같이 입력한다. 이때 입력 종류는 **"범위"**를 선택한다.

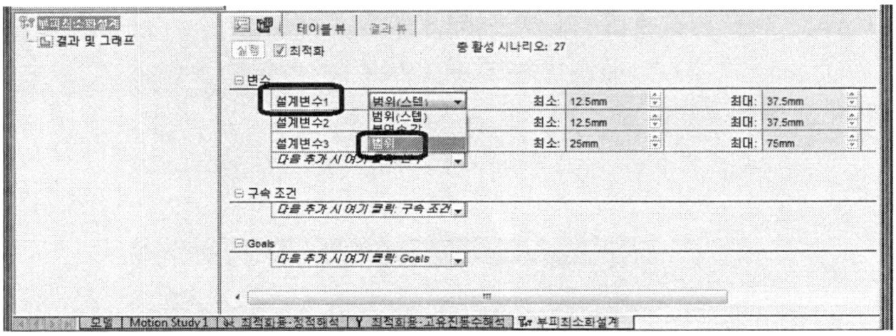

2. 이들 입력이 모두 완료되면 다음과 같다.

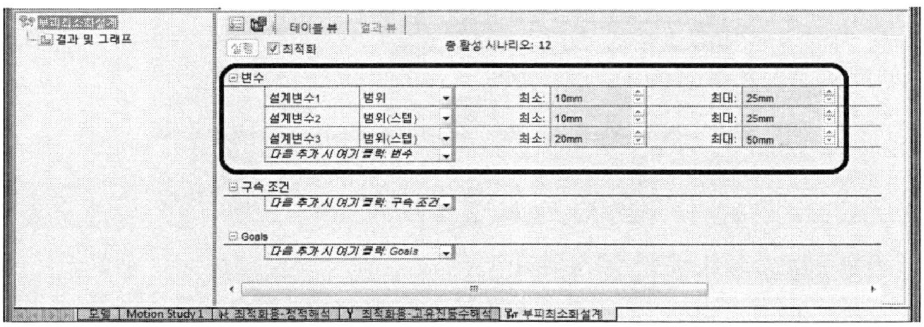

4.6.5 구속조건의 센서 추가하기

1. 본 최적화 해석을 시작할 때에, 다음과 같이 3가지의 구속조건이 설정되었었다.

   0 N/m^2 ≤ Von Mises 응력 ≤ 3e8 N/m^2

   0 mm ≤ URES ≤ 0.21 mm

   260 Hz ≤ 1차 고유진동수 ≤ 400 Hz

이 구속조건을 정의하기 위하여 **"구속조건"** 항목에서, **"센서 추가"** 메뉴를 선택한다.

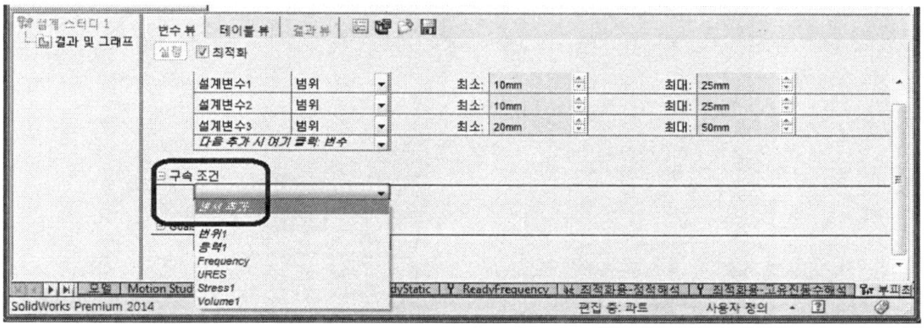

2. 다음과 같이 기존에 설정되어 있는 파라미터를 나타내고, 추가할 파라미터를 입력할 **"파라미터 추가"**의 입력창이 활성화된다. 첫 번째 구속조건인 정적해석 결과 얻어진 **"응력"**을 선택한다.

3. 다음과 같이 첫 번째 구속조건인 **"응력"**에 대한 첫 번째 **"센서"**가 추가되었다.

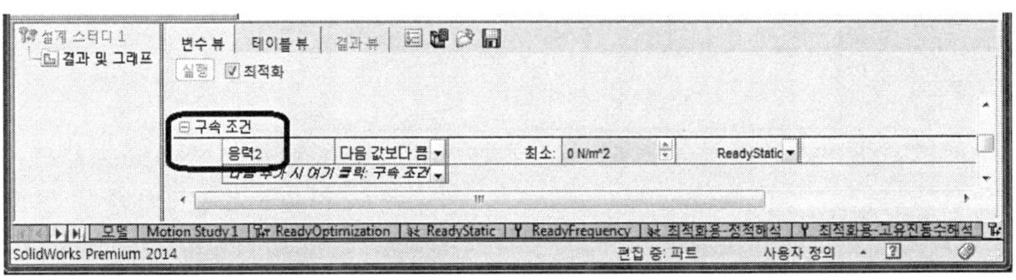

4. 초기에 이 최적화를 설계하기 위해서 총변위, 기본 진동수, 응력 등에 대해서 조건을 설정하였었다. 따라서 이런 조건을 적용하기 위하여 나머지 2개에 해당되는 구속조건의 **"센서"**를 다음과 같이 **"추가"**하기로 한다.

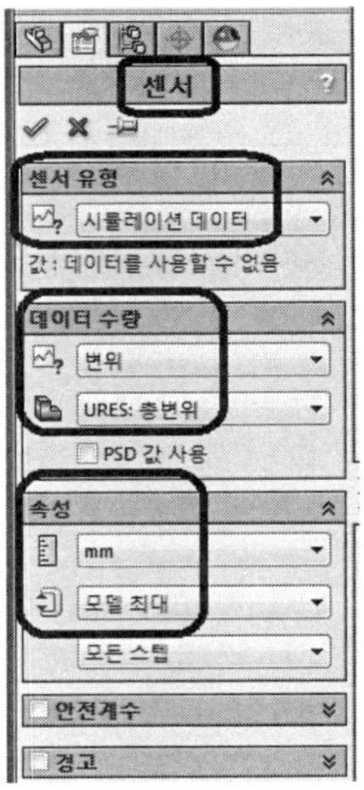

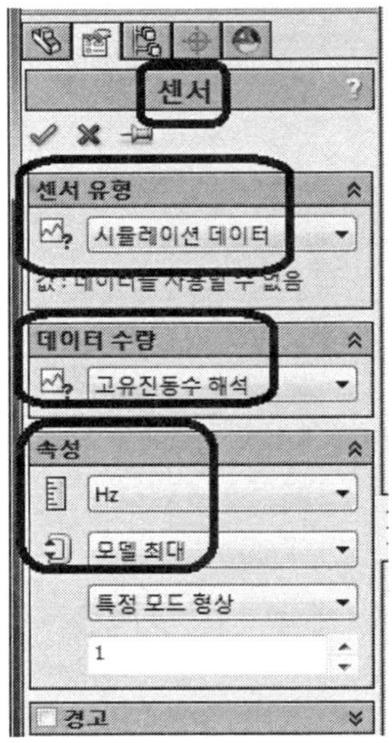

〈합변위 조건부여 센서〉 〈1차 고유진동수 조건부여 센서〉

5. 위의 2가지 센서를 추가로 입력하면 최종적으로 3개의 구속조건 **"센서"**가 다음과 같이 설정된다.

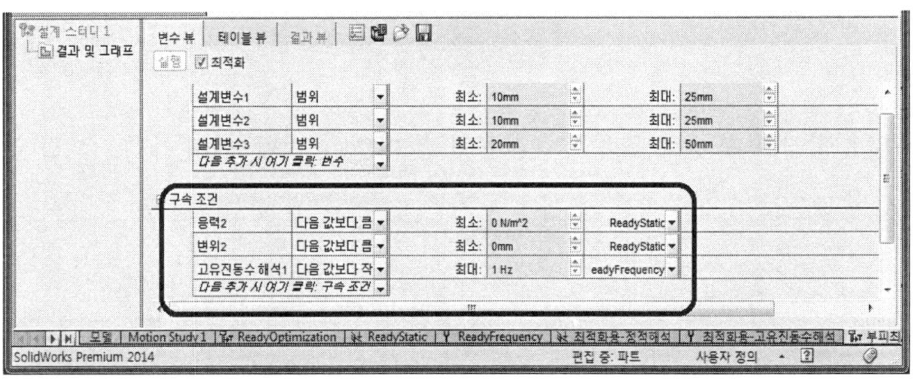

4.6.6 최적화 설계용 구속 조건 범위 부여하기

1. 앞의 문제 설정에서 위의 3가지 구속조건들은 다음과 같았다.
   - 0 N/m^2 ≤ Von Mises 응력 ≤ 3e8 N/m^2
     – **"최적화용–정적해석"** 스터디
   - 0 mm ≤ URES ≤ 0.21 mm
     – **"최적화용–정적해석"** 스터디
   - 260 Hz ≤ 1차 고유진동수 ≤ 400 Hz
     – **"최적화용–고유진동수해석"** 스터디
2. 따라서 이 값들을 위의 **"구속조건"** 항목에 입력하면 다음과 같다.

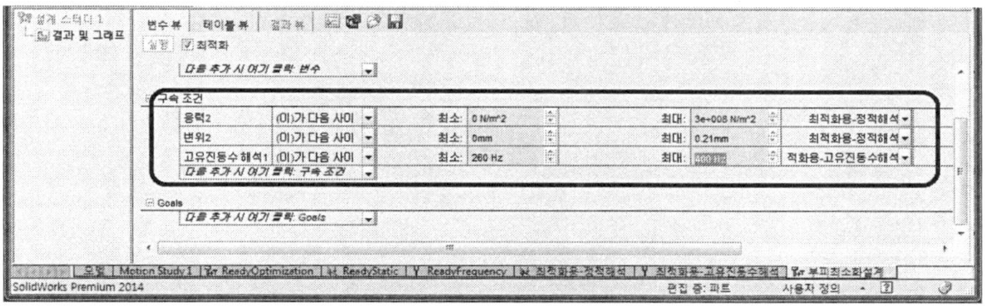

4.6.7 Goals의 센서 추가하기

1. 최적화 시작할 때에, 다음과 같이 설계 목적인 **"Goals"**은 전체 부피가 최소가 되는 조건이었다. 이를 반영하기 위하여 다음과 같이 **"Goals"** 항목에 부피 최소의 **"Volume1"** 메뉴를 선택한다.

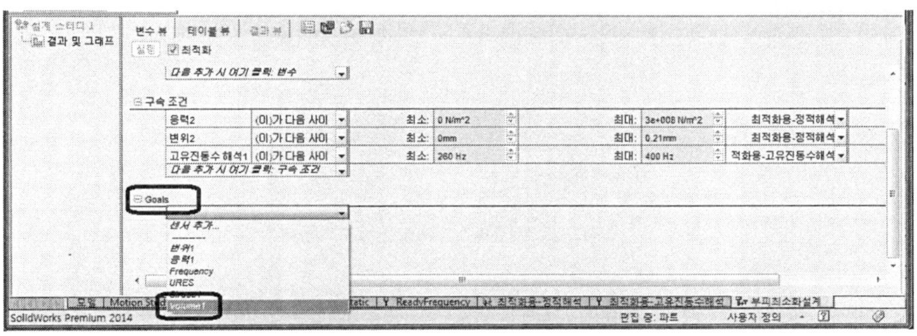

2. 이어서 세부 항목에서는 **"최소화"**를 선택한다.

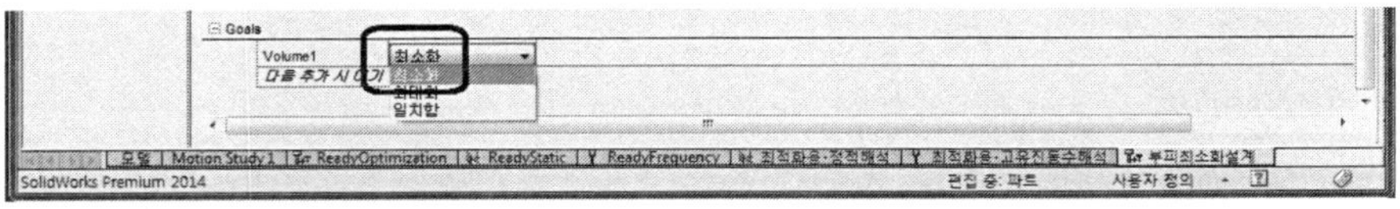

4.6.8 최적화 해석 실행하기

1. 최적화 해석을 위한 모든 전처리 작업은 완전히 준비되었다. 이제 최적화 해석을 다음과 같이 시작한다. 현재 준비한 **"부피최소화설계"** 스터디 탭에서 **"실행"** 버튼을 클릭한다.

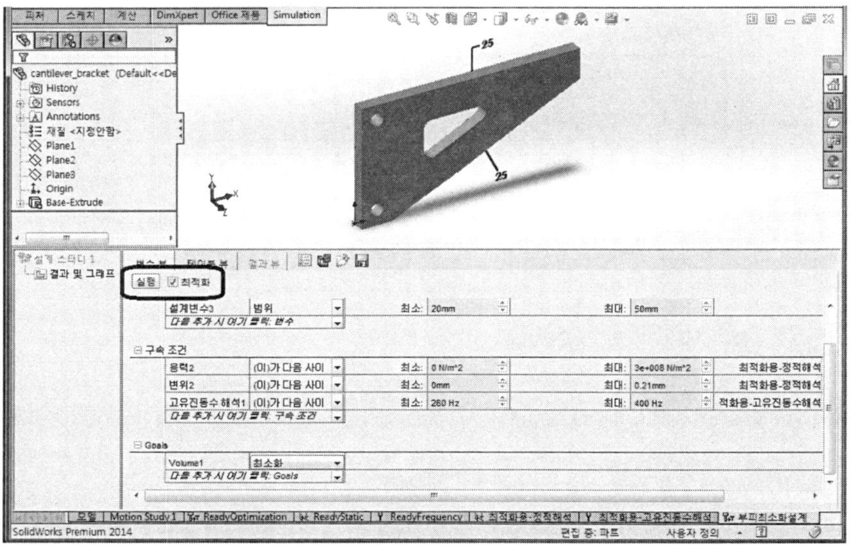

2. 위의 명령에 따라서 최적화 해석을 하는 과정이 화면에 나타난다.

3. 다음의 화면은 프로그램이 설계변수를 정해진 최적화 알고리즘에 따라서 최적의 해를 찾아가는 임의 단계의 그림이다.

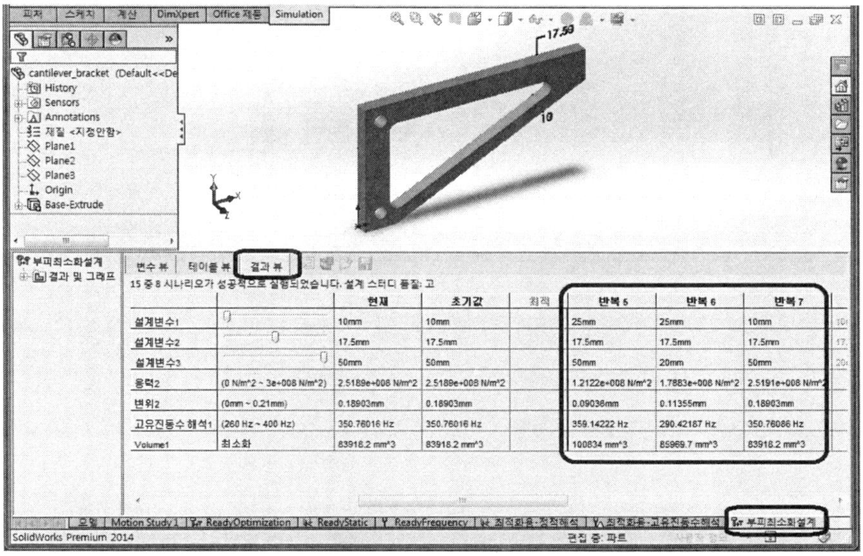

4. 해석이 완료되면 다음과 같은 결과를 보여준다. 이 그림이 최종적으로 최적화된 수치를 반영한 형상이며, 각 반복 계산 과정이나, 최종 결과 값들은 그림 아래 부분에 자세히 나열되어 있다.

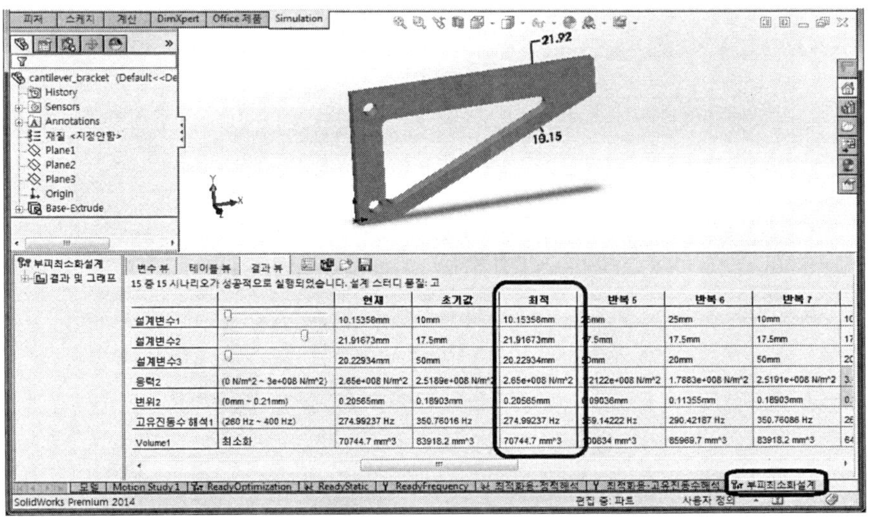

5. 위의 최종 최적화 결과에서 얻은 결과를 다시 확대하여 표시하면 다음과 같다.

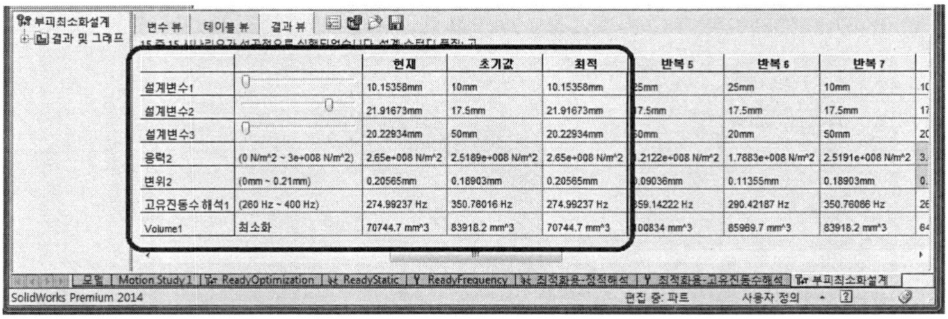

6. 만일 사용자가 어느 특정 반복 단계에서의 형상을 알고 싶은 경우에는 아래 부분 **"결과 뷰"** 탭에서 원하는 **"반복수"**를 더블 클릭하면 그 당시의 형상을 알 수 있다. 아래의 경우는 아직 최종 해에는 도달하지 못한 8번째 반복 단계에서의 해석 결과이다.

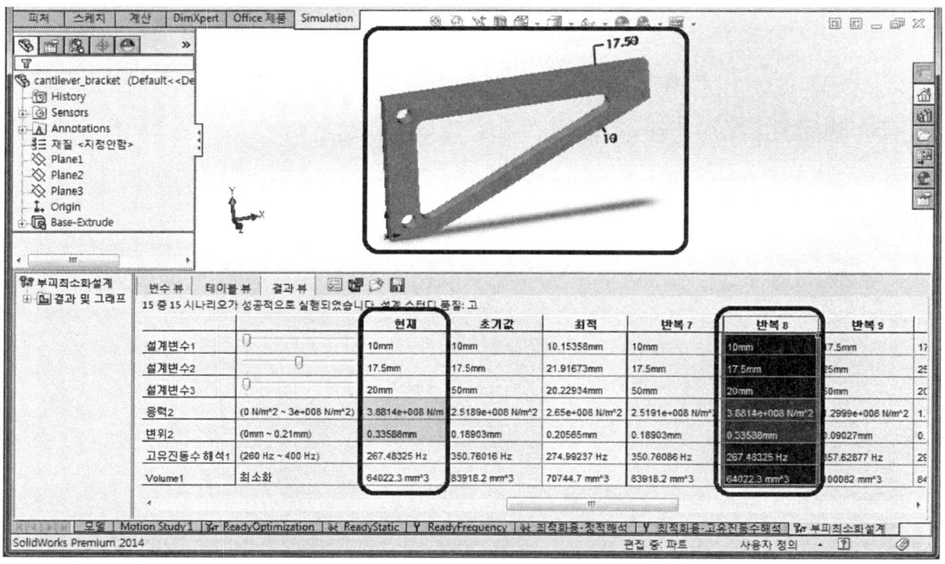

4.7 형상 최적화 결과 분석하기

4.7.1 변수에 따른 결과의 변화

1. 최종 설계가 완료된 후, 결과 및 그래프 폴더를 오른쪽 클릭하고 **"변수에 따른 결과 변화 그래프"**를 클릭한다.

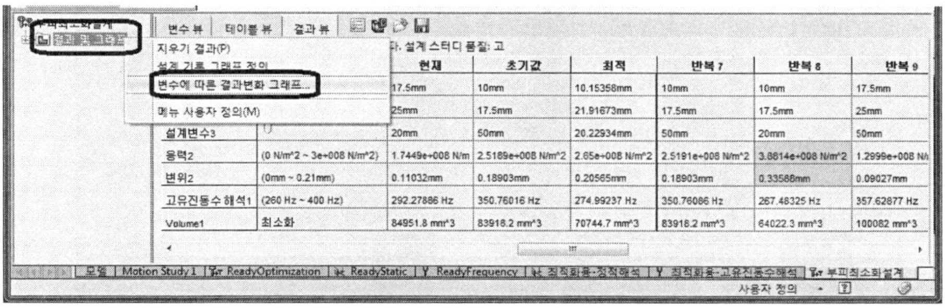

2. 여기에서는 예를 들어서 **"설계변수2"**를 기준으로 최대 von Mises 응력의 변수를 플롯하기로 한다. 그 결과 다음과 같이 설계를 변경해 가면서, 발생하는 최대 von-Mises 응력의 크기가 점점 줄어드는 것을 그래프로 볼 수 있다.

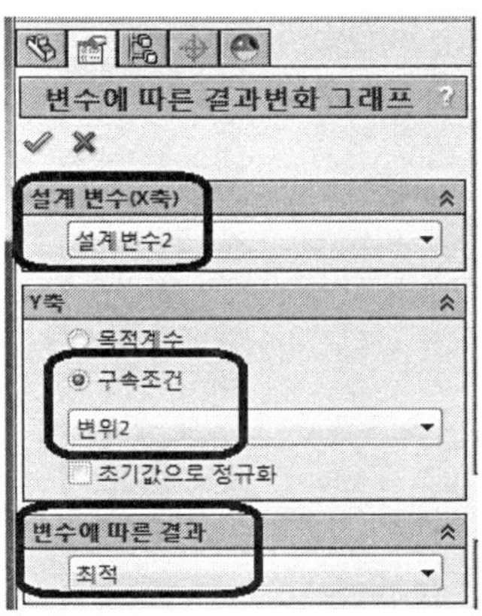

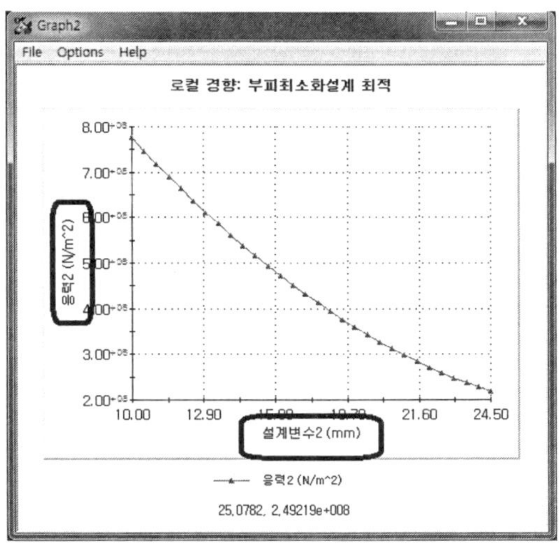

4.7.2 최적 설계의 해인 경우의 응력, 변위 분포

1. 얻어진 최적의 형상일 때, 구조물에 발생하는 von-Mises 응력의 분포를 나타내면 다음과 같다. 최대 응력의 크기가 대략 265 MPa 정도임을 알 수 있다.

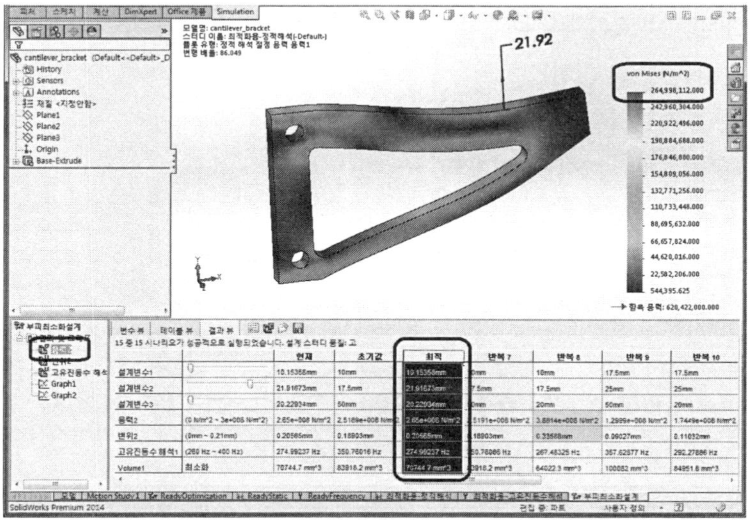

2. 마찬가지로 최적의 형상일 때, 구조물에 발생하는 등가 변위 분포를 나타내면 다음과 같다. 최대 변위의 크기가 대략 0.2057 mm 정도임을 알 수 있다.

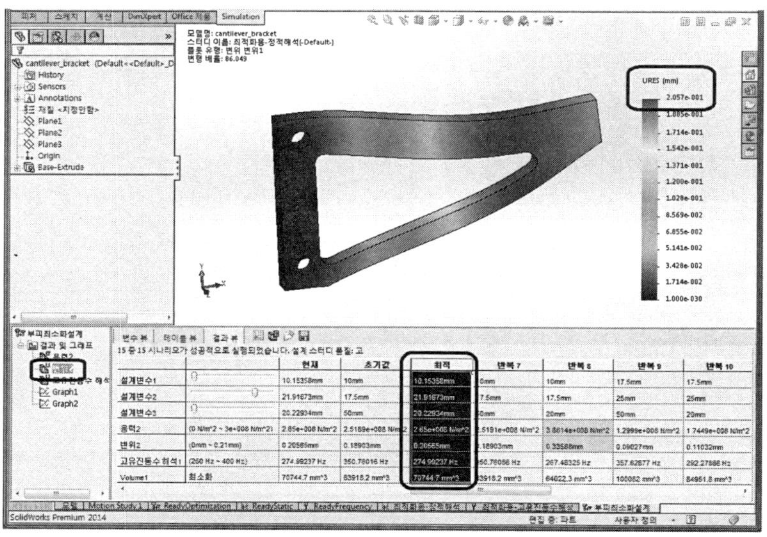

제 5 장 손잡이의 최적화 해석

5.1 최적화(Optimization) 해석이란

5.1.1 최적화 해석의 용도

제품을 개발하는 작업은 여러 단계를 거쳐야 하는 매우 힘든 작업이다. 이미 설계된 제품도 시제작품을 만들어서 현장 시험(Field Test)을 하여야 하는 등 개발비가 많이 들고 시간이 많이 소요되는 과정이다. 그런데 현실적으로 최소비용과 최단시간이라는 제한 때문에 대부분의 개발자들은 경우에 따라서는 모든 성능이 최대로 발휘되지 않는 적절한 중간 정도의 설계 결과를 이용하기도 한다.

최근에는 사용자들이 CAE라는 방법을 통하여 이러한 어려움을 극복하고 있다. 즉 다양한 설계 시나리오를 미리 예측해 봄으로써 개발을 효율적으로 진행할 수가 있게 되었다. 이런 경우에는 수학적인 알고리즘을 이용하여 그 과정을 반복하게 한 개념인 최적설계(Optimization) 기법을 이용하면 매우 효율적이다.

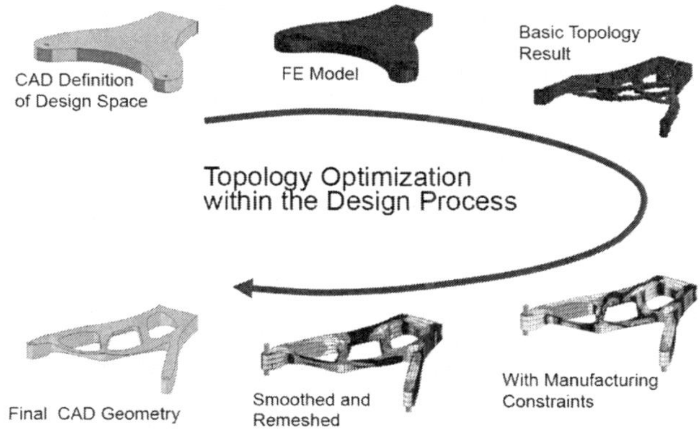

다양한 분야에 대한 최적설계 중에서도 특히 구조 최적설계의 종류는 설계자가 변화시킬 수 있는 구조물의 구성요소, 즉 설계변수(Design Variable)에 따라서 치수(Size) 최적설계, 형상(Shape) 최적설계, 배치(Layout) 최적설계 그리고 위상(Phase) 최적설계 등으로 다시 세분화되어 나뉠 수 있는데, 본 해석 예제에서는 치수 최적 설계 방법을 익히도록 한다.

5.1.2 최적화 해석의 개념

주어진 설계조건에 대하여 설계대상의 공학적인 거동을 유한요소법의 도움으로 예측하는 상황에서, 그 해석결과가 설계자가 원하는 결과가 아니거나 부족한 경우에는 초기에 설정한 조건들을 변경하여 다시 해석을 하는 과정을 반복하여야 한다. 이 과정에서 그 변경해야 할 변수들이 여러 개가 존재하면 어떠한 조합으로 그 변수들을 변화시키면서 다시 설계 및 해석을 하여야 할지 그 경우의 수가 방대해진다. 최적설계(Optimal Design)는 이런 경우에 무수한 종류의 설계인자와 형상에 관계된 치수, 그리고 스터디를 정의하고 전처리 작업을 하고 실행하고 후처리 과정에서 결과를 검토하는 설계 변경 및 해석의 반복 과정을 프로그램 상에서 자동화한 것이다.

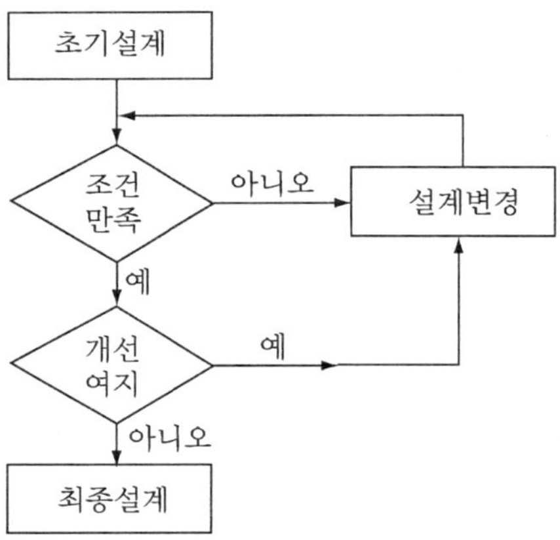

〈최적설계의 개념〉

최적설계를 위해서는 중요한 설계 기준(Design Criteria)을 사용자가 먼저 설정해 주어야 한다. 사용자가 원하는 최종 성능(Performance)인 목적함수(Objective Function)를 정의하고, 설계자가 변경시킬 수 있는 설계변수를 정의하여야 한다. 그리고 그렇게 설계변수를 바꾸는 과정에서도 꼭 지켜야 할 거동의 구속조건(Constraint)을 정의하여야 한다. 초기에 설계된 결과가 최종적으로 대량 생산이라는 과정으로 넘어가기까지 수많은 제품 개발 사이클 단계를 거쳐서 반복적으로 그 성능이 개선된다. 그 과정을 위의 그림에 도시하였다.

아래의 그림은 최적 설계를 진행하는 단계별 흐름을 나타내고 있다.

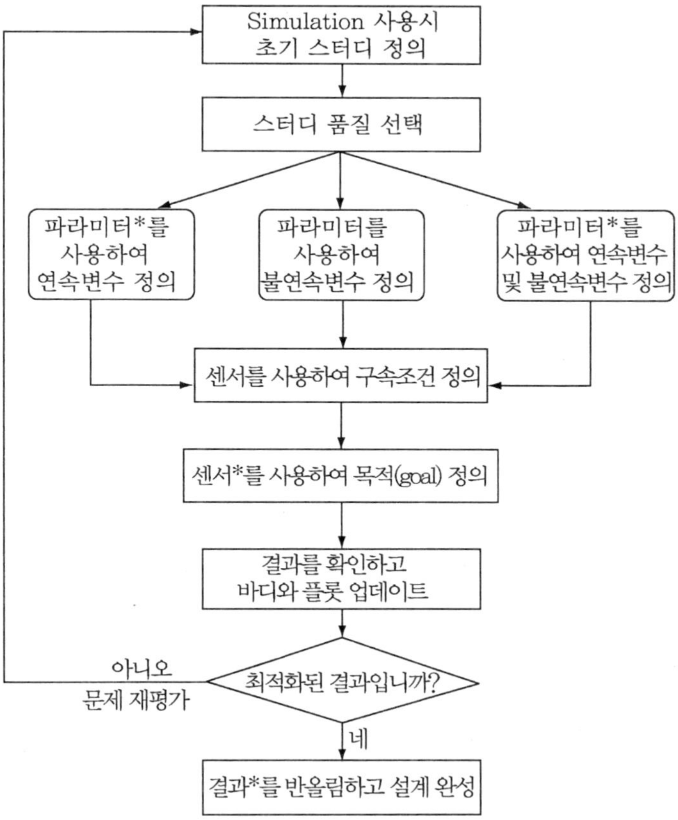

〈최적화를 반영한 SolidWorks Simulation 스터디의 흐름도〉

본 최적화 알고리즘은 Box-Behnken (박스-벤켄) 설계 방법을 이용한다. 이 개념은 통계학에서 George E. P. Box와 Donald Behnken이 1960년에 제시한 방법이다. 이 방법은 최적의 솔루션을 찾기 위하여 최초 시나리오, 최적 시나리오 및 여러 시나리오에 대하여 통계적인 변수 취급 방법으로 모든 반복을 계산한다. 보다 자세한 내용은 위키피디아 등 관련 자료를 참고하기 바란다.

5.2 최적화 해석의 입력/출력 데이터

5.2.1 최적화 해석의 입력 데이터

A. 참조할 스터디 작성

- 최적화 해석 스터디에 참조로 사용하려는 모든 스터디를 작성하고 실행
- 정적 해석, 고유진동수 해석, 좌굴 해석 스터디 등 여러 개도 가능

B. 최적화 스터디 작성

1. Goals 지정
   - 최적화 해석 스터디마다 한 개의 목적함수만 지정
   - 설계 목적 : 최대화, 최소화, 일치함
   - 센서 : 진동수, 변위, 응력, 부피 등
2. 설계 변수 지정
   - 변수 조건 : • 범위 – 상한치, 하한치 설정
     • 범위(스텝) – 상한치, 하한치, 스텝 설정
     • 불연속 값
3. 구속 조건 지정
   - 센서 : 구속 조건을 적용하기 위해 미리 선택한 특정 스터디의 결과
     • 응력, 변위, 고유진동수 등
   - 한계(Limit) : • 크거나
     • 작거나
     • 두 값 사이이거나

5.2.2 최적화 해석의 출력 데이터

1. 설계 사이클 결과
   - 최적화된 최종 설계를 플롯
   - 초기 설계를 플롯

- 중간 단계의 사이클을 플롯

2. 설계 기록 그래프
   - 목적계수, 설계 변수, 또는 설계 구속조건과 설계 사이클의 관계 그래프
3. 변수에 따른 결과 변화 그래프

5.3 형상 최적화 예제 설정

본 해석 예제에서는 다음과 같은 기능을 익히도록 하고자 한다.

- 최적화 설계의 개념을 익힌다.
- 설계조건으로 이용할 정적 해석 스터디를 먼저 실행한다.
- 미리 해석한 스터디를 연동한 최적화 설계 스터디의 작성법을 익힌다.
- 여러 개의 변수 정의 방법을 익힌다.
- 센서를 사용하여 여러 개의 구속조건 정의 방법을 익힌다.
- 센서를 사용하여 여러 개의 설계 목적(Goal) 정의 방법을 익힌다.
- 최적화 해석 결과 보기를 익힌다.
- 설계 변수에 따른 결과 변화의 그래프를 플롯한다.

본 최적화 해석은 아래 그림과 같은 손잡이(Knob)의 치수를 조절하여 외부에서 주어진 하중에 대하여 최적의 안전계수를 확보하면서도 최소 질량을 갖도록 하는 최적화 과정을 익히고자 한다. 이를 위하여 다음과 같이 해석 문제를 정리할 수 있다.

1. 해석 대상 구조물 : Knob (손잡이)

2. 파일의 위치 : "C: \ Program Files \ SolidWorks Corp \ SolidWorks \ Simulation \ Examples \ knob.sldprt"
3. 스터디 유형 : **"정적 해석"**
   "최적화 해석"
4. 재질 : **"플라스틱"** 폴더의 **"Nylon 101"**
5. 정적 해석 스터디 조건
   - 구속조건 1 : 손잡이 중심축 방향으로 변위 = 0
     (손잡이가 축 방향으로 움직이지 않는다는 조건)
   - 구속조건 2 : 손잡이 중심축을 중심으로 안쪽 2개 면의 회전각도 = 0
     (토크에 의해서도 비틀리지 않는다는 조건)
   - 하중조건 : 손잡이 표면 6곳에 합계 크기 **"50 N-m"**의 **"토크"**
   - 메시 분할 : - 메시 밀도 : 사용자 입력
     - 메시 파라미터 : 표준 메시
     - 평균 요소크기: 2.0mm
     - 허용공차 : 0.1mm
     - 자동 전이 : 선택 안함
   - 고급 아래 : - 야코비안 포인트 : 4개의 점
     - 1차 요소 해석 메시 : 선택 안함
     - 솔리드의 자동 시도 : 선택 안함
6. 설계 스터디 옵션 :
   - 설계 스터디 품질 : **"고품질 (느림)"** 선택
7. 최적 설계 조건 :
   - 목적계수(목적함수) : **"질량(Mass)"**을 **"최소화"**
   - 설계변수

1 mm	≤	Rib_Thickness	≤	3 mm
1 mm	≤	Cut_Depth	≤	10 mm
11 mm	≤	Cyl_Ht	≤	15 mm
2 mm	≤	Cut_Diameter	≤	9 mm

- 구속조건

  2 ≤ FOS (안전계수)

5.4 최적화용 정적 해석의 과정

5.4.1 파일 불러오기와 "애드인" 하기

1. "SolidWorks Simulation" 메뉴가 나타나도록 하기 위하여 **"애드인(D)"** 메뉴를 선택하여 "SolidWorks Simulation" 앞의 체크 박스를 선택한다.
2. 파일 열기에서 "C: \ Program Files \ SolidWorks Corp \ SolidWorks \ Simulation \ Examples \ knob.sldprt" 파일을 불러온다.

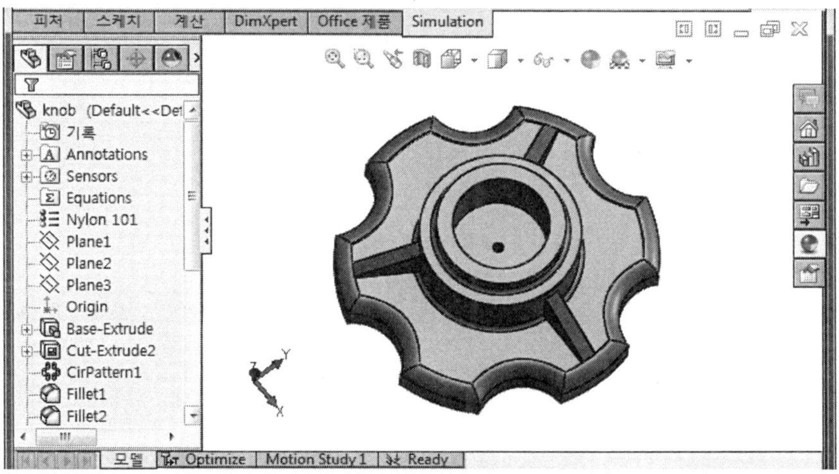

5.4.2 정적 해석 스터디 정의하기

1. 주 메뉴에서 다음과 같이 "Simulation" 메뉴의 **"스터디"**를 선택하여, 사용자가 임의로 정적해석 스터디의 명칭을 부여하고 위의 **"체크(V)"** 버튼을 클릭하면 유한요소 해석을 위한 스터디 정의가 완료된다.

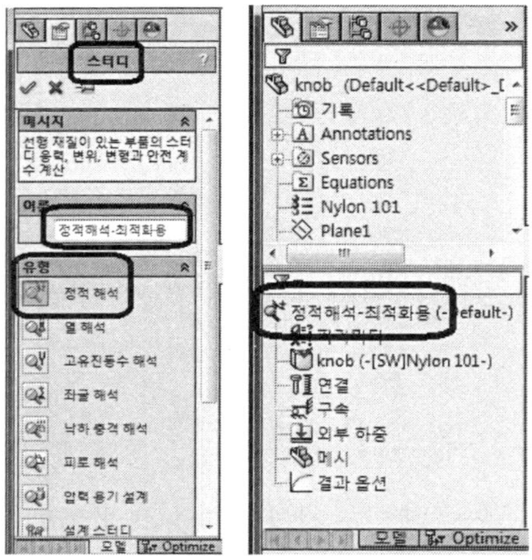

5.4.3 재질 부여하기

1. 손잡이(Knob)는 나일론 101 재질이므로 다음과 같이 파트를 선택하고, 마우스 우측 버튼으로 **"재질 선택/편집(M)"** 메뉴를 선택한다.

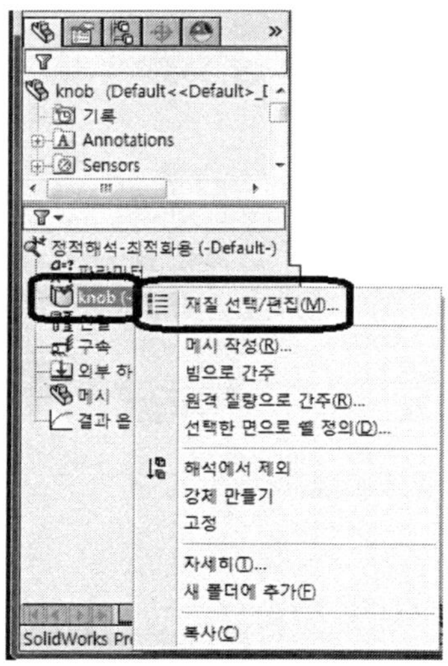

2. 이어서 다음과 같은 선택 화면에서 **"플라스틱"** 폴더 속의 **"아크릴(내충격성)"** 메뉴를 선택한다. 자동으로 이에 해당하는 값들이 나타난다. **"적용"** 버튼을 누르고 **"닫기"** 버튼을 이어서 누른다.

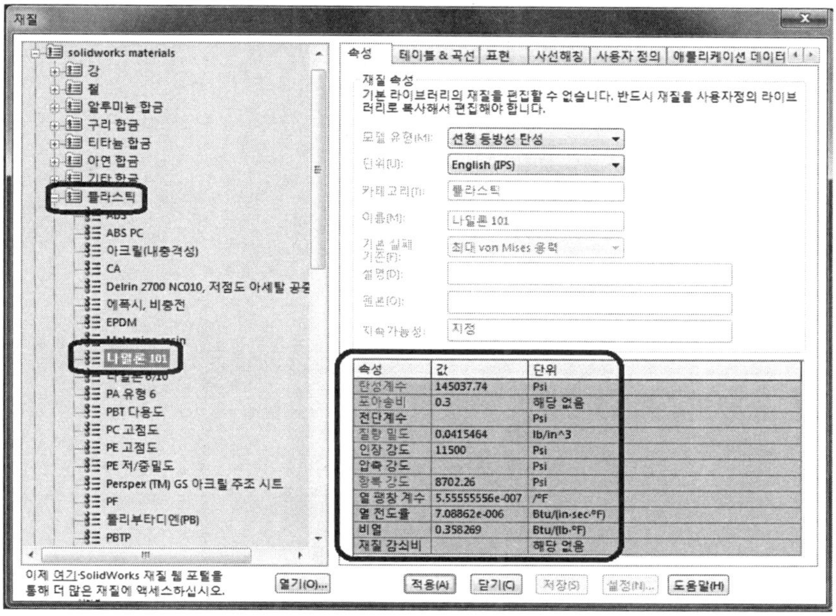

5.4.4 구속 조건 부여하기

1. 첫 번째 조건은 손잡이가 축 방향으로 움직이지 않는다는 조건을 부여하기 위하여 **"구속"** 메뉴에서 **"고급 구속"** 메뉴를 선택한다.

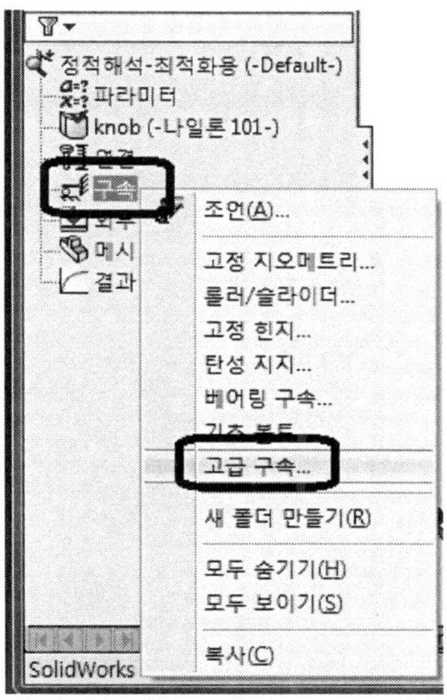

2. **"고급"** 메뉴 아래에서 다음과 같은 사항을 선택한다.

   "참조형상 사용"

   측면 원형면 선택

   기준면에서 **"Axis 1"** 선택

   "평행이동" 아래 : **"축 방향"**의 변위를 0으로 설정

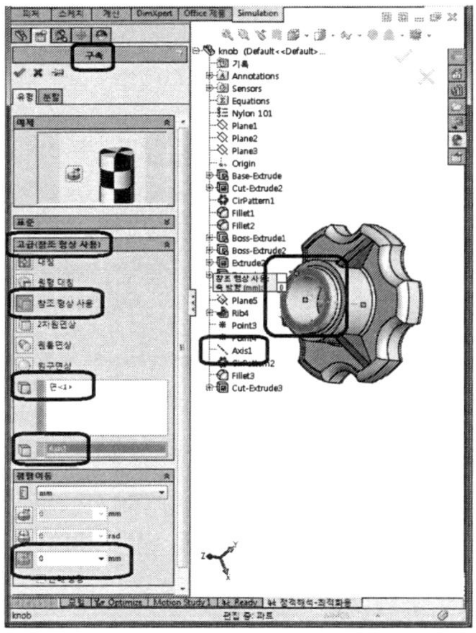

3. 두 번째 조건은 손잡이가 축을 중심으로 회전이 발생하지 않도록 구속하는 조건이다. 이를 위하여 **"구속"** 메뉴에서 **"고급 구속"** 메뉴를 선택한다.

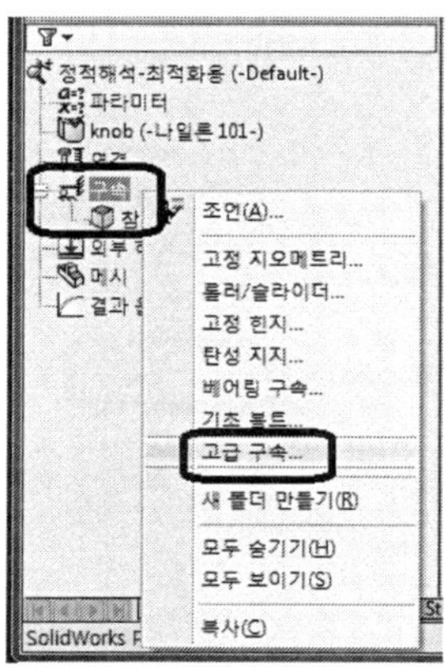

4. **"고급"** 메뉴 아래에서 다음과 같은 사항을 선택한다.
   "참조형상 사용"
   중심 원형면 내부 2개 면 선택
   기준면에서 **"Axis 1"** 선택
   "평행이동" 아래 : **"원주 방향"**의 회전을 0으로 설정

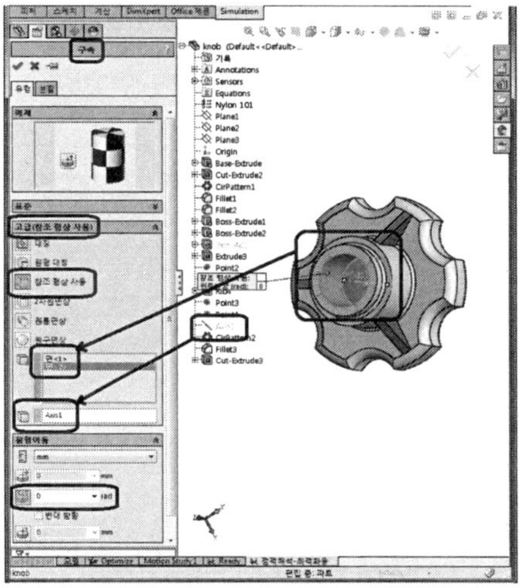

5.4.5 토크 하중 부여하기

1. 외부에서 토크를 적용하여 하중을 부여하려고 한다. 먼저 **"외부하중"** 메뉴에서 **"토크"**를 선택한다.

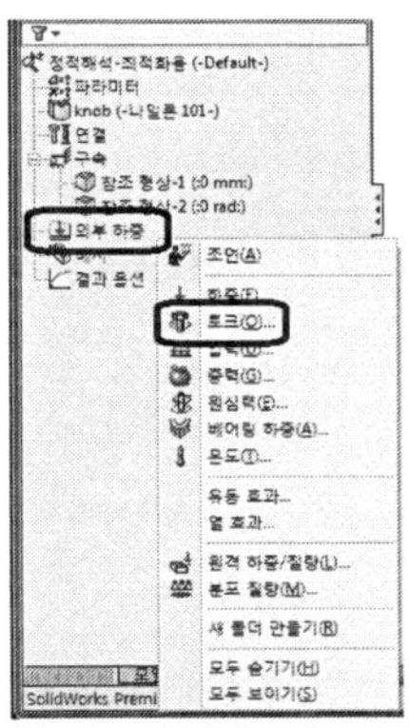

2. **"고급"** 메뉴 아래에서 다음과 같은 사항을 선택한다.

   "참조형상 사용"

   손잡이 바깥면 6개 면 선택

   기준면에서 **"Axis 1"** 선택

   총 **"합계"** 50 N-m의 **"토크"** 설정

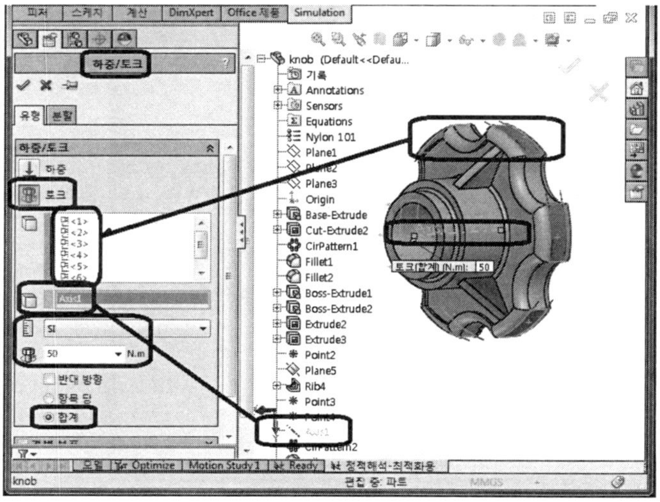

3. 위의 구속조건과 하중 조건이 완료되면 다음과 같이 설정이 나타난다.

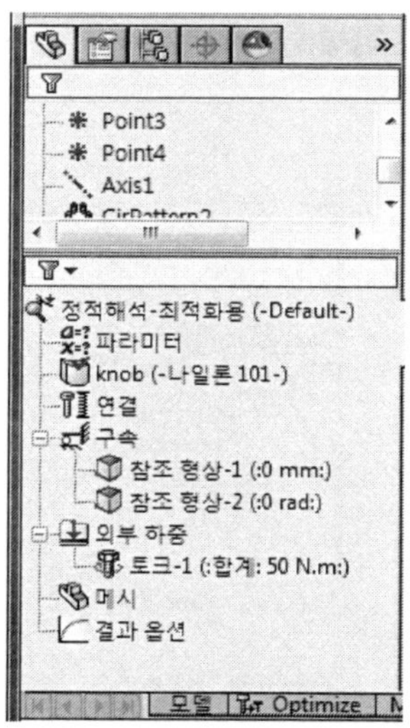

5.4.6 메시 생성하기

1. 매니저 창에서 **"메시"** 메뉴의 세부 메뉴에서 **"메시 작성(R)"**을 선택한다. 다음과 같이 설정하고 **"체크(V)"** 버튼을 클릭한다.
   - 메시 밀도 : 사용자 입력
   - 메시 파라미터 : 표준 메시
   - 평균 요소크기: 2.0 mm
   - 허용공차 : 0.1 mm
   - 자동 전이 : 선택 안함
   - 고급 아래 : – 야코비안 포인트 : 4개의 점

     – 1차 요소 해석 메시 : 선택 안함

     – 솔리드의 자동 시도 : 선택 안함

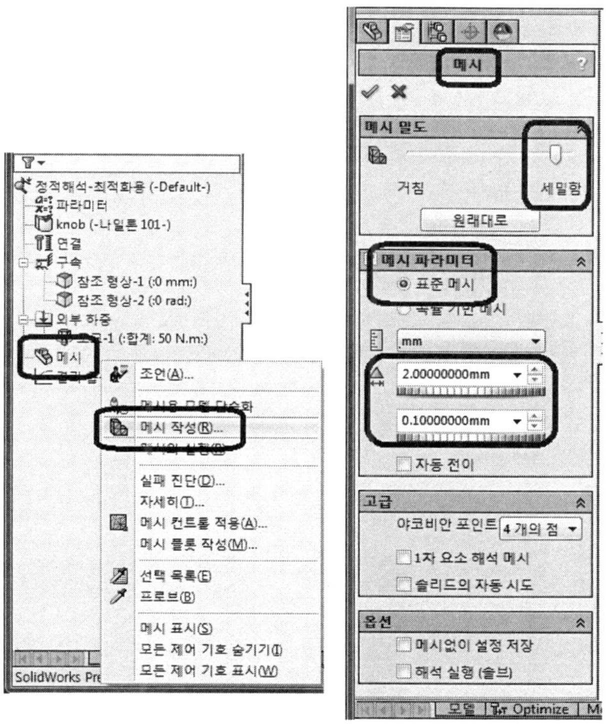

2. 위의 메시 생성 명령어에 의하여 자동으로 매시 생성 작업이 진행된다.

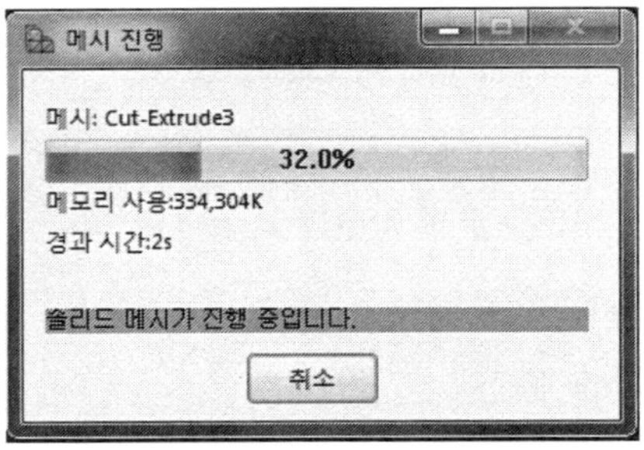

3. 메시 생성 작업이 끝나면 다음과 같이 그 결과가 화면에 표시된다.

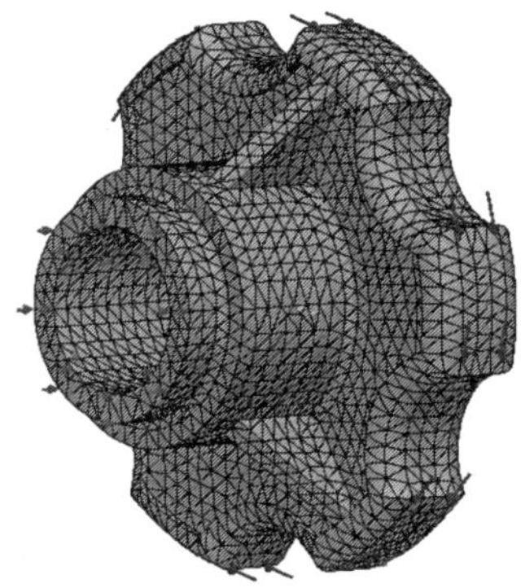

5.4.7 선형 정적 해석 실행하기

1. 다음과 같이 스터디 이름을 마우스 우측 클릭하여 **"실행(R)"** 메뉴를 선택하면 프로그램은 계산 작업을 진행한다.

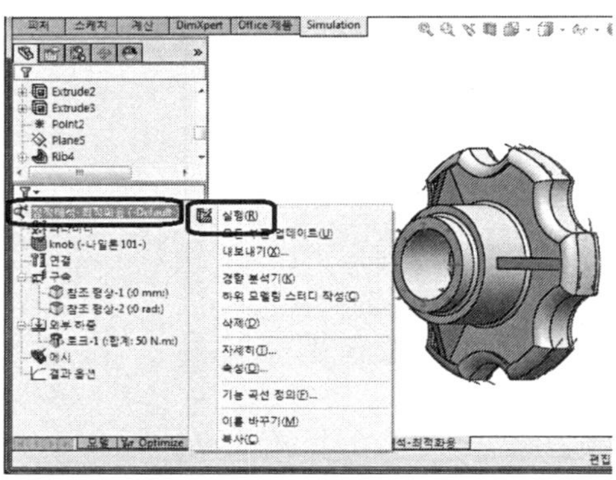

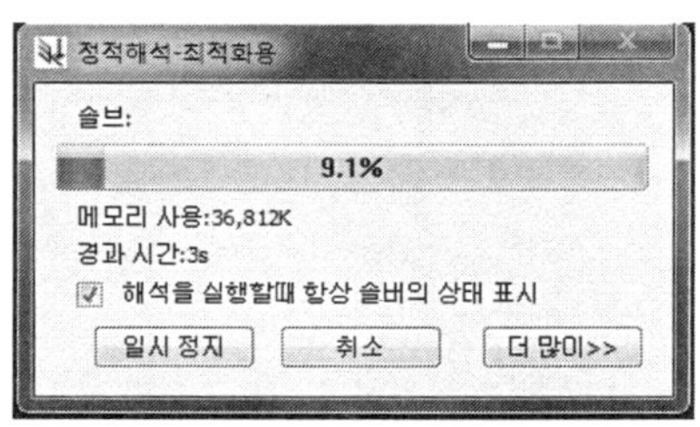

2. 이 계산 작업이 완료되면 매니저 영역에 **"결과"**라는 폴더가 표시되며, 그래픽 영역에는 대표적인 von Mises 등가 응력의 분포가 나타난다. 이 경우에 가장 큰 응력 값은 23.71 MPa이다. 이로써 최적화 설계를 하기 위한 기초 자료로 사용되는 정적 유한요소 해석 과정은 모두 완료되었다.

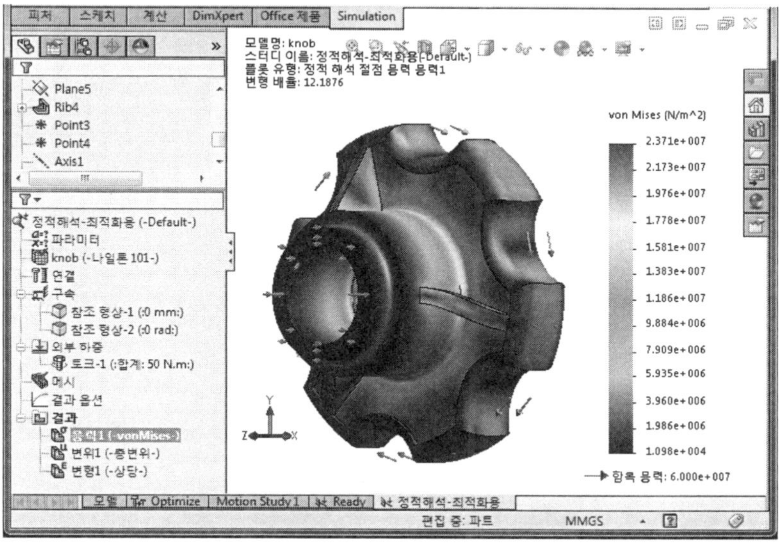

3. 현재 초기 설정 치수에 대하여 등가 변위의 분포를 나타내면 다음과 같다. 즉 최대 증가 변위가 약 0.5245 mm 임을 알 수 있다.

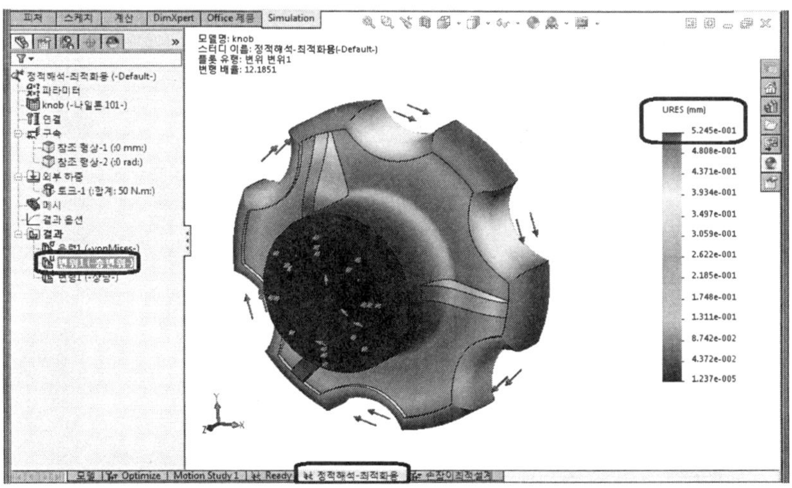

5.5 최적화 문제 해결 과정

5.5.1 최적화 설계용 스터디 정의하기

1. 주어진 손잡이가 치수를 조절하여 최소의 안전계수를 확보하면서도 최소의 질량을 갖도록 설계하고자 한다. 이를 위하여 아래 그림의 치수 중에서 보강대의 두께를 설계 변수로 하고자 한다.

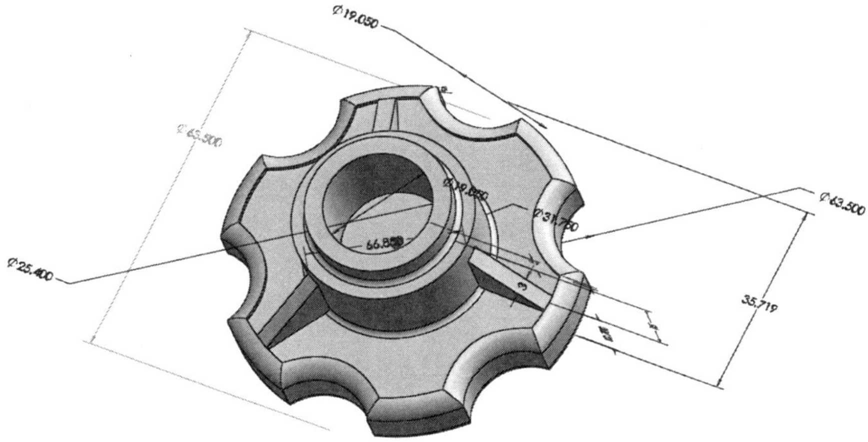

2. 이미 정의되어 있는 스터디 중에서 **"Optimize(최적화)"**의 탭을 선택한다.

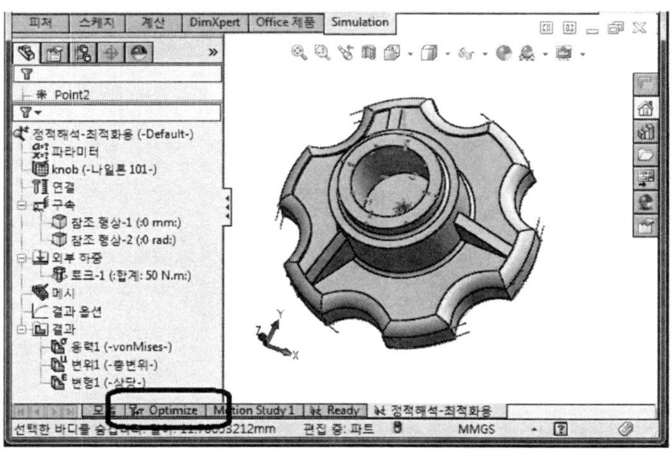

3. 이 선택에 의하여 다음과 같이 설정 창이 나타나면, **"Optimize(최적화)"**의 탭을 선택하고 마우스 우측 클릭하여 **"새 설계 스터디 작성"**을 선택한다.

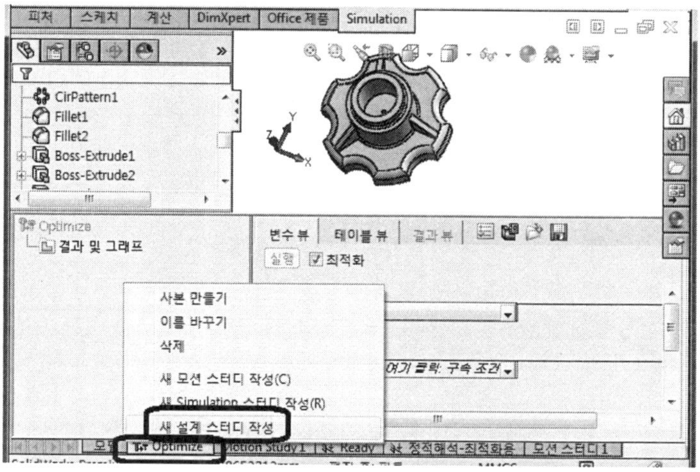

4. 다음과 같이 새로운 **"설계 스터디"**가 나타난다. 선택하여 적절한 이름으로 명칭을 변경할 수도 있다.

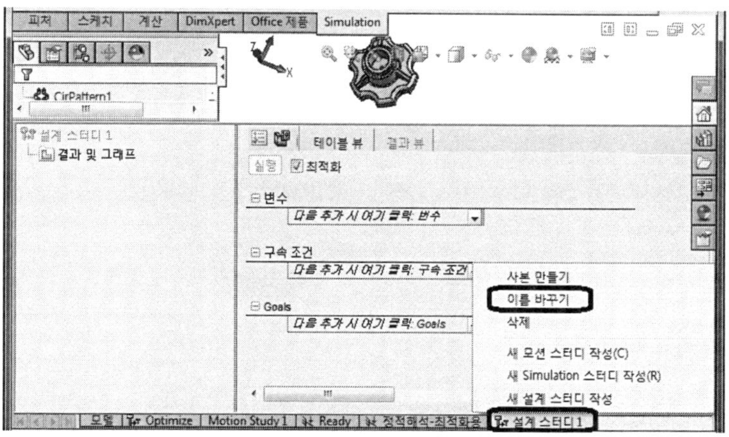

5.5.2 최적화 설계용 설계 스터디 옵션 설정하기

1. 이미 정의되어 있는 설계 스터디의 정확도와 해석 시간 등을 설정하기 위하여, **"설계 스터디 옵션"** 아이콘을 선택한다.

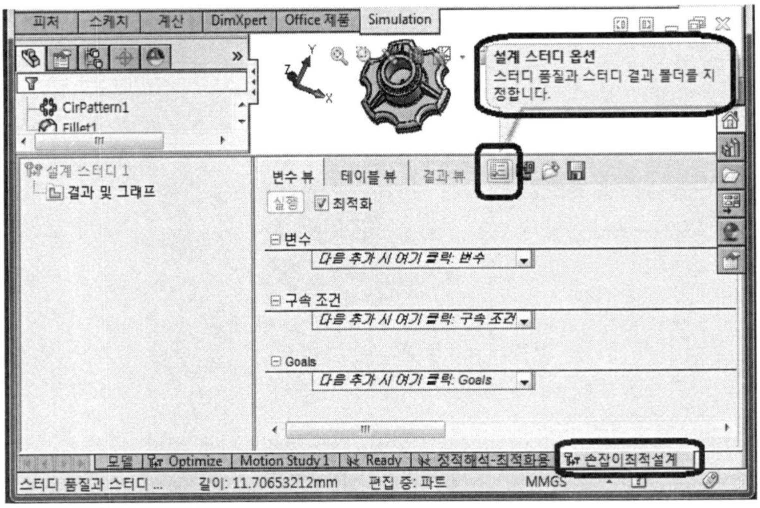

2. 다음과 같이 설계 스터디 품질을 **"고품질(느림)"**으로, 해석 결과의 저장 위치도 지정하기로 한다.

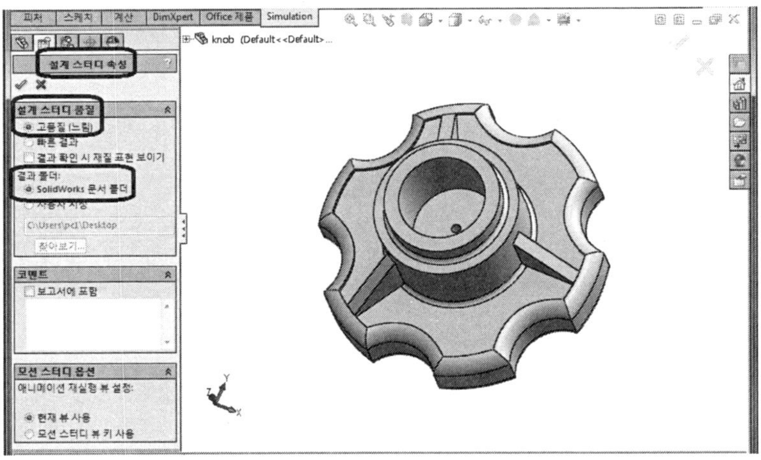

5.5.3 최적화 설계용 파라미터 정의하기

1. 변경될 수 있는 모델의 파라미터를 정의하기 위하여 최적화 탭에서 **"변수 뷰"**의 **"변수"** 항목에서, **"최적화"**를 선택하고, "파라미터 추가"를 선택한다. 여기 해석에서는 모두 4가지의 파라미터를 설정하기로 한다.

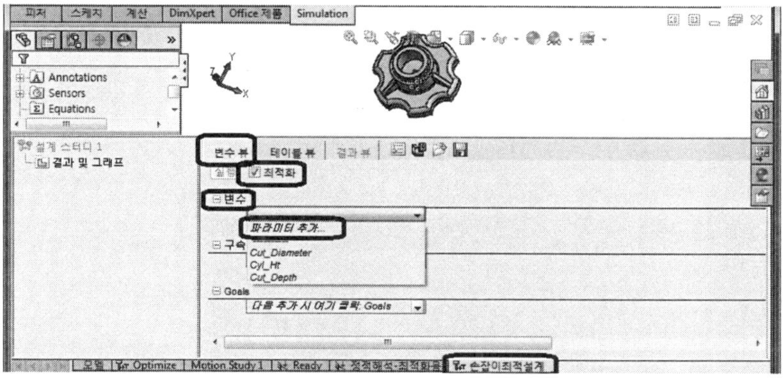

2. 다음과 같이 파라미터 이름의 빈칸에 편의상 **"Rib_Thickness"**라고 명명된 이름을 선택하고 **"Category"** 란에는 **"모델치수"**를 선택하고, **"확인"** 버튼을 선택한다.

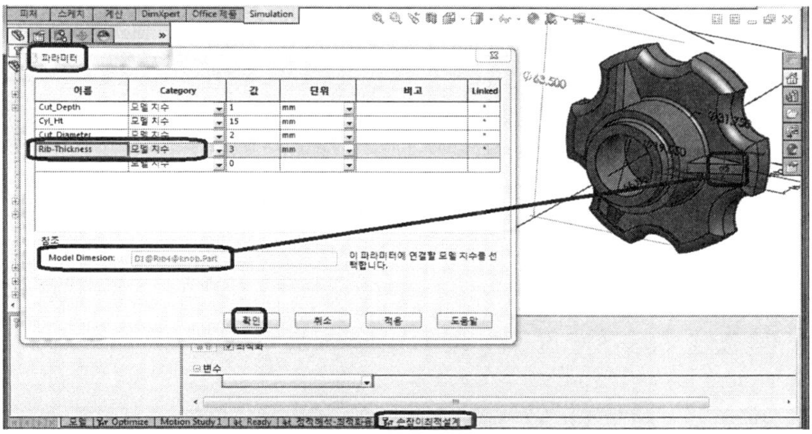

3. 설정된 **"Rib_Thickness"** 파라미터에 대하여 **"범위"**를 선택하고 다음 값을 입력한다.

$$1 \text{ mm} \le \text{Rib\_Thickness} \le 3 \text{ mm}$$

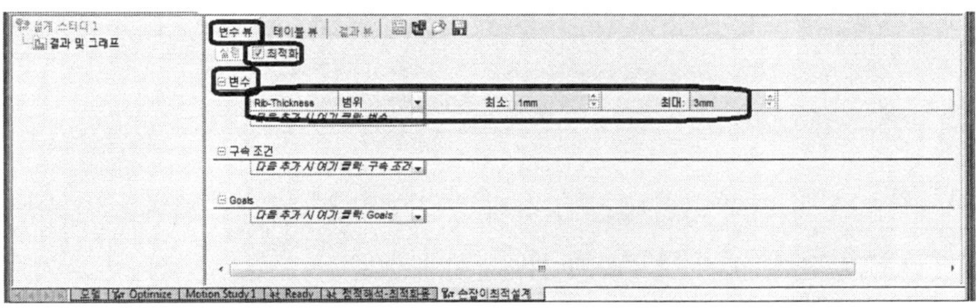

5.5.4 모델 치수를 변수로 설정하기

1. 위의 방식과 유사하게 이미 정의된 파라미터를 설계변수로 사용하기 위하여 다음과 같은 설정 범위를 입력한다.

최소		변수		최대
1 mm	≤	Cut_Depth	≤	10 mm
11 mm	≤	Cyl_Ht	≤	15 mm
2 mm	≤	Cut_Diameter	≤	9 mm

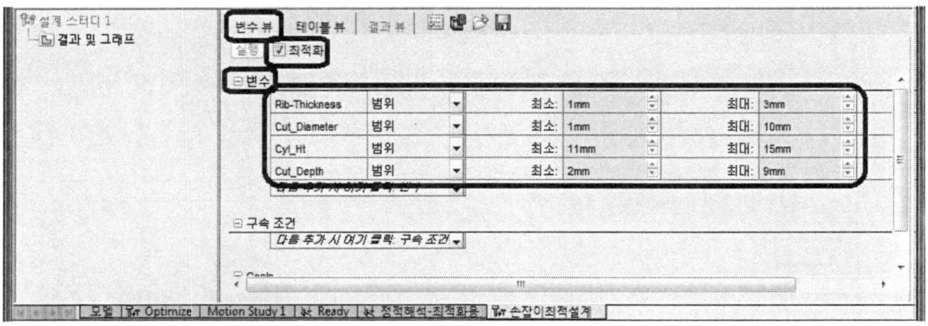

5.5.5 구속조건의 센서 추가하기

1. 최적화 시작할 때에 1개의 구속조건 센서를 설정하기로 한다. 즉 **"FOS (안전계수)"**를 **"구속조건"** 항목에서 다음과 같이 사용하기로 한다.

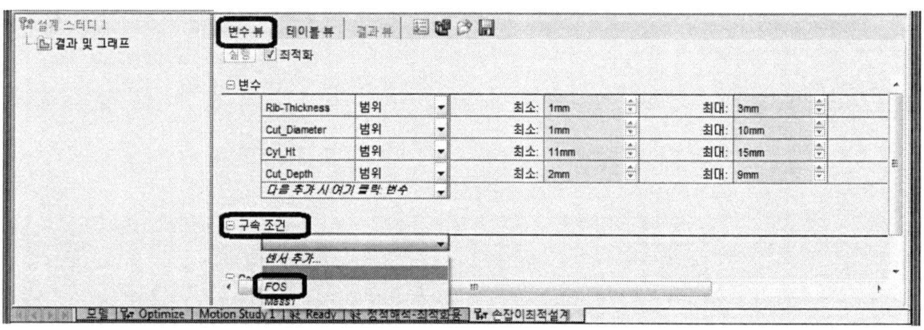

2. 이어서 다음의 입력 화면에서 **"정적해석-최적화용"** 해석 스터디의 결과를 이용하고 **"FOS(안전계수)"**가 **"2"** **"보다 큼"**을 선택한다.

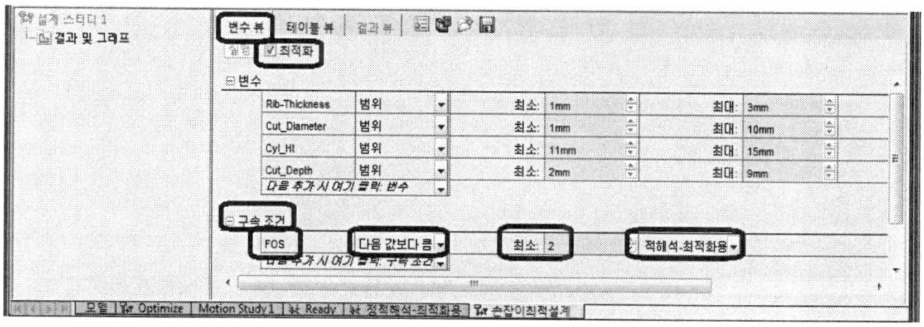

5.5.6 Goals의 센서 추가하기

1. 최적화 시작할 때에, 다음과 같이 설계 목적인 "Goals"은 전체 질량이 최소가 되는 조건이었다. 이를 반영하기 위하여 다음과 같이 "Goals" 항목에 "Mass1" 메뉴를 선택한다.

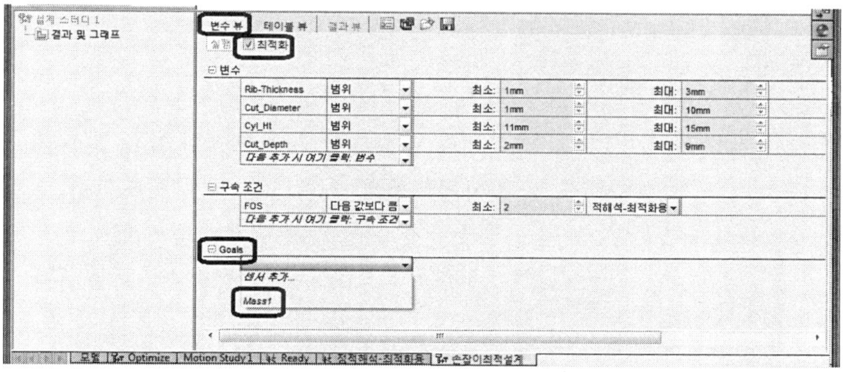

2. 이어서 세부 항목에서는 "**최소화**"를 선택한다.

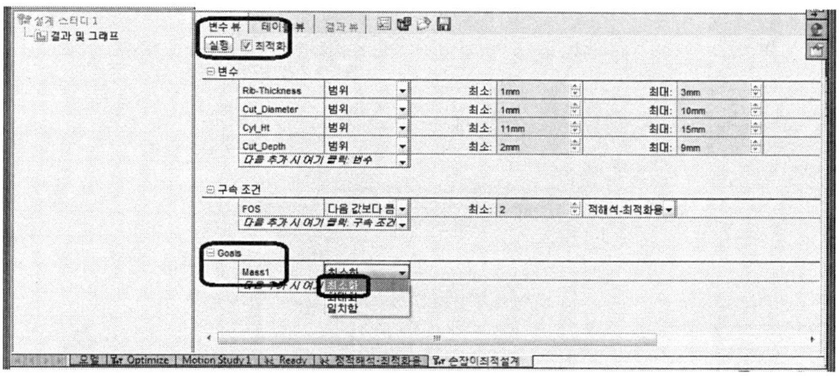

3. 이와 같은 과정을 거쳐서 최적화하기 위한 모든 조건 설정이 완료되었다.

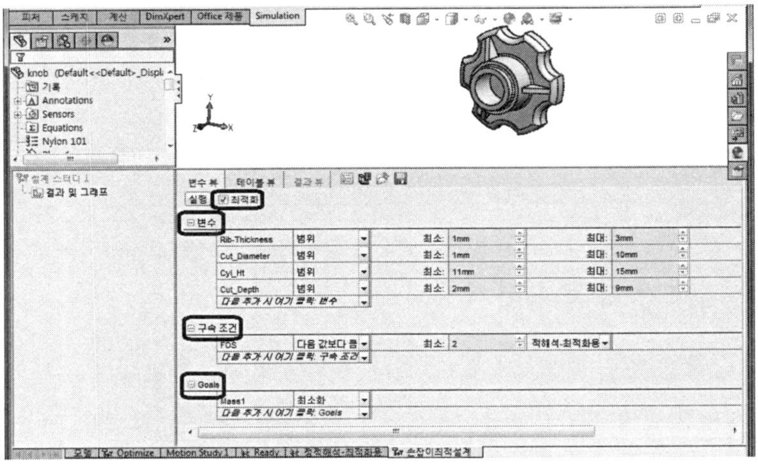

5.5.7 최적화 해석 실행하기

1. 이제 최적화 해석을 위한 모든 전처리 작업은 완전히 준비되었다. 이제 최적화 해석을 다음과 같이 현재 준비된 **"손잡이최적설계"** 스터디 탭에서 **"실행"** 버튼을 클릭한다.

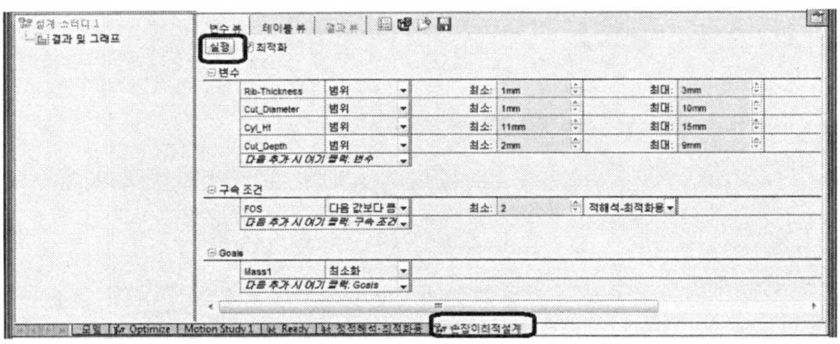

2. 최적화 해석을 하는 과정이 화면에 나타난다.

4. 해석이 완료되면 다음과 같은 결과를 보여준다. 이 그림이 최종적으로 최적화된 수치를 반영한 형상이며, 각 반복 계산 과정이나, 최종 결과 값들은 그림 아래 부분에 자세히 나열되어 있다.

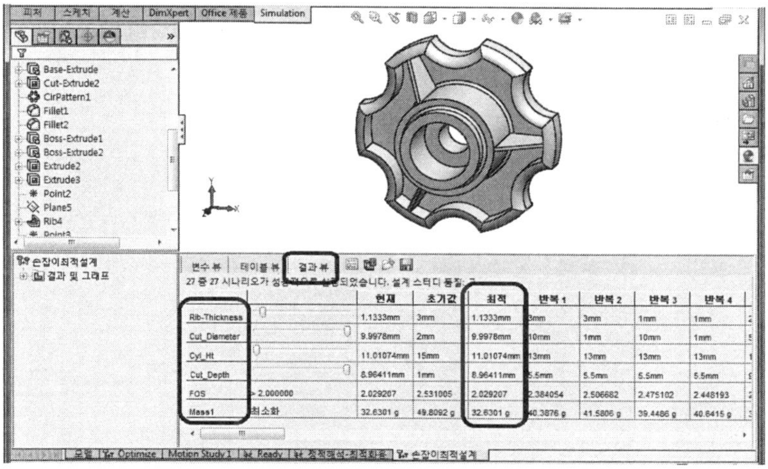

5.6 최적화 해석 결과 분석하기

5.6.1 최적화 결과 질량 감소

1. 바로 위의 해석 결과 완료 화면을 보면, 초기 질량은 49.8092 g 이었으며, 최적화 완료 후에는 32.6301 g 으로 나타났다. 이로부터 환산하면 약 34.5 %의 질량이 감소한 결과를 얻었다.

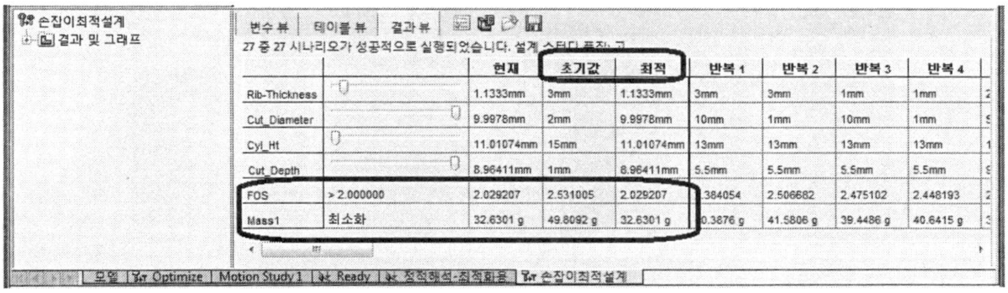

2. 또한 위의 결과에서 보면 사용자가 원했던 안전계수는 2.0292로서, 최소값 2.0의 요구조건을 만족시키는 설계임을 알 수 있다.

5.6.2 특정 반복 계산 상태에서의 변수 상태 분석

1. 위의 결과에서 아래 스크롤 부분을 끝으로 이동시켜 보면 모두 25회의 반복 계산을 통하여 최적해를 찾은 사실을 알 수 있다.

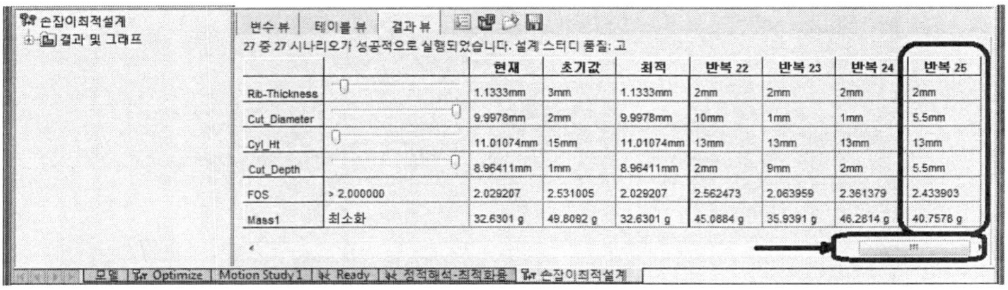

		현재	초기값	최적	반복 22	반복 23	반복 24	반복 25
Rib-Thickness		1.1333mm	3mm	1.1333mm	2mm	2mm	2mm	2mm
Cut_Diameter		9.9978mm	2mm	9.9978mm	10mm	1mm	1mm	5.5mm
Cyl_Ht		11.01074mm	15mm	11.01074mm	13mm	13mm	13mm	13mm
Cut_Depth		8.96411mm	1mm	8.96411mm	2mm	9mm	2mm	5.5mm
FOS	> 2.000000	2.029207	2.531005	2.029207	2.562473	2.063959	2.361379	2.433903
Mass1	최소화	32.6301 g	49.8092 g	32.6301 g	45.0884 g	35.9391 g	46.2814 g	40.7578 g

2. 만일 사용자가 특정한 반복 횟수, 예를 들면 24번째 반복 계산을 하는 상태의 값을 알고 싶으면 해당 칸을 선택하면 된다. 아래는 24번째의 반복 계산 상태와 최적화가 완료된 경우의 데이터와 형상을 비교한 것이다.

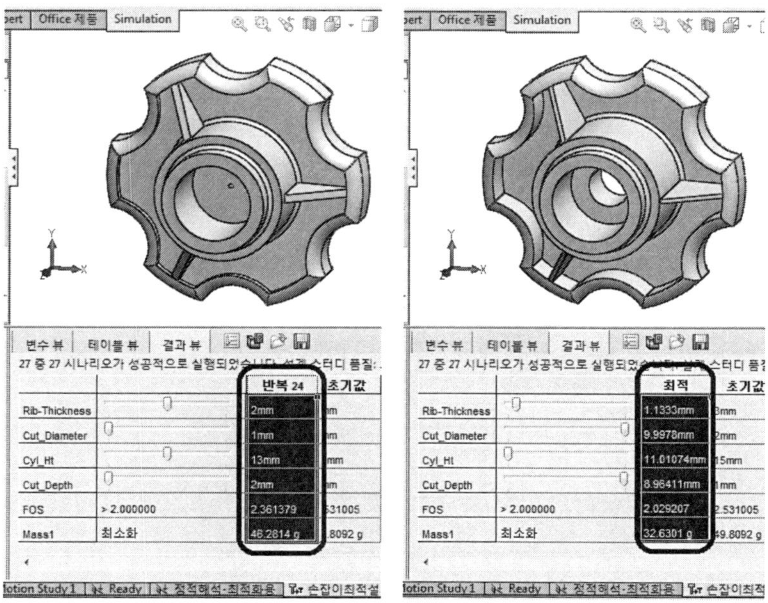

5.6.3 최적 설계의 해인 경우의 응력, 변위 분포

1. 앞의 선행 정적 응력해석은 초기 치수에 대한 응력 결과이었다. 지금 최적설계가 완료된 시점의 응력 분포를 확인하는 것인 간단하다. 아래의 최적화 결과의 상태에서 **"정적 해석"** 탭을 선택하여 모드를 변경한다.

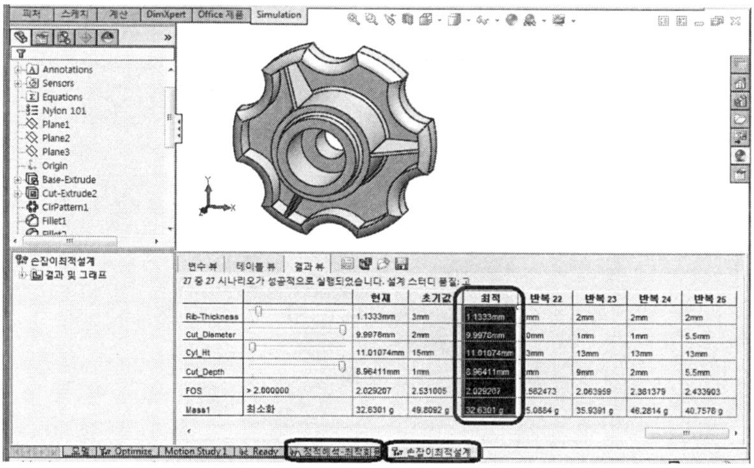

2. 이와 같이 모드를 변경하면 변경된 형상에 대한 정적해석 결과가 없으므로 그림과 같이 느낌표가 나타나서 에러라고 표시한다. 따라서 이 상태에서 다시 정적해석을 실행하여야 한다.

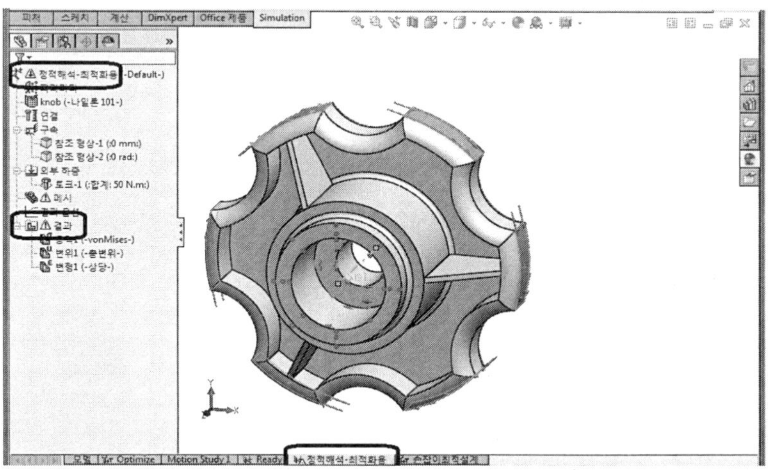

3. 현재 최적화된 치수에 대하여 다시 정적 해석을 실행하면 다음과 같이 구조물에 발생하는 von-Mises 응력의 분포를 보여 준다. 최적설계 결과 얻어진 최적의 형상일 때, 질량이 줄어든 대신 발생하는 응력은 증가하여 최대 응력의 크기가 대략 29.79 MPa 임을 알 수 있다.

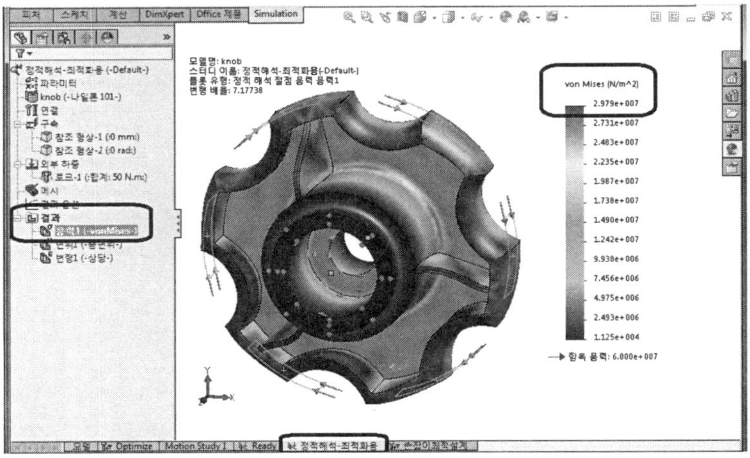

4. 현재 최적화된 치수에 대하여 다시 등가 변위의 분포를 나타내면 다음과 같다. 즉 최대 증가 변위가 약 0.8955 mm 임을 알 수 있다. 이 변위 값은 초기 설정 치수에 대하여 발생했던 최대 등가 변위가 0.5245 mm 이었음을 생각하면 질량감소로 인하여 구조물의 강성이 줄어들고 변형이 더 많이 발생하였음을 알 수 있다.

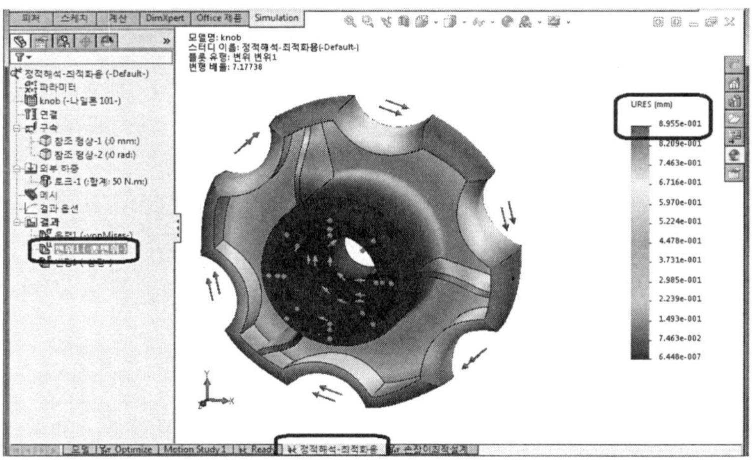

제 6 장 비선형 초탄성 접촉해석

6.1 비선형 초탄성 접촉해석이란

6.1.1 초탄성(Hyper–Elastic) 접촉 해석의 용도

파트들이 서로 조립되는 과정에서 어셈블리를 이룰 때나, 또는 그 조립체를 사용하는 과정에서 파트들끼리 조립과 분리가 반복적으로 일어나는 경우가 있다. 이 과정에서 그 파트들은 서로 접촉(Contact) 상태를 유지하며, 그 변형이 미소(Infinitesimal) 변형이 아닌 대변형(Large Deformation), 대회전(Large Rotation)의 탄성적인(Elastic) 특성을 보이는 경우가 있다. 이 거동을 해석하기 위해서는 초탄성(Hyper–Elastic) 접촉의 공학적인 의미를 이해하여야 한다.

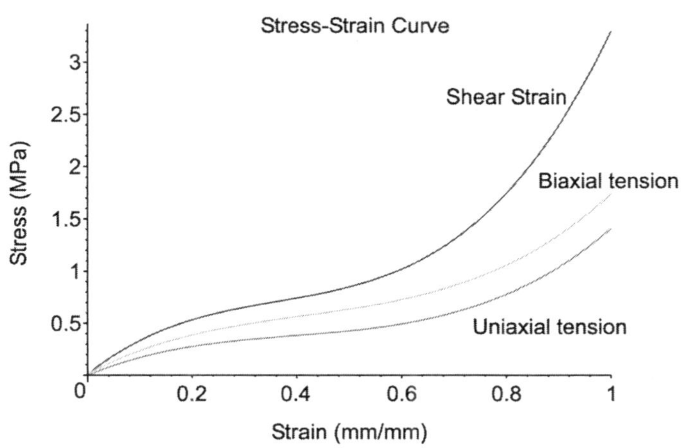

본 해석에서는 초탄성 거동을 보이는 재료를 묘사하기 위하여 다음과 같은 **"Mooney-Rivin 재질 모델링"**을 사용하기로 한다. 즉 응력-변형률 곡선에서 응력이 증가하여도 재료의 항복 현상이 발생하지 않고 지속적으로 탄성 거동을 보이는 재질로 묘사하기로 한다. 아래의 그림은 초탄성 거동 재료에 발생하는 응력 상태를 여러 하중 상황에 대하여 도시하였다.

실제로 이러한 거동을 보이는 재료 중의 하나인 고무(Rubber) 종류의 변형 형상을 아래에 예시하였다.

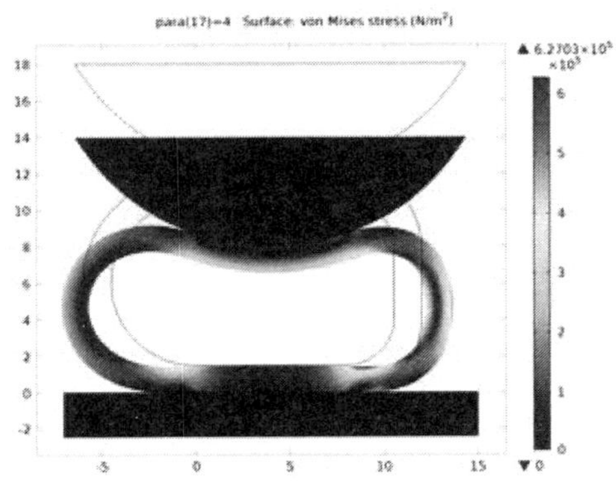

6.1.2 접촉 해석의 개념

인접한 두 개의 파트는 물리적으로 서로 통과하지 못하므로 다음과 같이 그 접촉면을 만들게 된다. 또한 이 파트들은 변형이 가능한 탄성체 이므로 접촉이 진행되거나 유지되는 동안에 그 접촉면은 변할 수 있으며 그 면에서는 압축응력이 발생한다.

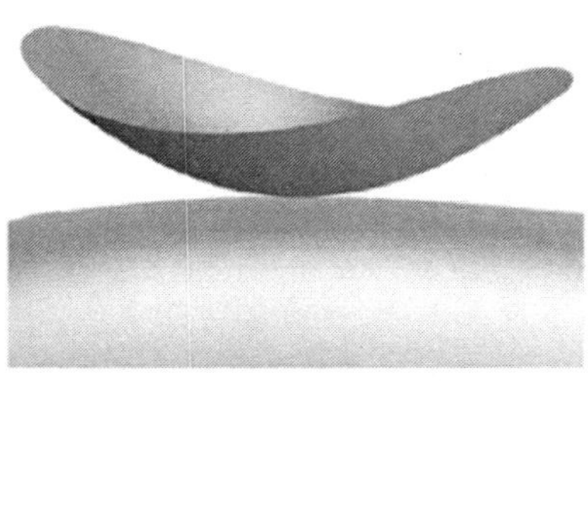

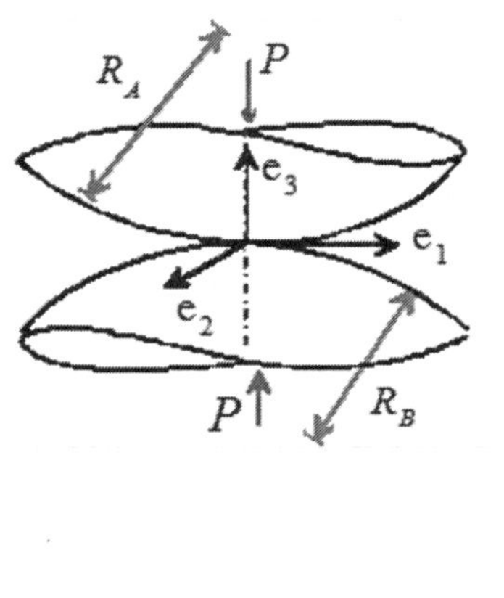

이 접촉면은 접촉하는 파트의 형상이나 상대적인 재질의 차이, 접촉을 유지시키는 외부 하중 등에 따라서 변형된 접촉면의 형상과 거기에 발생하는 응력성분의 크기와 분포 경향 등이 다양하게 나타난다.

대표적으로 널리 사용되는 공학적인 접촉 모델로는 다음과 같이 **"Hertz 모델"**과 **"Mindlin 모델"**이 있다. 이들 모델링의 차이는 접촉면의 형상과 응력 분포 형상의 차이이다.

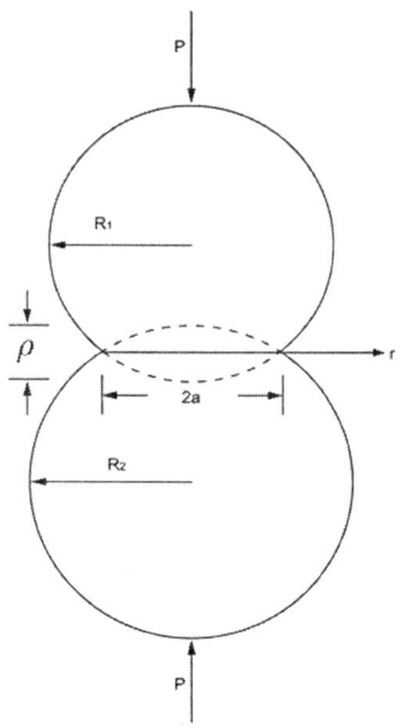

〈Hertz 모델〉

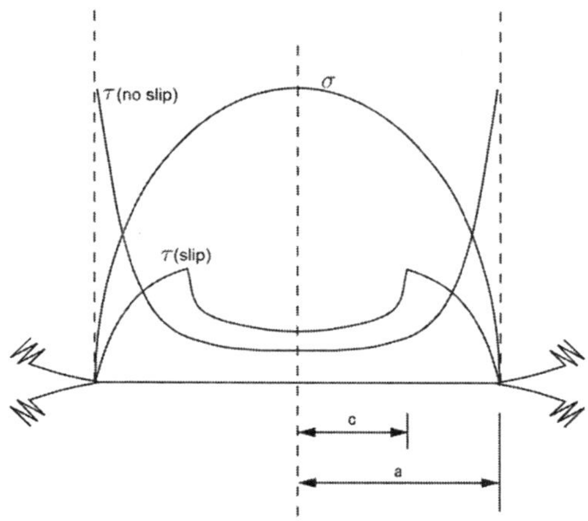

〈Mindlin 모델〉

물리적으로 접촉이라 함은 두 지점 사이에 거리가 0이면 그 지점 사이의 응력은 0이거나 또는 압축 응력 상태이고, 응력 상태가 0이면 그 두지점 사이의 거리는 0보다 크다는 의미이다.

6.2 비선형 초탄성 접촉해석의 입력/출력 데이터

6.2.1 비선형 초탄성 접촉해석의 입력 데이터

해석을 수행하기 위해서 입력해 주어야 할 데이터의 종류는 다음과 같다.

1. **"비선형 해석"** 스터디의 **"정적 해석"** 옵션 선택
2. 비선형 해석을 위한 속성 입력
3. 구조물의 재질 지정
   - 프로그램 내장 데이터 이용
   - 사용자가 직접 입력
4. 구조물의 구속조건 정의
   - 변위 값 지정
   - 방향 구속 지정
5. 하중 형태와 값을 입력
6. 파트들 사이의 접촉 조건 부여
7. 구조물의 메시 생성 작업

6.2.2 비선형 초탄성 접촉해석의 출력 데이터

1. 설계 결과 통찰
2. 접촉 하중 표시
3. 변위 요소
   - 변위 : X-방향, Y-방향, Z-방향
   - 합성 변위 (Resultant Displacement)
4. 반력 요소
   - 반력 : X-방향, Y-방향, Z-방향
   - 합성 반력 (Resultant Reaction)

5. 변형률 요소
   - 수직 변형률 : X-방향, Y-방향, Z-방향
   - 전단 변형률 : X-방향, Y-방향, Z-방향
   - 등가 변형률
   - 변형 에너지 밀도
   - 총 변형 에너지
   - 주 변형률
6. 요소 응력 및 절점 응력
   - 수직응력 : X-방향, Y-방향, Z-방향
   - 전단 응력 : XY-면, YZ-면, ZX-면
7. 기타 성분
   - 애니메이션
   - 단면 클리핑
   - von Mises 등가 응력 등

6.3 비선형 초탄성 접촉해석의 설정

본 해석 예제에서는 다음과 같은 기능을 익히도록 하고자 한다.

- 비선형 해석 중에서 **"정적 해석"** 옵션의 사용을 익힌다.
- 초탄성 거동을 하는 재질의 특성을 익힌다.
- 면 접촉조건을 부여하는 방식을 익힌다.
- 구조물에 초탄성 재질을 부여하는 방식을 익힌다.
- 초탄성 변형 거동을 해석 결과로부터 확인한다.

위의 목적을 위하여 다음과 같이 해석 문제를 정리할 수 있다.

1. 해석 대상 구조물 : Pipe Holder

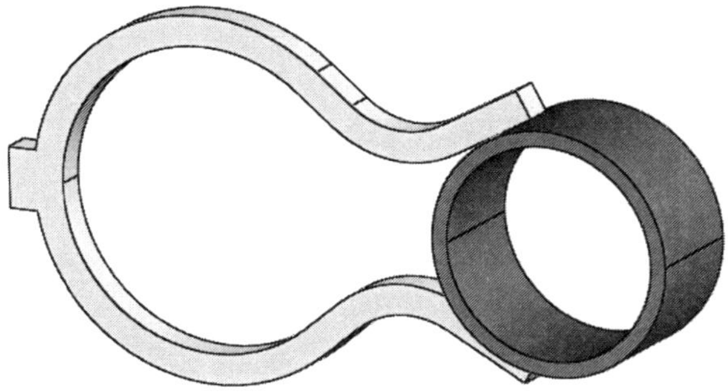

2. 파일의 위치 : **"C: \ Program Files \ SolidWorks Corp \ SolidWorks \ Simulation \ Examples \ Nonlinear \ NL_Pipe_Holder.sldasm"**
3. 스터디 유형 : **"비선형 해석"** 중에서 **"정적 해석"** 옵션 사용
4. 재질 :
   - Holder : 아크릴 (내충격성)
   - Pipe : 고무성 재료 (Mooney-Rivin 모델의 거동)

     포아송 비 : 0.4995

     재질 1 불변 : 140.154 Psi

     재질 2 불변 : 84.666 Psi

     질량 밀도 : 임의의 값 입력 (예, 0.04)
5. 해석 조건 설정 :
   - 총 해석 시간 : 1.0초
   - 해석 시간 간격 : 0.01초 간격 (동일한 시간 간격)
6. 구속 조건 : Holder의 왼쪽 수직 끝 면에 **"고정 지오메트리"**
7. 변형 중의 구속 조건 : Holder로 Pipe가 이동시에 측면으로 미끌림 방지
8. 접촉 조건 : Pipe의 외부 면과 Holder의 안쪽 면이 변형 중에도 계속 접촉 상태 유지(관통 없음)
9. 외부하중 : Pipe의 한 면을 선택하여 총 시간 동안 총 2.678 inch만큼 등속 이동

10. 메시 분할 : – 메시 밀도 : 기본 설정값
    - 메시 파라미터 : 표준 메시
    - 평균 요소크기: 기본 설정값
    - 허용공차 : 기본 설정값
    - 자동 전이 : 선택 안함
    - 고급 아래 : – 야코비안 포인트 : 4개의 점
        - 1차 요소 해석 메시 : 선택 안함
        - 솔리드의 자동 시도 : 선택함
        - 시도 수 : 3회

6.4 비선형 초탄성 접촉해석의 과정

6.4.1 파일 불러오기와 **"애드인"** 하기

1. "SolidWorks Simulation" 메뉴가 나타나도록 하기 위하여 **"애드인(D)"** 메뉴를 선택하여 "SolidWorks Simulation" 앞의 체크 박스를 선택한다.

2. 파일 열기에서 "C: \ Program Files \ SolidWorks Corp \ SolidWorks \ Simulation \ Examples \ Nonlinear \ NL_Pipe_Holder.sldasm" 파일을 불러온다.

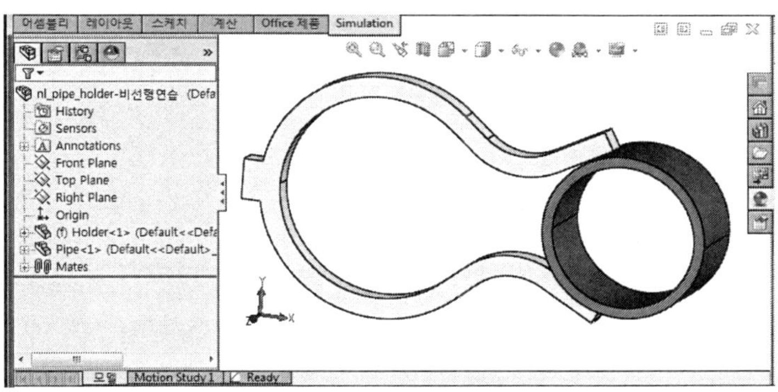

6.4.2 스터디 정의하기

1. 스터디를 정의하는 것이 해석의 시작이다. 주 메뉴에서 다음과 같이 **"Simulation"** 메뉴의 **"스터디"**를 선택하여, 사용자가 임의로 해석 스터디의 명칭을 부여한다. 그 아래의 **"비선형 해석"** 버튼을 선택한 다음 제일 아래 부분의 **"정적 해석"**의 옵션을 선택하고 위의 **"체크(V)"** 버튼을 클릭한다. 그 결과로 유한요소 해석을 위한 스터디 정의가 완료되었다.

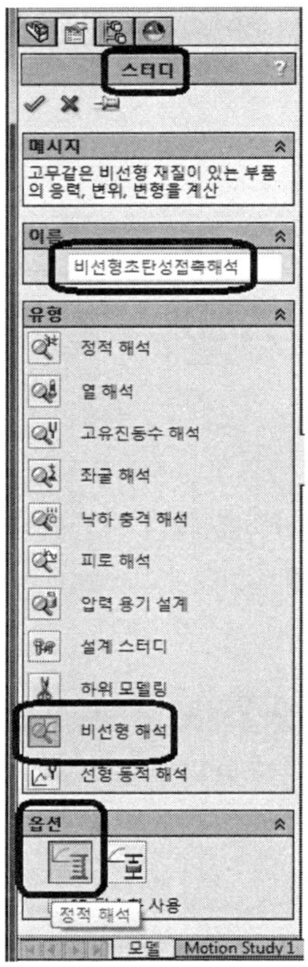

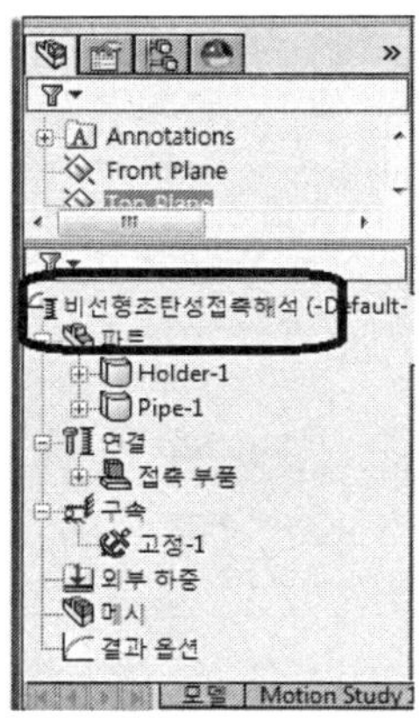

6.4.3 재질 부여하기

1. 2개의 파트에 각각 재질을 정의한다. 먼저 Holder는 아크릴 재료이므로 다음과 같이 파트를 선택하고, 마우스 우측 버튼으로 **"재질 선택/편집(M)"** 메뉴를 선택한다.

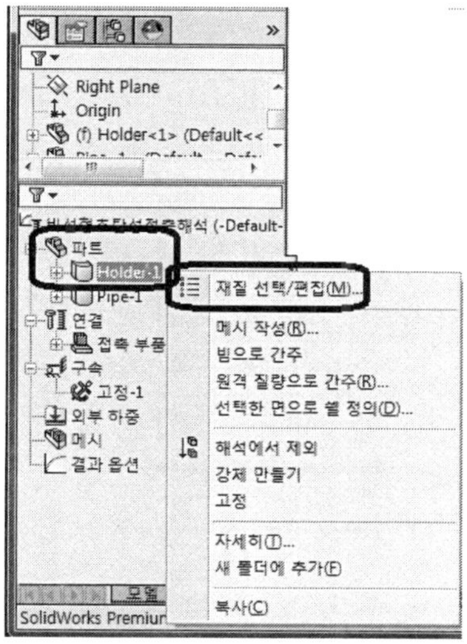

2. 이어서 다음과 같은 선택 화면에서 **"플라스틱"** 폴더 속의 **"아크릴(내충격성)"** 메뉴를 선택한다. 자동으로 이에 해당하는 값들이 나타난다. **"적용"** 버튼을 누르고 **"닫기"** 버튼을 이어서 누른다.

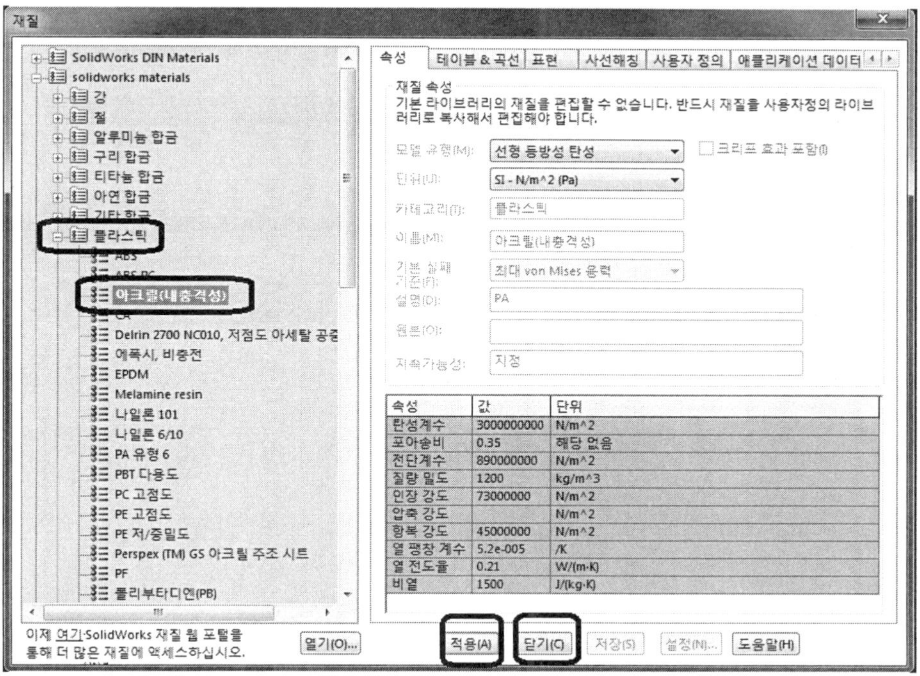

3. 이어서 Pipe에 대해서는 직접 입력하기로 한다. 다음과 같이 파트를 선택하고, 마우스 우측 버튼으로 **"재질 선택/편집(M)"** 메뉴를 선택한다.

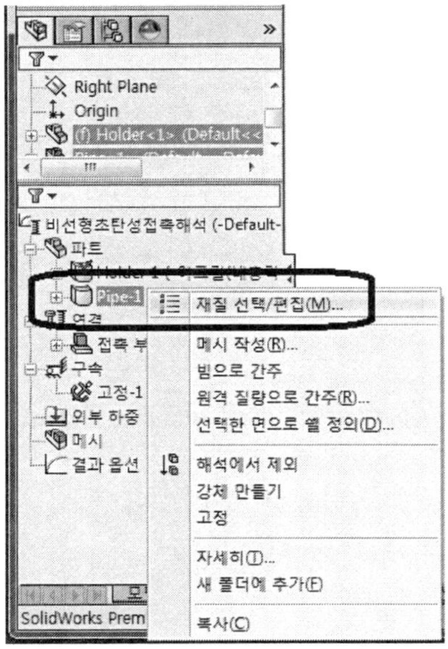

4. **"사용자 정의 재질"** 메뉴를 우측 마우스 클릭하여 **"새 카테고리"**를 선택한다.

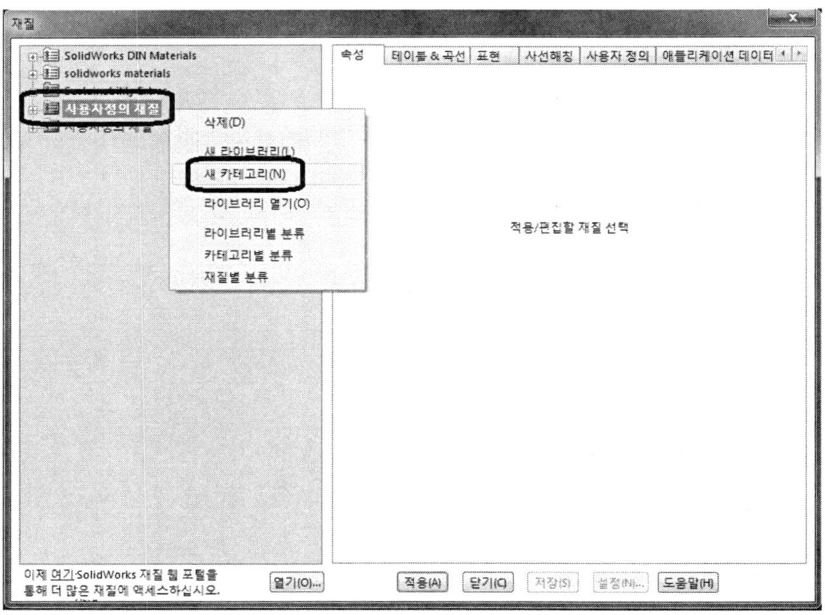

5. 임의로 카테고리의 명칭을 부여하고, 그 명칭을 선택하여 마우스 우측 클릭하면 물성치를 입력할 수 있는 메뉴가 나타난다. **"새 재질"** 메뉴를 선택한다.

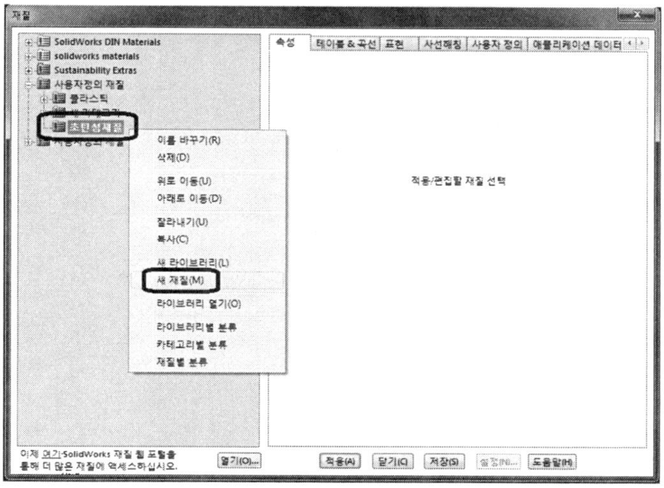

6. 이 단계에서 선택한 Pipe의 재질은 앞에서 정의한 값으로 한다.
   모델 유형 : hyperelastic - Mooney Rivin
   단위 : English (IPS)
   포아송 비 : 0.4995
   재질 1 불변 : 140.154
   재질 2 불변 : 84.666
   질량 밀도 : 임의의 값 입력 (예, 0.04)

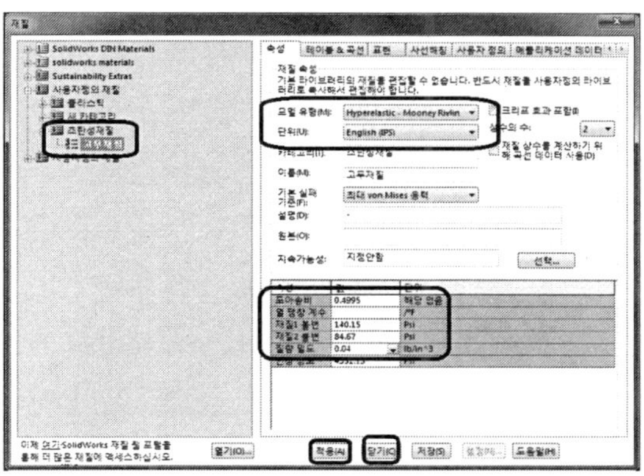

7. 위와 같은 재질 부여 절차 결과 다음과 같이 매니저 창의 파트들에게 부여한 재질의 종류가 표시되며, 또한 파트의 이름이 녹색으로 체크 표시된 것을 확인할 수 있다.

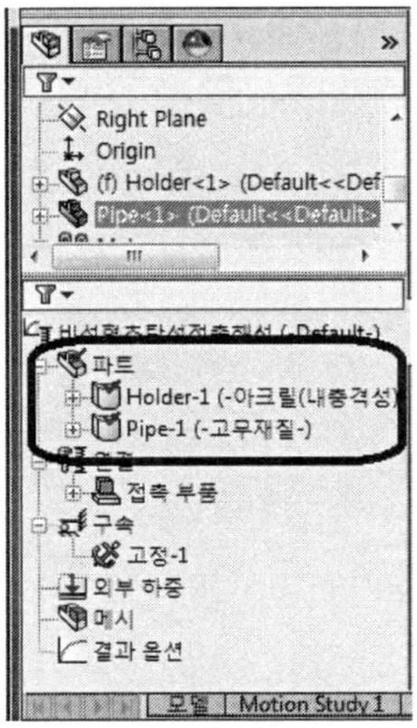

6.4.4 해석의 속성 설정하기

1. 이번 해석은 시간이 경과하면서 거동이 진행되는 경우이다. 따라서 이 부분을 설정하기 위하여 다음과 같이 스터디의 명칭을 마우스 우측 클릭하여 **"속성"**을 선택한다.

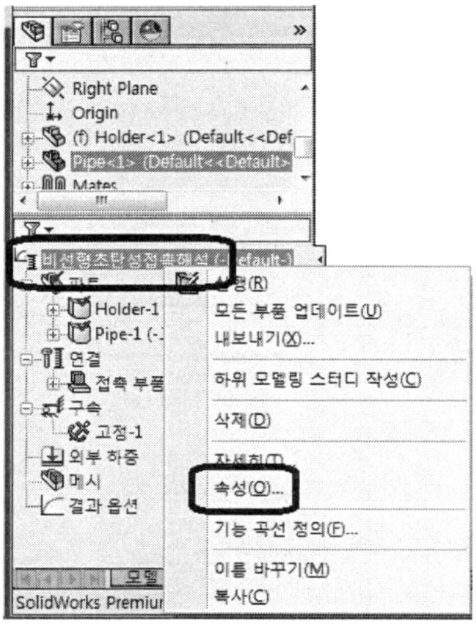

2. 먼저 다음과 같은 속성 설정 화면의 **"솔루션"** 탭에서 아래의 값들을 입력한다.
   시작시간 : 0
   종료시간 : 1
   시간 증분 : 자동 (자동 시간 간격)
   초기 시간 증분 : 0.01
   최소치 : 1e-8
   최대치 : 1.0

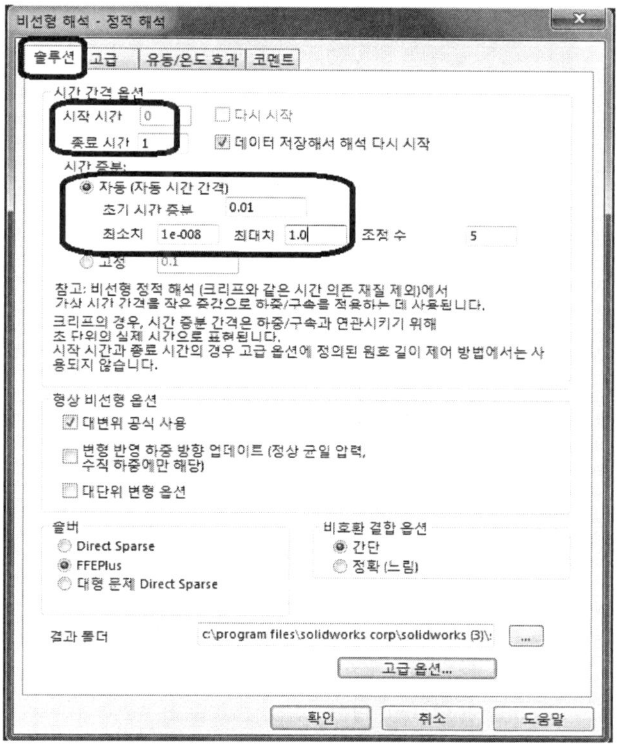

3. 이어서 **"고급"** 탭에서 아래의 값을 입력한다.
   특이성 소거 계수 : 0

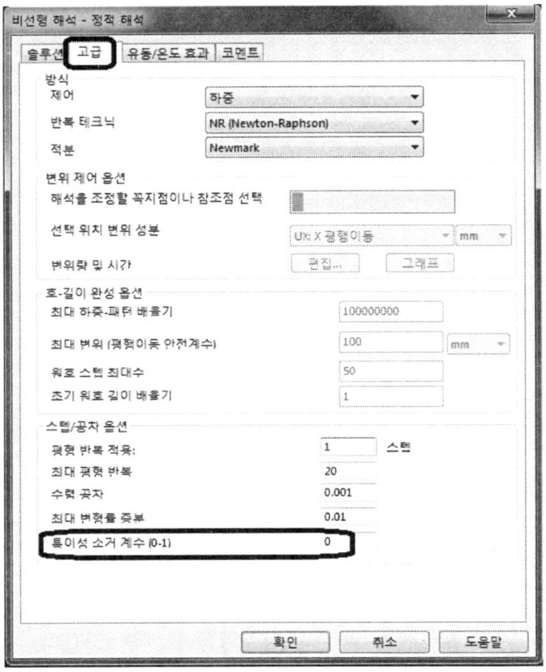

6.4.5 구속 조건 부여하기

1. 본 해석에 사용하는 구속 조건은 2가지로 분류된다. 먼저 외쪽 수직 단면을 **"고정 지오메트리"**로 설정하기 위하여 다음과 같이 **"구속"** 메뉴를 선택한다.

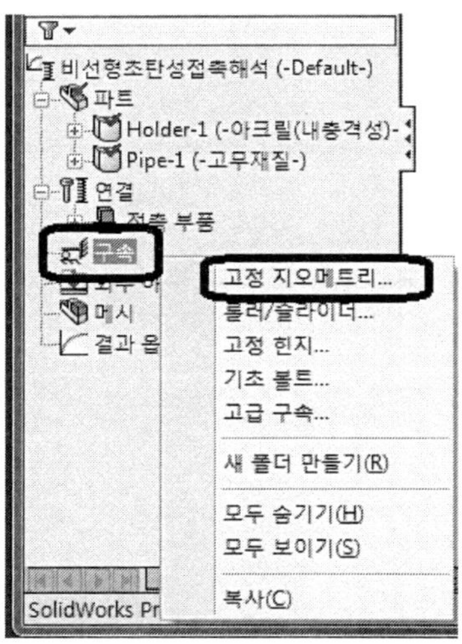

2. 왼쪽 수직의 4각형 면을 선택하고 **"체크(V)"** 버튼을 클릭한다.

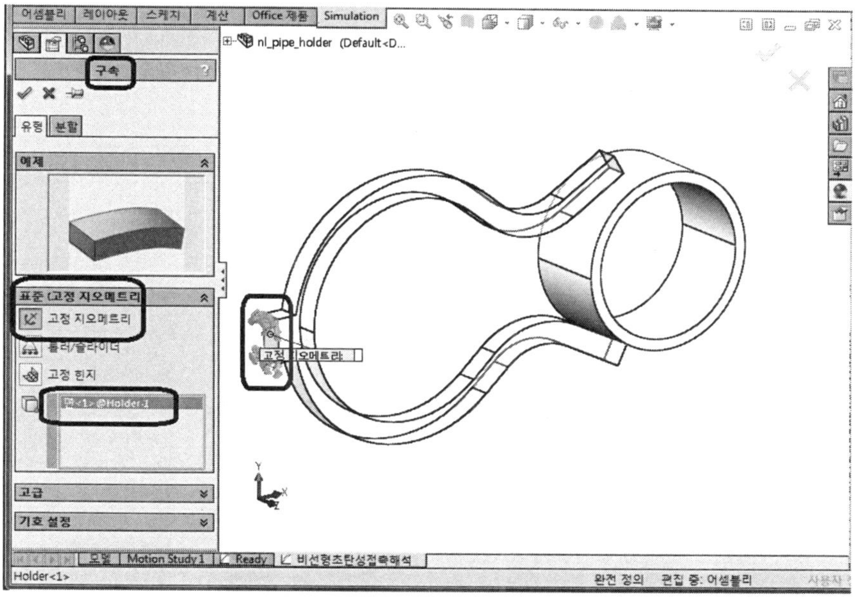

3. 두 번째 조건은 2개의 파트가 거동 중에 서로 옆으로 밀리지 않도록 측면으로의 변위를 고정하는 것이다. **"구속"** 메뉴에서 **"고급 구속"** 메뉴를 선택한다.

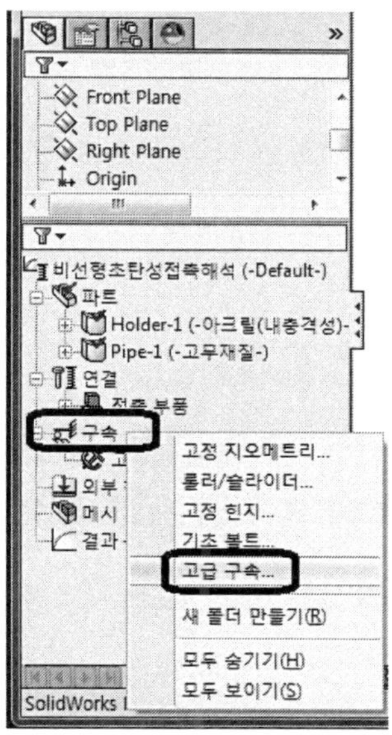

4. **"고급"** 메뉴 아래에서 다음과 같은 사항을 선택한다.

   "참조형상 사용"

   파이프에서 2개의 모서리 선 선택

   기준면에서 **"Front Plane (정면)"** 선택

   "평행이동" 아래 : 상하 방면과 수직 방향의 변위를 0으로 설정

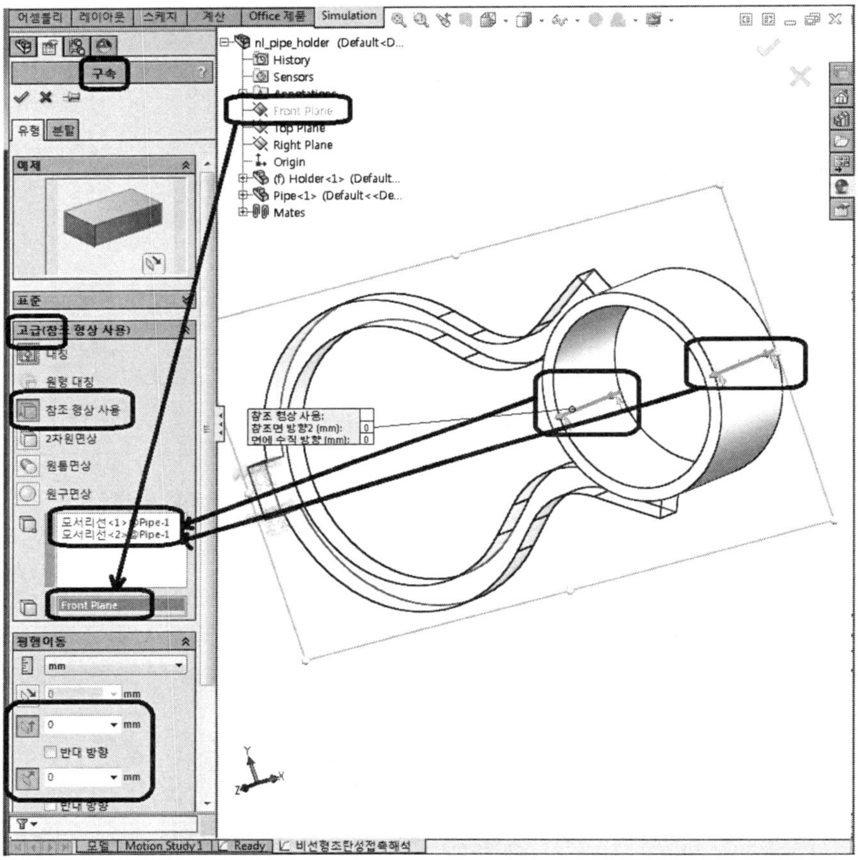

6.4.6 지정 변위를 이용하여 하중 부여하기

1. 외부하중을 부여하는 방식은 하중(Force) 그 자체를 부여하는 방식과, 하중을 유발하는 외부 변위를 부여하는 방식이 있다. 본 예제에서는 2번째 방식인 외부 변위를 이용한 방식을 이용하기로 한다. 먼저 **"구속"** 메뉴에서 **"고급 구속"**을 선택한다.

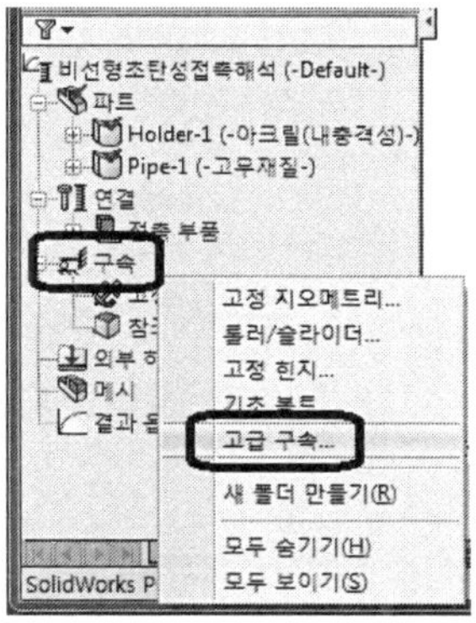

2. **“고급”** 메뉴 아래에서 다음과 같은 사항을 선택한다.

“참조형상 사용”

“모서리 선 1”

기준면에서 **“Front Plane (정면)”** 선택

“평행이동” 아래 : **“참조면 방향 1”**으로 **“-2.678 inch”** 입력

시간 변화량 : **“선형“**

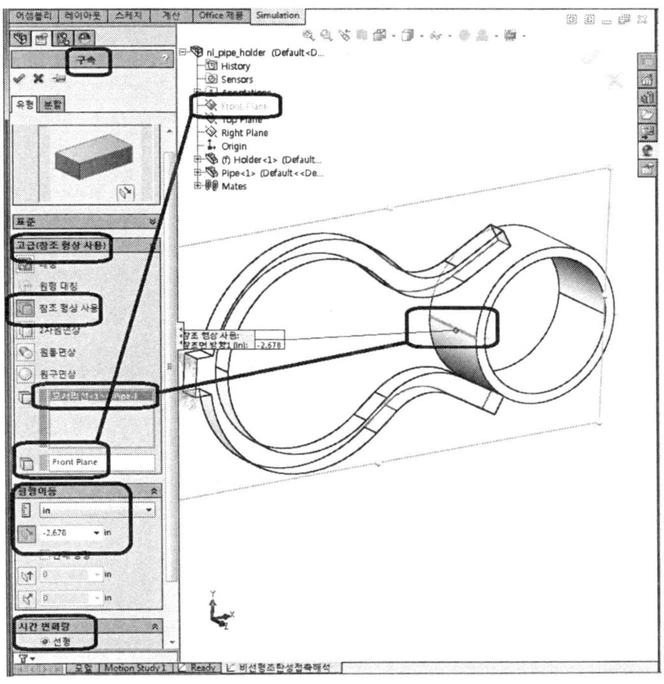

2. 하중조건 부여 절차가 완료되면, 다음 그림과 같이 왼쪽의 매니저 창에 입력 결과가 그림으로 표시된다.

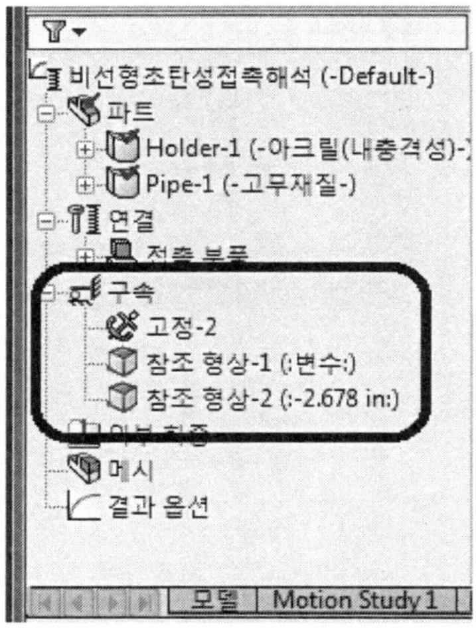

6.4.7 파트 사이의 접촉 조건 부여하기

1. 거동이 진행되는 동안에 파트들 사이의 접촉이 유지되는 조건을 부여하기 위하여 **"연결"** 메뉴를 마우스 우측 클릭하고 **"접촉 세트"**를 선택한다.

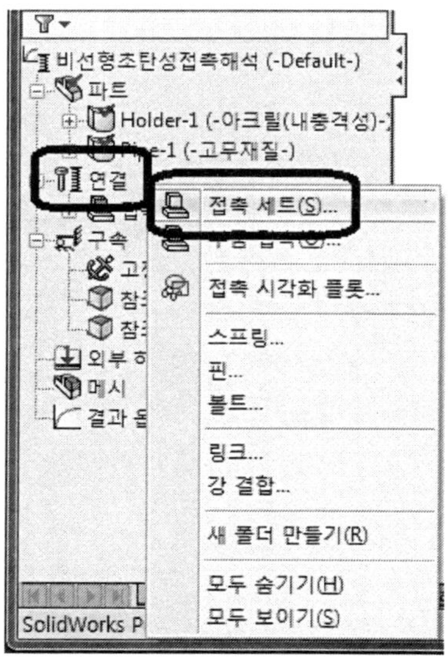

2. 입력 칸에 다음 사항을 설정한다.

   접촉 : **"직접 접촉 세트"**

   유형 : **"관통 없음"**

   Set 1 : Holder의 안쪽면 8개를 선택

   Set 2 : Pipe의 외부 곡면 선택

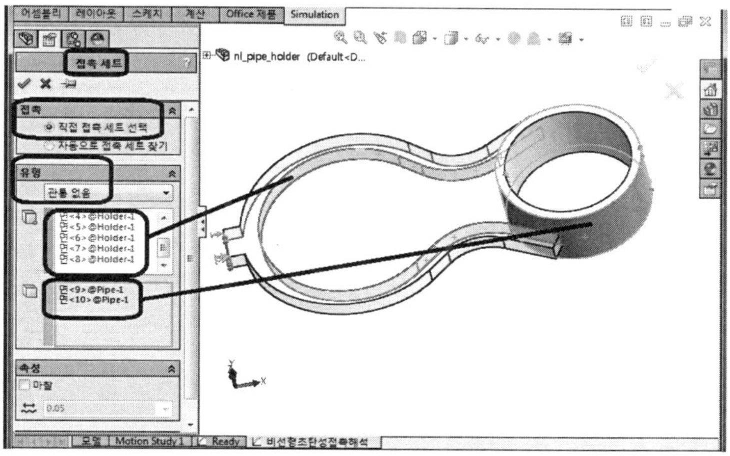

6.4.8 메시 생성하기

1. 매니저 창에서 **"메시"** 메뉴의 세부 메뉴에서 **"메시 작성(R)"**을 선택한다. 다음과 같이 설정하고 **"체크(V)"** 버튼을 클릭한다.
   - 메시 밀도 : 기본 설정값
   - 메시 파라미터 : 표준 메시
   - 평균 요소크기: 기본 설정값
   - 허용공차 : 기본 설정값
   - 자동 전이 : 선택 안함
   - 고급 아래 : - 야코비안 포인트 : 4개의 점

     - 1차 요소 해석 메시 : 선택 안함

     - 솔리드의 자동 시도 : 선택함

     -시도 수 : 3회

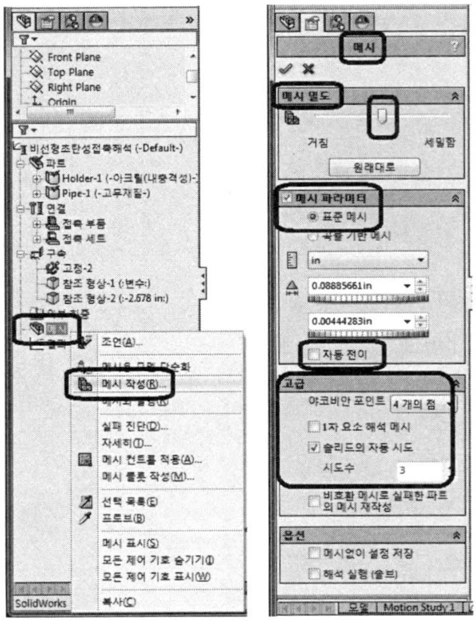

2. 위의 메시 생성 명령어에 의하여 자동으로 매시 생성 작업이 진행된다.

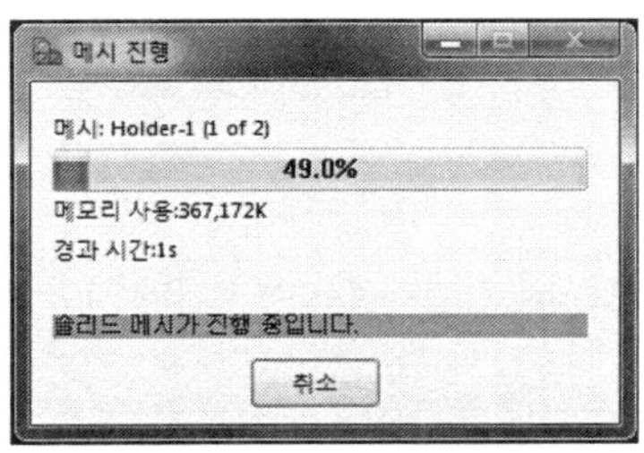

3. 메시 생성 작업이 끝나면 다음과 같이 그 결과가 화면에 표시된다.

6.4.9 파트의 선형 정적 해석 실행하기

1. 다음과 같이 스터디 이름을 마우스 우측 클릭하여 **"실행(R)"** 메뉴를 선택하면 프로그램은 계산 작업을 진행한다. 참고로 본 저자의 컴퓨터로는 약 24분 정도의 계산 시간이 소요되었다.

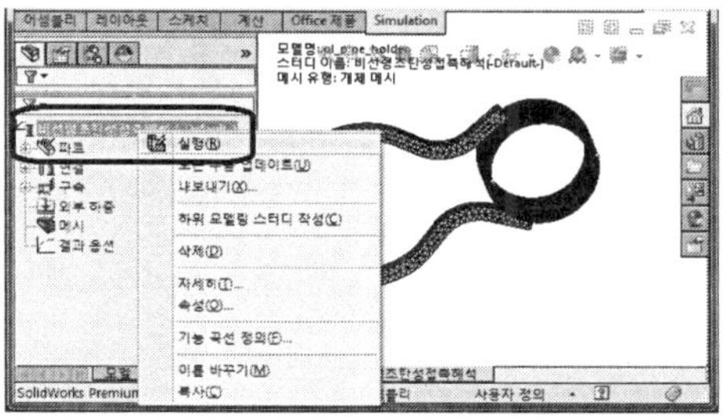

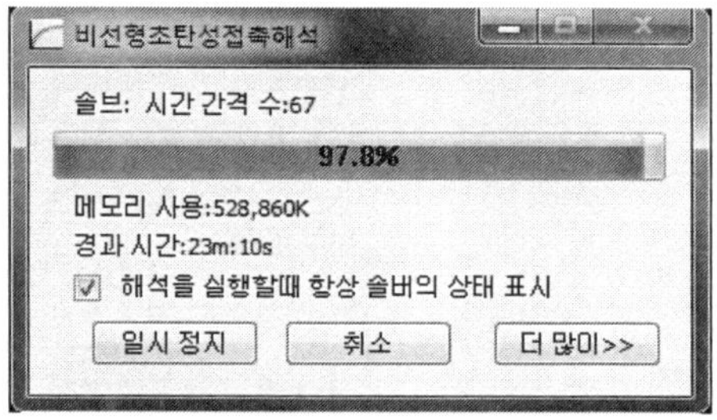

2. 이 계산 작업이 완료되면 매니저 영역에 **"결과"**라는 폴더가 표시되며, 그래픽 영역에는 대표적인 von Mises 등가 응력의 분포가 나타난다. 이로써 유한요소 해석 과정은 모두 완료되었다.

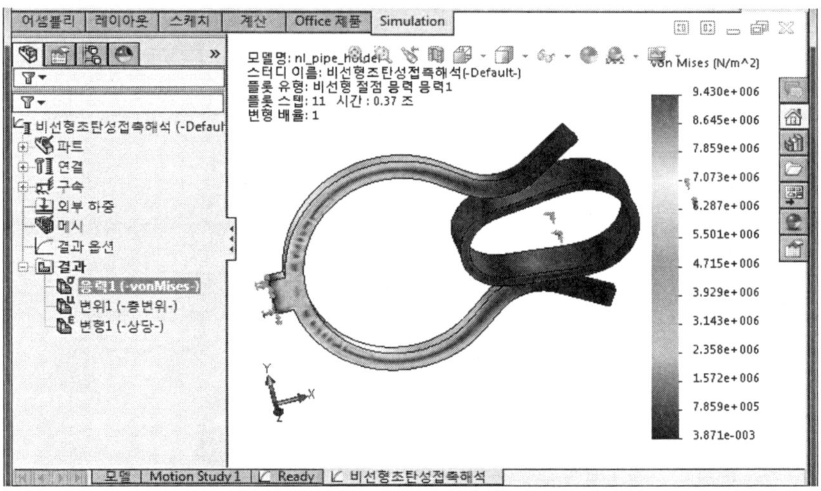

6.5 접촉해석 결과 분석하기

6.5.1 응력 분포 확인하기

1. 주 메뉴에서 **"결과표시 플롯(P)"** 메뉴 중에서 **"응력(S)"** 메뉴를 선택한다.

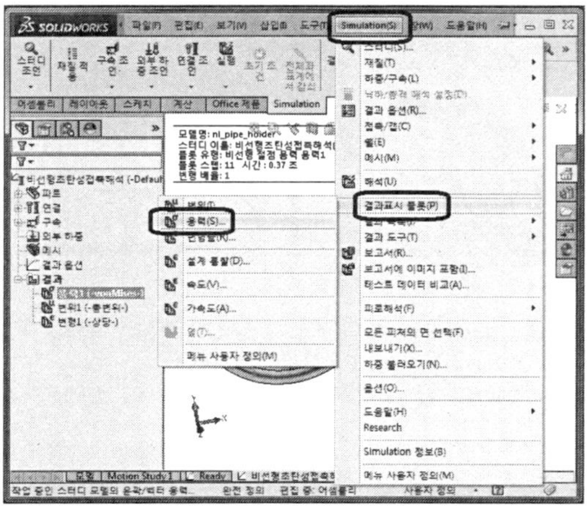

2. 여기에서는 계산 스텝이 11번째인 0.37초가 지났을 때의 **"VON : von Mises 응력"** 값을 확인하기로 하며, 단위는 Psi로 하면 다음과 같은 응력 분포가 나타난다. 이때 von Mises 응력의 최대값은 1,368 psi 임을 알 수 있다.

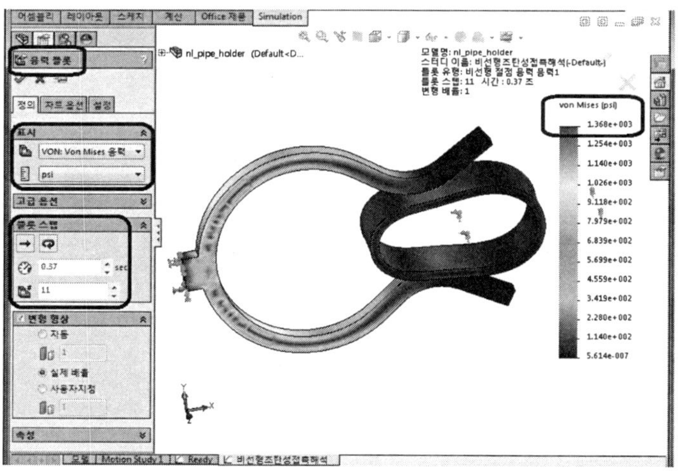

6.5.2 지지점의 반력 확인하기

1. Manager 창의 **"결과"** 폴더에서 **"반력표시"** 메뉴를 선택한다.

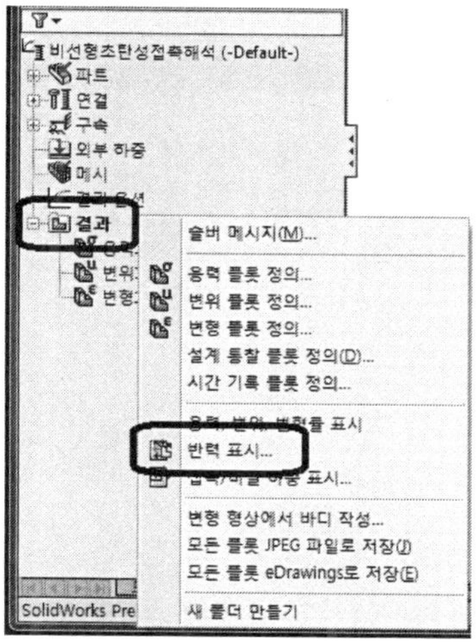

2. 왼쪽에서 고정지지했던 수직 사각형 부분을 선택하고, **"업데이트"** 버튼을 클릭하면 반력값이 표시된다. 해석 마지막 시간인 1초 후인 68단계에서의 반력 값을 나타내고 있다. 각 방향의 반력 값들이 값들이 거의 0임을 알 수 있다.

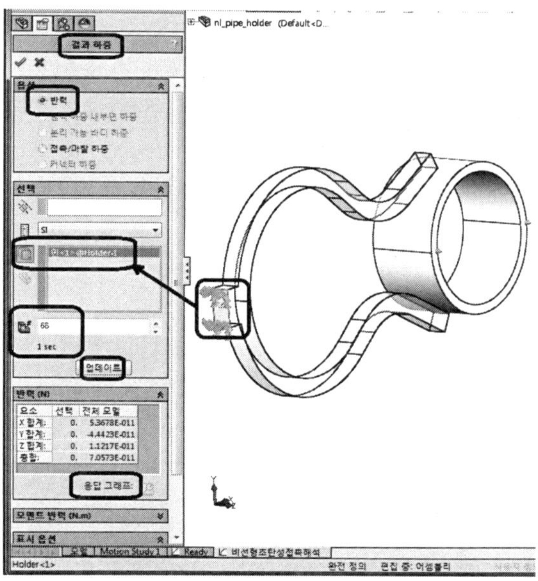

3. 이어서 위 그림의 왼쪽 아래 부분에서 **"응답 그래프"**를 선택하여 반력값의 추이를 확인하기로 한다. 다음 그림에서 알 수 있듯이, Pipe가 Holder 속으로 이동해 가는 동안 Holder 뒷 부분의 지지점에서는 최대 약 4 N의 반력이 발생하는 것을 알 수 있다.

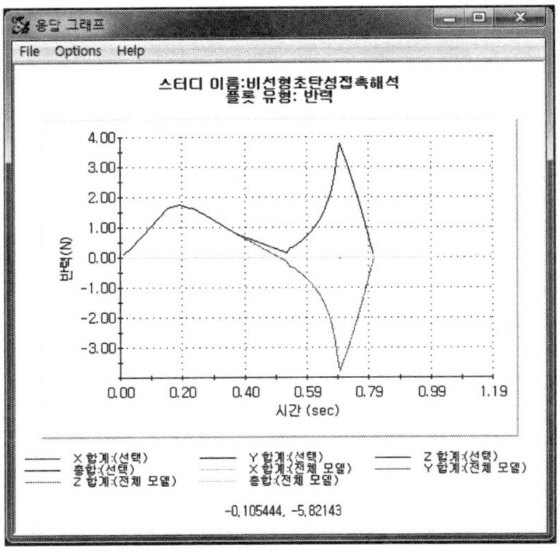

6.5.3 접촉면의 접촉/마찰 하중 확인하기

1. Manager 창의 **"결과"** 폴더에서 **"접촉/마찰 하중표시"** 메뉴를 선택한다.

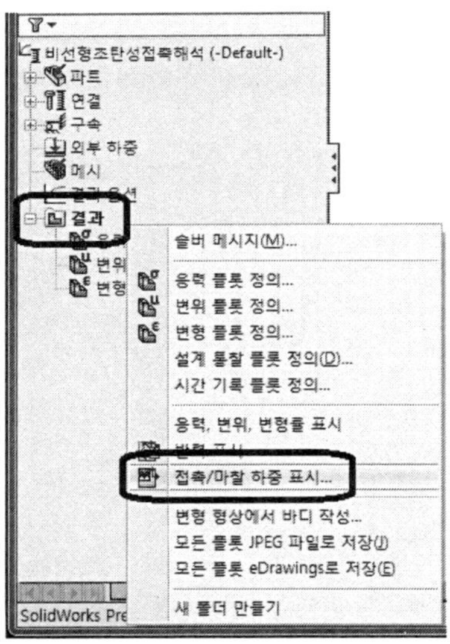

2. 아래 그림과 같은 입력 창에서 Pipe의 이동 중에 접촉이 발생하는 두 파트 사이의 한쪽 접촉 면을 선택하고, **"업데이트"** 버튼을 클릭하면 마찰력 값이 표시된다. 초기에 표시되는 값은 해석 마지막 시간인 1초 후인 68단계에서의 마찰력 값이다. 마지막 순간의 각 방향의 마찰력 값들이 0임을 알 수 있다.

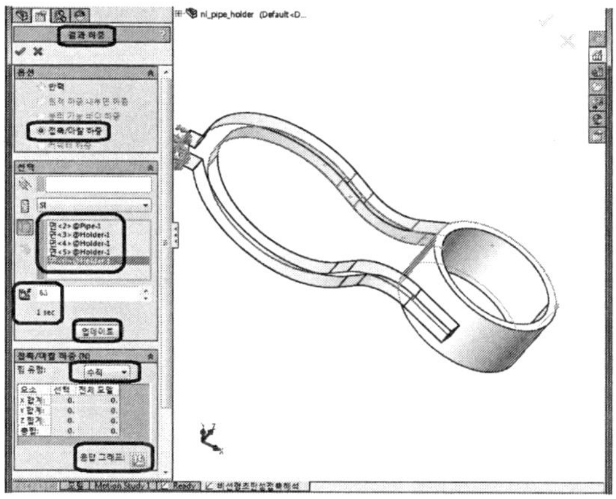

3. 이어서 위 그림의 왼쪽 아래 부분에서 **"응답 그래프"**를 선택하여 마찰력 값의 추이를 확인하기로 한다. 다음 그림에서 알 수 있듯이, Pipe가 Holder 속으로 이동해 가는 동안 두 파트 사이의 수직 방향의 마찰력은 거의 0 N의 크기로 무시할 수 있는 크기임을 알 수 있다.

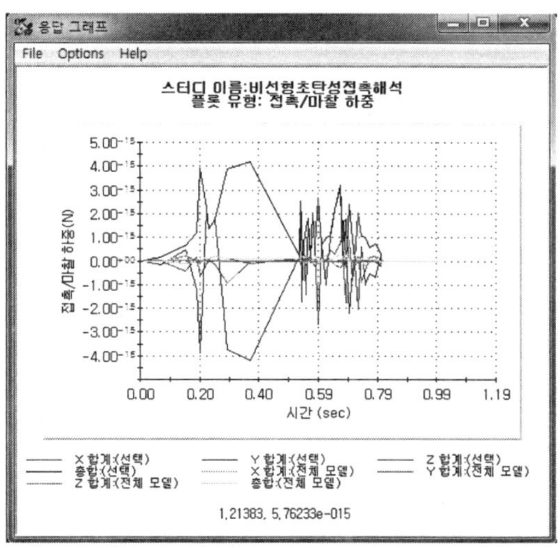

6.5.4 특정 지점에서의 응력 확인하기

1. Manager 창의 **"결과"** 폴더에서 **"시간 기록 플롯 정의"** 메뉴를 선택한다.

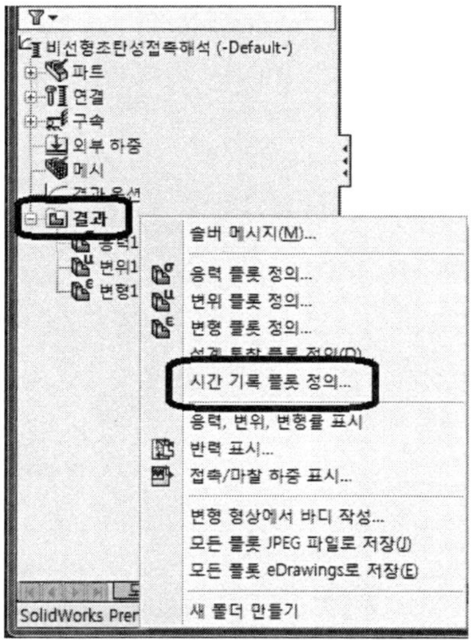

2. 다음과 같은 입력 창에서 Holder 입구 부분 한 점을 다음과 같이 지정하여 그 지점에 발생하는 시간에 따는 응력의 크기를 확인해 보기로 한다. 여기서는 자동 생성된 메시에서 절점 31번의 지점을 선택하기로 한다.

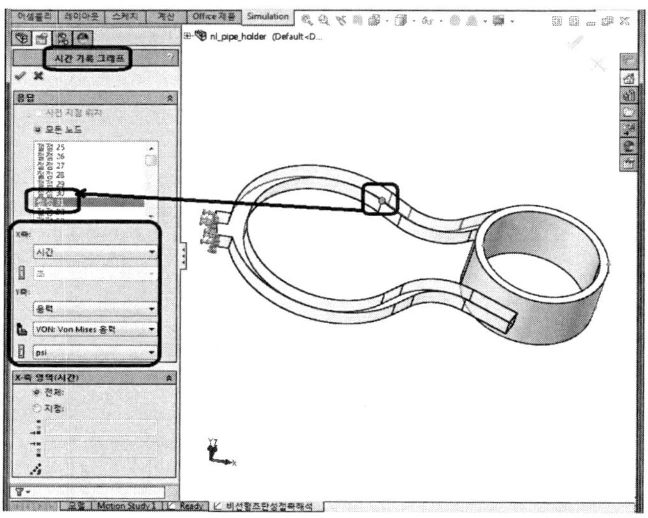

3. 그 결과 절점 31번으로 설정된 지점에서는 시간에 따라서 다음과 같이 응력이 변한다. 즉 31번 절점에서는 약 0.37초가 지나는 시간에, 약 322 psi의 최대 응력이 발생하고 있음을 알 수 있다.

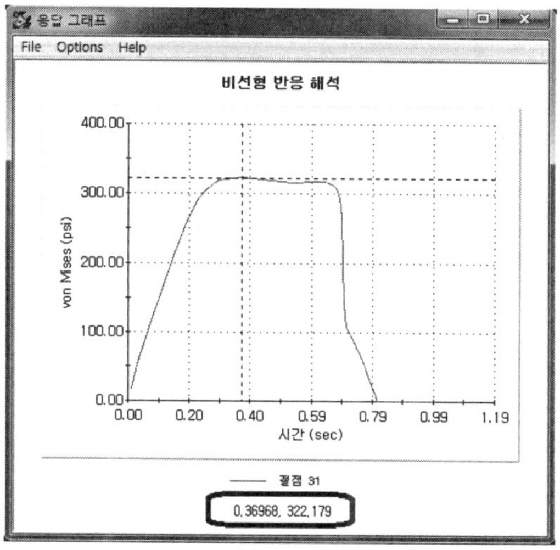

6.5.5 시간에 따라서 변형하는 동영상 확인하기

1. 해석이 완료된 후의 결과 중에서는 거동이 진행되는 동안의 형상 변화에다가 응력 또는 변형률 등을 표시하여 나타낼 수도 있다. 이 애니메이션 기능을 보기로 한다. 먼저 보고자 하는 결과 값, 즉 응력을 화면에 플롯한다.

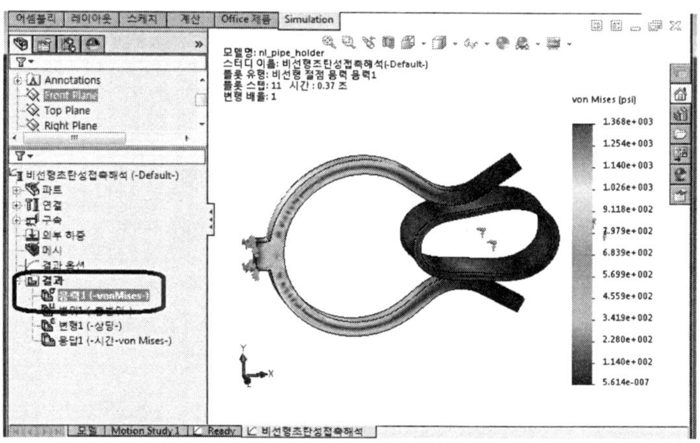

2. Manager 창의 **"결과"** 폴더아래 **"응력"**을 마우스 우측 클릭하여 **"애니메이션"** 메뉴를 선택한다.

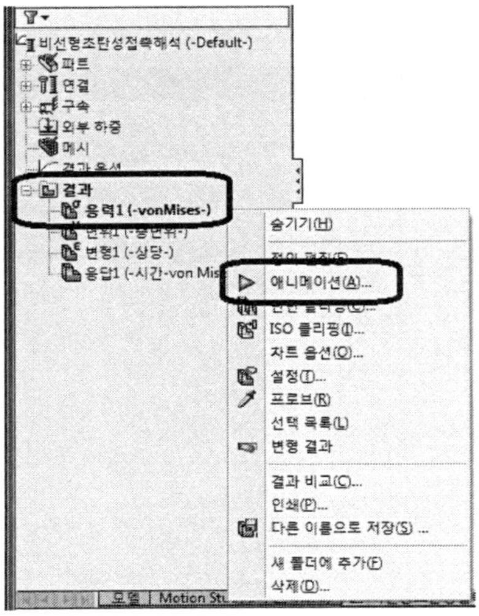

3. 다음과 같이 적절하게 재생 속도를 늦추고, 재생하는 영상을 저장할 폴더도 지정하기로 한다.

4. 재생을 시작하면 해석된 결과를 이용하여 영상을 반드는 시간이 잠시 지난 다음에 다음과 같은 변형 과정이 실시간으로 표시된다.

(0.25초)

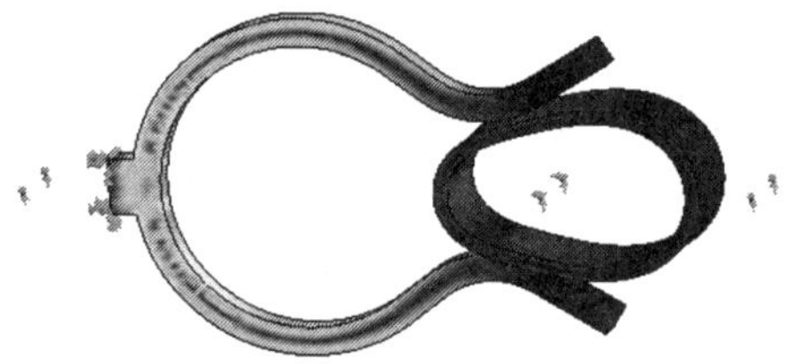
(0.53초)

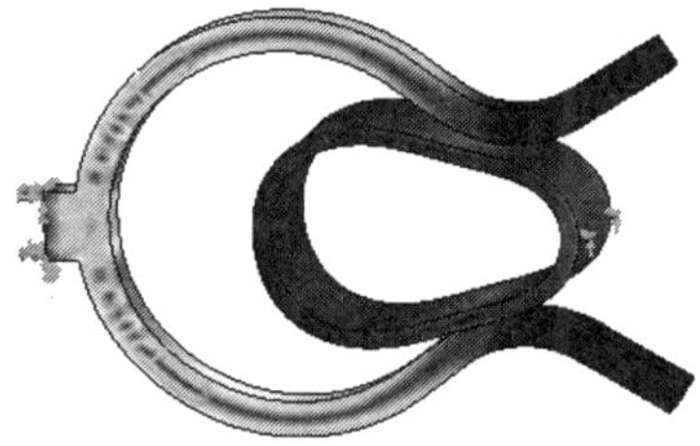
(0,67초)

(0.81초)

제 7 장 외부하중 연결하기

7.1 외부하중 연결이란

7.1.1 외부 해석 결과 연결의 용도

실제로 작동되는 기계 시스템은 다양한 사용 환경에서 작동하고 있다. 교육기관에서 우리가 배우는 다양한 전공 교과목들, 예를 들면 재료역학, 열역학, 기구학 등은 그 실제적인 현상을 편의상 공학적인 세부 내용으로 분류하여 학습하고 있는 것이다. 따라서 실제로 설계를 할 경우에는 그 여러 과목들의 전공 내용들이 복합적으로 작용하는 환경에 대하여 설계를 하여야 한다.

예를 들면 기계 구조물에 집중 하중이나 분포하중 같은 기계적인 하중이 가해지는 경우에는 "SolidWorks Simulation"과 같은 프로그램 단독으로 해석이 가능하다. 그러나 뜨거운 온도 분포를 가진 유체(Fluid)의 유동 해석이나, 온도가 가해지는 구조물에 기계적인 하중이 동시에 작용하는 경우 등에는 이들 해석 조건을 서로 조합하여 해석하여야 한다. 이런 경우에 다른 해석 프로그램에서 얻은 결과를 연결하여 사용하게 된다.

7.1.2 외부 해석 결과 연결의 내용

본 예제에서는 "SolidWorks Simulation" 프로그램을 이용하여 유한요소 해석을 하기 위하여 하중을 필요로 하는데, 이때 사용할 하중 조건을 외부에서 가져오기로 한다. 이 외부에서 가져올 하중 조건은 "SolidWorks Motion" 프로그램을 이용하여 하중을 계산하고 그 해석 결과를 구조물의 정적 응력해석에 사용하는 과정을 익히도록 한다. 따라서 이 단원을 학습하려면 컴퓨터에 "SolidWorks Motion" 소프트웨어가 설치되어 있어야 한다. 이 **"SolidWorks Motion"**은 움직이는 부품이 있는 어셈블리의 메커니즘을 시뮬레이션하며, 동작 중에 부품에서 발생하는 하중을 계산한다. 모션 스터디를 실행한 후에, 개별 파트에서 발생된 하중을 **"SolidWorks Simulation"**으로 내보내어 응력과 변위를 계산할 수 있다.

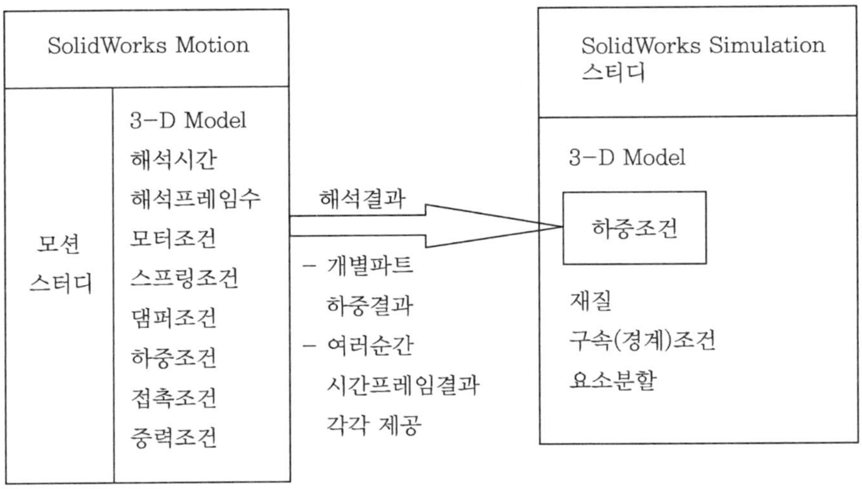

따라서 이번 해석 예제는 **"SolidWorks"** 프로그램 패키지에 들어 있는 2가지 프로그램, 즉 **"SolidWorks Simulation"**과 **"SolidWorks Motion"**을 사용하는 예제이다. 또한 본 해석 예제는 **"SolidWorks"** 프로그램에서 **"SolidWorks Simulation"**과 **"SolidWorks Motion"**의 2가지를 애드인(Add-In)해서 사용하므로 **"SolidWorks Motion"** 프로그램 사용법에 대하여 간단히 알고 있어야 한다. 참고로 이 **"SolidWorks Motion"** 프로그램 사용법에 대해서는 대영사에서 2013년에 출판한 본 저자의 졸저인 **"기구동역학 2012-2013 SolidWorks Motion"**을 참고하여도 좋을 것이다.

7.2 외부 하중을 위한 모션 해석 조건

이 절에서는 SolidWorks Motion 프로그램이 Punch의 모션을 해석하여 하중을 생성하는 과정을 익히도록 한다. Plate 파트에 모터를 적용하여 좌우로 진동하게 하여 Plate

파트는 단진자(Pendulum) 운동을 하게 되고, 이 Plate 파트는 연결된 Punch 파트를 상하 운동으로 변환한다.

이 절에서 사용하는 해석 조건은 다음과 같다.

1. 해석 대상 구조물 : Punch 시스템
2. 모션 해석 시간 : 5.0초.
3. 해석의 애니메이션 프레임 수 : 50 프레임/sec
4. 모터 유형 : 진동 (진동수 1 Hz)
5. 변위 : 20 도 (좌, 우 방향으로의 전체 변화 각도)
6. 중력 : 아래 방향으로 작용함
7. 접촉 조건 : 상하 운동을 하는 **"Punch"**와 바닥의 **"평판(Sheet)"** 사이에 접촉
   - 접촉 하는 파트 : Punch + Sheet
   - 재질 : Steel(Dry) + Steel(Dry)
   - 탄성 속성 : **"충격"**
8. 해석용 어셈블리 파일의 위치 : **"C: \ Program Files \ SolidWorks Corp \ SolidWorks \ Simulation \ Examples \ Punch.SLDASM"**

7.3 모션 해석 따라하기

7.3.1 파일 불러오기와 "애드인" 하기

1. 다음과 같이 **"도구"** 메뉴에서 SolidWorks Motion 프로그램과 SolidWorks Simulation 프로그램을 같이 연동시키기 위하여 2개 프로그램을 **"애드인"**한다.

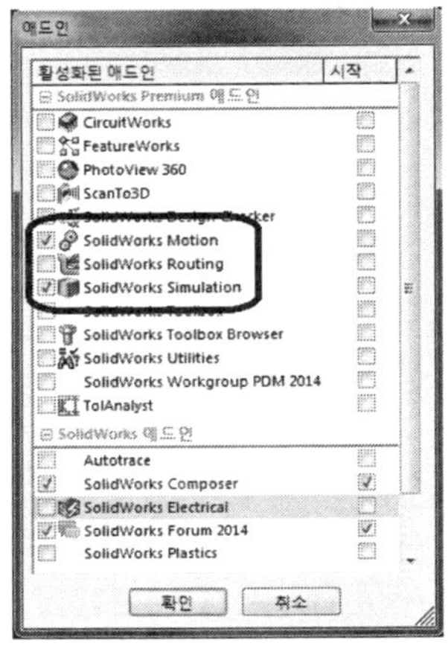

2. 파일 열기에서 "C: \ Program Files \ SolidWorks Corp \ SolidWorks \ Simulation \ Examples \ Punch.SLDASM" 파일을 불러온다.

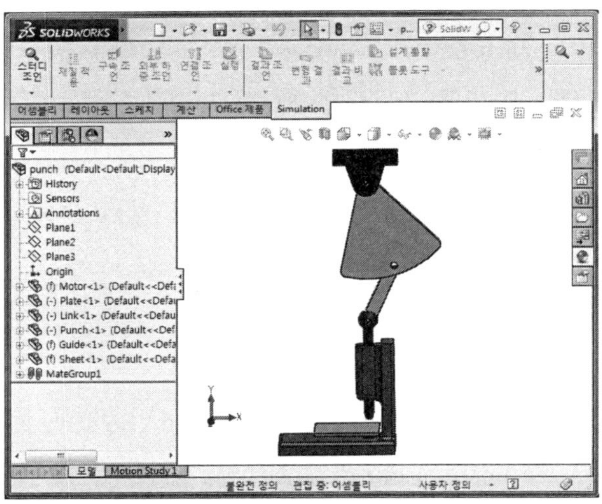

7.3.2 새로운 모션 스터디 정의하기

1. 화면의 왼쪽 아래쪽에서 모션스터디 1 이라는 명칭의 탭을 선택하고, 오른쪽 버튼으로 클릭하여 **"새 모션 스터디 작성"**을 선택한다.

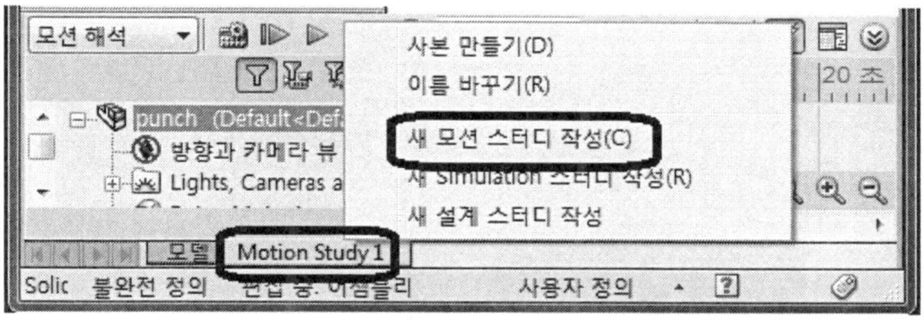

2. 사용자가 다른 이름으로 스터디 이름을 변경하려면 **"이름바꾸기"** 메뉴를 이용하여 원하는 이름으로 변경한다.

7.3.3 모션 스터디 타입 정의하기

1. 모션 스터디 타입에 따라서 해석 후에 얻게 되는 결과는 다양하게 변한다. 본 모션 스터디에서는 **"모션해석"** 타입으로 하기로 한다.

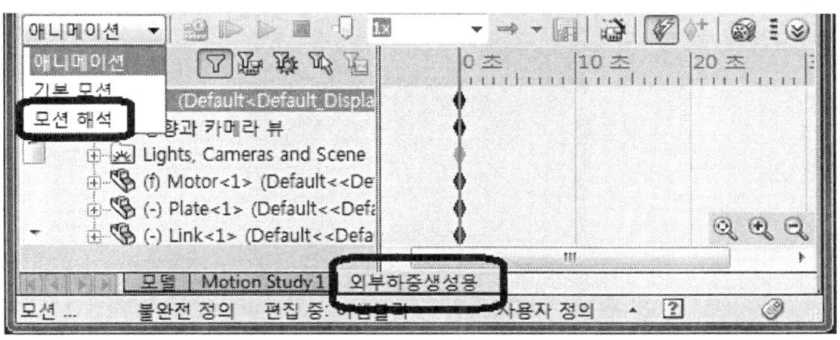

7.3.4 시뮬레이션 프레임 수 설정

1. 이 단계에서 먼저 사용자는 해석 시간 1초당 시뮬레이션의 프레임 수를 설정하기로 한다. 아래 그림과 같이 **"모션해석"**의 스터디에서 **"모션 스터디 속성"**을 선택한다.

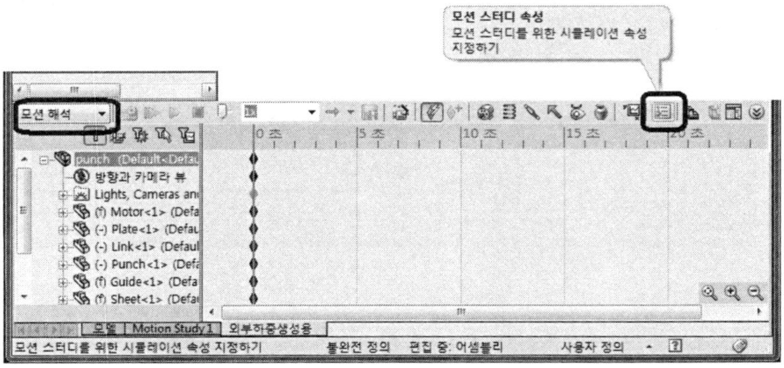

2. 다음의 입력 창에서 **"모션해석"**의 스터디를 확인하고 **"초당 프레임"** 수를 **"50"**으로 입력한다.

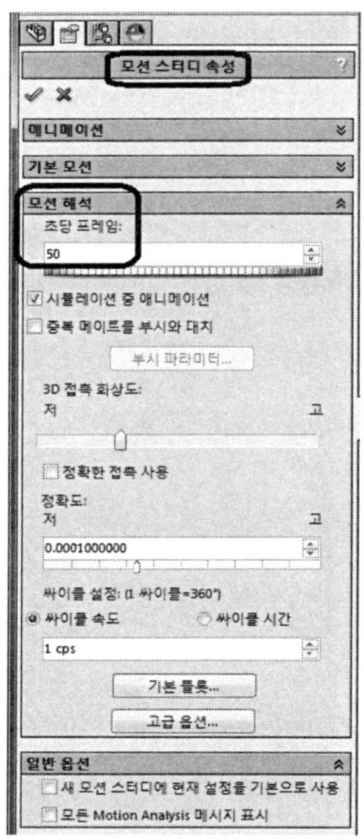

7.3.5 모션 해석 시간 설정

1. 모션을 5초 동안 해석하기로 초기에 설정하였으므로 시간-막대 메뉴를 이용하여 시간 막대를 5초에 위치시킨다. 그리고 우측 아래 부분의 **"전체보기"** 메뉴를 선택하여 적절한 크기로 확대한다.

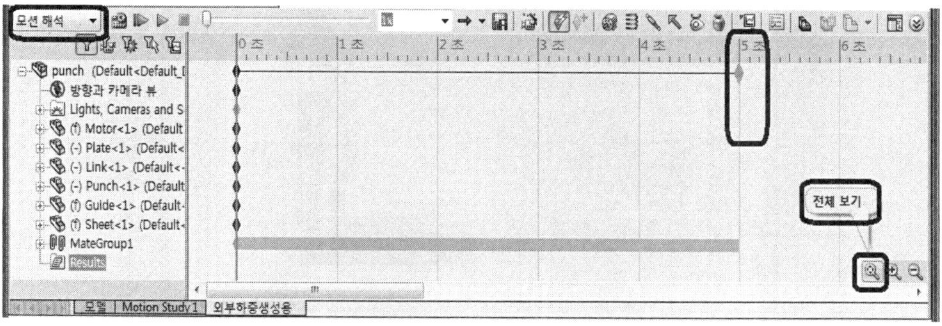

7.3.6 단진자 구동조건 부여하기

1. Plate〈1〉 파트에 단진자 운동을 하는 조건을 입력하기 위하여 다음과 같이 **"모터"**를 추가한다.

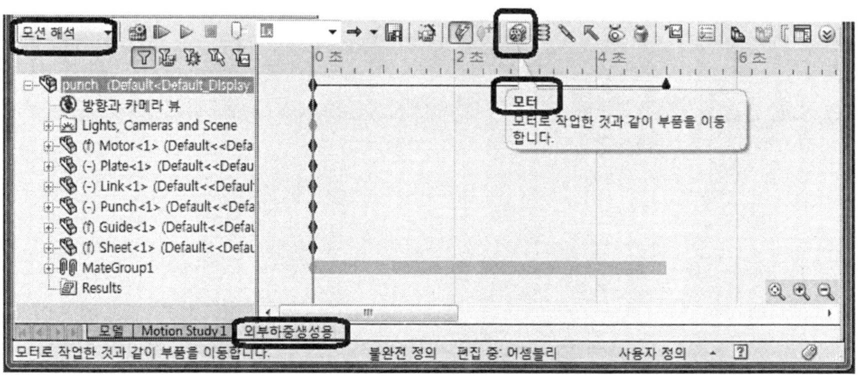

2. 다음과 같이 입력 대화창이 나타나며, Plate〈1〉 파트에 다음과 같은 운동 조건을 부여한다. : 1 Hz, 변위 20도, 진동

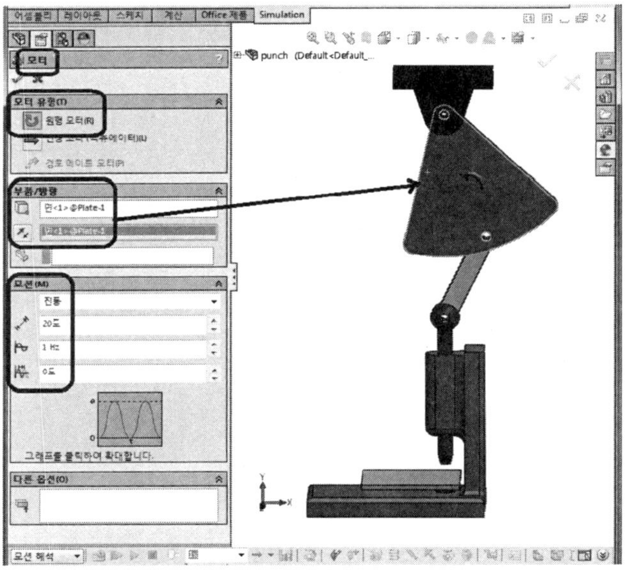

7.3.7 중력 조건 부여하기

1. 구조물에 중력에 의하여 단진자 운동이 영향을 받는 것을 묘사하기 위하여 다음과 같이 **"중력"** 메뉴를 선택한다.

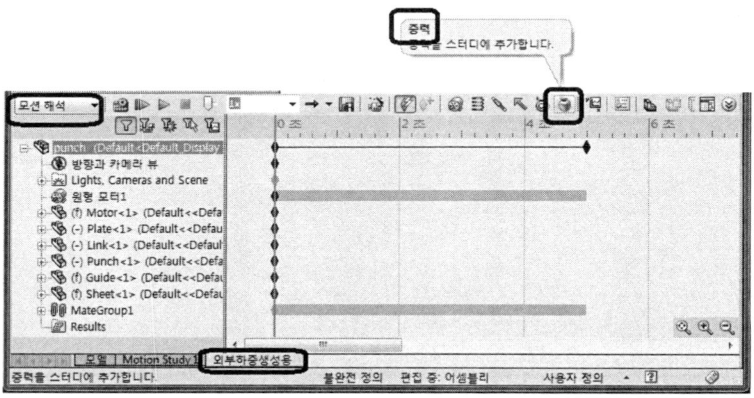

2. 다음과 같이 입력 대화창에서 중력의 작용 방향을 지정한다. 이때 방향 지정은 공간상의 기준 좌표계(x-y-z 좌표계)를 이용하거나, 또는 물체의 모서리 선 등을 이용하기도 한다.

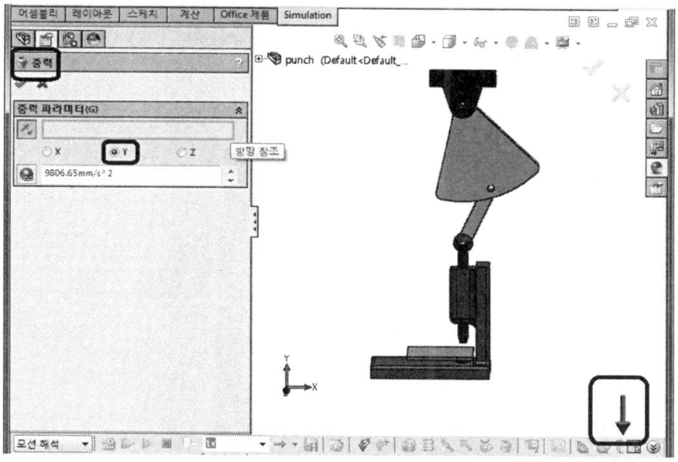

7.3.8 접촉 조건 설정하기

1. 이 조립체는 모션 중에 상하 운동을 하는 Punch와 바닥면의 평면이 접촉할 수도 있다. 따라서 이 두 파트 사이에 접촉 조건을 설정하여야 한다. 메뉴에서 **"접촉"** 메뉴를 선택한다.

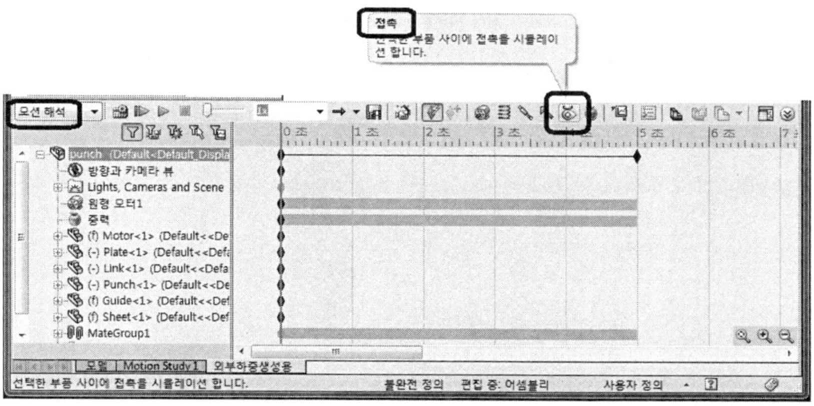

2. 다음과 같이 입력 대화창에서 접촉 조건을 지정한다.
   - 접촉 하는 파트 : 상하 운동 Punch + 바닥 수평면 Sheet
   - 재질 : Steel(Dry) + Steel(Dry)
   - 탄성 속성 : **"충격"**

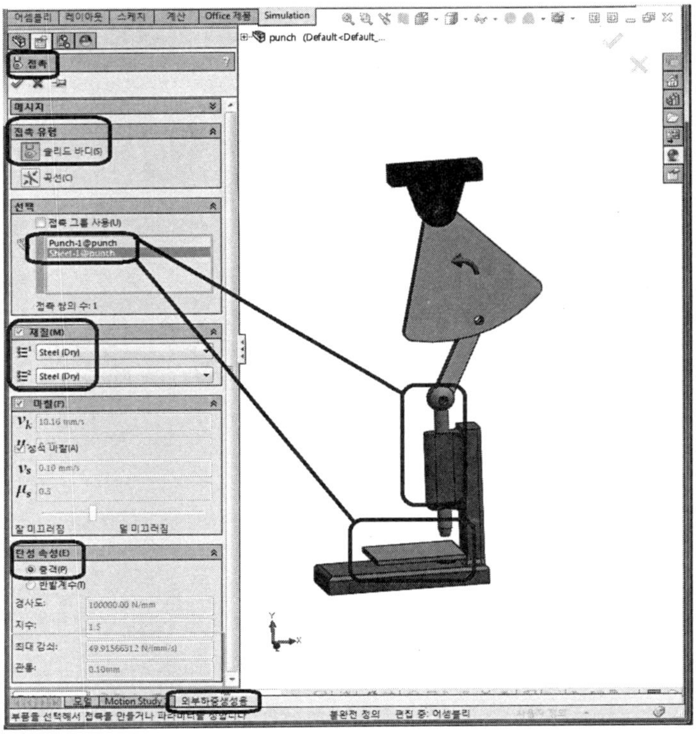

3. 위의 모든 조건 설정이 완료되면 Manager 창에 다음과 같은 요소들이 표시된다.

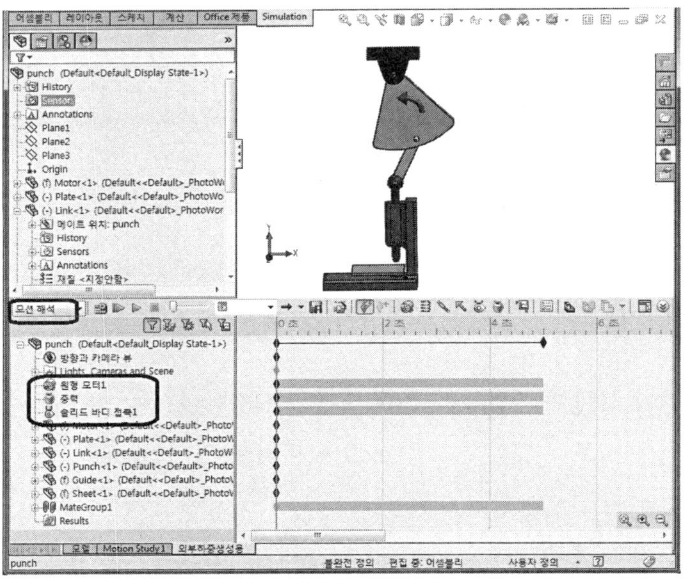

7.3.9 하중 지지면 설정하기

1. 모션 해석이 진행되는 동안에 반력, 모멘트, 가속도, 속도 등의 결과하중이 기록되는 하중 지지면을 정의해야 한다. 이를 통하여 모션 해석이 진행되는 동안 Link 파트로 전달된 하중을 설정한다. 이를 위하여 메이트 정의의 일부로 하중 지지면을 정의하게 된다.
2. 다음 그림과 같이 LInk 파트의 두 지점을 선택하여 하중 지지점을 설정한다.

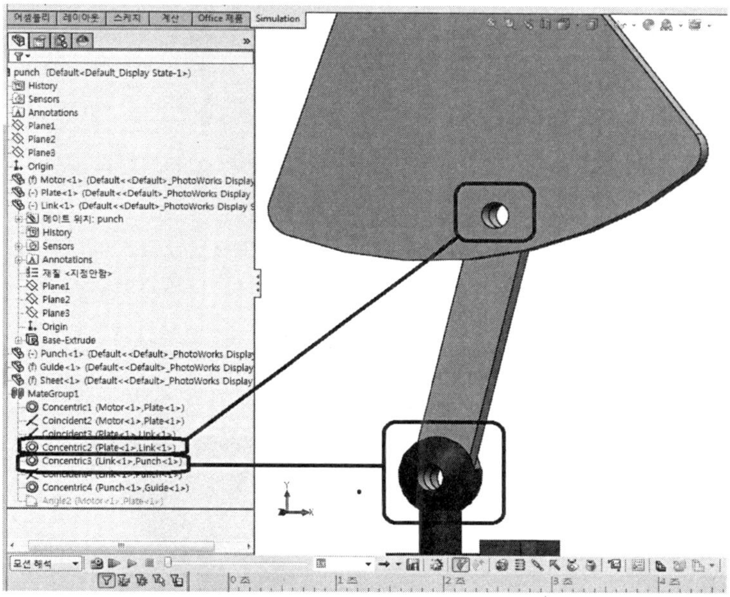

이때 하중 지지점은 왼쪽의 FeatureManager 창에서 다음이 2개 조립 조건을 선택하기로 한다.

a) Concentric2 (Plate〈1〉, Link〈1〉)

b) Concentric3 (Link〈1〉, Punch〈1〉)

3. 먼저 **"Concentric2"**에 대한 하중 지지면을 지정하기로 한다. **"FeatureManager"** 디자인 트리의 링크에서 **"Mates"**를 확장하여 **"Concentric2"**를 오른쪽 클릭하고 **"피처 편집"**을 선택한다.

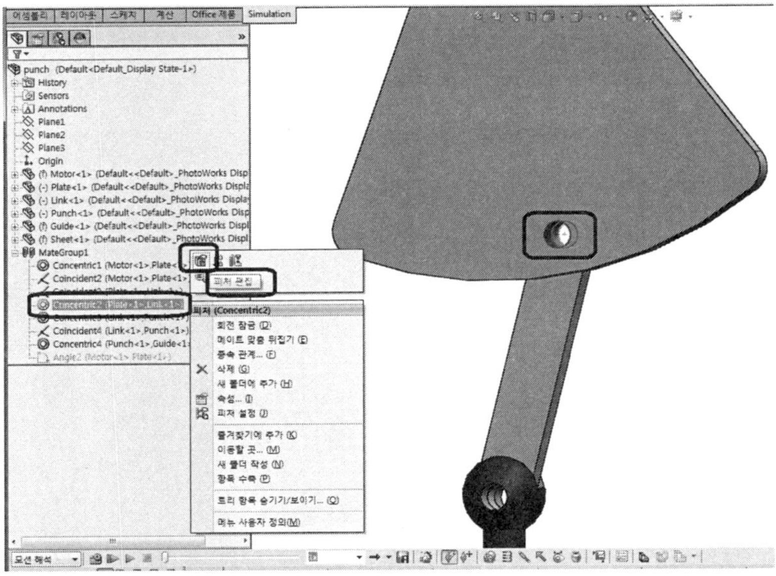

4. 다음과 같은 설정 창에서 **"해석"** 탭을 선택하고, **"하중 지지면"** 부분에 **"면1@Plate-1"**, **"면2@Link-1"**을 선택한다.

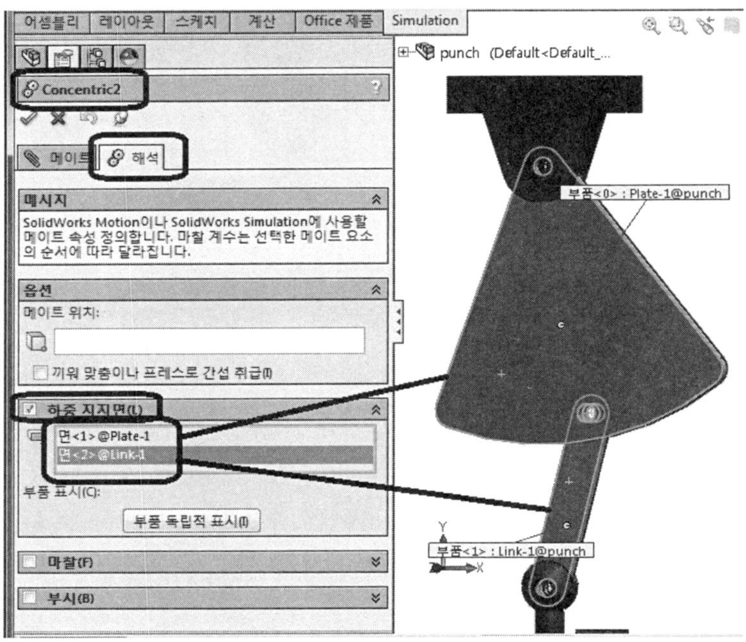

5. 확인 버튼(V)을 두 번 클릭하여 입력을 완료한다.

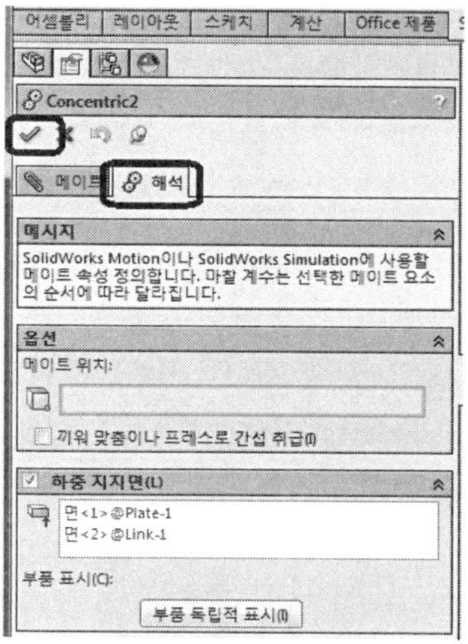

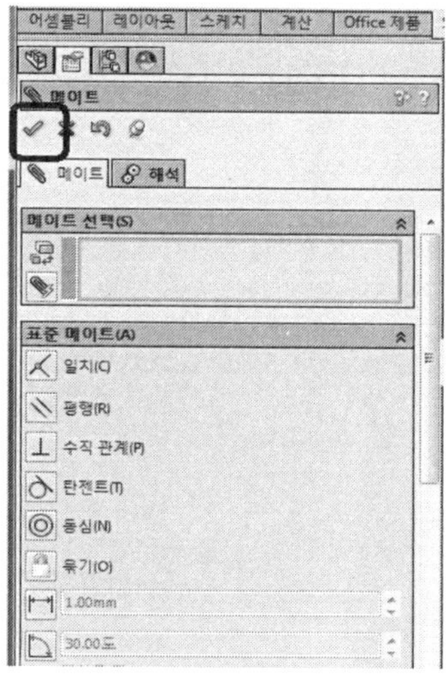

6. 이어서 **"Concentric3"**에 대한 하중 지지면을 지정하기로 한다. 위와 마찬가지 방법으로 **"FeatureManager"** 디자인 트리의 링크에서 **"Mates"**를 확장하여 **"Concentric3"**를 오른쪽 클릭하고 **"피처 편집"**을 선택한다.

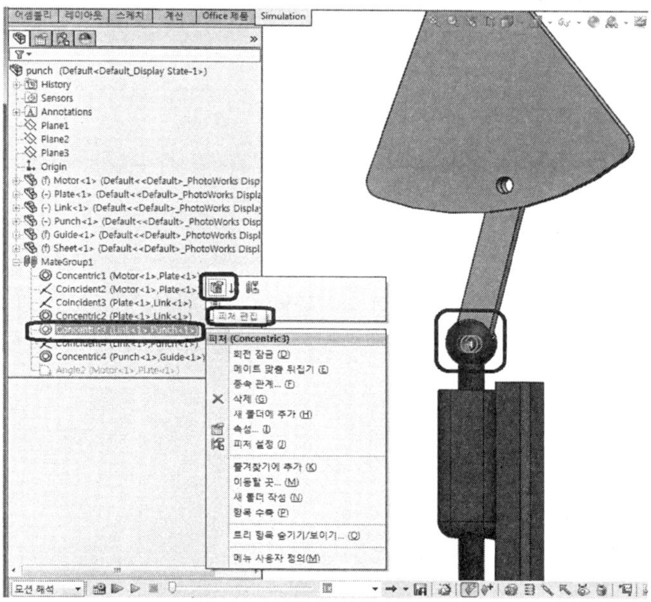

7. 다음과 같은 설정 창에서 **"해석"** 탭을 선택하고, **"하중 지지면"** 부분에 **"면1@Link-1"**, **"면2@Punch-1"**을 선택한다.

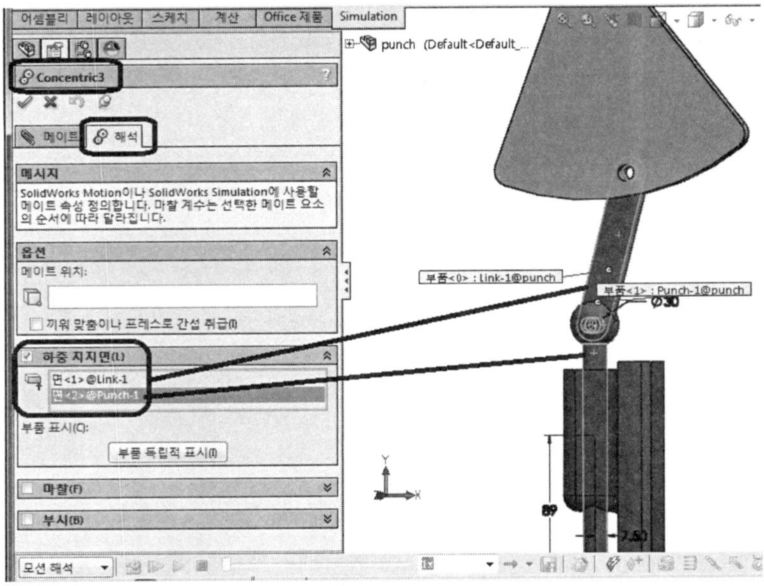

8. 확인 버튼(V)을 두 번 클릭하여 입력을 완료한다. 이로써 모션 스터디를 실행할 준비가 완료되었다.

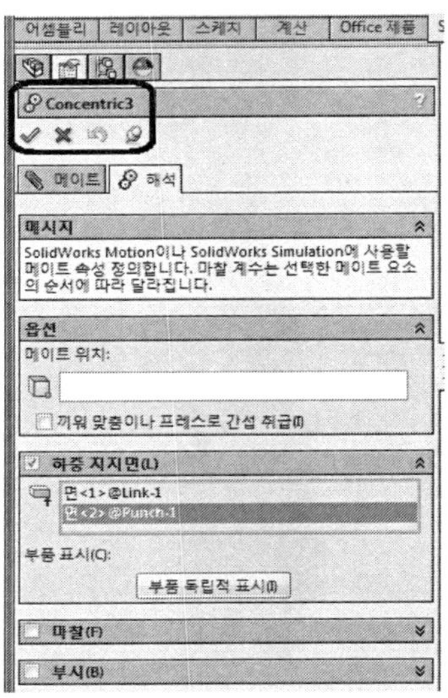

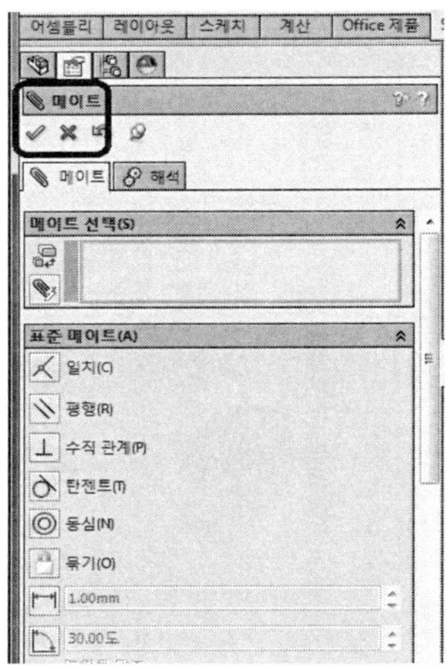

7.3.10 모션해석 실행하기

1. MotionManager 도구모음에서 **"계산"**을 클릭해서 모션 해석을 진행한다.

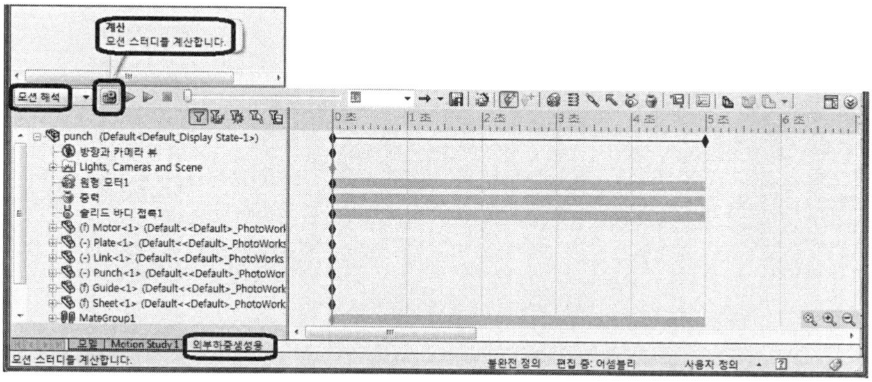

2. 위의 명령에 따라서 다음과 같이 모션 해석이 진행되며, 각 파트들의 모션 양상도 확인할 수 있다.

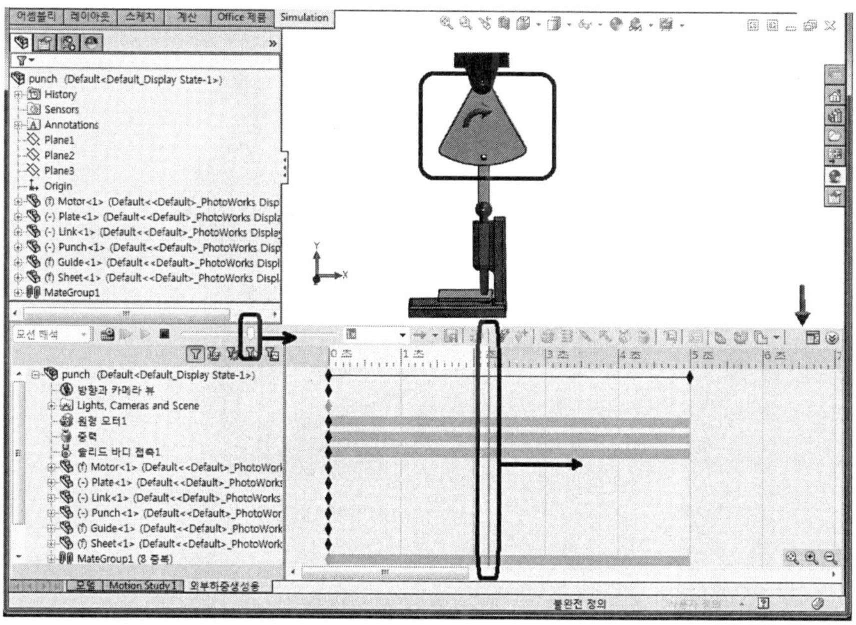

7.3.11 모션해석 결과 확인하기

1. 이 모션 해석 결과 중에서 Punch의 상하 운동과 바닥 Plate사이에 발생하는 접촉하중을 확인해 보기로 한다. 먼저 다음과 같이 **"결과와 플롯"** 메뉴를 선택한다.

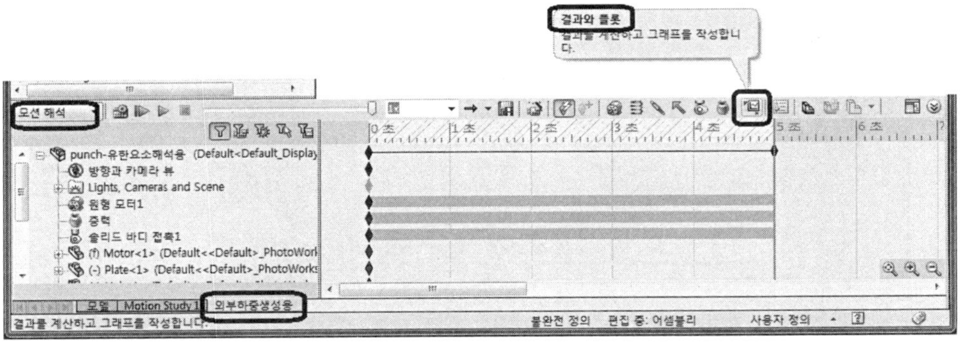

2. 이어서 다음의 화면에서 **"하중"**, **"접촉하중"**, **"크기"**의 메뉴를 순서대로 선택한다.

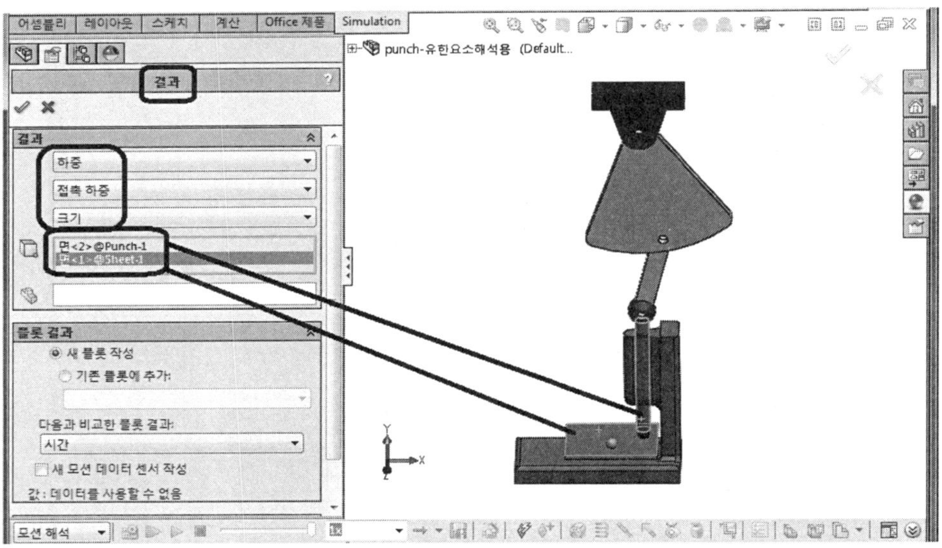

3. 다음과 같이 두 파트 사이의 접촉 하중이 나타난다. 이 값들은 사용자들이 해석을 진행한 Punch의 위치에 따라서 그 값들이 달라질 수 있음을 이해하기 바란다.

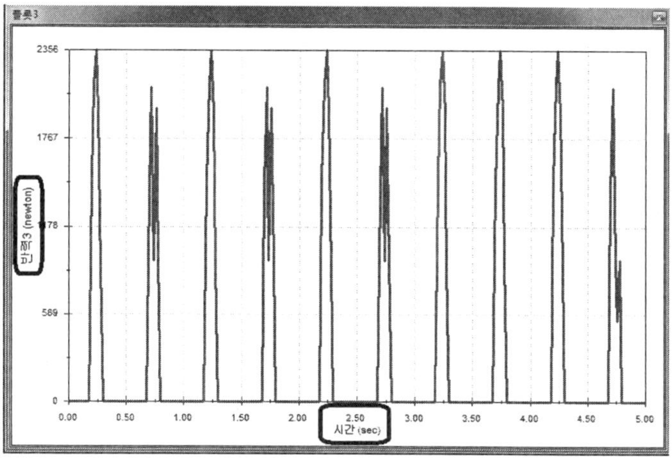

7.3.12 모션해석 결과 저장하기

1. 이 해석 결과를 **"SolidWorks Simulation"** 프로그램에서 사용하기 위하여 컴퓨터의 임의 위치에 저장하기로 하고, **"파일"**, **"저장"**을 선택하여 사용자가 원하는 위치에 저장한다.

2. 본 해석에서는 컴퓨터의 바탕 화면에 저장하기로 한다.

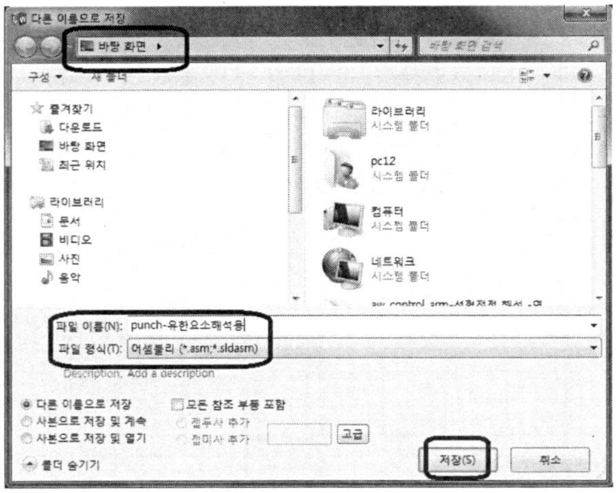

7.4 모션 하중 불러오기

7.4.1 SolidWorks Simulation으로 모션 하중 불러오기

1. 바로 앞 단계의 작업을 통하여 Link 파트의 해석에 필요한 외부 하중은 계산이 완료되었다. 이 결과를 읽어 들여서 설계 시나리오에서 해석을 한다. 먼저 다음과 같이 **"하중 불러오기"**를 선택한다.

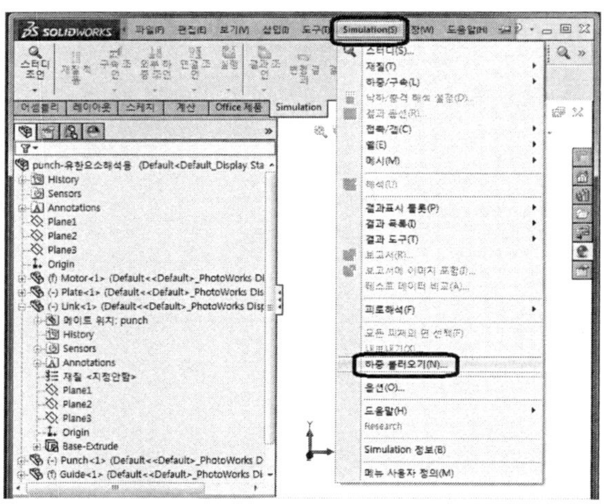

2. 다음의 입력 창에 다음 사항을 입력한다.
   - **"Link-1"**을 선택한 후 **"선택 부품"** 상자로 이동
   - **"다중 프레임 스터디"**를 클릭
   - **"시작"** (프레임 수) 상자에 **"118"** (2.34 초)를 입력
   - **"끝"** 상자에 **"134"** (2.66 초)를 입력하고 확인을 클릭

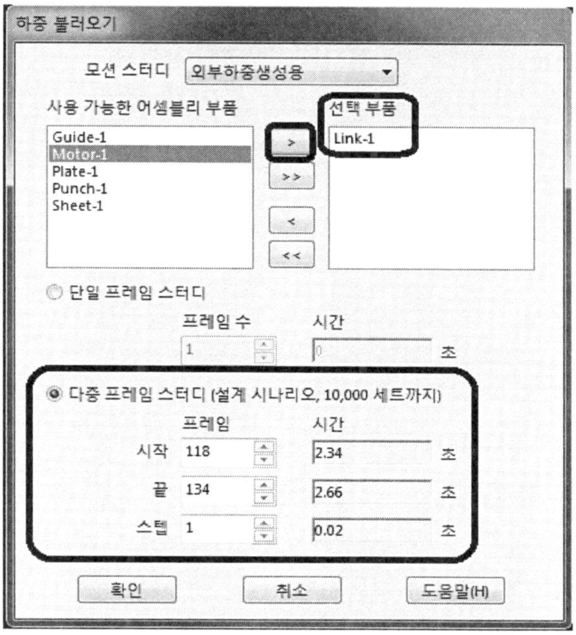

3. 위의 설정 결과 SolidWorks Simulation이 미리 정의된 설계 시나리오가 있는 Link 파트 파일에 자동으로 새 설계 스터디가 작성된다. 또한 위의 다중 프레임 스터디 설정은 모두 17개의 설계 시나리오를 정의하고 있는데, 이 모든 설계 시나리오에 대하여 링크 파트를 해석하여, 링크에서 각각 발생하는 최대 응력을 계산하고 이때 최대값이 발생할 수 있는 결정적인 해석시간 인스턴트를 찾을 수 있다.

7.5 설계 시나리오 실행하기

7.5.1 해당 파트에서 스터디 해석 조건

바로 앞 단계의 **"SolidWorks Motion"** 해석 결과를 이용하여 **"SolidWorks Simulation"** 으로 해석을 위한 조건은 다음과 같다.

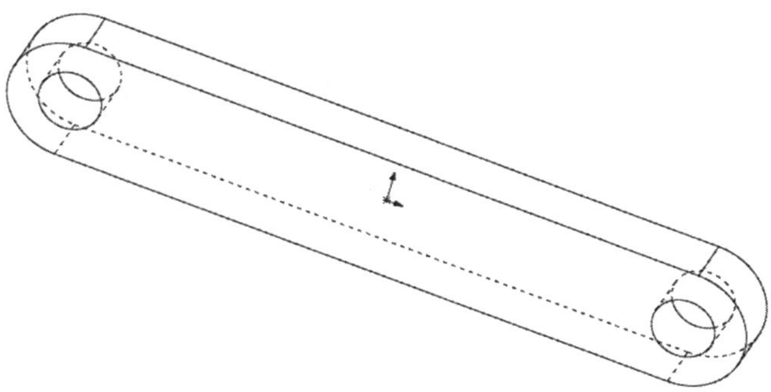

1. 파일의 종류 : **"Link.sldprt"**
2. 스터디 유형 : **"정적 해석"**
3. 재질 : Alloy Steel
4. 구속 조건 : 두 개의 베어링 바닥면에 **"고정 지오메트리"**
5. 하중 : **"SolidWorks Motion"** 해석 결과에서 불러온 하중
6. 해석 : 17개의 활성 시나리오를 사용하여 설계 스터디를 실행

7.5.2 해당 파트에서 스터디 확인하기

1. 바로 앞 단계의 작업을 통하여 Link 파트의 해석에 필요한 외부 하중은 계산이 완료되었다. 이 결과를 읽어 들여서 설계 시나리오에서 해석을 한다. 먼저 다음과 같이 **"FeatureManager"** 디자인 트리에서, **"Link〈1〉"** 아이콘을 마우스 우측 클릭하고 **"파트 열기"**를 선택한다.

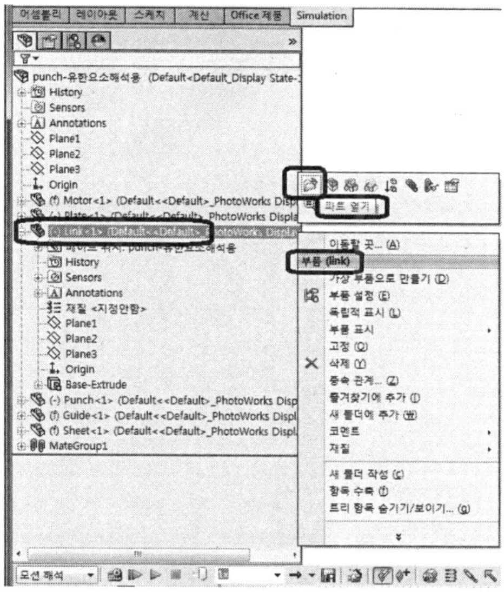

2. 위의 명령에 의하여 두 개의 Simulation 스터디, 즉 **"정적 스터디"**와 **"설계 스터디"**가 새로 열린 파트 파일에 정의된다. 이때 위의 스터디 이름에 나타나는 숫자 **"118, 134, 1"**의 의미는 모션 스터디의 **"시작 프레임 수"** 및 **"끝 프레임 수"**와 **"프레임 증가분"**을 각각 나타낸다.

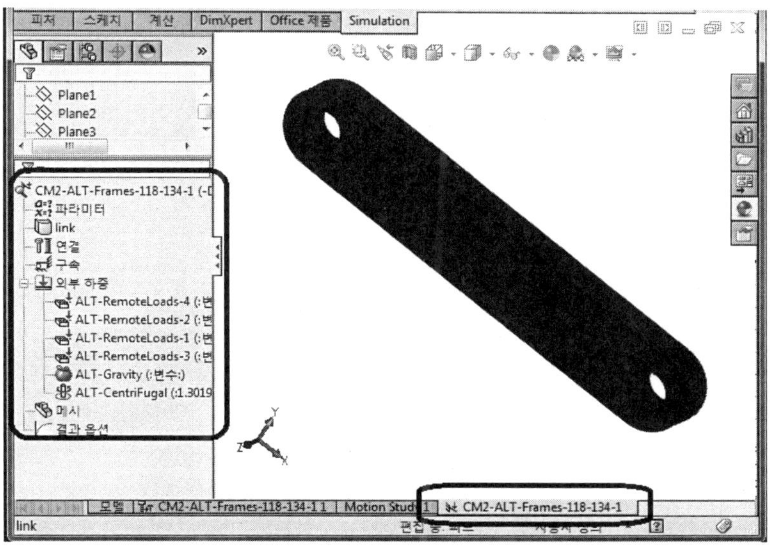

〈정적 스터디〉

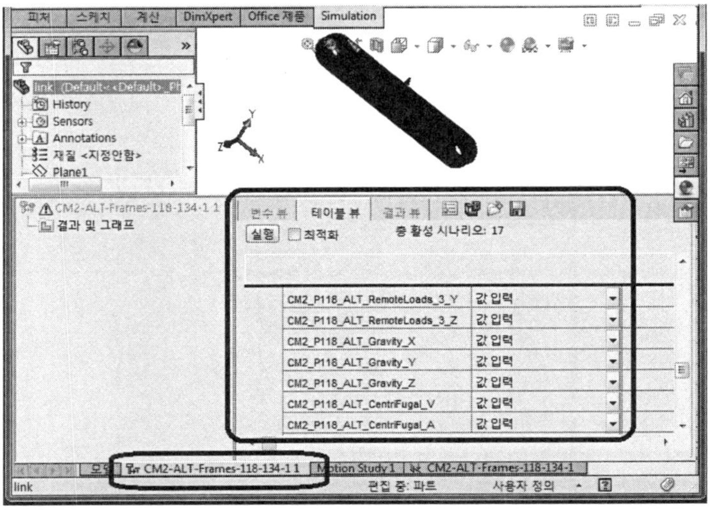

〈설계 스터디〉

7.5.3 정적 해석 스터디 설정하기

1. 바로 앞 단계의 작업에서 정의된 정적 스터디 트리를 설정하기로 한다. 먼저 정의된 정적 해석 스터디의 외부 하중을 확인해 보기로 한다. 다음의 화면을 보면 모션 하중은 원격하중(Remote Load), 중력(Gravity Force), 원심력(Centrifugal Force) 등 3가지 하중이 적용되었음을 알 수 있다.

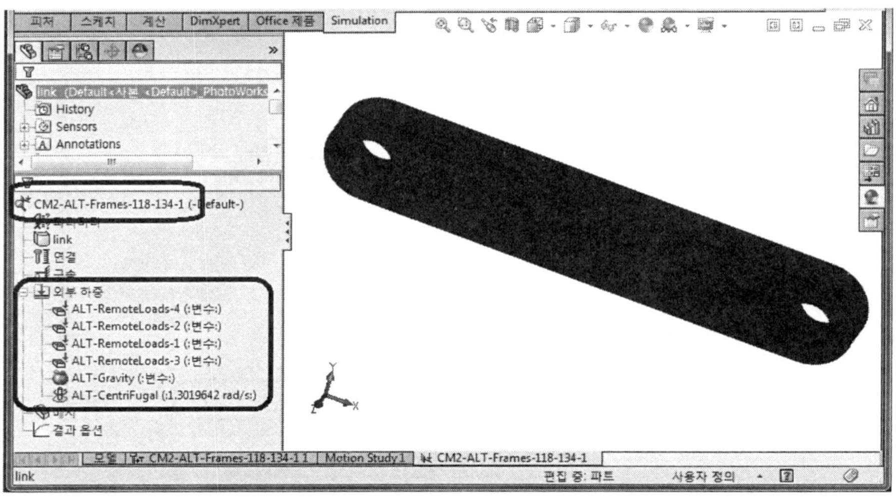

2. 위의 3가지 하중을 확인하기 위해서는, 각 해당 아이콘을 오른쪽 클릭하고 정의 편집을 클릭하면 가능하다.

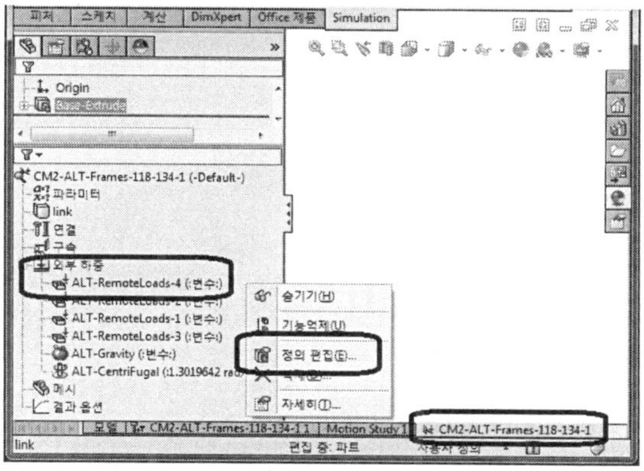

3. 먼저 **"원격 하중"**에 대하여 정의된 내용은 다음과 같다.

4. 이어서 **"중력 하중"**에 대하여 정의된 내용은 다음과 같다.

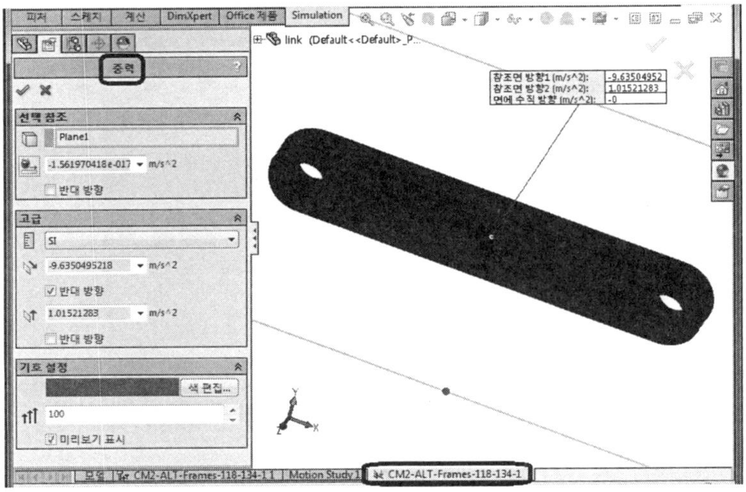

5. 마찬가지로 **"원심력 하중"**에 대하여 정의된 내용은 다음과 같다.

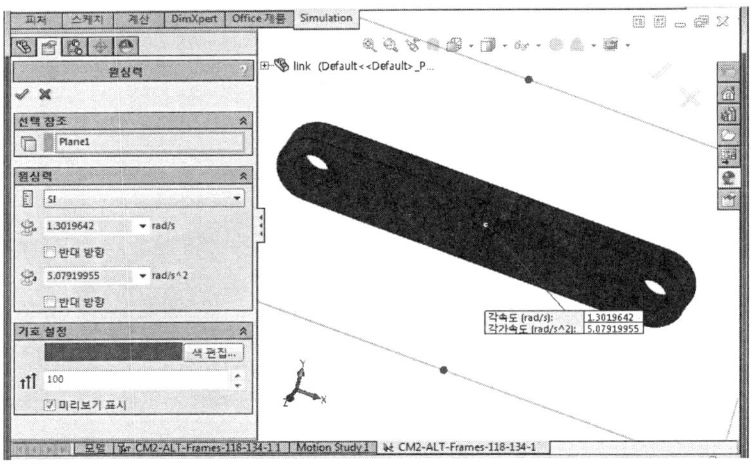

7.5.4 재질 설정하기

1. 해석 대상인 Link 파트의 재질은 Alloy Steel이므로 이 재질을 선택한다.

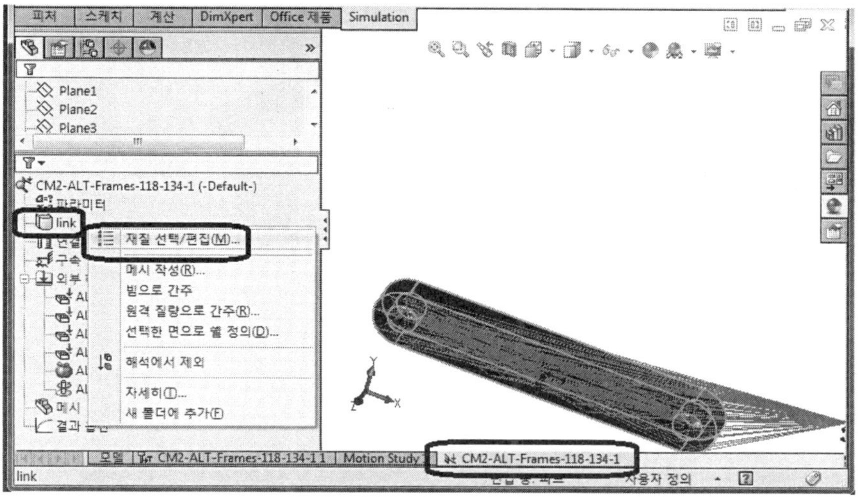

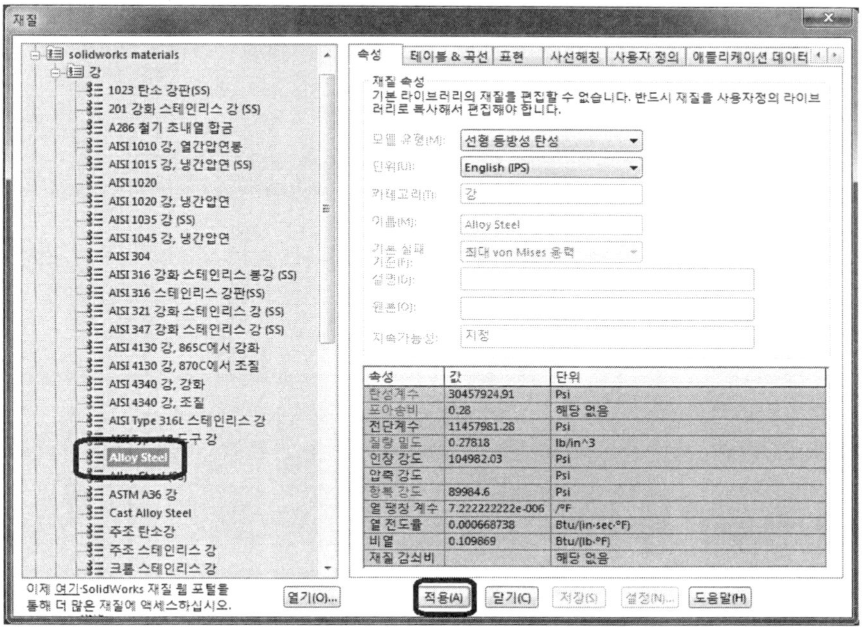

7.5.5 설계 시나리오 계산하기

1. 바로 앞 단계의 작업에서 정의된 설계시나리오를 계산하기로 한다. 다음과 같이 설계 시나리오 탭을 선택한다. 총 17개의 시나리오가 존재한다.

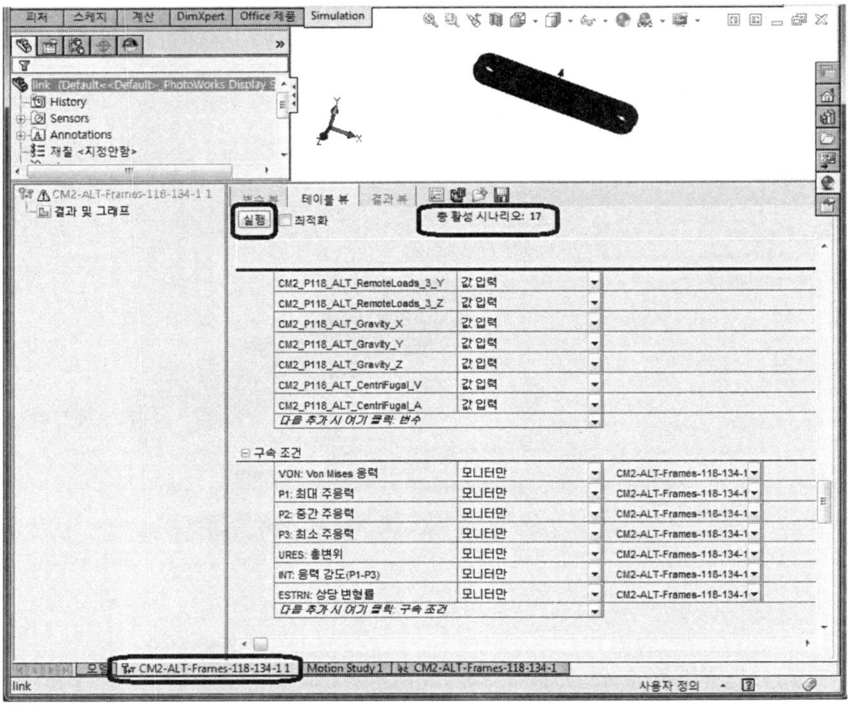

2. 위의 화면에서 **"실행"** 버튼을 선택하면 설계 시나리오를 계산한다. 그 작업 명령에 의하여 다음과 같이 계산이 진행된다.

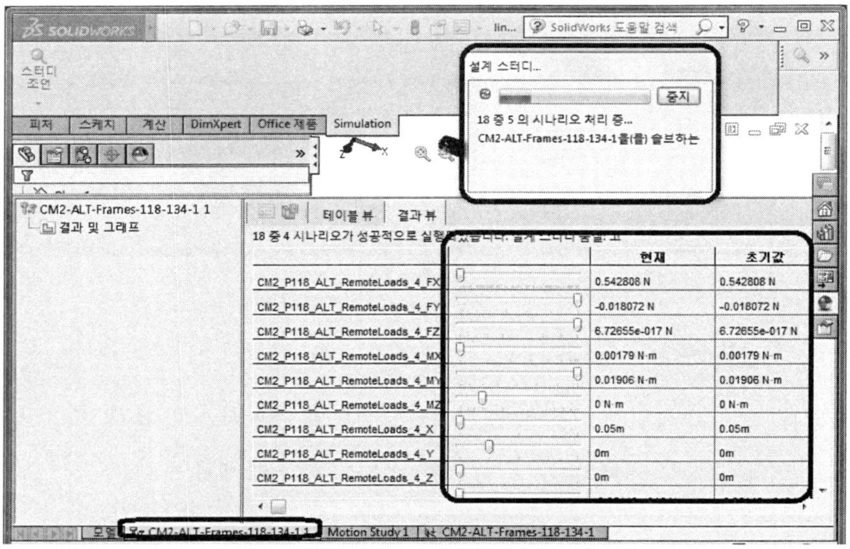

3. 설계 시나리오에 대한 계산이 완료되면 다음과 같이 그 최종 값들이 표시된다.

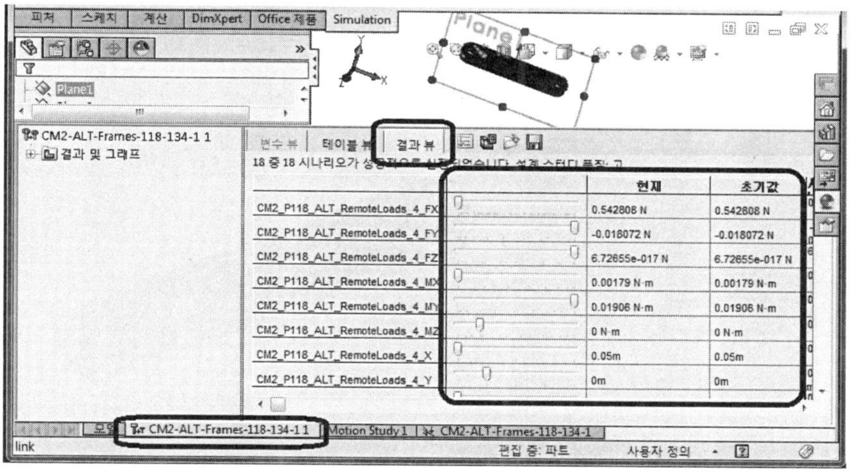

7.5.6 설계 시나리오 결과 분석하기

1. 앞의 해석 결과로부터 von Mises 응력의 설계 기록 그래프를 작성해 보기로 한다. 이 그래프를 통하여, 시간별로 최대 von Mises 응력이 발생이 예상되는 순간의 관련 설계 시나리오를 확인할 수 있게 된다. 디자인 스터디 트리에서 **"결과 및 그래프"**를 오른쪽 마우스 클릭하고 **"설계 기록 그래프 정의"**를 선택한다.

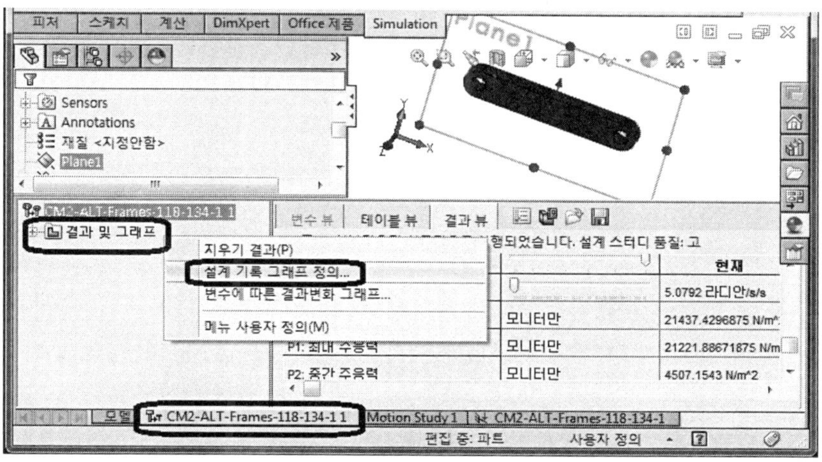

2. 다음의 입력 창에서 **"Y축"** 아래에서 **"구속조건"**을 클릭하고 **"VON: von Mises 응력"**을 선택하고 확인(V) 버튼을 누른다.

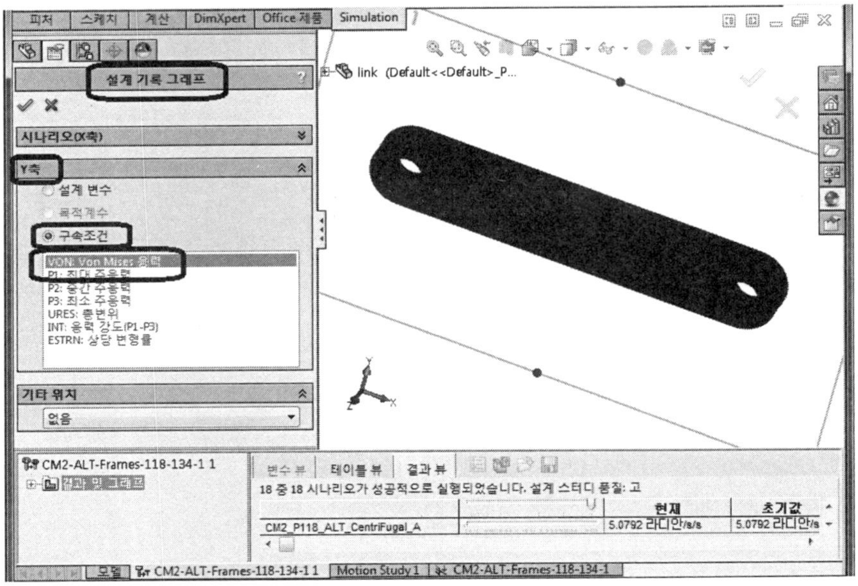

3. 그 결과 다음과 같이 그래프가 나타난다.

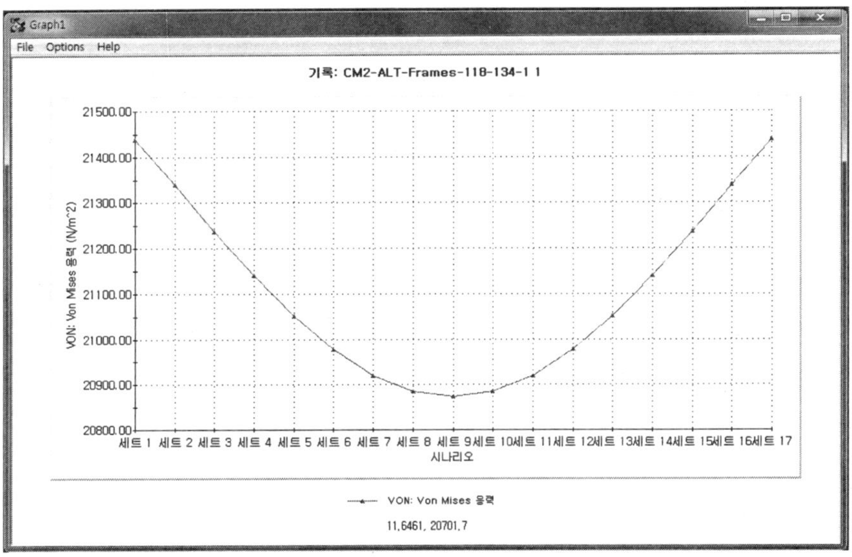

4. 위의 그래프에서 값들을 보면 Link 파트에서 세트 1과 세트 17에 해당하는 시간 프레임에서 von Mises 응력이 최대로 발생하는 것이 예측된다. 이 결과는 사용자들이 처음에 Punch를 어느 위치에서 작동을 시작했는지에 따라서 그 값들은 달라질 수 있음을 이해하기 바란다. 필요한 경우 다음과 같이 그래프를 인쇄하거나 파일 형태로 저장할 수도 있다.

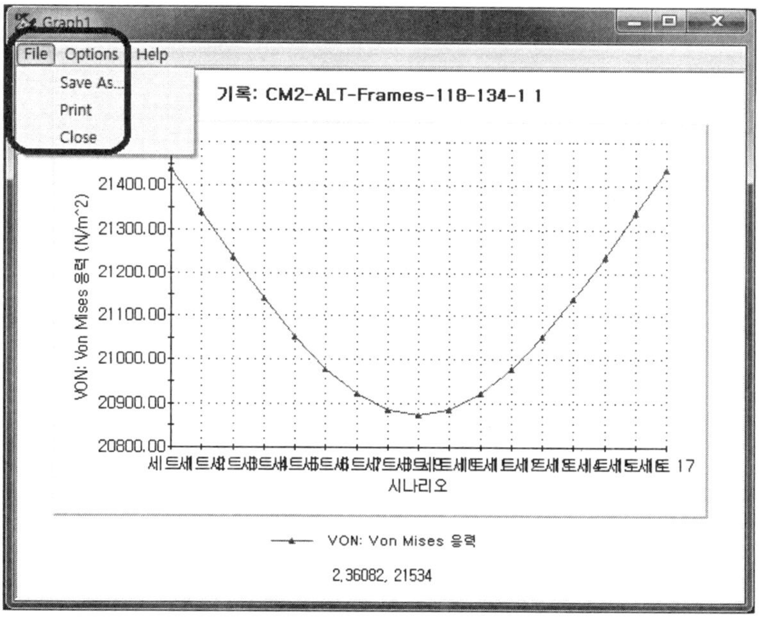

7.5.7 설계 시나리오 결과 보기

1. 모두 17개의 시나리오에 대하여 해석이 완료되었다. 이 중에서 사용자가 원하는 순간의 정적 해석 결과를 보기 위해서는 해당 시간의 시나리오를 선택하여 분석해야 한다. 본 예제에서는 16번째의 시나리오에 대하여 분석하기로 한다. 앞의 해석 결과로부터 von Mises 응력의 설계 기록 그래프를 작성해 보기로 한다. 디자인 스터디 트리에서, 포인터가 화살표로 바뀔 때 시나리오 16의 머리글 행을 선하면 시나리오 16 열이 검은색으로 강조 표시되며 설계 시나리오 16의 결과가 로드된다.

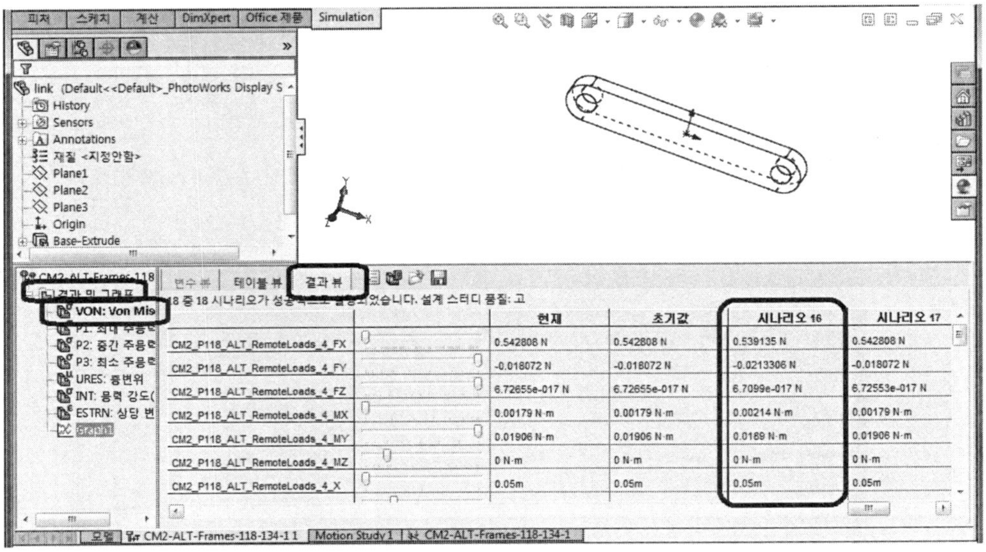

2. 해석이 완료되어 특정 순간의 설계 시나리오 결과가 업로드 되면 그 시간의 다음과 같은 결과 항목들을 확인할 수 있다.

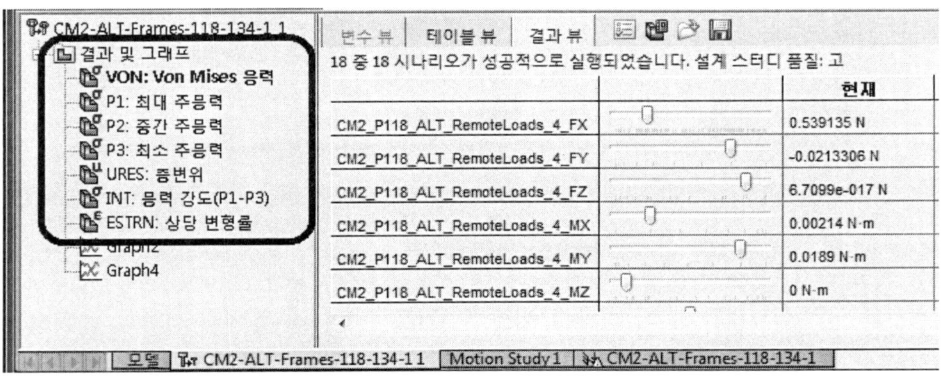

3. 응력을 보기 위해서 **"결과 및 그래프"** 아래에서 **"VON: von Mises 응력"**을 더블 클릭하면 다음과 같이 설계 시나리오 16의 von Mises 플롯이 표시된다.

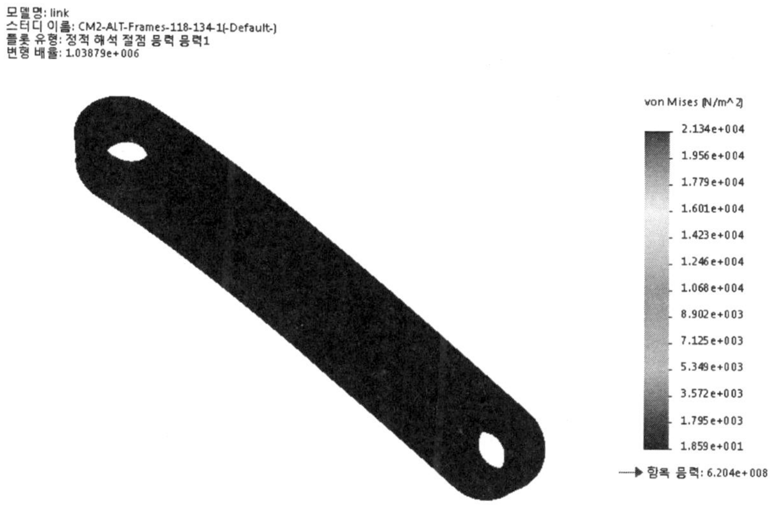

4. 마찬가지로 변위를 보기 위해서는 **"결과 및 그래프"** 아래에서 **"URES: 총변위"**를 더블 클릭하면 시나리오 16의 총변위 플롯이 나타난다.

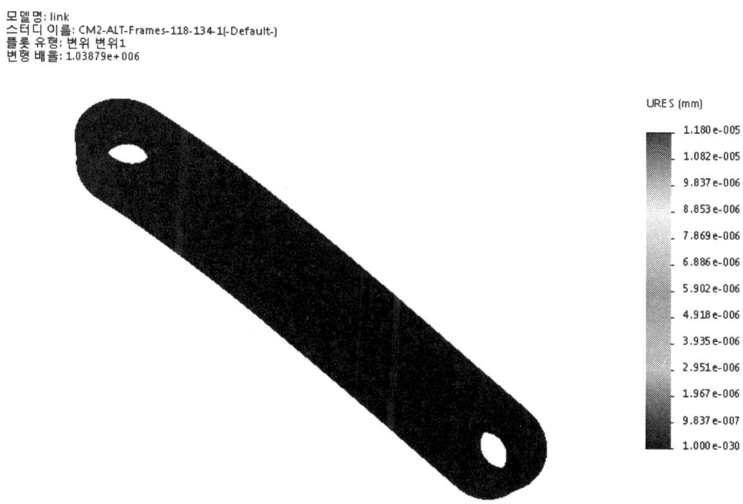

참고문헌

1. SolidWorks 2014 도움말(H)
2. SolidWorks 2014 튜터리얼(T)
3. SolidWorks Simulation 2014 도움말 정보(H)
4. SolidWorks Simulation 2014 튜터리얼(T)
5. **"멀티미디어 강의, 유한요소법"**, 문운당, 이재영, 2003.
6. **"알기 쉬운 유한요소해석"**, (주)사이텍미디어, (주)마이다스아이티(역), 2010
7. http://www.3ds.com/ko
8. http://www.solidworks.com/sw/products/simulation/packages.htm
9. http://www.solidworks.co.kr/
10. http://www.websco.co.kr/
11. http://www.solidworks.com/
12. http://en.wikipedia.org/wiki/Main_Page
13. **"기구동역학 2012-2013 SolidWorks Motion"**, 대영사, 전재수, 오범규, 2013.
14. **"유한요소해석 2011 SolidWorks Simulation"**, 대영사, 전재수, 오범규, 2011.
15. **"기구동역학을 위한 SolidWorks Motion"**, 대영사, 전재수, 오범규, 2009.
16. **"공학 설계를 위한 COSMOSWorks"**, 대영사, 전재수, 오범규, 2007.

찾아보기

유한요소해석 2014 SolidWorks Simulation

2019년 2월 20일 발행

공저자 / 전재수 · 오범규
발행자 / 김 천 수
발행처 / 大 英 社

주 소 / 서울특별시 성동구 성수동2가 3동 277-17
등 록 / 제9-204호
전 화 / 02-393-0417~8
F A X / 02-313-0104
E-mail / dypub@naver.com

정가 25,000 원

ISBN 978-89-7163-348-9 93560
